PARIS COMIQUE,

Livre-Album.

Dessins de MM. de Beaumont, Bouchot, Cham de N.., Daumier, Emy, Gavarni, Grandville, H. Monnier, Pruche, Vernier et autres.

TEXTE PAR LES RÉDACTEURS DU MUSÉE PHILIPON, DU CHARIVARI, DE LA CARICATURE, ETC., ETC.

AUX SOUSCRIPTEURS.

Le Musée Philipon s'est vendu à 6,000 exemplaires et nous sommes certains d'épuiser au jour de l'an prochain la nouvelle édition tirée à 3,000. Un tel succès prouve que les *comicalités* parisiennes sont du goût de tout le monde. Forts de cette vérité, nous publions aujourd'hui un album composé précisément sur le plan du Musée, plan facile à suivre, car il consiste à n'en point avoir, à laisser les artistes et les auteurs écrire et dessiner tout ce qui les amuse, sauter d'un sujet à un autre, sans ordre et sans classification, de manière à donner au recueil tout le charme de la variété, tout l'attrait de l'imprévu. Mais un succès ne s'obtient pas deux fois dans la même forme et sous le même titre, nous le savons : aussi les petits croquis du Musée Philipon sont remplacés dans notre nouvel album par de grandes caricatures lithographiées et tirées à part du texte. — Et pour titre nous adoptons celui-ci : Paris comique.

Voilà tout notre prospectus : il promet peu, nous tâcherons de tenir davantage.

AUBERT et Cie.

ÉCOLES DE NATATION A PARIS.

Vous tous qui habitez la province, vous avez cru sans doute, en voyant qu'un des principaux avantages du département de la Seine consistait à avoir un fleuve juste sous sa main, que les amateurs d'eau douce allaient s'y plonger, à dater du mois de juin jusqu'au mois d'août inclusivement, ni plus ni moins que vous le faites dans la rivière qui arrose les bords fleuris de votre département. C'est là une grande erreur. Il y a à Paris, il est vrai, un fleuve magnifique qui n'a qu'un inconvénient, c'est de ne supporter les bateaux, radeaux et canots que deux ou trois mois sur douze ; mais dans une ville où tout s'achète, où on établit des spéculations considérables sur les peaux de lapins, les allumettes chimiques et les vieux habits, on devait trouver le moyen de fonder quelque société en commandite sinon sur les brouillards de la Seine, du moins sur ses flots capricieux : aussi ses eaux sont une denrée fort chère, exploitée en grand par une foule de capitalistes. On les débite sous toutes les formes et dans toutes les mesures nouvelles.

Le Parisien se baigne dans son fleuve, puis ensuite le boit ; procédé peu délicat, auquel un long usage l'a complétement habitué. Ce sont surtout les bains qui forment la grande base de l'exploitation industrielle et aquatique de la Seine. D'abord il y a les bains d'hiver, édifices colossaux et aristocratiques, qui tiennent le haut du pavé dans le lit de la rivière ; puis aux premiers rayons du soleil de mai on élève partout de vastes cages à poulets, dans lesquelles, durant tout l'été, les habitants de la grande ville viennent barbotter en famille tout comme de simples canards. Ce genre d'industrie prend chaque année de tels développements, qu'on peut prévoir l'époque où, grâce aux écoles de natation, aux bateaux de blanchisseuses, aux bains chauds, la couleur des ondes qui baignent ses quais deviendra totalement inconnue au Parisien. Du reste, comme en toutes choses il se trouve des compensations, tout homme désespéré des misères de l'existence qui n'aura pas douze sous dans sa poche pour payer son entrée à l'école de natation, se verra dans l'obligation de vivre, faute de trouver la moindre place pour noyer ses chagrins dans la Seine. A ce point de vue, l'envahissement du fleuve par l'industrie est un progrès très-philanthropique.

La population des écoles de natation est fort variée, mais cependant on peut la diviser en trois classes distinctes : 1° celle des baigneurs qui ne se baignent pas; 2° celle des baigneurs novices; 3° enfin la troisième est celle des fanatiques de la coupe et du plongeon. Tous viennent assidûment à l'école depuis le jour de l'ouverture jusqu'au jour de la clôture définitive; mais ils s'y livrent à des plaisirs fort différents, et, malgré leur apparente réunion, ils n'ont les uns pour les autres qu'une estime fort médiocre.

Les baigneurs qui ne se baignent pas forment une espèce de flâneurs toute particulière : de bonne heure ils arrivent à l'école de natation; aussitôt entrés, ils se revêtent du pudique caleçon et du peignoir de rigueur, ils allument un cigare, puis ils commencent leur exercice natatoire, qui consiste à circuler lentement autour des galeries qui entourent le bassin. Au premier cigare en succède un second, ou, pour varier, une énorme pipe en écume, fidèle compagne de toutes les classes de nageurs possibles. Quand il a ainsi tourné une heure ou deux, le baigneur consomme un petit verre en faisant une légère conversation avec le maître nageur, une des spécialités du lieu qui se rapproche par une foule de points, et surtout par une intelligence profonde *de la carotte*, du maître d'armes. Après cette double distraction, notre baigneur inoffensif se remet en marche jugeant çà et là les luttes entre nageurs, les exercices de voltige des habiles. Enfin, quand l'heure de la retraite a sonné, le flâneur de l'école de natation rentre dans son cabinet, dépose le costume traditionnel et redevient homme; il sort la plupart du temps sans même avoir tâté l'eau du bout du doigt, et n'ayant pris de bain que celui qu'a pu lui procurer l'excessive transpiration produite par sa circulation forcée.

La classe des baigneurs novices se compose de cette foule de jeunes Français qui, entre vingt-sept et quarante ans, éprouve le besoin d'apprendre à nager. Pour ceux-là, ils forment la portion savante de l'établissement; ils ont toujours sur eux quelque petit livre, savante méditation de quelque maître nageur en retraite, comme le *Parfait nageur*, la *Natation en vingt-quatre leçons*, et beaucoup d'autres traités aristotéliques sur l'art d'agiter en mesure les bras et les jambes. Ils les apprennent avec une patience exemplaire, et ils savent d'une façon imperturbable la théorie; quant à la pratique, c'est tout autre chose; et lorsqu'ils essaient de profiter des excellents principes dont ils ont meublé leur mémoire, dès qu'ils se risquent sur l'élément perfide, ils ne manquent jamais de faire un plongeon infiniment trop prolongé, mais toujours dans les règles. Aussi, le maître nageur et sa ceinture de sûreté sont pour eux une véritable représentation de la divinité. Ils le traitent avec un respect profond, s'honorent de causer avec lui, et sont extrêmement flattés quand le grand homme veut bien accepter quelques verres de rhum, d'eau-de-vie ou de tout autre comestible également alcoolique, que celui-ci, au surplus, ne refuse jamais; ils demandent à son expérience et à sa perche de nombreuses leçons, et à la fin de la saison s'ajournent à l'année suivante, sans jamais en savoir plus qu'au commencement. Toutefois il ne faudrait pas en conclure contre leur intelligence; seulement, au vif désir de savoir, ils joignent un fonds extrême de prudence, qui approche singulièrement de la timidité, et leur montre constamment les dangers de l'asphyxie à la suite de la plus légère brasse : crainte excessive peut-être, mais légitime, qui enchaîne tous leurs mouvements.

Mais le roi, le véritable lion de l'école de natation, c'est le nageur émérite qui entre dans l'eau à sept heures du matin, et en sort à neuf heures du soir. On peut dire qu'à dater du mois de mai sa vie n'est qu'un long bain, varié à l'infini par de hardis plongeons et par des culbutes pyramidales accomplies au sein des ondes non amères. Il se livre dans l'eau à toutes les fonctions de son existence sociale et politique; il y boit, il y mange, il y fume, et même, vers les huit heures, avant de rentrer dans sa vie terrestre, il consomme, toujours dans le susdit élément, le *Moniteur parisien* ou toute autre feuille du soir (les écoles de natation sont autrement civilisées à l'endroit de la politique : le jour on offre en même temps le *Siècle* et un caleçon au consommateur; le soir, pour varier, on met à leur disposition le *Messager*... de la veille). Si quelquefois le nageur foule les planches de l'école de son pied orgueilleux et humide, c'est pour se livrer à quelques exercices de gymnastique aquatique. Il sait, à l'imitation du caniche ou du cheval savant, passer à travers un cerceau avec une grâce toute particulière. Il pique, à l'admiration des badauds de l'endroit, des têtes monstrueuses du haut du pavillon plus ou moins chinois qui fait l'ornement spécial des bains de Seine.

Aussi le nageur émérite, *l'homme-eau*, règne-t-il en souverain à l'école de natation. Parfois il exerce son pouvoir en monarque débonnaire, protégeant les faibles, donnant des conseils à la jeunesse inexpérimentée, venant enfin au secours des novices qui ont imprudemment quitté le solide *fond de bois* pour se risquer en pleine eau sur la foi de deux énormes vessies qui leur manquent de parole à l'instant du péril. Souvent aussi il commande en tyran excessivement oriental, il faut que tout s'écarte à son approche; malheur au timide baigneur qui se trouve par hasard sous sa main, il lui fait boire un énorme bouillon (style du lieu) et rit avec une extrême complaisance de cette délicieuse plaisanterie, quand il voit revenir à la surface de l'eau son innocente victime aux trois quarts asphyxiée.

En général, le nageur émérite appartient à la classe nombreuse et variée des étudiants. C'est d'ordinaire un jeune élève de six ou septième année qui vient se rafraîchir l'été des plaisirs échauffants du bal masqué. Le débardeur de la salle Vivienne adopte le léger costume du sauvage; le lion du Prado et de la Chaumière se transforme en requin d'eau douce, ou tout autre poisson fashionable à votre choix.

Pour quelques-uns, l'école de natation remplace l'été les cabinets de lecture, leur lieu d'asile durant l'hiver; moyennant douze sous (pour le prolétaire peu fortuné on a même inventé les bains à quatre sous, où l'on retrouve, à un degré beaucoup moins aristocratique il est vrai, les plaisirs de l'école de natation), ils passent paisiblement leur journée dans une société choisie et spirituelle au sein des joies les plus innocentes.

Le débiteur malheureux a pour l'école de natation une prédilection marquée. C'est en quelque sorte un lieu de refuge où il peut attendre tranquillement le coucher du soleil et des gardes du commerce. On connaît peu d'exemples d'un barbare créancier poursuivant d'un protêt, dans le simple appareil d'un caleçon et d'un peignoir, son ennemi insolvable.

C'est véritablement à l'école de natation que s'est réfugiée l'égalité chassée de la terre par les vaines distinctions de la fortune et du rang. Sauf quelques caleçons ambitieux brodés de coton rouge, quelques bonnets à gland prétentieux, tout le monde s'y confond sous l'uniforme *d'une entière blancheur* que l'administration fournit.

Ou plutôt, nous nous trompons; il y a une aristocratie, la plus naturelle de toutes, celle que le Saint-Simonisme a cherchée partout, excepté là où seulement elle se trouvait, c'est l'aristocratie du talent qui soumet le créancier riche, mais peureux, qui ose à peine risquer quelques brasses, au débiteur pauvre et hardi, qui sait fendre les eaux d'un seul trait.

DÉLIBÉRATIONS DU JURY.

Le président fait le résumé des débats.

Le nommé Pierre-Louis-Victor Brognart, dit *Loulou*, âgé de trente-six ans, forçat libéré, s'est introduit la nuit chez la veuve Dangeau, l'a frappée de vingt deux coups de couteau dans son lit, a fouillé les meubles, a volé la somme de quatre-vingt-deux francs et divers effets et bijoux.

Après quoi ledit Brognart a porté plusieurs coups de couteau à la fille Annette, qui accourait aux cris de sa maîtresse, et l'a laissée pour morte sur le carreau.

Après quoi ledit Brognart a tiré des aliments d'une armoire, et s'est mis tranquillement à manger et boire auprès des cadavres de ses deux victimes.

La préméditation est établie, tant par l'achat de l'instrument qui a servi à consommer le crime, que par les révélations de l'assassin et la communication de ses projets au nommé Tridoux, son compagnon au bagne et son complice en des vols antérieurs.

Le jury se retire pour délibérer.

LE CHEF DU JURY. — Je suppose que vous avez

prêté l'attention convenable aux débats. Délibérons.

Un Marchand de vins. — On étouffe dans cette salle des assises. Est-ce qu'on n'aurait pas pu prier l'huissier d'ouvrir une fenêtre?

Un Propriétaire. — C'est comme moi; le sang m'incommode. Il me faut de l'air.

Un Bonnetier. — Je n'aime pas voir ces choses-là. Dire qu'on fait tant de raisons pour un homme qu'on veut faire mourir. C'est bien inutile.

Le Marchand de vins. — Et puis c'est de se tenir là d'assidu. Moi qui ne fais qu'aller et venir d'habitude.

Le Bonnetier. — Ça me fait toujours de l'effet. Ce malheureux qui est là, qu'on voit entre des gendarmes... Dire qu'on ne le verra plus!

Le Marchand de vins. — Dam, après ça, c'est qu'il l'a bien voulu. Il n'avait qu'à rester tranquille.

Un Fourreur. — Si on laissait faire ces messieurs-là!

Un Médecin. — Quelle heure est-il?

Un Chef de bureau. — Je n'ai pas remonté ma montre au milieu de tout ça.

Le Médecin. — Ça dérange tant!

Le Chef de bureau. — Ce sont de ces corvées.... Je range ça avec la garde nationale... c'est comme si je montais ma garde. (*Il rit.*)

Un Maitre maçon. — Ils appellent ça des droits civiques. Je m'en passerais bien.

Le Propriétaire. — Est-ce qu'on ne pourrait pas avoir un peu d'air ici?

Le Marchand de vins. — Je suis bien de votre avis.

Le Médecin. — Heureusement nous touchons au terme.

Le Chef de bureau. — J'avais justement affaire aujourd'hui.

Le Propriétaire. — C'est toujours comme ça.

Le Bonnetier. — Je boirais bien un verre d'eau.

Le Propriétaire. — C'est la chaleur, n'est-ce pas?

Le Bonnetier. — Non... pas précisément; mais je suis mal à mon aise. Ces choses-là me font toujours de l'impression.

Le Marchand de vins. — Et puis c'est de se tenir assis si long-temps; ça fatigue.

Le Bonnetier. — Ce n'est pas encore tant ça; mais c'est l'émotion... le coup d'œil... ça en impose.

Le Chef du jury. — Messieurs, délibérons.

Le Bonnetier. — Mon Dieu, monsieur, je ne demande pas mieux. C'est bien facile à dire.

Le Propriétaire. — Que pensez-vous de cet homme?

Le Chef de bureau. — Je le crois coupable.

Le Marchand de vins. — Pour ça, oui.

Le Médecin. — Il n'y a pas le moindre doute.

Le Bonnetier. — On est toujours coupable du moment même qu'on vole; comme il paraît que cet homme a d'abord volé beaucoup.

Le Chef de bureau. — En ce cas, on le condamnerait à mort.

Le Propriétaire. — Mon Dieu, oui... tout de suite... l'application des articles, je ne sais plus lesquels.

Le Bonnetier. — Mais, messieurs, c'est pour ainsi dire nous qui en serions la cause.

Le Chef de bureau. — Que voulez-vous?

Le Bonnetier. — Cet homme peut être coupable; mais je me reprocherais toute ma vie... C'est plus fort que moi.

Le Propriétaire. — Monsieur a raison... Il est toujours fort dur de se dire qu'on a été la cause de la mort de quelqu'un.

Le Bonnetier. — Et surtout un homme qu'on a vu... Car enfin cet homme est encore vivant... il parlait... c'est un homme comme nous... il peut avoir fait du mal, mais il n'en a pas l'air... Et puis il y a long-temps... Je n'ai rien vu, moi, après tout...

Le Médecin. — Permettez, permettez...

Le Bonnetier. — Eh bien! non, messieurs, je ne dirai jamais que cet homme est coupable...

Le Chef de bureau. — Savez-vous aussi que la peine de mort... c'est bien grave?

Le Marchand de vins. — Oh! il n'y a pas à revenir là-dessus.

Le Médecin. — Vous devez toujours prononcer selon votre conscience.

Le Bonnetier. — Eh bien! ma conscience me dit de ne pas faire mourir un homme.

Le Propriétaire. — Moi non plus... je n'ose pas prendre cette responsabilité.

Le Chef du jury. — Eh bien! messieurs, donnez les votes.

On procède au scrutin.

RÉSULTAT DU SCRUTIN :

— *Oui, l'accusé est coupable; mais le jury admet des circonstances atténuantes.*

DES PHRASES

Imp. d'Aubert & Cie

« . . . . Ce qui nous nuit surtout, auprès des femmes quels que soient les agrémens de notre personne, la valeur de nos hommages, la chaleur même de nos sentimens, c'est notre peu de naïveté. . . . . »

— Ceci est joli.

— Et vrai !

« . . . . et cela, parcequ'elles sont moins naïves que nous encore. »

PETITE TRADUCTION

A L'USAGE DES GRANDS JOURNAUX.

On lit tous les matins, dans les journaux de toutes dimensions et de toutes couleurs, de gentilles petites phrases qui, avec l'allure la plus innocente, veulent en dire beaucoup plus qu'il n'y en a. Pour faciliter aux lecteurs l'intelligence de ces aimables réclames qui embellissent les graves colonnes des *faits divers*, nous offrons ici une traduction soigneusement revue et corrigée de cette littérature fort légère de la camaraderie.

— On vient de recevoir au théâtre de..., etc., une pièce attribuée aux spirituels auteurs de..., etc.

Lisez : Les auteurs ont déjeuné ce matin avec nous au café du théâtre, et ces trois lignes ont été écrites sur le bout de la table, entre la poire et le fromage.

— On lisait dans un journal du matin :

Lisez : Nous n'avons pas voulu nommer cette feuille, de peur qu'il ne prît fantaisie à nos abonnés de la lire, et qu'ils ne la trouvassent plus intéressante que la nôtre.

— Une nouvelle édition des OEuvres complètes de M*** va paraître chez le libraire***.

Lisez : Toute la première édition moisit dans le magasin, nous voulons faire des dupes.

— On parle de grandes banqueroutes sur les principales places de l'Europe.

— Il est question d'une rupture entre l'Angleterre et la Russie.

Lisez : Les propriétaires de notre journal sont de gros banquiers, de riches industriels; ils jouent à la baisse.

— On a pêché une berline dans la mer Baltique, etc.

Lisez : Il manquait dix lignes ce soir à l'imprimerie et je ne savais que mettre.

— Telle pièce a obtenu le succès le plus flatteur et le plus mérité. Les bravos ont couvert la voix de l'acteur qui est venu nommer les auteurs.

Lisez : L'un d'eux est notre collaborateur; la pièce est détestable; mais nous ne pouvons décemment en dire du mal : on sifflait si fort qu'on n'entendait rien.

— Une cabale malveillante a failli compromettre le succès de tel ouvrage... mais la saine partie du public a vengé l'auteur de quelques sifflets honteux.

Lisez : Les gens d'esprit et de bon goût ont sifflé avec raison un ouvrage froid et ennuyeux. Des claqueurs, placés sous le lustre, ont en vain ri, souri, pleuré et chatouillé leurs voisins.

— Le magasin de bonbons de la rue de *** est le mieux assorti.

Lisez : Nous avons reçu les exemplaires de rigueur.

— M. un tel est un homme habile; M. un tel est très-laborieux; M. un tel est excessivement juste; M. un tel a vu le feu; M. un tel a le pied marin; M. un tel est un grand diplomate.

Lisez : MM. tels ont payé exactement leur abonnement.

— Il n'y a presque plus de loges à louer pour la représentation de madame de C...

Lisez : Il n'y a pas encore dix francs de recette.

— Dans un moment où tout ce qui se rattache à l'Égypte excite l'attention du public, nous croyons lui faire plaisir en annonçant un livre qui... etc.

Lisez : A vendre un ouvrage publié depuis l'expédition du général Bonaparte.

— Nous recommandons aux personnes de toutes les conditions l'eau balsamique de..., ou bien la nouvelle méthode inventée par..., ou bien encore la parfumerie de Mlle ***.

Lisez : Les actionnaires du *Dandy, journal des Modes*, ayant le droit d'insérer une annonce par mois, nous ne pouvons refuser d'imprimer celles qu'on nous envoie.

LES

BREVETS D'INVENTION.

Le brevet d'invention est une des plus agréables choses qui aient jamais été inventées. C'est-à-dire que le gouvernement aurait eu totalement le droit de prendre un brevet spécial rien que pour cette invention.

Tout brevet vaut plus que son pesant d'or, car il vaut quinze cents francs, prix de facture. Vlan!

Après les cigares, dits de cinq sous, parce qu'ils ne valent pas cinq centimes, il n'est rien qui soit d'un meilleur rapport que l'invention du brevet de ce nom.

Un beau matin vous vous éveillez en vous disant : — Que diable vais-je bien faire aujourd'hui?... Si je pilais de la brique pour en faire une poussière rouge, délicieuse pour nettoyer les dents et récurer les casseroles... Ça y est!... je vais prendre un brevet d'invention!

Effectivement vous n'avez qu'à passer au bureau, et on se fait un véritable plaisir de vous octroyer immédiatement un brevet sur papier-ministre, moyennant lequel on vous protége pendant dix ans, vous et votre brique, contre toute espèce de contrefaçon, avec une sollicitude toute paternelle... Vous n'avez qu'à déposer tout simplement une petite boite de poudre rouge et un gros sac d'écus.

On ferait un énorme volume, — qu'est-ce que je dis! on ferait cinquante énormes volumes avec toutes les idées singulières qui viennent à éclore chaque année dans le cerveau des industriels parisiens, car c'est Paris surtout qui produit prodigieusement d'inventeurs. Nous enregistrerons de temps en temps, dans ce journal, les brevets qui nous semblent avoir le plus de titre pour figurer dans les colonnes de *la Caricature.*

Nous passerons sous silence les serrures brevetées qui ne peuvent pas être crochetées par les voleurs, ni ouvertes par leurs propriétaires; nous laisserons de côté les biberons à musique, les *réclames* fantastiques et une foule d'autres inventions non moins mirobolantes, mais qui n'ont déjà plus le mérite de la nouveauté.

Nous nous occuperons seulement d'un nouveau parapluie venant de prendre un brevet pour être le seul auquel il soit permis d'avoir dans son manche un parasol. — Oui, monsieur, un parasol! — comprenez-vous tout l'agrément de ce parasol?

Quand il pleuvra à verse, comme cela arrive de temps en temps à Paris, vous prendrez votre parapluie orné d'un manche qui n'est guère plus gros que le bras, et regardant le ciel avec un air fort narquois, vous lui direz, à ce ciel très sombre pour le moment : — Ciel très-sale, je me moque pas mal de toi; tu croirais peut-être bien m'attraper si, au lieu des nuages qui m'arrosent en ce moment, moi et mon parapluie, tu laissais tout à coup apparaître un magnifique soleil orné de rayons non moins chauds qu'incommodants. Eh bien! pas du tout, je ne serais pas attrapé! — J'ai là, dans ce manche très-gênant, un parasol qui servirait à abriter mon teint très-blond, et je n'aurais plus que l'embarras de tâcher de faire entrer mon parapluie dans le manche de mon parasol. — Chose à laquelle je ne parviendrai pas, du reste, attendu que ce n'est pas dans le brevet!

Voilà, monsieur, tout ce que vous pourriez dire au ciel si vous aviez acheté un parapluie nouvellement breveté comme étant un parasol.

Ce parapluie-parasol est surtout plein de charmes quand par hasard vous vous trouvez avec une dame, et qu'il fait du soleil, bien entendu. — Car, s'il pleut, il vaudrait infiniment mieux que le parapluie se dédoublât tout simplement, et qu'au lieu de parasol vous pussiez offrir à la dame un simple riflard.

Mais ce que nous venons de vous dire suffit, je pense, pour vous prouver que toutes les fois qu'il pleut, ce qu'on a de mieux à prendre en fait de parapluie, c'est un fiacre.

La seconde invention brevetée dont nous voulons vous entretenir, n'a plus de rapport avec la tête de l'homme, au contraire elle se rattache à ses pieds. — Nous voulons parler des ***sous-pieds perfectionnés*** et pouvant servir pendant toute la durée de la vie d'un homme, et par conséquent pendant la durée de la vie d'une foule de pantalons.

Ces sous-pieds, qui du reste ne sont pas à musique, ne peuvent jamais s'user; ils usent seulement les pantalons.

Grâce à cette nouvelle invention économique, vous commandez à votre tailleur des pantalons sans sous-pieds, ce qui fait qu'il trouve moyen de vous les porter un peu plus cher sur son mémoire. — Mais il est vrai que vous avez la peine d'attacher vous-même votre cuir, — après cela, je ne suis pas bien certain que ces sous-pieds soient en cuir; — il nous semble même, vu leur durée, qu'ils doivent être au moins en fer-blanc; — enfin n'importe!

Ces sous-pieds se transmettent de génération en génération, et un neveu recevra de son oncle un legs ainsi conçu :

— « *Item*, je lègue à mon neveu Oscar ma paire de sous-pieds qui ne me servait que depuis trente-sept ans! »

Le neveu sera inconsolable... d'avoir un héritage pareil!

O tailleur philanthrope, pendant que tu étais en train d'inventer, tu aurais bien dû prendre un brevet pour des pantalons nouveau système, capables de durer autant que ces sous-pieds; il est vrai qu'on ne peut jamais penser à tout, mais j'aurais mieux aimé que tu commençasses par penser au pantalon!...

Il est une chose très-fâcheuse pour ces inventeurs modernes, c'est que pas un n'aurait pu inventer la poudre, et qu'ils ne sont même pas en mesure de prendre un brevet pour apporter le moindre perfectionnement à cette spirituelle découverte.

MYSTÈRES D'UN HOTEL.

Chaque hôtel a plusieurs noms semblables. Les Eugène fourmillent, les Alexandre ne se comptent plus; on ne peut surtout faire un pas sans rencontrer des Adolphe.

Rue du Helder, dans un hôtel dont il est inutile de dire le numéro, habite un jeune peintre de ce susdit nom d'Adolphe.

Cet artiste serait le plus heureux pinceau du monde, s'il n'avait au-dessus de sa tête un autre Adolphe sculpteur, exactement sous les pieds un troisième Adolphe ayant pour profession de souffler de l'ophicléide dans l'un de nos théâtres.

Vous devez déjà comprendre que de la réunion de ces trois noms, qui ne font, au bout du compte, qu'un seul et même vocable, il résulte souvent mille et un quiproquos, mille et un vaudevilles, lesquels prennent parfois la tournure du drame.

Un matin, le jeune homme se faisait la barbe. On sonne; il court ouvrir, les bras nus, la figure couverte de savon. Entre aussitôt une femme voilée, adorable comme elles le sont toutes lorsqu'elles tremblent.

— Ah! vous vous rasez, Adolphe? Eh bien, que je ne vous dérange pas; continuez, je vous en prie : je vais vous attendre dans la pièce voisine.

Notre peintre continue, en effet, mais en se hâtant, mais en se tailladant la peau; il achève enfin de se rajeunir, et rentre auprès de la dame dans son état normal.

Celle-ci alors reconnaît qu'elle ne le connaît pas.

— Ah! mon Dieu, monsieur, c'est abominable! Dans mon trouble, je me suis trompée d'étage et d'Adolphe!

Là-dessus, elle laisse retomber son voile sur l'un des plus jolis visages qui soient au monde, et se sauve comme une biche éplorée, laissant le pauvre artiste, Dieu sait en quel état!

Six mois après (c'était avant-hier), un homme en redingote bleue sonna à la même porte; il portait sous le bras une boîte à pistolets.

— Monsieur Adolphe?

— C'est moi.

— Ah! c'est vous, drôle!

— Drôle!!! Le peintre jeta l'inconnu à la porte. Mais bientôt ce dernier lui reprocha à haute voix de reculer devant une affaire d'honneur. On lui rouvrit, en lui imposant comme condition de parler au moins poliment.

— Je sais tout, monsieur!

— Quoi, tout?

— Il est inutile de nier.

— Je ne nie rien, je ne sais pas.

— J'ai les preuves en main.

— Mais les preuves de quoi?

— Vous ajoutez l'ironie à l'offense, monsieur!

— Je vous jure que je ne sais pas de quelle chose vous voulez parler.

— J'aurai votre vie ou vous aurez la mienne.

— Permettez; je ne désire pas du tout avoir votre vie, et je tiens beaucoup à conserver la mienne.

— Il fallait y penser avant l'offense, avant de m'enlever les tendresses de ma femme.

— Quelle page de Paul de Kock me débitez-vous là? Je ne connais pas votre femme.

— Vous êtes pourtant bien M. Adolphe; en langage d'amour *Dodolphe?*

— Oui.

— *Dodolphe*, artiste?

— Oui.

— Artiste en ophicléide, au théâtre de ***?

— Ah! pour ça, non; artiste peintre, artiste peintre, artiste peintre!

— Il fallait donc le dire!

— Il fallait le demander.

Au terme de janvier, le teneur de pinceau déménage; il est en ce moment à la recherche d'un nouvel asile; mais, avant de visiter l'appartement, il demande à voir les prénoms des locataires. Son idée fixe consiste à ne vouloir plus respirer sous le même toit d'aucun Adolphe.

GRAND CHEMIN DE LA POSTÉRITÉ.

Benjamin Roubaut, l'auteur du *Panthéon charivarique*, a publié chez Aubert et Cie trois grandes bandes de dessins comiques, auxquelles il a donné le nom de *Grand chemin de la postérité*.

La première nous montre les poètes-romanciers-feuilletonistes-auteurs-dramatiques-critiques-vaudevillistes et journalistes de la presse littéraire. *Victor Hugo*, roi des hugolâtres, armé de sa bonne lame de Tolède et portant la bannière de Notre-

Dame de Paris, avec cette devise : *Le laid, c'est le beau*, ouvre la marche, monté sur le Pégase romantique; *T. Gauthier, G. Cassagnac, Francis Wey* et *Paul Fouché* sont à cheval sur la queue du noble animal; *Lamartine*, perdu dans les nues, se livre à ses méditations poétiques, politiques et catholiques; *Eugène Sue* sang et eau; *A. Dumas* découvre la Méditerranée et réimprime ses réimpressions de voyage; le diable emporte *Soulié* et ses mémoires; *Balzac*, l'inventeur de la femme de trente ans; *A. de Vigny*, *L. Gozlan*, *Viennet*, *Germain Delavigne* écrasé par son frère, *Méry*, *A. Karr* déguisé en guêpe, M. *Ancelot* en femme et madame *Ancelot* en homme forment la première partie du cortége.

Scribe, fabricant dramatique à la vapeur, compose ses vaudevilles monté sur une locomotive chauffée par ses collaborateurs *Bayard*, *Mélesville*, *Dupin*, *Carmouche* et compagnie. Viennent ensuite MM. *Rozier*, *Duvert*, *Masson*, *Rochefort*, *Dumersan*, *Varin* et *Paul de Kock*. Le critique marié, *J. Janin*, les suit et les stimule à coups de fouet; ils sont harcelés encore par le reste de la troupe du feuilleton : *G. Planche*, *Rolle*, le critique célibataire, *Guinot (Pierre Durand)*, *Briffaut*, *L. Desnoyers*, *Altaroche*, *Albert Cler*, *H. Lucas* et *Viardot*.

La seconde planche nous montre *Rachel*, traînée par les enthousiastes, poussée par Israël et accablée de couronnes, de bouquets et de billets de banque; elle écrase ses rivales sous les roues de son char et regarde en pitié ses camarades *Ligier*, *Beauvallet*, *Guyon*, mademoiselle *Noblet*, madame *Mélingue* (que le caricaturiste appelle madame Meringue), *Geffroy*, mademoiselle *Denain*, *Maillard*, mademoiselle *Mante*, *Perrier*, *Mirecourt*, *Firmin*, *Brindeau*, mesdemoiselles *Plessy*, *Anaïs*, *Brohan*, MM. *Samson*, *Provost* et *Régnier*.

A la suite du Théâtre-Français arrive le drame. Mademoiselle *Georges*, plus grosse que la tour de Nesle, *Bocage* et madame *Dorval*, *Raucourt*, *Milon*, le vertueux *Moëssard*, *Clarence*, *Serres*, *Saint-Ernest*, *Mélingue*, *Albert*, *Delaistre* et *Frédérick-Lemaître* en Robert-Macaire. Puis le Cirque, représenté par la belle mademoiselle *Atala Beauchêne*, par *Auriol* qui cabriole, par *Baucher* qui caracole, par les écuyers et écuyères, et mieux encore par le chapeau de Napoléon, qui s'aperçoit au milieu d'une mêlée générale d'infanterie et de cavalerie. Enfin *Debureau*, le vrai représentant de la farce, clôt cette bande plus ou moins dramatique.

La troisième planche est consacrée d'abord à l'Opéra, et nous voyons *Duprez*, chantant de toutes ses forces :

> Hélas! il a fui comme une ombre... mon ut,
> En me disant : Je reviendrai... mais zut!

Poultier, faisant des efforts pour s'élancer de son tonneau à la postérité; *Barroilhet*, *Marié*, *Massol*, *Levasseur*, mesdames *Stoltz* et *Dorus*, maigres.

Ensuite sautent, dansent, papillonnent et s'envolent de Paris à Vienne, à Saint-Pétersbourg et à New-York, toutes les célèbres danseuses, mesdames *Taglioni*, *Essler*, *Carlotta Grisi*, les gentilles *Dumilâtre*, et les rats des ballets, et les ridicules danseurs; — et l'on voit la fosse aux lions, la loge infernale. Après viennent les Italiens, la grassotina *Grisi*, il gigantesco *Lablachio*, il picotissimo *Ronconi*, la gentille *Persiani*, il grazioso *Mario*. Plus loin l'Opéra-Comique, *Masset* et *Roger* dans Richard-Cœur-de-Lion, *Moreau-Sainti*, *Mocker*, *Chollet*, *Henry*, mesdames *Lavoye*, *Anna Thillon*, *Prévost*, *Pothier* et *Boulanger*

Bouffé, en gamin de Paris, marche en tête de ses camarades des Variétés, *Hyacinthe* et madame *Bressan* cancanant, *Lepeintre* jeune et *Flore* folâtrant, *Neuville* contrefaisant, *Odry* bêtisant, *Fouyou* s'essayant.

Achard et *Déjazet*, qui chaloupent, conduisent la troupe du Palais-Royal, dans laquelle se remarquent *Ravel*, *Alcide Tousez*, *Levassor*, *Leménil*, *Lhéritier* et la jolie mademoiselle *Fargueil*.

Avec *Arnal* se trouve le Vaudeville, madame *Guillemin*, *Ferville*, *Bardou*, *Félix*, madame *Thénard* et la charmante madame *Doche*, aux blonds cheveux.

Enfin la marche est close par le malheureux Gymnase, que madame *Volnys* déserte après la bataille judiciaire dans laquelle sont mortes toutes les pièces qui firent autrefois la vogue de ce théâtre.

On voit, par cette nomenclature des personnages dont les portraits comiques figurent dans le *Grand chemin de la postérité*, que c'est un véritable panorama biographique; mais nous n'avons pu rendre par une description la gaieté, le piquant et l'originalité de cette bouffonnerie lithographique. Au reste, le prix en est si modique que tout le monde l'achètera. Chaque feuille se vend séparément 3 fr.; c'est donc 9 fr. pour la collection complète. 9 fr. pour posséder la charge de tous les hommes les plus marquants dans le monde littéraire, artistique et journaliste, c'est pour rien!

IMPRIMÉ PAR BÉTHUNE ET PLON, A PARIS.

PARIS COMIQUE,

Livre-Album.

Dessins de MM. de Beaumont, Bouchot, Cham de N.., Daumier, Emy, Gavarni, Grandville, H. Monnier, Pruche, Vernier et autres.

TEXTE PAR LES RÉDACTEURS DU MUSÉE PHILIPON, DU CHARIVARI, DE LA CARICATURE, ETC., ETC.

UNE SCÈNE
DES SALTIMBANQUES.

Toutes les mésaventures les plus extraordinaires sont toujours supportées avec tant de résignation, avec tant de gaieté même, par ces merveilleux philosophes qui forment la grande famille des artistes dramatiques, qu'ils sont les premiers à rire de leur débine, comme les héros du *Roman comique* de Scarron.

Une anecdote dont fut jadis héros l'un des acteurs comiques les plus célèbres de nos jours serait une nouvelle preuve, s'il en était besoin, pour démontrer que l'insouciance, la philosophie et la gaieté sont l'apanage de tous les *cabotins* passés, présents et futurs.

Il y a une trente-cinquaine d'années, une troupe d'acteurs parcourait la province en donnant des représentations dans toutes les granges où voulait bien se rassembler un public d'élite, *avec la permission de M. le maire*. — Cette troupe, qui cheminait ainsi par monts et par vaux sur la grande route, d'une existence émaillée de quelques pièces de quinze sous, de quelques coups de sifflets et d'assez rares gigots aux haricots, continuait cependant ses pérégrinations en mettant son espoir dans la pensée d'un monde dramatique et meilleur, et en riant des calembours que débitait le comique de la troupe. — Cet acteur, bien que fort jeune alors, avait déjà cependant une bouche fort grande, des jambes fort cagneuses, et un nez fort en trompette. — Grâce à tous ces agréments physiques et surtout grâce à un talent qui était déjà hors ligne, notre jeune acteur faisait rire aux éclats tous les spectateurs villageois, y compris même M. le maire! — Mais hélas! un certain soir, maudit entre tous les soirs, le jeune comique ne parvint pas à faire pousser un seul éclat de rire dans la grange décorée du sobriquet de salle de spectacle. — On ne riait pas, par l'excellente, ou plutôt par la déplorable raison que les planches servant de stalles, de parterre et de loges étaient totalement veuves de spectateurs! — Il y avait ce même soir une noce importante dans le village où la troupe avait été conduite par sa mauvaise étoile, et tous les habitants valides étaient occupés à danser, à manger et à boire dans une vaste grange voisine qui servait d'asile à ces nouvelles *Noces de Gamache!*

Pas un sou de recette! — Voilà ce qui peut s'appeler une mauvaise recette! — Cet événement était d'autant plus déplorable, que cette même recette devait servir à faire les frais d'un souper dont le besoin se faisait généralement sentir dans toute la troupe. — Le directeur avait empêché ses artistes de déjeuner le matin, par la raison qu'il fallait se mettre en route immédiatement. — A midi il ne leur avait pas servi de nourriture, sous prétexte qu'il désirait leur voir conserver tout leur appétit pour le souper, et voici qu'à l'heure du souper, au moment de se mettre à faire un *pick-nick* agréable, chacun n'apportait pour son plat qu'un énorme appétit!

Pendant que tous les malheureux cabotins se lamentaient comme des Jérémies, le fumet des fricots de la grange voisine venait encore insulter à leur détresse et quadrupler leur appétit. — En ce moment, qu'on pouvait appeler *suprême*, toute la troupe sentait faiblir sa philosophie, son estomac et ses jambes! — Un nuage de tristesse voilait tous les visages, excepté pourtant le visage orné du nez en trompette. — Notre gaillard de nez se proposa pour aller en parlementaire auprès de l'ennemi si bien fourni de victuailles!

Vous croyez peut-être que notre ambassadeur alla demander humblement, piteusement, un morceau du gâteau de la fête? — Allons donc! il était bien trop artiste pour faire une démarche aussi humiliante. Il alla tout simplement trouver le marié, et lui dit avec l'air le plus jovial et le plus sans-façon : « Ah! monsieur le marié, je viens vous demander un léger service. — Vous avez fait préparer une noce si belle, si magnifique, que je n'en ai jamais vu comme cela! — Par malheur, vous avez dévalisé toute la boutique du boulanger : tout à l'heure, quand mes camarades ont voulu souper, ils n'ont pas pu trouver à acheter une livre de pain; nous avons offert l'impossible d'un morceau de pain gros comme une noix, eh bien! nous ne l'avons pas eu! — Nous avons là un tas de saucissons et un tas de jambons, mais on ne peut manger cela sans pain, et vous seriez bien aimable si vous vouliez nous en céder quelques livres. » — Le marié était trop bon garçon, et surtout trop heureux en ce moment, pour refuser de rendre un aussi léger service à une compagnie d'artistes, et il octroya aussitôt à l'orateur de la troupe trois magnifiques pains de quatre livres.

Notre gaillard, poussant la plaisanterie jusqu'au bout, fit le geste qu'il devait plus tard rendre si célèbre dans la pièce des *Saltimbanques*, et portant sa main à une poche qui renfermait tout au plus un mouchoir, il voulait absolument payer ses pains de quatre livres; mais il finit par céder au refus positif du marié!

Lorsque le nez en trompette fit son apparition avec ses douze livres sous le bras, tous les artistes, transportés de joie, se seraient volontiers jetés à son cou, si d'abord ils n'avaient pas éprouvé le besoin irrésistible de se jeter sur le pain; — et voilà comment la troupe fut sauvée!

Si vous voulez faire connaissance avec le héros de cette aventure, allez un soir aux Variétés, quand vous verrez sur l'affiche le nom d'*Odry*.

Voilà comment se révéla pour la première fois le grand, le sublime, l'incomparable *Bilboquet!*

LES

MAGASINS MONSTRES.

Depuis long-temps nous avions eu des affiches-monstres, des mélodrames-monstres, des choux-monstres, et même des budgets-monstres; — nécessairement nous devions avoir aussi un jour des magasins-monstres.

Aux yeux du vulgaire, cela ne semblait pas trop en prendre le chemin, vu la *spécialité* qui était devenue à la mode. Tel marchand se vouait aux chemises, tel autre aux faux-cols, celui-ci aux serre-têtes, celui-là aux boutons de guêtres, et les couturières se voyaient même incessamment menacées de courir chez dix merciers pour se faire un approvisionnement d'aiguilles, attendu que l'un ne tenait que les aiguilles fines, l'autre les demi-fines, — et un troisième des épingles.

Mais, pour notre compte, ce raffinement de spécialité ne nous inquiétait pas; nous disions même à nos amis et connaissances :

— « En vérité, en vérité, le temps s'approche où, après avoir vu des magasins qui ne tenaient qu'une seule chose, vous verrez des magasins qui tiendront de tout! »

Notre prophétie vient de s'accomplir, et, suivant la loi de la mode, qui exige que des petits bibis on passe aux immenses chapeaux, et que des culottes fourreau de parapluie on tombe dans les pantalons à la cosaque, — voici que des petits magasins spéciaux nous venons de tomber dans les magasins-monstres.

C'est la rue Montmartre qui a donné l'exemple, et le magasin qui a pour enseigne *A la Ville de Paris* ne compte pas moins de cent cinquante becs de gaz et de cent cinquante commis. — C'est un bec de gaz par commis ou un commis par bec de gaz, comme vous voudrez.

Ce magasin, à vrai dire, n'est pas un magasin; c'est une halle immense qui contient des approvisionnements de robes, de pantalons et de gilets de flanelle pour tous les Parisiens, en cas de siége. — Le toit est à l'épreuve de la bombe.

Le Pauvre Diable, le Petit Saint-Thomas (farceur qui aurait mieux fait de s'intituler *le Grand Saint-Thomas*), *les Deux Magots* et tous les autres magasins qui avaient la réputation d'être gigantesques, ne sont plus que de petits roquets de magasins auprès de *la Ville de Paris*, qui ne peut se comparer qu'aux *catacombes*, sans autre comparaison de marchandises.

Vous entrez pour acheter une robe de percale, et naturellement vous vous adressez au premier commis que vous voyez; il vous répond après avoir réfléchi un instant :

— La percale?... où diable cela se tient-il?... Ah!... ayez la complaisance d'aller jusqu'au cent vingt-septième bec de gaz, et, à votre main droite, vous trouverez le commis chargé des percales!

Vous vous mettez en route en comptant les becs de gaz sur vos doigts; — ça ne va pas mal jusqu'à dix; — puis, passé ce nombre, vous vous livrez à des calculs inouïs de crainte de vous tromper; enfin vous tombez sur le cent vingt-septième bec de gaz, et vous lui dites — au commis (pas au bec de gaz) :

— Monsieur, je voudrais avoir de la percale.

— Pour chemises, madame?

— Non... pour robes...

— Ah! dans ce cas, ayez la complaisance de vous adresser à M. Alphonse... il est chargé de la partie des robes... je ne tiens que des chemises.

— Où prenez-vous M. Alphonse?...

— Au quatre-vingt-septième bec de gaz à votre main gauche.

Vous retournez donc sur vos pas et sur vos becs de gaz, et, si vous comptez bien, vous finissez par arriver au comptoir des robes de percale; — vous y trouvez même plus que des robes, car vous y voyez même dix-sept cuisinières dont quinze portières qui sont arrivées avant vous et qui font queue depuis pas mal de minutes, en attendant leur tour pour être servies.

Au bout de trois bons petits quarts d'heure arrive enfin aussi l'instant heureux où vous pouvez choisir votre robe; — seulement, au moment de payer, on ne vous prend pas votre argent, mais on vous prend votre paquet, et l'on vous prie de le suivre jusqu'au comptoir général, où est le seul caissier chargé de la recette de l'établissement. Pour vous distraire, vous pouvez encore vous amuser à compter les becs de gaz qui jalonnent la route, depuis le comptoir des percales jusqu'au caissier de l'établissement.

En sortant enfin du magasin, vous avez votre robe sous le bras et une migraine dans la tête, — mais vous avez la satisfaction de dire à vos connaissances : — Je me suis procuré cela dans un magasin-monstre!

LES RICHES HONTEUX.

Pendant long-temps je ne sais vraiment quel original s'est plu à faire courir des bruits absurdes qu'il existait des pauvres à Paris, — et, qui pis est, des *pauvres honteux!* — Or chaque jour l'expérience et le *Constitutionnel* viennent nous révéler que ces prétendus indigents ont tous dans le creux de leur vieille paillasse des vieux bas remplis d'un tas de vieux louis d'or. — C'étaient des *riches honteux!* On ne procède pas à l'inventaire d'un mendiant enterré gratis par la ville de Paris, qu'on ne trouve au moins, dans le fond d'un vieux pot à beurre, quinze ou vingt mille francs, — sans compter les liards; — et pour peu qu'on s'amuse à découdre la doublure de son habit marron, on trouve que ce vêtement était ouaté avec du papier Joseph de la banque de France!

Achetez plutôt tous les vieux habits qui sont au Temple, et vous verrez si ce n'est pas vrai.

L'expérience, toujours escortée du *Constitutionnel,* vient de nous révéler hier, pas plus tard qu'hier, l'existence d'un millionnaire qui cachait sa fortune sous la livrée de la misère et du mont-de-piété.

Quand nous disons l'existence, l'expression n'est pas parfaitement exacte, attendu que le personnage n'existe plus, mais le magot existe toujours et va contribuer à embellir la vie de cinq ou six héritiers qui certainement ne s'y attendaient guère; — mais ils n'en seront que d'autant plus heureux, — car on a beau dire, la fortune n'empêche pas le bonheur!

Ce dernier riche honteux se tenait à la porte du mont-de-piété de la rue des Blancs-Manteaux, et son industrie consistait à servir de guide aux personnes qui craignaient de s'égarer dans le labyrinthe des corridors de ce monument national. — Pour prix de ce service on lui donnait de cinq à dix sous, suivant la générosité des personnes, — c'est-à-dire suivant que l'on venait *mettre en plan* une vieille redingote ou une montre d'or, — un bonnet de voltigeur de la garde nationale ou des couverts d'argent en métal d'Alger.

Or, lorsque ce pauvre diable a quitté définitivement son poste de la rue des Blancs-Manteaux pour aller se mettre lui même en plan pour l'éternité au *Père-Lachaise,* — le juge de paix de l'arrondissement a fait procéder à l'inventaire du défunt, car les parents ne se pressaient nullement de venir réclamer un héritage qui devait se composer, à ce qu'ils pensaient, d'une vieille veste couleur de muraille et d'une note à payer chez le pharmacien.

Aussi jugez de l'étonnement du juge de paix, — car ces magistrats s'étonnent toujours de ces événements quand pourtant ils devraient en avoir l'habitude, — jugez de sa stupéfaction, disons-nous, quand il trouva que ce défunt laissait une fortune de *trente-deux mille francs de rente,* — et en biens fonds encore, — vu que cet homme d'ordre avait acheté cinq ou six fermes en Normandie, — bien que ce pays ne lui eût pas donné le jour.

A mesure qu'il touchait des capitaux, il les plaçait. — On ne trouva en argent comptant que six sous, prix qu'il avait reçu pour sa dernière course.

A ce compte-là, pour avoir amassé six cent quarante mille francs, il avait indiqué le chemin du bureau du mont-de-piété à environ deux millions quatre cent mille individus, ce qui est un indice de la situation florissante du commerce de notre belle patrie.

Mais il est probable que les étudiants, les lorettes et autres artistes payaient au moins dix sous. — Leur générosité est beaucoup plus grande.

Et puis notre gaillard, qui connaissait si bien les détours du mont-de-piété, devait aussi connaître celui qui consiste à racheter à vil prix les *reconnaissances* des pauvres diables qui ne peuvent pas dégager leurs effets; — et comme le mont-de-piété, qui vient obligeamment au secours de la misère, a toujours soin, avec la générosité qui le caractérise, de ne prêter sur un objet que le tiers de sa valeur, — le racheteur a, comme vous voyez, un assez joli bénéfice.

Si le gouvernement veut un jour emprunter cinq ou six cents millions, au lieu de s'adresser à des banquiers qui auraient bien du mal à se procurer cette somme, il fera bien mieux d'aller frapper à la porte de tous les joueurs d'orgue de barbarie, cireurs de bottes et marchands d'allumettes chimiques allemandes; je suis persuadé qu'en moins de vingt-quatre heures il se procurera les six cents millions demandés.

Il n'y aura pas mal de pièces de quinze sous, — mais elles seront toutes excellentes, car jamais un pauvre honteux n'accepte de fausse monnaie.

D'UNE NOUVELLE

RÉPARTITION DES IMPOTS

EN FRANCE.

On ne parle que recensement de tous les côtés, — parlons donc aussi un peu recensement, — mais parlons-en tranquillement, et surtout sans marcher sur le terrain brûlant de la politique! — attendu qu'un journaliste doit déposer cent mille francs avant de se permettre de flâner sur ledit terrain : or, tout le monde n'a pas cent mille francs dans la poche de son paletot, fût-il confectionné par *Humann* lui-même.

A défaut de cent mille francs, je veux donner au gouvernement un bon conseil, un conseil qui vaut deux ou trois cents millions, — rien que ça! —

C'est une nouvelle manière de faire rentrer les impôts sans faire crier les contribuables même les plus susceptibles, — et bien plus, de les forcer à réclamer comme de beaux diables toutes les fois qu'on ne les aura pas portés sur le rôle des contributions pour une somme *assez élevée.*

Vous voyez que c'est le monde renversé, et pourtant mon projet n'est pas un rêve d'homme de lettres *humanitaire*, ou de saint-simonien en retraite.

Voici ma recette avec la manière de s'en servir, — je la soumets aux méditations des ministres des finances de tous les pays.

Si j'étais gouvernement, au lieu d'envoyer dans les maisons des agents chargés de compter toutes les portes, d'additionner toutes les fenêtres et de porter un œil de lynx sur le moindre œil-de-bœuf, — je dirais au contribuable vexé de voir ainsi contrôler sa fortune :

— Mon ami, mon bon ami, ayez la complaisance d'estimer vous-même, non pas ce que vaut votre maison, chose périssable et méprisable que je ne veux plus imposer, mais ce que valent votre esprit,

LES ACTRICES

rue Coquenard du Croissant 16 — Imp. d'Aubert & Cie

Sac à papier ! Monsieur Montmirail comme vous sanglez ma Majesté !

votre cœur et votre âme! — vous seul pouvez exactement apprécier toutes vos bonnes qualités, veuillez donc les tarifer et m'en adresser le montant. — Nous publierons le total de vos contributions dans tous les journaux!

Grâce à l'opinion qu'ont tous les Français de leur propre mérite, les recettes du budget s'élèveraient immédiatement à deux milliards.

Car notez bien que mon système d'imposition atteindrait toutes les classes de la société.

Aux danseuses de l'Opéra je dirais :

« Mesdemoiselles, — (c'est un mot qui se dit toujours en parlant de ces dames), — j'ai l'honneur de vous prévenir que toutes les danseuses qui ont naturellement la jambe bien faite et qui ne font pas usage du moindre coton sont imposées annuellement à la somme de *cent francs* : celles qui mettent de *faux mollets* ne paieront absolument rien, mais leurs noms seront insérés au *Moniteur*, partie officielle et diplomatique. »

Aux comédiens je dirais :

« Messieurs, tout acteur ayant un talent véritable devra verser dans les caisses de l'État un impôt annuel de trois cents francs, — les noms seront insérés dans tous les journaux! »

Comme il y a environ quatre cents acteurs à Paris, pour avoir le chiffre de la recette de l'impôt on n'a qu'à multiplier hardiment trois cents francs par trois cent quatre-vingt-dix-neuf, — car sur les quatre cents acteurs de la capitale, il est possible qu'il s'en trouve un qui soit assez modeste pour ne pas se reconnaître un talent *hors ligne*.

Les auteurs dramatiques seraient priés de verser comme impôt le vingtième de leurs droits d'auteur, — et tous enverraient *mille francs*, — attendu qu'il n'y a pas de vaudevilliste qui ne tienne à faire croire qu'il gagne vingt mille francs par an.

Enfin à toutes les femmes je dirais :

Les femmes n'ayant pas trente ans bien révolus sont priées de vouloir bien payer cinquante francs d'imposition; — celles qui avoueront avoir de fausses dents ne paieront que dix francs! « Toujours les noms dans les journaux. » Il n'y a que les femmes de cinquante ans qui songeraient à profiter du bénéfice de la loi, — et encore il faudrait qu'elles fussent bien pauvres ou bien philosophes!

Enfin personne ne pourrait échapper à mon impôt, car aux jeunes gens je dirais :

« Charmants Don Juans, vous êtes priés de verser cinq cents francs dans les caisses de l'État toutes les fois que vous avouerez avoir séduit une jolie femme! »

Les dandys de cinquante ans se ruineraient surtout en impôts!

Vous voyez bien que si j'étais ministre des finances, au bout de six mois je serais obligé de faire confectionner de nouvelles caisses pour renfermer tous les millions qui m'afflueraient de toutes parts, — je serais plus cousu d'or qu'un visir ou qu'un calife des *Mille et une nuits*.

Mais je ne suis pas ministre des finances! — et on pourrait même presque parier que je ne le deviendrai jamais! — attendu que le vrai mérite peut bien difficilement percer.

Vous voyez, d'après la bonne opinion que j'ai de moi, que je commencerais moi-même par m'imposer à une bonne somme!

LES

TALONS ROUGES

DE L'ÉPOQUE.

Chaque époque a son aristocratie particulière, et, dans le bouillonnement perpétuel de la Société, chaque classe, ou si vous aimez mieux, chaque couche arrive à la surface et y brille pendant un temps plus ou moins long, jusqu'à ce qu'un coup d'écumoire, venu on ne sait d'où, la replonge au fond de la marmite sociale. — Le diable m'emporte, voilà que je parle presque aussi bien et surtout aussi clairement qu'un écrivain *humanitaire*, phalanstérien ou autre du même genre nébuleux et fabuleux.

Ces talons rouges de l'époque sont tantôt les prêtres, tantôt les marquis, tantôt les financiers; — quelquefois même ce sont les savetiers, comme en 93. — Voici maintenant que le tour des comédiens est arrivé.

A force de crier qu'ils étaient d'infortunés *parias* dans la Société, et que la justice exigeait qu'on les laissât un peu se retirer du coin obscur où on les avait relégués, nos gaillards sont arrivés petit à petit au sommet de l'échelle sociale, — et ils n'en continuent pas moins à se regarder comme fort malheureux.

Effectivement, aujourd'hui, le moindre cabotin

gagne de vingt-cinq à trente mille francs, — sans talent bien entendu, — car s'il a quelque peu de talent, il se fait soixante, quatre-vingts ou même cent mille francs.

A cela vous me direz tant mieux pour eux. — Sans doute je ne les blâme pas d'accepter les délicieux appointements que viennent leur proposer ces excellents directeurs; mais il est une plaisanterie que ces messieurs ne devraient plus se permettre, c'est de continuer à s'intituler les *parias de la Société*, — à moins qu'ils ne prennent ce sobriquet pour indiquer qu'ils vivent effectivement en dehors de tous les usages de la civilisation : — exemple, M. Frédérick Lemaître, se faisant payer dix-huit cents francs pour les répétitions d'une pièce, et se faisant engager à un autre théâtre la veille de la première représentation. — Ceci nous semble le puff le plus puff de tous les puffs passés, présents et futurs.

Après un exploit pareil, nous ne contestons pas à M. Frédérick Lemaitre le droit de s'intituler Paria de la Société.

Nous concevons, à la rigueur, que les talents hors ligne se fassent aussi payer un prix extraordinaire; il est trop juste que des artistes qui font des recettes monstres participent au bénéfice des sacs d'écus qu'ils font entrer dans la caisse du directeur; — mais le fâcheux de l'affaire, c'est que tous les autres acteurs, ayant peu de talent, mais infiniment de prétentions, se sont mis sur le pied de s'estimer eux-mêmes avec toute la modestie qui d'ordinaire est l'apanage des artistes dramatiques ou autres.

A l'heure qu'il est, on ne peut pas trouver un *jeune premier*, pas trop bancal, et ayant à peu près toutes ses dents, — à moins de 10,000 fr. par an. — Encore assure-t-il qu'il y met du sien! — Nous le croyons sans peine, sous le rapport des mollets et autres accessoires.

Une basse-taille qui, il y a dix ans, aurait remercié le ciel de toute la force de son *contrefa*, si le curé de Saint-Roch lui avait offert un engagement de chantre à 100 fr. par mois, regarde 15,000 fr. comme bien peu, et son directeur comme rien du tout.

Quant aux danseuses, vous savez que Paris renonce à pouvoir leur offrir un prix digne de leurs entrechats! — Saint-Pétersbourg et New-York ont dépassé tout ce que l'on peut imaginer en fait de folies et d'appointements.

Les soirs où mademoiselle Taglioni ne gagne que 25,090 fr., elle dit presque à l'instar de Titus : — J'ai perdu ma soirée!

Et mademoiselle Fanny Elssler ne consent plus à se rendre au théâtre que lorsque les abonnés viennent la chercher en voiture, — et en ayant l'extrême complaisance de s'atteler eux-mêmes à ladite voiture. — Consultez plutôt tous les journaux américains du mois de février dernier.

Nous n'en sommes pas encore arrivés à ce point de civilisation, mais cela ne peut tarder.

C'est ce qui fait qu'à l'heure qu'il est, on ne trouve plus de jeunes gens ou de jeunes personnes qui consentent à embrasser la profession de modiste, de chemisière, d'avocat, de diplomate ou de ferblantier.

Tout le monde veut être artiste dramatique, et pour peu que cela continue, il y aura tant d'acteurs à tous les théâtres, qu'il n'y aura plus moyen de trouver un seul spectateur.

LES GRANDS HOMMES

EN LITHOGRAPHIE.

A mesure que nous avançons, la soif de la célébrité devient plus grande pour une foule de braves gens qui, jusqu'à ce jour, avaient bien tranquillement vécu au fond de leur ménage et de leur obscurité.

Jadis les Français les plus affamés de gloire et de célébrité se contentaient de se *poser* dans leur rue, ou tout au plus dans leur quartier, en intriguant pour se faire nommer lieutenants ou sergents dans la garde nationale. — Mais aujourd'hui cela ne suffit plus, — ce n'est pas assez pour ces gaillards-là de faire du bruit dans le monde une fois par an, — le 1er janvier, jour des aubades, — ils tiennent à ce que tout Paris ait les yeux fixés sur eux, et cela pendant les douze mois de l'année.

Il y a en ce moment une recrudescence vraiment *effrayante*, — c'est le mot, — de lithographies, nous offrant une foule de têtes plus étonnantes les unes que les autres! — puis quand les badauds s'approchent pour lire le nom de la *célébrité* qu'ils trouvent si laide, — ils lisent *Oscar Glandureau*, *Arthur Moussard* ou tout autre nom aussi illustre.

Alors le pauvre badaud se trouve très-vexé et même un peu humilié, parce qu'en s'apercevant qu'il ne connait nullement ce nouveau grand homme, il s'imagine être peu au courant de la littérature moderne ou des événements du jour : — et c'est toujours vexant quand, pour arriver à cette fin, on s'était abonné au *Constitutionnel*.

Toutes les célébrités lithographiques, ou, si vous aimez mieux, lithographiées, ne se livrent pas à l'admiration du public dans une pose uniforme.

Les poètes, — ou ceux du moins qui se donnent ce sobriquet, — montrent toujours leur *faciès* de face, en levant les yeux au ciel. — De plus, ils ont un front très-vaste ombragé de cheveux très-longs, mais mal peignés.

Les musiciens et surtout les pianistes ne livrent au public que leur profil ; — c'est toujours ça de gagné. — Du reste, il ne faut pas croire que ce soit par une demi-modestie, — c'est uniquement la tenue de l'instrument qui l'exige.

Les acteurs, qui en toute chose s'élèvent au-dessus du profane vulgaire, rougiraient d'apparaître enveloppés d'un simple paletot. Ils choisissent le rôle dans lequel ils brillent le plus, — c'est-à-dire celui dans lequel ils peuvent étaler le plus d'oripeaux.

Les docteurs en médecine renchérissent encore sur tous les autres, car ils ne se contentent pas de la simple lithographie ; ils y joignent encore le petit buste, — plus leur charge exécutée par Dantan, et cette fois le spirituel artiste, pour faire du grotesque, n'a qu'à copier la nature.

Enfin, comme si toutes ces têtes ne suffisaient plus, voici que, pour renchérir sur le tout, apparaissent derrière les vitraux de toutes les boutiques des petits médaillons renfermant des portraits obtenus à l'aide du *daguerréotype*.

A la porte des opticiens, comme à celle des papetiers, — aux vitraux des cabinets de lecture, comme à ceux des bottiers, vous apercevrez inévitablement une collection de portraits de famille tous plus laids les uns que les autres.

Car il faut rendre justice au daguerréotype, c'est qu'il vous enlaidit considérablement ; — mais ce qu'il y a d'agréable c'est qu'il ne vous enlaidit pas d'une manière uniforme et constante.

Si vous faites reproduire dix fois votre image par cet instrument ingénieux mais malin, — les dix fois vous êtes enlaidi d'une manière différente. — Le moindre dérangement dans votre pose, dans l'atmosphère ou dans votre nez, produit un effet inattendu ; tantôt c'est votre bouche qui s'est élargie d'une manière monstrueuse, tantôt c'est votre front qui fuit à perte de vue ; — mais le plus souvent ce sont les pommettes qui deviennent saillantes comme de véritables monticules et qui, projetant une ombre sur vos joues, vous donnent l'air d'un infortuné qui n'a pas dîné depuis six mois.

Du reste, cette variété dans les portraits du même individu a cela de bon qu'en en exposant une douzaine dans le même cadre, on peut les faire passer pour une collection de portraits de famille.

Des badauds qui ne sont pas complétement initiés aux merveilles du daguerréotype se disent tout simplement à cette vue : « C'est singulier, comme tous les membres de cette famille se ressemblent entre eux ! »

LES

101 ROBERT-MACAIRES.

Jamais dessins ou gravures comiques n'obtinrent un succès pareil à celui des *Robert Macaires* lithographiés par Daumier sur les légendes de Ch. Philipon. — Mais aussi jamais l'image comique ne s'était élevée à cette hauteur philosophique. Les *Robert Macaires* ont été et resteront la plus sanglante flagellation possible des mœurs d'une époque. En effet, il ne s'agit point ici de petites plaisanteries dessinées d'une manière plus ou moins piquante et s'appliquant à un travers public ou particulier, à une mode ou à un usage, mais d'une belle et bonne satire écrite par le crayon et par la plume, d'une merveilleuse mise en scène de personnages de tous rangs, de tous âges et de toutes professions, agissant et s'exprimant dans toute la vérité de leur passion dominante, — de la passion qui caractérisera le temps où nous vivons, la plus vile, la plus misérable de toutes les passions, — la cupidité.....

Il faut voir l'art, l'adresse et l'habileté dont les deux caricaturistes ont fait preuve, l'un dans les poses et les physionomies, l'autre dans le langage des acteurs de cette comédie lithographique. *Robert Macaire* est tour à tour le fripon éhonté qui vend à coup d'annonces, à grand renfort d'affiches et de prospectus, une poudre, une eau, une graine de niais ; — tantôt le médecin en réputation qui tue ses malades pour l'*honneur des principes*, ou le médecin dissident qui adopte un système auquel il ne croit pas pour sortir de la foule et arriver à la fortune qu'il convoite.

Robert est fondateur d'une immense société en

commandite, il appelle les capitaux, — la caisse est ouverte...

Bientôt les capitaux sont partis, le moment est venu de régler les comptes, payer les fournisseurs, distribuer les dividendes, — la caisse est fermée.

Robert, dans les 101 petits tableaux de cette délicieuse parodie, est jeune, vieux, célibataire, marié, époux, père, oncle, neveu, etc. — Il est magistrat, ministre, député, millionnaire, noble, roturier, prolétaire; — il est auteur, acteur, éditeur, journaliste; il exerce toutes les professions, tous les états; il parcourt tous les degrés de l'échelle sociale, et toujours et partout il est le héros de la *blague* (passez-moi ce mot propre), le héros du *puff*, le héros du mensonge, de la cupidité et aussi de l'adresse et de l'habileté.

Citons quelques exemples pris au hasard.

Robert Macaire vient de créer une société par actions, mais le placement des actions ne marche pas, il faut *lancer* l'affaire (c'est le mot consacré), *Robert* dit à *Bertrand*, son factotum : « Écris. »

« Monsieur,

» J'ai l'honneur de vous informer qu'il ne reste » plus à placer une seule action de la Société *na-» tionale des cuirs à repasser;* dans le cas cepen-» dant où vous désireriez faire partie de nos com-» manditaires, je vous invite à m'en adresser la » demande, car, sur la quantité, quelques coupons » peuvent n'être pas retirés immédiatement et je » me ferais un plaisir d'en disposer en votre fa-» veur.

» Je suis... etc., etc.

» Le Directeur-Gérant R. Macaire. »

« Comment! s'écrie Bertrand, tu veux écrire ça et tu n'as pas seulement placé la queue d'une malheureuse action, nous n'avons pas un traître dans la caisse...

— Écris toujours, fais imprimer à 300,000 exemplaires, et empoisonne-moi la France de cette circulaire, tu m'en diras des nouvelles. »

Robert, dans l'âge heureux des folies, s'abandonne aux charmes de l'amour. Amant aimé d'une femme qu'il a choisie plus riche que belle, — vous savez que l'amour est aveugle! — il reçoit un portrait enrichi de diamants et offre en souvenir, — ou plutôt en échange, — une mèche de ses propres cheveux. »

Vient un moment où l'agiotage est tellement scandaleux, — où les ruines, les faillites, les suicides des dupes font tant de bruit que le ministère public finit par s'émouvoir, et les gérants ont un mauvais quart d'heure à passer. — Robert se retourne adroitement, il n'est plus gérant, il est *membre du conseil d'administration*, et nous le voyons accoster dans la rue un pauvre diable hébété par l'alcool, c'est un terrassier, dont la fortune mobilière se compose d'une pioche, d'une pelle et d'une brouette. Robert, en compagnie de Bertrand, va à lui, et lui tient à peu près ce langage :

« Comment vous appelez-vous, brave homme? — M'sieu, je m'appelle Barnabé Godichard, dit Boi-z-à-mort. — Ah! vous êtes le fameux Godichard, l'inventeur de la poudre bitumineuse! — Non, m'sieu, je n'ai pas inventé la poudre bi... — Si fait! si fait! et la preuve, c'est que nous vous offrons 500 francs de votre nom... — Nom d'un nom! c'est-y possible que j'aurais inventé quéque chose qui vaudrait 500 francs! — Parbleu! les inventions ça se trouve comme ça très-souvent, sans le savoir. Vous serez gérant de la société du *bitume Godichard*, vous n'aurez rien à faire, qu'à boire, manger, dormir et signer. — Mais, m'sieu, je ne sais pas tant seulement signer. — Oh! après tout, cela n'est pas bien nécessaire, nous serons là, nous autres du conseil d'administration, nous signerons pour vous, tant qu'on voudra. »

Puis nous le voyons à la tête d'une tontine enfantine, il étend les bras d'un air patriarcal, et s'écrie :

« Laissez venir a moi les petits enfants!

» Bertrand, ajoute-t-il, comprends-tu la parabole? — Comprends pas. — Bêta! nous créons une association..... là..... une tontine puérile et honnête; nous recevrons 50 pour 100 dans le présent, pour donner 500 pour 100 dans l'avenir... — Mais alors que ficherons-nous donc dans l'avenir? — Nous ficherons le camp, bêta! et nous planterons là la tontine... »

Ils chantent en duo : Ton ton, ton ton, tontine, ton ton.

Mais, comme le texte se lie étroitement à la figuration, et comme rien ne saurait exprimer la finesse, le piquant des physionomies, la vérité comique du geste, il faut, après ces longues explications comme en commençant notre article, renvoyer les amateurs de la véritable caricature française à la collection elle-même. Elle forme deux volumes contenant les 101 dessins et 101 articles explicatifs par MM. Maurice Alhoy et Louis Huart. Prix des deux volumes brochés, 20 francs.

IMPRIMÉ PAR BÉTHUNE ET PLON, A PARIS.

PARIS COMIQUE,

Dessins de MM. de Beaumont, Bouchot, Cham de N.., Daumier, Emy, Gavarni, Grandville, H. Monnier, Pruche, Vernier et autres.

TEXTE PAR LES RÉDACTEURS DU MUSÉE PHILIPON, DU CHARIVARI, DE LA CARICATURE, ETC., ETC.

LES AIRS A LA MODE.

J'ignore quel est l'inventeur de l'orgue de Barbarie, et, franchement, je suis bien aise de ne pas connaître son nom, car sans cela il m'arriverait très-souvent d'accompagner ce nom d'une foule d'épithètes que ne doit pas se permettre un homme qui se respecte ; — et, le premier moment de colère passé, je serais obligé de me dire : -- *Mon ami, vous êtes très-mal élevé!* — Or, il est toujours désagréable de se dire de ces choses-là à soi-même.

La statistique de M. Charles Dupin nous apprend qu'il existe cent cinquante orgues de Barbarie à Paris, et, partant de ce calcul, vous vous dites sans doute, — surtout si vous habitez la province ou l'étranger : — « Tiens, ça fait cent cinquante airs que l'on peut entendre tous les jours gratis. — C'est charmant! »

Ah! monsieur, que cette finale imprudente de *c'est charmant* m'afflige pour vous et pour moi!

D'abord ces instruments de Barbarie, au lieu d'avoir chacun un air différent, ce qui serait bien la moindre des choses, ne jouent tous absolument que la même ranguenne. — Dès qu'un air nouveau apparaît sur l'horizon musical, — crac, les cent cinquante manivelles vont se régler sur la romance en question, et au bout de vingt-quatre heures voilà tout Paris condamné à trois mois de *Postillon de Lonjumeau* forcés, — ou à six mois de *Grâce de Dieu*, sans grâce ni merci.

Pour les Parisiens, les airs deviennent forcément des dates; ils ne disent pas, quand ils cherchent à se remémorer une circonstance de leur vie : — C'était en 1827 ou en 1835, — point; — ils disent : « Vous rappelez-vous, madame Glandureau, quel âge peut avoir le petit à madame Chasseron? — A quoi madame Chasseron répond : — Attendez donc, il est né dans l'année du *Petit François*, à preuve que madame Glandureau s'était mariée huit mois auparavant, sur l'air de *Tu n'auras pas ma rose*.

Ces dates se retiennent ainsi tout naturellement, — c'est de la mnémotechnie musicale, — et c'est bien le moins qu'on ait cette compensation, — c'est bien le moins que ces airs se gravent dans la tête après avoir long-temps écorché les oreilles.

Après cela, les personnes étrangères à Paris et à l'orgue de Barbarie s'abusent étrangement si elles s'imaginent que les concerts donnés par ces instruments voyageurs soient gratis. — Aucune loi, ni divine ni humaine, ne vous force à jeter un sou à ces artistes à manivelle, — c'est parfaitement juste, — nous parlons de la réflexion, — mais il n'en est pas moins vrai que le concours des circonstances vous force presque toujours à leur jeter deux sous.

Exemple : — Vous êtes en train de travailler lorsqu'un de ces orgues barbares vient s'installer sous votre fenêtre et se met à jouer l'inévitable *Grâce de Dieu*. — Pendant que l'instrument joue cette romance vous vous contentez de jurer, — c'est bien ; — vous vous damnez, c'est votre affaire, — ça ne vous coûte pas un sou, c'est vrai, mais attendez. A peine la manivelle a-t-elle terminé ses derniers gémissements que, crac, — mon musicien pousse je ne sais quel bouton, — et deux secondes après l'instrument se remet à rejouer le même air, — et ainsi de suite, trois fois, quatre fois, cinq fois! etc.

Pour terminer votre supplice vous avez deux partis à prendre :

Premier parti. — Vous allez à votre fenêtre et vous jetez à l'homme deux sous en lui criant d'aller au diable. — Ce qui fait qu'il y va, mais il a soin de revenir le lendemain pour se faire envoyer de nouveau à ce même diable au même prix de deux sous! — C'est une rente journalière d'un décime que vous vous voyez obligé de servir à ce musicien. — Ainsi, vous voyez que ce premier parti n'est pas trop bon.

Deuxième parti. — Pendant tout le temps que l'orgue joue la *Grâce de Dieu*, vous ne jetez rien du tout au musicien, vous vous contentez de vous arracher des poignées de cheveux de désespoir, et de hurler avec accompagnement d'orgue de Barbarie. — Après quinze minutes de cette pantomime, vous allez à votre fenêtre pour voir si enfin cela finira bientôt; et à peine êtes-vous aperçu, que le musicien, saisissant le moment, vous lance une pièce de deux sous enveloppée dans une chanson. — Devinant son intention vous poussez vivement votre fenêtre, et vlan! — la romance et les deux sous tombent à vos pieds avec accompagnement de fragments de carreaux! Il vous en coûte trois francs, — ou au moins deux francs dix-huit sous. — Pour peu que le décime du musicien soit de bon aloi, mais c'est toujours un *Monaco*.

Vous voyez donc bien que lorsqu'on voit arriver un orgue de Barbarie sous ses fenêtres on n'a qu'une chose à faire aujourd'hui, — c'est de se recommander soi-même à la grâce de Dieu!

LES RÉSURRECTIONNISTES LITTÉRAIRES.

Il est certaines nouvelles qui ont le privilége de revenir périodiquement dans les colonnes des journaux parisiens pour l'amusement des badauds européens. Après le serpent de mer, les veaux à trois têtes sans corps et les puffs de mademoiselle Elssler, la nouvelle qui a le plus de succès est celle qui consiste à annoncer la découverte d'un manuscrit inédit de Voltaire, ou de tout autre grand homme qui avait eu la précaution de publier de son vivant ses œuvres complètes et même archi-complètes.

Il est une classe de littérateurs qui gagnent une foule de croix d'honneur en passant leur vie à fouiller dans les vieilles bibliothèques pour chercher dans ces catacombes de l'esprit humain quelques débris informes, quelques-uns de ces vieux feuillets jaunis et moisis, malheureux restes, qui, suivant l'expression de Tertullien, n'ont plus de noms dans aucune langue, et ces fragments sont aussitôt baptisés par nos résurrectionnistes du nom de manuscrit inédit et précieux.

Mais il est surtout un manuscrit que l'on trouve périodiquement tous les huit ou dix ans, — c'est une comédie inédite de Beaumarchais.

Il y a huit jours qu'un des résurrectionnistes de la bibliothèque de l'Arsenal vient de retrouver, pour la quinzième fois, ladite comédie de Beaumarchais, — comédie qui n'a jamais existé, et qui au bout d'un léger examen, se trouve être un *ours* d'un vaudevilliste du temps de l'empire.

Mais le résurrectionniste n'en a pas moins accroché immédiatement la croix d'honneur, qui, une fois mise à la boutonnière, ne peut plus être décrochée.

Avec une once (non, je veux dire avec quelques centigrammes) de bon sens, le manuscrit inédit de Beaumarchais passerait bien vite à l'état de chimère, car Beaumarchais n'aurait pas plus laissé se perdre une de ses comédies que M. Scribe lui-même; mais les résurrectionnistes n'y regardent pas de si près, et le public y regarde encore de plus loin.

Le bon bourgeois lit le matin dans son journal : — « On vient de retrouver une comédie inédite de Beaumarchais, » — et ça lui suffit, — c'est tout au plus si deux ou trois ans, à l'annonce de la même *retrouvaille*, il se permet de *trouver* à son tour que les journaux se répètent un peu.

La lettre inédite de Voltaire a aussi bien son charme! — une foule de gens ne sont pas satisfaits de posséder quatre gros volumes de correspondance de ce vieux ricaneur, qui bien que du sexe masculin avait fini sur ses vieux jours par tourner sérieusement à la vieille portière par ses bonnets de nuit à la Fontanges et par son bavardage.

Ce n'est pas assez de 3,687 lettres de Voltaire, les résurrectionnistes tiennent à honneur de doter la France d'une trois mille six cent quatre-vingt-huitième épître du même grand homme! — Tous les goûts sont dans la nature, même le goût du Voltaire poussé jusqu'au fanatisme!

Or, la plupart du temps cette trouvaille voltairienne se borne à trois lignes adressées par le grand homme à son cordonnier, et dans lesquelles il dit avec ce style qui n'appartient qu'à lui :

— « Monsieur, envoyez-moi le plus tôt possible les deux paires de souliers que j'attends, et surtout tenez-moi le pied droit plus large que d'ordinaire, car j'ai un cor qui me fait beaucoup souffrir. »

O grand homme! ô grand style du grand siècle!

Il est une partie des cartons de la Bibliothèque royale qui occupent encore plus de résurrectionnistes que tous les autres, — ce sont les cartons qui renferment les vieux parchemins couverts de ce vieux français qui n'est plus du français.

Le gouvernement, qui protége beaucoup plus les baleines et les morues que les littérateurs contemporains, accorde très-volontiers la croix aux écrivains qui n'écrivent rien du tout et qui se contentent de fouiller dans les vieilles paperasses pour y découvrir un compte-courant des maîtres d'hôtel de Charles-le-Chauve, ou le reçu d'une fourniture de beurre livrée au cuisinier de François Ier.

Les littérateurs qui font ces heureuses trouvailles ont en récompense bien plus que la croix d'honneur, ils sont ornés d'une mission en Islande, ou dans le Groënland, pour aller y fouiller des *sagas*, ou autres poèmes aussi fantastiques, aux appointements non fantastiques de douze mille francs par an.

Notre homme de lettres et de *sagas* s'affuble de peaux d'ours, part pour le Groënland, y reste trois ans occupé à fouiller et à refouiller dans toutes les cavernes du pays, — puis, au bout de ce laps, il reprend le chemin de la France en rapportant du Groënland..... un rhume de cerveau, — rhume qui en définitive a coûté dix-huit mille francs au budget.

Et après tout, il est fort heureux que ces littérateurs ne rapportent que cela, car s'ils rapportaient des *sagas*, le ministère aurait un prétexte de leur payer derechef douze mille francs par an pour *remporter* lesdits *sagas* dans le Groënland.

Pour peu que ce système littéraire continue à fleurir dans notre belle patrie, le présent article, qui n'a procuré que quelques décimes, vaudra peut-être dans trois cents ans une croix magnifique et un prénom plus magnifique encore au résurrectioniste qui, à force de fouiller dans la Bibliothèque royale, finira par y découvrir la collection de *Paris comique*, — et dans ladite collection le numéro que vous tenez en ce moment dans vos mains!

LES

VEILLEUSES-FOURNEAUX.

Ce n'est pas seulement la chimie vulgaire qui se livre, en ce moment, à une foule de prodiges — (voir tous les prospectus de pommade mélainocome), — la chimie culinaire n'a pas voulu rester en arrière de sa célèbre sœur, et les cuisinières sont, en ce moment, dans la stupéfaction de l'étonnement, — c'est-à-dire que dans leur trouble elles font payer à leur maîtresse les poulets de 3 fr. 5 fr., — on voit bien que la tête n'y est plus.

Les flâneurs du boulevard Montmartre peuvent aller admirer la nouvelle invention qui promet d'opérer une révolution complète dans toutes les cuisines de France, et même de l'étranger; pour contempler cette merveille, il suffit de prendre un lorgnon et l'omnibus qui passe boulevard Montmartre, car c'est en face le théâtre des Variétés que ce prodige de la chimie (culinaire) a installé son domicile.

Jusqu'à présent, quand vous vouliez faire cuire un fricandeau, que preniez-vous, monsieur? — Un fricandeau, me répondez-vous. — C'est trop juste, et vous me faites l'effet d'un farceur; — je vous demande que preniez-vous outre cet indispensable fricandeau?

Vous preniez une casserole, du charbon et autres accessoires, puis vous allumiez votre feu comme vous pouviez, en soufflant comme un marsouin; — bref, avant dix minutes, vous étiez exténué et à moitié asphyxié, — c'est-à dire que cela vous ôtait tout le plaisir que vous vous promettiez à savourer votre fricandeau.

Aussi, bien des gens, à la suite de tous ces désagréments, avant de songer à prendre un fricandeau, se décidaient à prendre une cuisinière!

Eh bien! grâce à la nouvelle invention, brevetée par le gouvernement français et avec la permission de M. le maire, désormais tous ces ennuis sont évités aux amateurs de fricandeaux, ou autres plats plus ou moins nationaux.

Désormais plus de cheminées, plus de fourneaux, plus de charbon, plus de soufflets, plus de marmitons, plus de cuisinières! Tout cela se trouve réuni dans une simple petite flamme, qui fait votre petite *pot-bouille!*

Grâce à ce nouvel appareil breveté, votre fricandeau se trouve cuit en un clin d'œil, pourvu que vous ayez eu soin d'allumer votre veilleuse vingt-quatre heures à l'avance. — Mon Dieu, oui, rien de plus simple et de plus économique à la fois, — vous vous trouvez éclairé, chauffé et nourri avec votre veilleuse, — c'est-à-dire que cela enfonce les merveilles du puits artésien.

Seulement, il faut avoir soin de vous relever toutes les demi-heures pour regarder si votre petite pot-bouille va bien, et surveiller la soupape de sûreté, sans cela vous ne mangeriez pas ledit fricandeau le lendemain à votre dîner, — non pas que ce ragoût serait brûlé; — ah! vous n'avez pas à redouter un pareil accident, mais vers deux heures et demie du matin, votre bonnet de coton pourrait se trouver collé au plafond de votre appartement, par suite de l'explosion de votre marmite brevetée, et ce qu'il y aurait de plus fâcheux, c'est que votre cervelle aurait accompagné ce bonnet de coton dans ce voyage aérien; — après cela, ce serait bien fait, car, à la rigueur, l'inventeur de l'appareil pourrait vous demander des dommages-intérêts par suite du tort que votre imprudence causerait à sa réputation. — Si, au lieu d'un fricandeau, vous tenez à manger un bifteck, le procédé est absolument le même.

Du reste, ces veilleuses-fourneaux sont d'autant plus économiques, et méritent d'autant plus l'admiration de toutes les personnes d'ordre qui tiennent à laisser de la fortune à leurs héritiers, que grâce à ce système breveté, dès qu'on a adopté une seule fois cette manière de fricoter, désormais on ne dépense plus rien, absolument rien pour sa nourriture.

Enfin, nous ferons observer aux véritables amateurs que cette veilleuse n'use que pour 5 centimes d'huile dans la nuit, — seulement l'achat primitif doit coûter au moins 100 écus.

O industrie humaine, tu es bien admirable, ma bonne, seulement il serait grand temps de te ralentir dans ta course, que je ne crains pas de qualifier d'insensée; car sans cela je ne sais vraiment pas où tu finirais par t'arrêter.

Il est fort heureux que la poudre ait été inventée en Allemagne dans le courant du quatorzième siècle, car, en France, au dix-neuvième, les inventeurs ne nous semblent pas avoir toutes les qualités requises pour renouveler cette spirituelle découverte.

Après cela, si après l'achat d'une veilleuse-fourneau, il vous reste quelque monnaie dont vous soyez embarrassé, vous pouvez l'employer à acheter une nouvelle machine très-ingénieuse, très-compliquée et très-brevetée, — laquelle est destinée à cacheter les lettres.

Grâce à ce nouvel instrument, excessivement commode, un homme qui travaille activement pendant une journée entière peut facilement cacheter trente-trois lettres.

C'est admirable! c'est admirable!

LA GÉLATINE,

LES SAVANTS ET LES CHIENS.

A la lecture du titre du présent article ne vous imaginez pas que je vais vous faire un conte : — non, parbleu! — ce que je vais vous narrer est de l'histoire, et de l'histoire scientifique encore, burinée avec une plume de fer Perry sur les registres de l'Institut royal de France!

Vous n'êtes pas sans savoir que depuis une quinzaine d'années les savants de notre belle patrie avaient décrété que le bouillon confectionné avec les vieux os, ou même à la rigueur avec les vieux jeux de dominos hors de service, formait un délicieux potage, assez désagréable au goût, — — mais nourrissant au delà de toute expression.

Ce genre d'aliment philanthropique et surtout économique avait été baptisé du nom fort agréable de *gélatine*, et trois ou quatre immenses marmites autoclaves fonctionnaient nuit et jour et servaient de pot-au-feu aux indigents de la capitale.

Les pauvres diables auxquels on distribuait cet aliment se plaignaient bien de temps en temps de ce qu'il n'avait pas le moindre goût, mais on les laissait dire, ou bien quelquefois on leur répondait que cela tenait à ce que leur palais était brûlé par

LES PARISIENS.

6.

Chez Bauger R. du Croissant 16. Chez Aubert gal. Véro-Dodat. Imp. d'Aubert & Cie.

Eh bien oui! c'est comme je vous le dis, la petite à Mame Chopin, s'est mariée hier avec le fils Durand: je quitte le jeune homme et d'après ce qu'il m'a confié il paraît qu'avant lui, elle en a vu des drôles!...

l'eau-de-vie; — bref, on continuait à chanter les louanges de la *gélatine* sur toutes les lyres qui aient jamais été inventées, et presque toutes les Académies de province proposèrent un prix à l'auteur du meilleur poème épique et même érotique sur la gélatine!

C'était admirable, et la louange de ce bouillon économique était dans toutes les bouches, — excepté dans celles qui étaient condamnées à l'avaler.

Un beau jour pourtant, M. Magendie eut une idée, — et, vu la rareté du fait, l'illustre savant s'empressa d'en faire part à tous ses confrères de l'Institut. — Voici la proposition qu'il leur fit :

« Messieurs, l'été est décidément fort désagréable, il pleut tous les jours, les cerises n'ont été qu'un rêve, les abricots un songe, et le raisin lui-même m'a tout l'air de ne vouloir n'être qu'une chimère, et puisque cette saison ne nous permet aucune distraction scientifique et gastronomique, nous devrions bien occuper nos loisirs à raisonner un peu *gélatine*; nous avons pleinement approuvé de confiance cette invention philanthropique, je crois que nous ne ferions pas mal de vérifier actuellement si elle est digne de tout l'intérêt que nous lui avons porté! »

A peine ce discours fut-il terminé, qu'une rumeur d'indignation se manifesta sur les illustres bancs de l'assemblée. — *Comment, soupçonner la vertu de la gélatine! — mais c'est une indignité!* etc., etc.

M. Magendie, qui probablement avait contre la gélatine quelques griefs particuliers, ne se laissa pas intimider par ce flux de récriminations, et n'en persista pas moins à demander des expériences.

Les Académiciens finirent par accorder les expériences réclamées, bien convaincus qu'elles ne pouvaient tourner qu'à la plus grande gloire de la gélatine. — Seulement, il ne faut pas s'imaginer que toutes ces expériences scientifiques se font sur quelques-uns des membres de l'illustre corps! — Diable! les académiciens aiment la science, c'est vrai; mais ils aiment encore plus leur propre personne, quelque détériorée qu'elle soit.

Toutes les expériences se font sur les malheureux caniches que la police fait enlever lorsque leurs papiers ne sont pas en règle. Les drames mystérieux de la Venise du moyen âge se renouvellent chaque nuit dans le carrefour de Paris, — plus d'un jeune et beau danois est enlevé au moment même où il se rendait tout joyeux à quelque rendez-vous d'amour, et il périt mystérieusement par le poison dans une salle basse de l'École de Médecine, et jamais sa famille ou ses amis ne peuvent savoir ce qu'il est devenu!

Les cachots de M. Gabriel Delessert sont toujours remplis d'une foule d'infortunés prisonniers qui gémissent nuit et jour sur tous les tons les plus mélancoliques de la gamme des chiens, et les Parisiens attardés, qui longent vers minuit le quai des Orfèvres, entendent sortir des entrailles de la terre des cris plaintifs qui font rêver voleur tout le reste de la nuit, — tandis que ça devrait tout bonnement les faire rêver chien!

M. Magendie ayant demandé à M. Delessert quelques-uns de ses condamnés pour faire ses expériences gélatineuses, on lui en expédia douze cents!

Tous ces malheureux furent classés en diverses catégories et soumis pendant un temps plus ou moins long au régime de la gélatine. — Ceux qui furent condamnés à ne prendre que cet *aliment* pendant huit jours moururent de faim le cinquième jour!

Ceux qui ne prirent que de l'*eau claire* vécurent pendant près de deux mois!

Ainsi donc, il est prouvé que le bouillon de gélatine, bouillon philanthropique distribué depuis quinze ans à presque tous les pauvres malades de France, soi-disant pour réparer leurs forces, est huit fois moins nutritif que de l'eau claire!

O Académie des sciences que tu es, — avant de vanter outre mesure la gélatine comme tu le faisais depuis quinze ans, n'aurais-tu donc pas dû commencer par te faire la question bien simple que M. Magendie a fini par te poser un beau jour : — *La nourriture dite gélatine est-elle une nourriture?*

Tu te serais ainsi épargné, ô Académie des sciences, un des plus gigantesques pieds de nez que l'on ait connu de mémoire d'homme et de mémoire de nez!

Puis, autre considération non moins puissante, tu aurais évité ainsi, ô Académie des sciences que tu es, que peut-être cent mille, deux cent mille, trois cent mille pauvres diables soient morts de faim au sein d'une abondance gélatineuse!

O gélatine, tu es comme la vertu, et surtout comme la philanthropie, un vain nom!

L'USURE PARISIENNE.

Il existe un certain nombre d'abus que vous croyez retranchés de notre civilisation, tombés en désuétude, parce que depuis la comédie de Patelin les auteurs dramatiques les crayonnent, les comédiens s'en affublent, le vaudeville les attelle journellement à ses pointes et à ses couplets.

Détrompez-vous : les vices ne se paralysent pas si vite ; leur extérieur s'amende, leur masque se civilise ; mais le fond reste le même, l'extérieur seul est rajeuni.

L'usure s'est bien réformée depuis le dix-septième siècle. Elle ne marche plus, comme autrefois, affublée d'une robe de procureur, une verge d'huissier à la main, renfrognée comme un alguazil. L'usure moderne est parée, vernie de bagues et de beaux habits ; elle va en tilbury, dans les coulisses de l'Opéra, au bois de Boulogne. Elle ne prête plus au denier trois, elle rend service à quarante pour cent : voilà toute la différence.

C'est un drame aussi pourtant, un long sujet de méditation que la porte de l'usurier, quand le jeune homme aux abois s'y présente pour la première fois ; cet escalier monté si lentement, ce cordon de sonnette ébranlé d'avance par tant d'espérances, tant de battements de cœur, tant de jeunes et craintives palpitations.

Vous surtout, qui recourez aux emprunts avec un cœur mal cuirassé contre certains préjugés, c'est alors que l'usure grimace devant vous sous sa forme la plus hideuse, son trébuchet à la main, ses pièces d'or rouillées dans l'autre, l'usure-vampire, qui viendra toutes les nuits bouleverser votre rêve, aiguillonner votre sommeil, ébranler votre couche de son galvanisme infernal.

Mais quand vous êtes introduit, que l'appartement vous a révélé son intérieur, tout ce vagabondage d'esprit s'évanouit bientôt. Ce salon tendu de blanc, ce jaconas innocent, ces vases d'albâtre, ce luxe rafraîchit vos idées et rassérène votre imagination.

Bientôt le maître du logis arrive. Ses manières n'ont rien d'effrayant. Il se drape dans sa robe de chambre chinoise, il fait chatoyer ses bagues, il s'informe poliment de la santé de vos tantes, de l'âge de messieurs vos grands-oncles ; il arpente d'un coup d'œil l'affaire que vous lui proposez, il vous dit à l'instant même s'il peut s'en charger ; car il ne faut pas croire que l'usurier consente à prêter à tout le monde.

Je vous le dis d'avance, si vous n'avez pas de biens qui puissent supporter l'hypothèque, ou bien un de ces noms qui s'escomptent d'eux-mêmes dans le commerce ou dans l'aristocratie, je vous le dis d'avance : n'allez pas chez l'usurier.

N'espérez pas le séduire par l'appât d'intérêts exorbitants, si vous n'avez d'autre point d'appui que votre signature. L'usurier s'arrange toujours pour éluder une incarcération et une poursuite, attendu qu'il n'y a là pour lui qu'une source de scandale et la perspective d'une pension alimentaire à l'hôtel Clichy, et nullement l'espérance de paiement si en définitive l'argent n'existe pas au fond de vous-même.

Ensuite viennent les gens qui vous cèdent des marchandises, qui vous donnent pour votre signature des cargaisons de serins ou de perroquets, des tableaux ou des bières pour les morts. Longtemps on a vu au café Anglais un jeune homme, qui se trouvait nanti d'un chameau par suite d'un emprunt usuraire, demander au garçon de café s'il n'avait pas la monnaie d'un chameau pour qu'il pût acquitter sa carte.

LA GLOIRE A NOTRE ÉPOQUE.

O gloire, tu n'es qu'un vain nom ! — Jadis la vertu s'était laissé appliquer cette maxime aussi neuve que peu consolante, mais la gloire la mérite encore plus que la vertu.

Une foule de gens se lèvent tous les matins, avant ou après l'aurore (moi toujours après), pour se livrer à une foule de travaux littéraires ou scientifiques, pour arriver un jour au bonheur d'être membre d'un institut quelconque (moins l'*Institut historique*), et il se trouve qu'après avoir publié un tas de volumes, ils parviennent à se faire un nom un peu moins célèbre que celui du *chemisier* ou de l'*apothicaire* du coin, qui aura fait pour mille écus de coups de grosse caisse dans les journaux.

Annoncez dans un salon, et je parle d'un des plus brillants salons de Paris ; annoncez, dis-je, M. Alexis Monteil et M. Billard-Créosote, M. Augustin Thierry et M. le docteur Giraudeau-Saint-

Gervais, — trente personnes sur cinq cents auront peut-être entendu parler vaguement de MM. Monteil et Thierry, mais tout le monde connaîtra les deux autres personnages! Car, il faut l'avouer, jamais les œuvres poétiques de Victor Hugo n'ont été annoncées comme les œuvres balsamiques et pectorales de M. Regnauld aîné; le *Racahout des Arabes* jouit d'une réputation dix fois plus étendue que les romans de M. de Balzac; il n'est pas un sous-chef-lieu de canton en France où l'on ne trouve un pharmacien qui vous vendra et vous vantera ces drogues, tandis que les libraires ne se rencontrent que dans les villes au-dessus de quinze mille âmes, et encore ils ne vendent que des *Almanachs liégeois*.

On voit bien que les gens qui prétendent que les auteurs ne devraient travailler que pour la gloire ne sont guère au fait du prix de cette denrée, — car elle coûte un franc vingt-cinq centimes la très-petite ligne dans la quatrième page du *Siècle*, et les autres journaux ne la débitent aussi qu'à un prix fort exagéré.

Autrefois on devenait célèbre avec un quatrain, ou même avec un simple distique, — et l'heureux poète devenait même plus que célèbre, il devenait riche, car quelque belle marquise lui faisait obtenir une pension de deux ou trois mille livres, prise dans la caisse des *invalides de la marine*, ou toute autre caisse analogue. — Nous ne regrettons pas le bon vieux temps jusque dans ses abus, et nous trouvons avec vous que ces pensions auraient pu être prélevées dans d'autres caisses plus poétiques; mais il faut avouer que notre époque craint trop de tomber dans cette faute, car si de Chateaubriand ou Béranger en étaient réduits à solliciter une pension pour vivre, on aurait toutes les peines du monde à trouver cinq ou six cents francs à leur allouer sur le budget de la France.

Or, comme vous le voyez, il leur restait la gloire, et voici que la gloire elle-même leur échappe, grâce au développement prodigieux qu'ont pris les annonces; — si vous n'avez pas au moins huit cents francs pour glorifier votre volume, vous êtes un auteur perdu, rongé par les rats, dépecé par l'épicier, sans avoir même pu faire voir le jour à un seul exemplaire.

Le feuilleton, qui jadis s'occupait de rendre compte des ouvrages nouveaux, a été étouffé par la *nouvelle* en vingt-cinq chapitres, et tous les *comptes-rendus* de livres se réduisent invariablement à ceci : — *Nous nous plaisons à constater l'immense succès du dernier roman de M. ***. La première édition est sur le point d'être épuisée.*

Ce genre de gloire, se plaçant dans le corps d'un journal, se paie cinquante sous la ligne, et encore est-on placé immédiatement au-dessous des réclames du *Gymnase* ou de l'*Ambigu*. — Quelle gloire! C'est-à-dire qu'on est totalement volé!

A notre époque, les écrivains qui visent à l'immortalité, au lieu d'aller frapper au *Temple de Mémoire*, comme on disait il y a cinquante ans, vont tout simplement frapper à la porte d'un *courtier de publicité*, et ce personnage lui vend, à prix débattu, de l'immortalité pour vingt-quatre heures. — A moins qu'il n'ait payé pour être mis sur les planchettes-affiches des cafés de Paris, car alors l'immortalité dure un mois tout entier. — C'est bien gentil!

O jeunes gens! qui avez de la poésie dans le cœur et des idées dans le cerveau, croyez-moi, si vous tenez à vous rendre illustres et à gagner beaucoup d'argent, employez une de ces excellentes idées pour inventer une nouvelle pâte pectorale quelconque, fût-ce une *pâte pectorale pour les cors aux pieds*. — Donnez à cette pâte votre nom, pour peu qu'il soit propre; faites mousser le tout dans les journaux, et avant six mois vous serez aussi célèbre, que dis-je, plus célèbre même que Victor Hugo ou que Lamartine, et au lieu de voir vos ouvrages moisir sur vos tablettes, vous verrez au contraire vos tablettes dévorées par tous vos contemporains, du moins par tous ceux qui sont faibles de poitrine... et d'esprit!

LE JOURNAL SPÉCIAL.

Je me rappelle que lorsque j'étais jeune et qu'on me donnait un franc le dimanche pour mes plaisirs extrêmement menus, j'achetais du sucre d'orge et du pain d'épice, et tout au plus un mirliton; je n'aurais jamais songé à fonder ni à acheter un journal.

C'est une idée que le ciel en courroux se réservait de laisser tomber sur l'occiput des adolescents d'aujourd'hui.

Voilà donc où passent vos étrennes et vos économies, petits drôles? vous n'aurez plus rien, je veux le dire à vos parents.

Mais la gloire fait faire tant de sottises! Il s'agit d'écrire avant de lire bien couramment. On n'imprimerait pas ces écrits. On paie pour faire imprimer son œuvre comme un perruquier pour faire imprimer son annonce. Cette poésie virginale s'abaisse jusqu'à l'onguent pour les cors.

Il s'agit d'imprimer son nom avant d'avoir un nom. Il n'y a point de journal; il est plus simple d'acheter un journal. M. Vautour l'a dit, quand on n'a pas de quoi payer son terme, il faut avoir une maison à soi.

Mais un journal! savez-vous ce que c'est, jeune homme? Vous raillez l'industrie face à face, vous marchez à pieds joints sur une presse mécanique, vous tirez la langue à mille imprimeurs, vous ne faites qu'une boulette de papier mâché de toutes les idées morales et littéraires; vous vous moquez du peuple, en un mot, si vous croyez qu'un journal se fait comme un cerf-volant.

L'adolescent n'écoute pas; il ne lui faut que du papier, des imprimeurs, des plieurs, des porteurs, de la rédaction, de l'esprit, du savoir, de l'imagination et des abonnés; il court chez le marchand de papier, ses économies en croupe.

— Monsieur, je fonde un journal; il me faut du papier.

— Vous tirez à trois mille sur beau papier. Trente rames, c'est six cents francs.

— Diable! comme vous y allez! Il me vient une idée : nous ne tirerons que soixante-dix exemplaires; et puis, vous parlez de beau papier; pourquoi mettrions-nous de si beau papier?

— Eh bien! tenez; nous prendrons du papier vert, le plus vert, par exemple; à un franc vingt-cinq.

Le directicule choisit ensuite un Savoyard naïf qui lui cirait antérieurement les bottes, et qui peut bien, par la même occasion, plier les numéros.

S'il plie les numéros, qui peut l'empêcher de les mettre sous bande!

Mais s'il les met sous bande, rien ne s'oppose à ce qu'il y mette l'adresse.

Et puisqu'il y met l'adresse, n'a-t-il pas le droit, ce Savoyard, de les porter à domicile?

Mais la comptabilité? Le directeur s'en charge. Mais les livres? Le directeur les tiendra. Mais les annonces, les renseignements, les bureaux, la caisse? Le directeur suffira à tout, et, réflexions faites, il n'y prendra pas encore trop de peine.

Il ne manque donc plus que la rédaction; le directeur a des idées arrêtées là-dessus. Le journal traitera de tout ce qui a rapport au logogriphe exclusivement, dans les temps anciens et modernes.

Le premier numéro va paraître, et le premier numéro n'est pas rédigé. Les rédacteurs ne se hâtent pas d'accourir. La rédaction n'est pas payée, et l'on sait ce que c'est que la rédaction gratuite : c'est de la rédaction pour l'amour de Dieu.

Le journal et le directeur sont dans l'embarras.

Un ancien ami de collége apporte au directeur une petite dissertation sur les marées montantes.

Le temps presse, le directeur insère l'article sur les marées.

— Ma foi, dit un autre, j'ai toujours cherché un sujet à propos de logogriphes, j'y ai perdu beaucoup de temps; mais je vous apporte la relation d'un petit voyage à Saint-Germain, aller et retour par le chemin de fer.

Et enfin l'on insère indistinctement dans ce journal spécial les voyages, relations, nouvelles, recettes contre les insectes, articles de cuisine, et la rédaction non payée aidant, les thèmes, versions, vers latins et amplifications, refusés en classe, de tous les camarades de collége qui sont hommes à les donner pour rien.

Oh! quand il serait vrai que la France éprouvât impérieusement le besoin d'un journal imprimé sur du papier vert, à quoi peut lui servir celui-là?

La Lanterne Magique.

Aubert a publié au jour de l'an dernier un recueil de dessins de tous genres et par tous les artistes, auquel il a donné le nom de LANTERNE MAGIQUE, nom parfaitement justifié par la variété des sujets, par l'originalité des caricatures de M. Cham de N..., par la grâce des compositions toujours élégantes de M. Alophe Menut, enfin par le charme que ce mélange de talents divers et de genres opposés donne au recueil. Cet album a obtenu un des plus grands succès qui aient marqué les publications lithographiques, mais il n'a pas enrichi l'éditeur, par la raison que le prix établi était infiniment trop modique, eu égard à la quantité de dessins donnés. En effet, Aubert ne vendait et ne vend encore que 6 francs cette collection de 72 planches. On en trouve de cartonnées, au prix de 8 francs, et de reliées pour 10 francs. C'est un album de salon convenable pour tout le monde, et dans lequel on est assuré de ne rencontrer aucun sujet qui ne puisse être mis sous les yeux des enfants.

IMPRIMÉ PAR BÉTHUNE ET PLON, A PARIS.

PARIS COMIQUE,

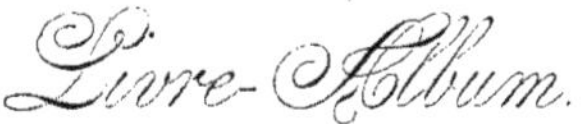

Dessins de MM. de Beaumont, Bouchot, Cham de N.., Daumier, Emy, Gavarni, Grandville, H. Monnier, Pruche, Vernier et autres.

TEXTE PAR LES RÉDACTEURS DU MUSÉE PHILIPON, DU CHARIVARI, DE LA CARICATURE, ETC., ETC.

LE RÉVEIL

DE LA RUE LAROCHEFOUCAULD.

Le soleil se lève à la rue Larochefoucauld à l'heure où il se lève partout à peu près; un peu plus tôt qu'au Marais, un peu plus tard qu'à la butte Montmartre.

A ce moment-là le quartier est désert. Cependant plusieurs cultivateurs se dirigent vers les champs citadins que possédait feu le marquis Fortia d'Urban et se livrent aux travaux de l'agriculture.

Celui-là récolte la chicorée aux feuilles dentelées, celui-ci fauche un pré. Plusieurs déjeunent à l'ombre.

Un chasseur frauduleux pénètre dans les savanes et les forêts vierges qui s'étendent du square d'Orléans à la rue Labruyère et poursuit les merles timides.

Cependant un laquais d'un premier de la rue Blanche cause avec une soubrette d'un entresol de la rue Boursault.

Tous deux ont emprunté les solitudes de la rue Larochefoucauld pour se livrer aux élans d'un cœur épris et matinal.

Tout à coup un son franchit la distance qui sépare la place Saint-Georges de la rue de la Tour-des-Dames. C'est la voix de Barroilhet.

La voix chante : *J'ai faim!* paroles de M. Germain Delavigne, musique de M. F. Halévy.

C'est le réveil du baryton.

Une demoiselle X, logée à l'angle aigu où la rue Larochefoucauld rencontre la rue Notre-Dame-de-Lorette, entr'ouvre ses rideaux ; un jeune homme y apparaît en face.

Les pâles clartés de l'aurore ne permettent pas au regard indiscret de percer ce mystère.

Un moudjick s'enfonce dans les profondeurs tortueuses de la rue Larochefoucauld. Sa présence étonne l'étranger, qui ne croyait point les steppes de l'Ukraine si voisines de Paris. On lui explique que ce cosaque est un cocher russe né aux Batignolles. Il est au service de M. Horace Vernet.

Le parfum du cuir de Russie envoie dans l'espace ses premières émanations.

Deux hommes en pantoufles se croisent le long des murs solitaires; celui qui a un bonnet grec rouge, c'est M. Scheffer; celui qui a une robe de chambre bleue, c'est M. Winterhalter. L'un allait chez l'autre; en conséquence, l'autre s'arrête avec l'un.

Caleb s'élance dans la rue. Caleb est le nom d'un chien qui garde une maison ornée de bas-reliefs guerriers. Ce chien aboie de six heures à minuit; mais, en revanche, il hurle de minuit à six heures.

Cet ami de l'homme est quelquefois enragé.

Une maison neuve ouvre tout-à-coup ses persiennes au jour naissant; un monsieur livre ses lunettes aux premières brises du matin.

Un passant a reconnu les lunettes de M. Halévy;

il les salue de la main, et M. Halévy répond en passant : Bonjour, Léon.

C'est ainsi que Phœbus a vu sous le même rayon un compositeur et un fabuliste.

Plus bas une porte s'ouvre, un homme sort d'un jardin où le gazon est voilé de saules. A la vue du moudjick de M. Horace Vernet, l'homme a frémi. A ce frisson, tout le monde a reconnu M. de Custine.

Mais les pianos s'élèvent de toutes parts, les notes pétillent, les romances gazouillent, la rue Larochefoucauld est tout à fait éveillée.

SUPERSTITIONS POPULAIRES
DES PARISIENS.

Le peuple français ne croit plus aux sorciers, excepté peut-être à M. Philippe, le célèbre prestidigitateur du boulevard Bonne-Nouvelle; mais il faut reconnaître qu'en revanche les bourgeois parisiens ont encore une foule d'erreurs dont ils devraient bien chercher à se défaire dans le courant de l'année 1844.

Nous ferons tous nos efforts pour déchirer le voile qui couvre encore les yeux de tant de nos spirituels contemporains; pour commencer, nous nous occuperons de rectifier certaines erreurs qui sont acceptées comme articles de foi par la majeure partie de la garde nationale, touchant le théâtre.

Ainsi, dans une compagnie de voltigeurs, voire de grenadiers, de trois cents hommes, vous en compterez au moins deux cent quatre-vingts qui vous jureront, sur tout ce qu'ils ont de plus sacré et de plus cher au monde, sur leur bonnet à poil au besoin, qu'ils sont bien convaincus que les vaudevillistes font toutes leurs pièces en sablant le champagne.

Cette assertion renferme deux grandes erreurs, et, en comptant bien, peut-être même en trouverions-nous trois.

D'abord, depuis le commencement de ce siècle, on ne *sable* plus le champagne ; on le boit bien tranquillement, sans même se permettre, comme divertissement accessoire, la plus simple chanson ou la plus légère gaudriole. Au dessert, les Français de nos jours entament une dissertation sur M. Guizot, ou émettent leur opinion touchant la reine Pomaré.

Seconde erreur : en général les vaudevillistes, hormis MM Scribe, Bayard et Mélesville, ne sont pas en mesure financière de sabler ainsi le champagne à toutes leurs heures de travail. Quant à MM. Mélesville, Bayard et Scribe, c'est bien différent... ils ne boivent que de l'eau!

Enfin, troisième erreur : un homme qui, pour se préparer à écrire, commencerait par boire du champagne seulement pendant une demi-heure, ne serait plus vaudevilliste : il serait tout bonnement gris, c'est-à-dire complétement crétin.

Autre superstition française touchant le même M. Scribe, déjà nommé. L'immense majorité de nos contemporains ne s'étonne que médiocrement de la fécondité merveilleuse de l'auteur de tant d'opéras, de comédies et de vaudevilles. Ces braves spectateurs ont entendu dire que M. Scribe se contente de signer les ouvrages d'une foule de jeunes débutants, sans y mettre un mot!

Avouez que voilà d'heureux débutants, qui commencent par faire des pièces ravissantes, comme toutes celles que vous connaissez ! Par malheur il paraît que ces mêmes débutants perdent tout leur esprit du jour où ils ne portent plus leurs manuscrits à M. Scribe. En effet, nous voyons fort peu de succès quand ces vaudevilles sont tout bonnement signés Oscar, Glandureau ou Tartempion.

Et puis autre petit inconvénient : c'est que M. Scribe ne prend jamais de collaborateurs pour ses grands ouvrages. Quant à ses vaudevilles, lorsqu'il consent à travailler avec un autre auteur, c'est le plus souvent un *jeune homme* comme M. Mélesville ou M. Bayard.

N'importe! tout chasseur de la garde nationale vit et entend mourir moralement convaincu que M. Scribe n'écrit pas la vingtième partie de ce qu'il signe.

Autre superstition encore plus générale, et qui est partagée peut-être par les quatre-vingt-dix-neuf centièmes des abonnés du *Paris-Comique*, lesquels sont pourtant au nombre des Français les plus spirituels de l'époque. Nous voulons parler de la fausseté des mollets de l'Opéra.

S'il est un axiome admis dans la société, c'est qu'il n'y a rien de moins vrai et de moins naturel que les mollets des danseuses. Coton! coton! répète-t-on de toutes parts, depuis les loges du cintre jusqu'à celles du rez-de-chaussée!

Eh bien! pourtant rien n'est plus réel au monde

que le mollet d'une danseuse du dix-neuvième siècle.

A notre époque d'industrie, on est parvenu à sophistiquer le vin, le chocolat, le sel, la farine, enfin tout hormis les tibias de l'Académie de musique. La raison est toute simple : c'est que le moindre battement du moindre entrechat dérangerait immédiatement le coton, et le faux mollet ne mettrait pas deux minutes à venir orner le devant du tibia!

Ainsi donc, ô lecteur! ne croyez pas à la vertu des danseuses de l'Opéra pour peu que vous soyez sceptique; mais ajoutez une foi pleine et entière à leurs mollets, — quand elles en ont!

UN MONSIEUR

QUI LIT TROIS MILLIONS DE LETTRES PAR AN.

Ce monsieur existe, il est vivant, bien vivant, très-vivant; par exemple je ne lui garantis pas une longévité de Mathusalem, car un pareil régime doit user un homme en moins de cent ans. Où trouver un estomac capable de digérer sans malaise trois millions de lettres par an?

Notez que par lettre je n'entends pas l'une de ces vingt-quatre petites figures algébriques à l'aide desquelles on est convenu de composer ce que nous nommons l'alphabet. Non, parbleu! il s'agit bien de missives plus ou moins musquées et ornées toutes de pattes de mouches et d'un pain à cacheter, lequel pain est tiré quelquefois d'un vulgaire pain à manger.

Trois millions... Nous faisons en ce moment de la statistique; nous marchons sur les brisées de M. Charles Dupin, surnommé le savant pour le distinguer de ses frères, qui, à ce qu'il paraît, ne savent rien.

Un relevé publié d'après les documents officiels fournis par M. Conte, le directeur de la poste, qui a fait ce travail entre deux carambolages, nous apprend que, chaque année, le nombre des lettres laissées au rebut à la poste s'élève à trois millions, rien que cela. Un chef de bureau spécial est chargé de procéder à l'autopsie de ces missives pour en extraire les valeurs qui peuvent s'y trouver enfouies; mais la plupart du temps lesdites valeurs consistent en mèches de cheveux, attendu que sur ces trois millions de lettres, deux millions neuf cent mille sont écrites par des grisettes qui restituent des gages d'amour à l'infidèle Édouard ou Alfred, *hétudihant* rue Saint-Jacques, pas de numéro.

Étonnez-vous, après cela, si, avec un renseignement pareil, le facteur ne trouve pas facilement le jeune homme auquel il doit réclamer quinze centimes; d'autant mieux que tout *hétudihant* qui change de maîtresse s'empresse simultanément de changer de chambre.

L'administration des postes en est alors pour ses frais d'omnibus, et ne trouve à se rattraper un peu que sur les perruques et les faux toupets qu'elle fait confectionner, chaque année, avec les deux ou trois cent mille mèches de cheveux trouvées dans l'intérieur des lettres en question.

Par malheur, il arrive très-souvent que l'épître ne renferme pas le plus petit souvenir de tendresse; elle ne contient que des gros mots, et alors le gouvernement est complétement volé.

J'aimerais assez être, pendant quelques semaines, chef de bureau du décachetage général. Quelle profonde étude du cœur humain ne doit-on pas faire en lisant ainsi quelques milliers de lettres écrites dans l'intimité la plus expansive! — Par exemple : « Monsieur, j'ai reçu votre lettre par laquelle vous me réclamez les dix sept paires de bottes que je vous dois; je m'empresse de vous répondre que vous êtes un cuistre, et je ne vous salue plus! »

Car il est à remarquer que la plupart des lettres qui n'arrivent pas à leur destination sont écrites par des gens qui sont en colère, le propre de cette passion étant de faire oublier, non-seulement la politesse, mais encore l'orthographe. Vous voyez, d'après ce chiffre de trois millions de lettres mises au rebut, qu'il y a furieusement de Français rageurs à notre époque.

Après ça, il faut être juste et ne pas se montrer par trop misanthrope : la colère entre pour beaucoup, il est vrai, dans ce déplorable résultat de missives accumulées en montagnes dans l'hôtel de M. Conte; mais le conseil municipal de la ville de Paris a bien aussi quelques reproches à se faire. Il existe une multitude de rues portant des dénominations semblables, et les mêmes saints se pavanent sur une foule d'écriteaux au détriment de ceux de leurs collègues qui auraient droit aux mêmes honneurs. Quelques-uns ont eu l'agrément d'être parrains de trois ou quatre rues, tandis que d'autres n'ont jamais eu celui de donner leur nom à la plus petite ruelle. Bien plus, voici les fonctionnaires publics qui se mettent à entrer en concurrence avec les personnages les plus célèbres de l'Almanach Grégorien. M. de Rambuteau, entre autres, s'est placé lui-même sur la liste des saints les mieux partagés, en donnant son nom à une rue immense. Dans cinq ou six cents ans, les Parisiens seront tentés de canoniser le préfet actuel de la Seine; ils l'appelleront saint Rambuteau, et croiront qu'il a droit de marcher l'égal de saint Denis, saint Martin, saint Honoré et saint Antoine.

MŒURS LÉGISLATIVES.

LES HOMMAGES A LA CHAMBRE DES PAIRS.

Voilà une mode renouvelée des Égyptiens. Hérodote en fait foi. Le grand collége des prêtres, établi dans Thèbes, recevait tous les trois mois des offrandes. On accourait de l'Éthiopie avec une guirlande de laitues; de la Syrie, avec des citrouilles; de la terre de Chanaan, avec des oignons. Tout était reçu, enregistré en style lapidaire, mangé à diverses sauces, saintement digéré. Rien de plus. Le temps passait ensuite son éponge sur l'événement, et les petits-neveux disaient : « Sous tel Pharaon ou sous tel Ptolémée, mon aïeul a présenté au grand collége de Thèbes son cœur sous la forme d'un radis noir. »

Même chose arrive aujourd'hui au Luxembourg. Il n'y a qu'un point de changé. Au lieu de légumes, on envoie des livres, des brochures, des miscellanées. Il y a beaucoup de ces messieurs qui préféreraient l'ancienne coutume. Je suis sûr que M. Séguier, premier dieu pan de la cour royale, voterait pour les concombres. On sait qu'il a toujours eu un faible pour la verdure.

Mais arrivons à ces hommages. En ceci il faut partir d'un principe, c'est que l'on offre ainsi à la chambre des pairs tout ce qui est refusé, dédaigné, ignoré du public. Les lecteurs ordinaires n'en veulent pas, attendez... Vite une enveloppe, un cachet, de la cire verte en guise d'espérance littéraire, une lettre d'envoi bien ambrée de style en manchettes et en catogan. Allez chercher un commissionnaire, et qu'il porte ceci à la chambre haute.

— Y a-t-il une réponse, mon bourgeois?

— Non; voilà quinze sous pour la commission.

— C'est bon marché pour le poids. »

Néanmoins l'Auvergnat va remettre le ballot au portier du vieux palais, qui le tend à un suisse, qui le passe à un huissier, qui le transmet au grand référendaire, qui le pose sur la tribune au verre d'eau.

Arrive ensuite le jour d'une séance, non d'une grande et solennelle séance, il n'y en a jamais dans l'édifice, mais d'une de ces réunions en petit comité, où les antiques législateurs sont confits dans leurs catarrhes et dans leurs habits brodés. Alors les hommages sont mis à l'ordre du jour du procès-verbal, alors les envois sont tirés de leurs chemises par M. le secrétaire Cauchy. Le lendemain on lit dans le *Moniteur*, le seul journal qui croie encore à l'existence de la chambre des pairs : « M. Hercule Filoche fait hommage de son ouvrage intitulé : le *Minuit de l'âme;* M. Rousselet d'Asnières, de quatre petits volumes d'opuscules en prose et en vers; M. Liadières, de son épopée ayant pour titre le *Tendre Hussard.* » Jetez cela au panier ou dans la bibliothèque, à moins qu'on ne s'en serve à la buvette pour recouvrir les manches de gigots. L'épreuve est finie, voilà un à-compte pris sur l'immortalité.

Ainsi MM. Rousselet d'Asnières, Filoche et Liadières ont le droit de dire : « J'ai envoyé mon ouvrage à la chambre haute, la chambre haute a accepté l'hommage de mon opuscule. Avez-vous lu dans le *Moniteur* le procès-verbal de la séance d'hier? j'y suis cité. »

Le Luxembourg ne reçoit en hommage que de bons livres, de bonnes mœurs, de belle allure, de chaste couverture et qui ne font pas beaucoup parler d'eux. Là-dessus l'auteur admis à l'hommage est complimenté par ses amis et par sa gouvernante, comme Molière. Cela se dit dans la loge du portier et au conciliabule matinal de la portière. « Monsieur a été mentionné hier dans les papiers du Luxembourg, la chambre des pairs s'est engagée à faire relier monsieur en basane. »

Que voulez-vous! tout ce murmure est déjà quelque chose, c'est déjà un morceau de célébrité acheté à bon marché, c'est un fragment de réputation officielle. M. Pasquier étant du nombre des quarante, c'est même un premier pas de fait vers la coupole du palais Mazarin.

Une question en passant. Quelqu'un pourrait-il nous dire où se trouvent ces brochures, ces opus-

LES GENS SANS FAÇON.

6.

Henry Monnier Sculp.

Chez Bauger R. du Croissant 16. Chez Aubert Gal Véro-Dodat Imp. d'Aubert & Cie

LES ARTISTES SONT D'ASSEZ BONS DIABLES, ILS REÇOIVENT TOUTES SORTES DE GENS, ON S'Y AMUSE, ÇA FAIT PASSER LE TEMPS.

cules, ces épopées? Qui a lu le *Minuit de l'âme?* qui a fourré le nez dans le *Tendre Hussard*? Quel est l'infortuné libraire, l'éditeur malheureux, l'imprimeur funeste qui ont mis au jour ces chefs-d'œuvre? Demandez, cherchez, vain travail! peine inutile! Autant s'enquérir pourquoi M. Garcin de Tassy, étant né à Vaugirard, ne parle plus que l'idiome de la presqu'île du Gange. Le résultat des découvertes sera le même.

Peut-être bien, cependant, qu'en compulsant le *Journal de la Librairie*, vaste catacombe où s'enterrent tant de morts littéraires, peut-être bien parviendrez-vous à découvrir la date de la publication. Entre nous, c'est un miracle, et il faut avoir la patience d'un bénédictin et la longanimité d'un bibliomane. Ainsi le fossoyeur est quelquefois atterré à la vue d'une corne de rhinoceros, ou stupéfait à l'aspect d'une dent de mastodonte, qu'il rapporte à son fils pour s'en faire un sifflet.

Au reste, notez une singularité remarquable. Jamais les véritables ouvriers de la littérature n'ont eu la fantaisie d'envoyer leurs œuvres au Luxembourg. Dans les mentions du *Moniteur*, vous ne trouverez en aucune saison Chateaubriand, Béranger, Alfred de Vigny, Victor Hugo, Lamennais, Cormenin ni Lamartine.

LE
CLUB DES INVENTEURS.

Vous vous imaginiez peut-être qu'après avoir reçu des croix d'honneur et mangé du veau froid en commun, les industrieux français avaient dit leur dernier mot, lequel mot devait être : « Au revoir, à cinq ans; portez-vous bien. »

Un industriel encore plus inventeur que ses quatre mille confrères des Champs-Elysées s'est mis à inventer, après la clôture de l'exposition, le *club des inventeurs*.

Cet homme de génie s'est dit que du moment que toutes les classes de la société jouissaient d'un club particulier, y compris les amateurs d'échecs et les joueurs de dominos, il était bien juste que les *inventeurs* se donnassent aussi la petite satisfaction de posséder également un club complétement spécial, où la carte d'entrée serait un brevet d'invention ou tout au moins de perfectionnement.

Ce club éminemment spirituel vient d'être fondé, et dès le premier jour on a vu s'inscrire six cents nouveaux inventeurs de pommades qui toutes se prétendent plus du chameau les unes que les autres.

Car vous n'ignorez pas que le chameau, cet animal roux mais malpropre, a été pris comme spécimen de ce que peut produire, sur le système capillaire, l'emploi prolongé de la graisse d'ours. A moins pourtant que le chameau n'ait été choisi à cause de sa magnifique bosse... Mais le public ne donne plus dedans.

Le club des inventeurs, si nous en croyons son prospectus, aura pour mission de faire naître des relations d'estime et d'amitié entre les hommes qui cultivent les mêmes branches d'industrie. Mais ce but philanthropique nous semble bien difficile à atteindre. Jamais de la vie on ne pourra réunir ensemble vingt coiffeurs, inventeurs du même cosmétique, sans qu'ils ne viennent immédiatement à se prendre aux cheveux.

Il est vrai que ces messieurs, s'ils se dénudent le crâne dans leurs discussions, pourront ensuite se pommader avec leurs petits pots brevetés, et ce sera une excellente manière d'encourager le commerce de la moelle de bœuf.

Si tous les inventeurs de France se donnent un jour rendez-vous au club en question, ce ne sera pas trop de la grande baraque des Champs-Élysées pour pouvoir les contenir. Jamais pays ne produisit un nombre aussi prodigieux de grands hommes brevetés que notre belle patrie. La partie des allumettes chimiques allemandes-françaises compte seule quatre-vingt-trois fabricants, tous *encouragés* par le gouvernement. Il est vrai que le premier encouragement que leur a donné le ministre a été de les obliger à verser cinq cents francs.

Je serais curieux d'assister à l'une des séances du *club des inventeurs*. Là rien ne doit se faire comme ailleurs. La salle est certainement éclairée par de nouvelles bougies, qui ne sont pas des bougies; on s'asseoit sans doute sur des chaises en fer si creux, si creux qu'à la moindre pression on se trouve assis sur le plancher. De plus, les orateurs boiront de l'eau sucrée dont le sucre aura été extrait de noyaux d'abricots, et dont l'eau aura été tirée d'une bouteille de bordeaux de Bercy, seconde expérience qui doit être beaucoup plus facile que la première.

Il est probable que le *club des inventeurs* ne tardera pas à inventer aussi un journal spécial pour tenir le public au courant de ses travaux. Je m'empresserai de m'abonner à ce recueil intéressant, quand j'aurai inventé le moyen de le recevoir pour rien.

ÉTUDES DE MOEURS

PAR LES GANTS.

Le lendemain du bal donné par la marquise de C..., nous nous trouvions réunis en petit comité dans le salon de la petite et spirituelle comtesse de S.... Plusieurs jeunes gens et quelques jeunes femmes étaient venus s'informer de la santé de la comtesse, qui n'avait point paru à cette brillante soirée.

L'entretien était peu animé. On se sentait encore des fatigues de la nuit; une phrase banale jetée au hasard pour interrompre un silence monotone amena la piquante conversation que je vais vous rapporter.

— La baronne de Sp... est arrivée de Suède, dit une dame; elle m'a rapporté une paire de gants qui sont bien tout ce qu'il y a de plus frais et de plus commode tout à la fois.

— A propos de gants, dit une autre dame, n'est-il pas étonnant que, par un temps aussi maussade, par un hiver si rigoureux, les jeunes gens ne portent que des couleurs claires; c'est une remarque que j'ai faite depuis quelques jours.

— Eh quoi! ma chère Émilie, dit la maîtresse de la maison, vous n'en devinez pas le motif? demandez-le à notre jeune lieutenant; il vous dira: « C'est qu'on veut mettre à profit les gants qui ont servi aux soirées de la veille.

— Madame a raison, s'écrièrent tous les hommes.

La comtesse continua: — On nous a donné les mœurs et le caractère des individus par les traits de la figure ou la manière de mettre sa cravate; ce serait une étude curieuse que celle du caractère et des actions, par l'inspection des gants, le lendemain d'un bal ou d'un rout!

Aussitôt de vives instances furent adressées à la belle comtesse. Elle fut priée d'essayer elle-même cette étude. Nous assurâmes tous que nous avions, en effet, les gants dont nous nous étions servis la veille.

— Eh bien! reprit la comtesse... je ne vous promets pas des nuances aussi variées, des portraits aussi délicats que ceux de Lavater, mais....

— Ils seront du moins plus indulgents.

— Ne vous y fiez pas, colonel: je serai sévère, je vous le promets; et tenez, commençons par vous voyons vos gants.

— Les voici, dit le colonel en avançant les mains.

— Le colonel les a beaucoup ménagés, dit une jeune personne, ils ne sont nullement salis.

— Est-ce un reproche de ne pas vous avoir fait danser, ma jolie cousine? à mon âge, à trente-cinq ans, on ne danse plus.

— Oui, interrompit la comtesse, mais on joue.

— Comment, vous pourriez croire que j'ai préféré?...

— Colonel, ne vous en défendez pas, ce n'est pas moi qui vous accuse, ce sont vos gants froissés, chiffonnés tous les deux, quand l'adversaire de votre teneur tournait le roi ou faisait la volte.

— Vous avez beaucoup perdu, colonel; voyez, un morceau a été emporté à votre gant gauche.

— Mais, comtesse, ils étaient trop étroits.

— L'excuse serait bonne si vous n'aviez pas la main droite plus forte.

— Je suis battu, dit le colonel.

— Pour moi, madame, dit le jeune Charles de M..., fils d'un pair de France, élève en droit, et élève de première année! je ne crains pas vos reproches... Il présentait ses mains.

Les gants, en dessus, ne portaient que l'empreinte de la fatigue; mais l'intérieur était taché de sueur en plusieurs endroits.... quelques-uns des doigts étaient grégis, comme disaient les dames.

— Vous avez beaucoup dansé, dit la comtesse, c'est très-bien... mais trop souvent avec la même personne.

— Madame, dit Charles, rougissant et balbutiant, qui vous le fait croire?

— Cette couleur tourterelle qui se mêle aux doigts de la main droite, et ne reparaît plus sur le gant gauche...

Charles de M... rougit plus encore; la rougeur se communiqua à la jolie cousine du colonel, qui se hâta de cacher ses mains sous les plis de son écharpe.

En ce moment le comte de S... entra dans le salon avec M. de V., jeune poète de la nouvelle école. Le comte de S... a une belle figure et de l'esprit; il aime beaucoup sa femme... mais il est d'un caractère très-léger. On instruisit les nouveaux venus du sujet de la conversation.

Le comte de S... s'approcha aussitôt.

— Ne me direz-vous pas aussi mes péchés, habile prophétesse?

La comtesse prit ses mains, les examina longtemps attentivement, et peu à peu le sourire disparut de ses lèvres.

— Vous n'avez pas joué, dit-elle.

— Cela est vrai.

— Vous n'avez pas dansé.

— Cela est vrai.

— Vous avez causé... long-temps.

— Cela est vrai.

— Avec une femme.

— Cela est... mais, belle sorcière, ceci est une véritable confession.

— Une confession, comte, non certes, car vous n'avouez plus, et moi j'accuse.

— Alors c'est à vous de prouver.

— La preuve n'est que trop facile. Voyez ce cercle noir qui entoure le doigt de votre gant jaune... vous avez joué avec la cassolette de la duchesse... Je pourrais la nommer, mais je dois me taire. Tandis que votre main droite pressait la sienne.

— Mais mon gant droit?

— Votre gant droit a été foulé aux pieds, sans doute pendant que vous pressiez cette main que l'on vous abandonnait. Voyez, le dessus en a conservé les marques.

— Pourquoi l'accuser, dit M. de V..., il aura sali son gant en reconduisant sa sœur à sa voiture.

— Oh! ce n'était pas lui, dit le jeune lieutenant.

Ce mot échappé, il eût voulu le retenir.

Ici il y eut un silence de quelques instants qui devenait embarrassant pour tout le monde. Enfin le comte le rompit.

— J'avoue mes torts, dit-il, mais je jure...

— Ne jure pas, mon ami, reprit la comtesse avec un sourire charmant; je connais ton amour, et... faisons la paix.

— Quant à vous, monsieur, continua-t-elle en se tournant vers le jeune officier, je n'ai pas besoin de voir vos gants; il paraît que le camp de Lunéville et les bals de l'ambassade d'Angleterre ne vous ont pas fait oublier une passion qui n'est pas partagée!

Le lieutenant allait répondre... Mais il se contint par respect pour le frère de celle qu'il aime. Toutefois un sourire d'incrédulité effleura ses lèvres.

— A vous, M. de V. (c'était le jeune romantique).

— Oh! M. de V. ne danse pas, dit une dame; il est attaqué d'une gastrite.

— Vous verrez qu'il y aura encore quelque causerie sentimentale.

— Bon Dieu! s'écrie la comtesse en regardant les gants du poète, la gastrite exige-t-elle qu'on mange tant de bonbons, qu'on prenne tant de glaces, tant de punch?...

— Mais, madame!

— Mais, monsieur, voyez les doigts de votre gant droit; croirons-nous que ce sont les gants de ces dames qui ont sali ce corps jaune qui couvrait votre main, imprégné cette peau d'une liqueur jaune, et laissé ces taches vertes, ces taches jaunes qui sentent la vanille, la pistache.

Le poète fut obligé de rire avec tout le monde et de convenir du fait.

— Vous êtes impitoyable, comtesse, interrompit le colonel; mais épargnez notre sexe. Ne forcerez-vous pas ces dames à quelque confession?

— Colonel, vous savez qu'à la guerre on ne tire pas sur les alliés.

GALERIE DE LA PRESSE

ET DES BEAUX-ARTS.

> Trop heureux les habitants des campagnes
> s'ils connaissaient leur bonheur!...
>
> —
>
> Bienheureux ceux qui sont morts!

Bienheureux quiconque, par une cause quelconque, est abrité du tapage de toutes les renommées, vit loin du choc de toutes les criardes réputations, loin du faux jour de toutes les gloires modernes! Heureux qui se tient à l'écart du champ de bataille où se livrent les combats du charlatanisme, de la politique et de la fortune!.... Hélas! en est-il qui jouissent de ce bonheur? J'en doute, quand je songe que la presse a multiplié par millions les cent bouches de la vieille déesse, — quand j'entends le vacarme de nos grands hommes pour percer la foule de grands hommes dont le siècle est encombré. Or donc, si, comme je le crains, le nom de nos *célébrités*, de nos *illustrations*, le nom de nos *génies* qui foisonnent s'est répandu au delà des frontières, au delà des mers, il se trouvera de nombreux acheteurs pour la

Galerie de la presse et des beaux-arts, car, dès que vous savez que M. Fouillou est un grand homme, vous éprouvez le désir bien naturel de connaître son âge, le lieu de sa naissance, ses titres de gloire et la forme de son nez. C'est à la satisfaction de ce besoin qu'est consacrée l'œuvre dont nous parlons.

Aubert à écrémé les immortalités du jour, — il n'a pris que la fine fleur, — et il n'a pas tout pris, mais déjà son livre compte trois volumes et 150 réputations... Hâtons nous de vous dire, pour ne pas décourager les aspirants, que ce nombre effrayant est la réunion des célébrités choisies dans presque toutes les carrières de l'intelligence : la poésie, l'histoire, le roman, le journalisme, la politique, la danse, le théâtre; — et dans le théâtre les auteurs, les acteurs, les actrices, voire même les sauteurs et les écuyers.

C'est un mélange piquant, — une cohue distinguée, — qui représentent assez bien la société parisienne. A côté de M. *Thiers* se rencontre mademoiselle *Déjazet*; MM. *Lamennais*, *Guizot*, *Béranger*, *Rossini*, *Lepeintre* jeune, *Lepeintre* aîné, *Scribe*, *Michel Chevalier*, *Arnal*, *Villemain*, *Boccage*, *Jules Janin*, *Dantan*, sont placés près de mesdames *George Sand*, *Taglioni*, *de Girardin*, *Doze*, *Anaïs Ségalas*, *Persiani*, *Anna Thillon*, *Damoreau* et autres dames connues à différents titres.

Comme vous voyez par ce simple aperçu, car vous n'attendez pas de moi la liste totale des 150 noms, la *Galerie de la presse* est un miroir fidèle du monde parisien : on dirait un salon d'artiste où se rencontrent les mérites de tout genre.

Or donc, vous tous qui pouvez désirer la biographie et le portrait d'une *gloire vivante*, consultez, — pardon, Aubert! — achetez la *Galerie de la presse, de la littérature et des beaux-arts*. Chaque volume vous coûtera 25 fr., c'est 75 fr. pour le tout. Assurément c'est un peu cher à mon point de vue d'indifférence, mais pour ceux qui n'ont pas la satisfaction de voir tous les jours, — comme je les vois, — ces merveilles en chair et en os, c'est fort bon marché.

En tout cas, vous serez certain de n'être pas trompé sur la vérité des biographies et la ressemblance des portraits, car, depuis les plus graves jusqu'aux plus grotesques, tous ces personnages se sont gracieusement prêtés à l'exécution du livre : tous ont posé, presque tous ont fourni des notes aux biographes et quelques-uns ont poussé la complaisance jusqu'à écrire eux-mêmes leur notice historique.

Cette dernière circonstance explique la rigueur avec laquelle ont été jugés les œuvres et les talents.

Un dernier mot.

Puisque le juste-milieu est une vérité, il doit exister, entre les amateurs prêts à payer ce livre 75 francs, et les sacriléges qui se rient des grands hommes vivants, une classe moyenne capable de donner jusqu'à 50 centimes du portrait et de la notice biographique de tel grand orateur, de tel magnifique acrobate ou de telle inimitable danseuse, — elles sont toutes inimitables! — à cette classe intéressante, Aubert offre les ressources du choix... Venez, messieurs, enlevez vos danseuses; venez, mesdames, choisissez vos chanteurs, à 50 centimes la pièce, ni plus ni moins, c'est un prix fait comme pour les petits pâtés. Si la gloire ne vaut pas ça, que diable vaut-elle donc!

Le Musée pour rire.

De même que le succès du *Musée Philipon* a donné naissance à *Paris comique*, de même la vogue incroyable des deux volumes de *Robert Macaire* a décidé l'éditeur à entreprendre le *Musée pour rire*, qui ressemble au livre précédent par le format et par la disposition générale, mais qui s'en éloigne par la diversité des sujets. Les *Robert Macaire* sont l'œuvre particulière de MM. DAUMIER et PHILIPON. — Le *Musée pour rire* compte des dessins de tous les caricaturistes de Paris. GAVARNI, GRANDVILLE, BOUCHOT, DAUMIER, Benjamin ROUBAUT, ADAM, VERNIER, tous ont apporté leur tribut à ce petit monument de joyeuseté. Le texte, écrit par MM. Maurice ALHOY, Louis HUART et Ch. PHILIPON, est vif, gai et piquant comme les dessins. L'ensemble, en un mot, forme un recueil dont la place est marquée dans toutes les bibliothèques d'ouvrages singuliers et caractéristiques, — une collection qui est parfaitement placée sur les tables de salon, — enfin un de ces ouvrages comme Paris seul peut en produire et comme il en produit rarement.

Les trois volumes se vendent brochés 30 francs.

IMPRIMÉ PAR BÉTHUNE ET PLON, A PARIS.

PARIS COMIQUE,

Livre-Album.

Dessins de MM. de Beaumont, Bouchot, Cham (de N...) Daumier, Emy, Gavarni, Grandville, H. Monnier, Pruche, Vernier et autres.

TEXTE PAR LES RÉDACTEURS DU MUSÉE PHILIPON, DU CHARIVARI, DE LA CARICATURE, ETC., ETC.

L'EMPLOYÉ-ÉCRIVAIN.

N'allez pas, à ce titre, vous attendre à voir surgir des Lamartine à quinze cents francs d'appointements, des Châteaubriand en fausses manches, ni des Hugo faisant une ode en rongeant la modeste flûte d'un sou. Il ne s'agit que d'un des types les plus obscurs, perdu dans le monde immense de la bureaucratie; d'une de ces existences plus ou moins ignorées et recluses, qui, effleurées du sentiment de l'art, font au positivisme de leur état une petite brèche par où leur ambition montre le bout du nez, et qu'elle espère franchir tôt ou tard en ouvrant sérieusement ses ailes.

Donnons à la qualification d'écrivain l'extension la plus large possible en englobant dans cette catégorie depuis l'heureux employé qui va à son ministère à une heure de l'après-midi, un livre sous le bras, et dans sa poche le manuscrit d'un roman ou d'un vaudeville, jusqu'à l'infime jeune homme qui, seul avec son patron et devant avoir l'esprit et la main à tout, renfonce dans sa pauvre tête les idées poétiques qui sont ou qu'il croit susceptibles d'y pousser. Il y a certes beaucoup de types depuis celui-là jusqu'à celui-ci; prenons le dernier.

Le voilà dans son bureau, carrément assis sur sa chaise, comme un monolithe sur sa base; il laisse aller ses mains qui ouvrent le tiroir, furètent, entassent les registres, choisissent et disposent tous les objets nécessaires au labeur bureaucratique. Je dis ses mains, parce que sa tête, la plupart du temps, n'y est pour rien; le manteau laborieux du gagne-pain pèse sur les ailes impatientes du rêveur idéal.

Le contrepoids de ces excursions imaginaires, la pierre d'achoppement des rêves, le patron, n'est pas tellement assidu et inamovible qu'il ne lui arrive parfois d'être appelé quelque part pour n'importe quelles affaires. L'employé l'a si bien observé, il le possède si bien, qu'il devine, à ne pas se tromper, le jour et l'heure où le patron va s'absenter; une joie contenue et réprimée, mais vive, s'épanouit intérieurement dans le cœur de l'esclave à douze cents francs; et, quand le bruit des bottes patronales ne retentit plus qu'au loin et finit par s'éteindre, une main hâtive se glisse dans la poche discrète de la redingote, et, après un dernier guet d'oreilles, elle en tire mystérieusement le manuscrit commencé : de ce manuscrit, par exemple, il sera malheureusement impossible de jamais rien tirer.

L'ouïe s'est perfectionnée chez lui d'une manière admirable : pendant qu'il écrit, une oreille fait sentinelle; au moindre bruit qui peut indiquer la rentrée du maître, le papier coupable fait aussi sa rentrée dans la poche, et la plume, redevenue positive et vulgaire, finit d'user pour des bordereaux ou des chiffres l'encre qui avait commencé des chants du cœur ou des lignes de haute littérature. Si ce n'est qu'une fausse alerte, le même jeu se reproduit avec les mêmes précautions jusqu'à ce que le patron, désenchanteur de toute poésie, revienne véritablement et réintroduise dans le bureau l'atmosphère de calcul qui s'était échappée avec lui.

Alors, une fois de retour, le patron, dont l'œil est toujours investigateur, cherche à voir si le temps qu'il paye a été bien employé; il consulte les livres, regarde l'étagage, l'abatis de besogne; et si la table du commis en regorge assez, si de nombreux chiffres se sont groupés en son absence, il ne dit rien, gardant pour lui, comme tout patron, ses manifestations de contentement; tandis que, s'il lui plaît de trouver le travail trop peu abondant, les épithètes et les reproches viennent assaisonner ses remarques extra-judicieuses. — Mais contre une tactique si générale et sitôt connue, l'employé a dû promptement et savamment se mettre en garde. Sa tête est une montre qu'il monte le matin, et il tient à sa disposition plusieurs degrés de vitesse : il y a le degré lent, le *mezzo termine* et le degré rapide. — Le premier ne s'emploie que dans les moments de mauvaise humeur, de bouderie. — Le second est le plus fréquent et sert lorsque le patron est présent et que, sans trop se fatiguer, on veut cependant avoir l'air de travailler. — Quant au troisième, on ne le met en usage qu'autant qu'il doit y avoir une compensation, c'est-à-dire qu'on pourra s'arrêter, faire une halte agréable quelque temps après. Ainsi vous avez terminé toute la matinée avec le patron : le *mezzo termine* de vitesse a fait son jeu, c'est le degré que vous connaît le maître; tout est bien. Mais l'après-dînée le bonheur veut qu'il sorte : vite, vous montez d'un cran la montre; la bonne volonté, l'ardeur vous viennent en aide; la besogne marche au degré rapide, et, si le chef est absent quatre heures, vous lui avez fait dans les deux premières ce qui, lui présent et au degré moyen, vous eût demandé les quatre heures complètes : donc il vous reste deux heures à dépenser pour vous, et c'est pendant ces deux heures que vous vous livrez au culte des Muses (vieux style). Ces heures, qui vous appartiennent bien puisque vous les avez gagnées, vous pourriez les employer même à écrire des articles pour le *Journal des Débats*, puisque la propriété est, d'après la vieille école, le droit d'user et abuser.

L'employé-écrivain, après quelques années de ce rude labeur, a un vaste magasin de feuilletons et de pièces de théâtre, le tout inédit. Son cœur s'ouvre à l'espérance lorsqu'un petit théâtre ou une boutique de Revue incomprise s'ouvrent dans quelque coin reculé de la publicité; mais le théâtre et la Revue déposent bientôt leur bilan : l'employé-écrivain, lui, ne dépose jamais sa plume.

LES GRANDES EAUX

DE SAINT-CLOUD.

Pour le coup, rien ne nous ôtera de la tête que ceci est un bruit que la police fait courir!

Depuis pas mal d'années, on fait croire aux Parisiens qu'il existe des grandes eaux à Saint-Cloud, et que lesdites grandes eaux se livrent à l'admiration du public cinq ou six fois par an. — A cette occasion même les omnibus sont ornés, huit jours à l'avance, de grandes affiches annonçant la prétendue solennité, et tous les provinciaux qui se trouvent à Paris ne manquent pas d'écrire sur leur carnet : — *Ne pas oublier d'aller voir jouer les grandes eaux à Saint Cloud, dimanche prochain.*

Vous me croirez si vous voulez, monsieur; eh bien! je jure sur ce qu'il y a de plus sacré pour vous — sur vos cendres, si vous voulez, — voilà huit ans que je suis à Paris, et, depuis ce laps, je n'ai pas vu annoncer une seule fois la représentation de ces grandes eaux extraordinaires de Saint-Cloud sans brosser mon habit le plus vert-pomme et sans chausser mes guêtres les plus champêtres, à cette fin d'aller jouir de ce divertissement aquatique dont j'avais soif depuis si long-temps. — Eh bien! j'ai eu beau me presser et courir, je n'ai jamais vu d'eau à Saint-Cloud que sur mon front; — par exemple il y en avait beaucoup.

Les Parisiens étant — comme vous le savez — d'une nature éminemment moutonne, il s'ensuit que le jour où l'on annonce le spectacle gratis des grandes eaux de Saint-Cloud, toute la capitale émigre en masse vers ce lieu de délices et de jets d'eau; — on ne laisse, pour garder les maisons, que les paralytiques et les enfants au-dessous de six mois.

Comme cinquante wagons et quarante coucous ne suffisent pas pour transporter six cent mille individus à Saint-Cloud, il s'ensuit que les amateurs des grandes eaux se divisent en deux grandes classes :

1° Ceux qui arrivent trop tard;

2° Ceux qui n'arrivent pas du tout.

C'est à quatre heures précises, à ce que dit le programme, que le rideau se lève, — ou, si vous aimez mieux, que les grandes eaux s'élèvent; — à quatre heures tous les jets doivent se lancer vers le ciel, toutes les cascades se précipiter vers la terre, — mais lorsque les badauds arrivent tout couverts de poussière, à quatre heures cinq minutes, — c'est trop tard, — les conduits des bassins sont déjà secs comme des allumettes chimiques allemandes.

Si quelque amateur, ne pouvant en croire ses yeux, veut en croire la bouche d'un des gardiens du palais de Saint-Cloud, ce fonctionnaire à tricornes lui répond, avec le sang-froid qui n'appartient qu'à cette institution : — *Oui, monsieur, les grandes eaux viennent de jouer.*

Et à preuve, il montre au Parisien trois grenouilles qui sont censées prendre le frais sur le bord du grand bassin de Neptune.

Il n'y a rien à répondre à trois grenouilles; — et tout ce que peut faire le Parisien en retard, c'est de jurer sur sa tête de prendre mieux ses mesures, l'année suivante, pour arriver enfin au moment solennel où les eaux se livreront à leurs jeux les plus folâtres.

Voilà pour la classe des amateurs qui arrivent trop tard. — Quant à ceux qui n'arrivent pas du tout ou qui n'arrivent qu'à moitié chemin, ils sont encore plus nombreux.

Pour une foule de Parisiens, plus ou moins tambours de la garde nationale, la solennité des grandes eaux n'est qu'une occasion d'aller voir les marchands de vin de Passy, Auteuil et autres lieux environnants.

Les femmes n'ont rien à dire quand un homme sort sous le prétexte champêtre d'aller voir jouer les eaux de Saint-Cloud, cet exercice aquatique leur semble même digne d'encouragements; — mais, hélas! quand vers minuit l'époux rentre dans son domicile politique et nuptial, toutes ces vertueuses illusions sont déplorablement dissipées, car cinq ou six bouteilles de vin rendent généralement un homme bien peu aimable! — surtout un mari!

J'ai interrogé toutes les personnes que je connais, et même bon nombre de celles que je ne connais pas, et je n'ai pas encore pu trouver un seul mortel qui ait pu me dire : — J'ai vu jouer les grandes eaux de Saint-Cloud!

Après cela, il me l'aurait dit que je ne l'aurais pas cru; ainsi cela serait revenu absolument au même.

Si vos opinions politiques vous empêchent d'admettre la justesse de la pensée qui sert d'introduction au présent article — à savoir, que la police fait courir des bruits pour occuper les badauds — vous serez d'avis du moins que si ce n'est pas la police qui veut faire croire aux Parisiens qu'il y a des eaux à Saint-Cloud, ce sont les marchands de vin de Passy qui se livrent à cette plaisanterie qui leur rapporte un si beau bénéfice.

Mais les hommes sont des mulets pour l'entêtement, et je suis bien bon de chercher à vous convaincre de cette vérité sur Saint-Cloud, — car je suis sûr qu'après avoir lu cet article vous allez néanmoins vous mettre en route aujourd'hui même pour aller voir jouer les *grandes eaux* annoncées.

Quant à moi, c'est bien différent; — j'y vais aussi, mais je jure bien que c'est la dernière fois que je me laisse attraper — jusqu'à la prochaine affiche annonçant le même spectacle!

DE LA BONHOMIE

CHEZ TOUS LES GENS DE LETTRES.

DUCIS ET FLORIAN.

Pour me servir d'une forme désormais académique, il y a des auteurs au nom desquels on s'écrie : Les grands hommes! Ce sont les Bossuet, les Montesquieu. Il y en a d'autres qui font dire d'eux : Les bonnes gens! Ce sont les Fénelon, les La Fontaine. Vers la fin du dernier siècle, qui ne fut rien moins qu'un siècle de bonhomie, comme chacun sait, vécurent quatre littérateurs, tous unis par l'amitié, par l'amour des arts, des champs, de la poésie, de ce qu'il y a de plus pur et de plus doux en ce monde; tous rappelant par quelques traits, au milieu de la morgue philosophique du dix-huitième siècle, cette candeur et cette simplicité dont La Fontaine et Fénelon avaient étonné la pompe courtisanesque du dix-septième. Phénomène bien rare en amitié, et surtout en littérature! La chose est tellement inouïe, que le mot manque pour l'exprimer. En effet, on dit bien une paire d'amis, plus rarement un trio d'amis, et puis c'est tout : l'Académie a cru que c'était tout ce qu'il fallait aux gens de lettres pour leur usage particulier. Lagrange-Chancel a bien parlé quelque part de

Quatre cœurs réunis par l'amour.

Mais c'est une périphrase, et encore convient-elle

mieux au vocabulaire du piquet qu'à celui de l'amitié.

Quoi qu'il en soit, ces quatre amis étaient Ducis, Florian, Collin-d'Harleville et Andrieux. C'est dans cette petite société que s'était réfugiée la bonhomie si rare de tout temps parmi les gens de lettres et dont Andrieux est resté le seul représentant dans le nôtre, qui se pique pourtant de revenir à la nature. Là, comme dit Rousseau, on goûtait le plaisir de se sentir émouvoir un peu les entrailles et de se dire : Je suis encore homme! Là aussi quelquefois on s'amusait comme des enfants. Tantôt c'était Andrieux s'en allant à Maintenon tailler des espaliers avec Collin, une scène de l'*Optimiste* en poche; tantôt c'était Ducis écrivant à Florian :

Nous devons fêter à loisir,
Tous en chœur, à voix éclatante,
Quand l'herbe rit, quand l'oiseau chante,
Quand la nature est en désir,
Moi, mon Guillaume Shakspir,
Et toi ton Michel Cervante.

Voici une anecdote que je tiens d'un homme qui avait connu personnellement Ducis. Ce dernier se promenait un jour sur le quai de la Mégisserie. Il s'arrêta devant les marionnettes qui, de temps immémorial, y avaient élu domicile, et interrompant peut-être le monologue d'Hamlet, il se mit à prêter la plus sérieuse attention aux lazzis de Polichinelle. Tout à coup il devint distrait, son oreille et ses yeux étaient ailleurs : près de lui un orateur à la voix enrouée invitait le public à passer derrière le rideau qui cachait une de ces optiques ambulantes, où pour deux sous on voit toutes les capitale du monde connu.

« Parbleu! se dit Ducis, il y a long-temps que suis curieux de savoir ce qu'on voit là-dedans. » Et il jetait de ce côté un regard d'envie. L'homme à la voix rauque s'en aperçut et jugea convenable d'ajouter à son « Passez, messieurs! » qui, là comme ailleurs, est un peu sec, un argument *ad hominem* : « Vous y trouverez nombreuse et brillante société. » — « Nombreuse! répétait Ducis, c'est ma foi vrai; mais brillante!... » Et ses yeux se portèrent sur le rideau qui, gonflé par les spectateurs qu'il cachait, ne laissait apercevoir que la partie inférieure de leurs jambes. Il en aperçut une couverte d'un bas de soie bien tiré, bien propre et terminée par un escarpin luisant orné de boucles d'or. « Pour le coup, il a raison, s'écria-t-il; voilà une jambe honnête. Il me semble que je peux bien... Qui diable le saura? » Et lançant autour de lui un regard rapide, il se glisse à la hâte derrière le rideau que soulève le harangueur triomphant. Au moment où il entre, un des curieux (c'est l'homme à la jambe honnête), quittant le verre où son œil est appliqué, se retourne. O surprise! c'est Florian. Vous croyez qu'il va être étonné, honteux? Rien de tout cela. Pourquoi une idée qui lui est venue ne serait-elle pas venue à son ami? il le comprend, il le devine : « Entrez donc, mon cher, s'écrie-t-il gaiement; vous avez manqué à la grande ville de Constantinople, nous sommes à Pékin : c'est charmant; voyez plutôt! » Et voilà l'auteur d'*Hamlet* et celui d'*Estelle*, le bras sur l'épaule l'un de l'autre, admirant de la meilleure foi du monde les merveilles qu'on leur présente. Je ne sais si je trompe, mais selon moi le trait était digne d'arriver à La Fontaine, et d'être raconté par Andrieux.

L'UNIFORME

DES AGENTS DE POLICE.

M. Gabriel Delessert était né pour être tailleur — ou au moins costumier; — il est préfet de police, c'est une vocation manquée.

Il ne se passe guère de mois sans que les journaux ne nous apprennent que M. Delessert vient de faire confectionner quelque vêtement nouveau en faveur des employés de son administration.

Nous avions déjà l'habit bleu non barbeau des sergents de ville, accompagné d'un manteau façon comte Almaviva et d'une paire de socques articulés; — c'était déjà bien gentil! — Après ce costume est arrivé celui des surveillants des stations de voitures publiques — toujours habit bleu non barbeau, boutons blancs et nez rouge de rigueur.

Voici maintenant le tour des officiers de paix, qui se voient affublés pareillement de l'habit bleu non barbeau, boutons blancs. — Le nez rouge est toléré.

Quelques personnes, au nombre desquelles nous sommes fâchés de compter le spirituel auteur des *Guêpes*, trouvent que cet uniforme donné aux agents de police est une fort bonne chose. Sous le rapport de la propreté, d'accord; — mais sous le rapport de l'utilité, nenni!

Chez Bauger R. du Croissant 16. Chez Aubert gal. Vero-Dodat. Imp. d'Aubert & Cie

Oui, Madame, je suis tout dévoué à notre Auguste Reine, et moyennant quelques misérables centaines de mille francs, je me fais fort de la rétablir sur le trône. – Quels sont vos moyens. – Mes moyens ! j'en suis rempli de moyens, j'ai des amis, des journaux, et si toute la famille des Macaire se déclare pour toi, jamais Reine n'aura levé une plus innombrable armée !...

Alphonse Karr motive son approbation sur ce que la police qui n'est pas faite d'une manière occulte est beaucoup plus honorable. — Cela peut être vrai; mais jusqu'à ce jour je n'avais pas considéré les agents de police comme des personnages ayant été inventés pour recevoir les coups de chapeau d'un chacun; — je n'éprouve nullement, pour ma part, le besoin d'aller respectueusement baiser les basques de leur habit non barbeau, — et messieurs les officiers de paix eux-mêmes n'ont n'ont pas été créés pour faire concurrence aux évêques et donner leur bénédiction à la foule qui se prosterne humblement à leur passage.

Quant à l'inconvénient de ces costumes que l'on aperçoit à cinq cents pas, il faudrait n'avoir jamais flâné sur le boulevard pour en reconnaître toute l'étendue — de l'inconvénient.

Tous les marchands de chaînes dites de *sûreté* et de bas qualifiés de *filoselle* se livrent surtout à leur commerce clandestin avec un agrément tout particulier depuis l'invention des costumes de M. Delessert. — Il suffit qu'un compère, jouissant d'une bonne vue, se mette en vigie à l'entrée de la rue de Richelieu ou de la rue Montmartre pour signaler tous les tricornes municipaux qui arrivent pour se livrer à l'exercice de leurs fonctions.

Crac! — en un clin d'œil tous les floueurs disparaissent, et lorsque l'autorité arrive sur les lieux, au lieu de pouvoir surprendre nos gaillards en flagrant délit, elle ne trouve que des flâneurs qui se promènent bien bourgeoisement les mains dans leurs poches.

De même pour les filous qui ont établi leur quartier général dans le passage des Panoramas et sur la place de la Bourse : — avec cinq ou six sentinelles, ils *travaillent* en toute sûreté.

Si l'on en arrête quelquefois, ce n'est que quand ces messieurs se permettent d'apostropher insolemment les personnes dont ils ont trouvé les poches entièrement vides; — ils se plaignent alors eux-mêmes d'être *volés*, et bousculent rudement le pauvre diable auteur de leur mécompte. — Mais notez bien qu'on les arrête alors, non pas pour vol, mais pour insolence.

A notre avis, la meilleure de toutes les polices est celle qui empoigne le plus de voleurs. — Je serai toujours beaucoup plus disposé à donner ma bénédiction à un assez vilain agent couvert d'une vieille redingote chocolat, qu'à donner simplement mon admiration à un superbe sergent de ville revêtu d'un habit à la française coupé dans un drap pur Elbeuf.

Car si l'on ne prend les agents de police que pour embellir les rues de la capitale, — si on ne les prend que sous le point de vue d'obélisques et de bornes fontaines, il faudra qu'on se livre encore à bien des perfectionnements en leur faveur pour rendre leur aspect totalement agréable, — car généralement leur architecture n'est pas des plus séduisantes.

A cela, vous me direz que c'est la faute de la nature — soit — mais c'est aussi un peu la faute de M. Delessert, car alors pourquoi mettre en évidence ces hommes qui étaient destinés à vivre dans une modeste obscurité, comme d'humbles violettes, — sans autre comparaison!

La police est un mal nécessaire, mais il est parfaitement inutile de la révéler par des habits bleu non barbeau!... — Voilà mon opinion; — mais après cela je serais bien fâché qu'on supprimât totalement cette même police, car cette motion pourrait laisser soupçonner que je suis un voleur!

J'en reviens à mon idée, l'agent de police doit être une violette, — sauf qu'il ne doit pas même se révéler par son parfum!

Autrement, si M. Delessert persiste à vouloir laisser à tous ses agents leur uniforme, je demande formellement qu'il complète sa mesure administrative en forçant les dix mille voleurs de Paris de porter constamment à leur boutonnière une plaque et un numéro.

Du moins ainsi on saura à quoi s'en tenir, et quand on voudra réclamer sa bourse ou son foulard, on n'aura qu'à retenir le numéro de son voleur, et moyennant une récompense honnête tout le monde sera satisfait!

GRAVES ÉVÉNEMENTS

DANS LE GÉROLSTEIN.

DÉPÊCHE TÉLÉGRAPHIQUE.

« Strasbourg, 9.

» Une révolution vient d'éclater dans le Gérolstein. La ville de Gérolstadt est au pouvoir des insurgés. Le prince Rodolphe a été déposé. Personne n'a été chouriné. »

Cette dépêche, affichée à la Bourse, a fait baisser le cours de l'épilogue des *Mystères de Paris.*

Du reste, les gens habitués à juger sainement les affaires de l'Europe étaient depuis long-temps préparés à cet événement, dont il est impossible de prévoir encore toutes les conséquences.

Plusieurs causes ont amené cette révolution, qui vient de rompre d'une manière si brusque l'équilibre européen.

Les sujets du prince Rodolphe étaient mécontents des fréquentes absences du souverain hors de ses états.

Les faits révélés par le feuilleton de M. Eugène Sue ont puissamment contribué à nuire à la considération personnelle de son Altesse.

Les Gérolstinois n'ont pas été flattés d'apprendre qu'ils possédaient un prince si fort sur la savate;

Qui fréquentait les cabarets borgnes et autres estaminets louches de la Cité;

Qui était lié avec des gens d'une moralité douteuse.

Enfin, ce qui a porté le mécontentement au comble, ce sont les antécédents de la fille du duc, la princesse Amélie, plus généralement connue sous le nom de Fleur-de-Marie. Quelque intéressante que soit d'ailleurs cette jeune personne, il n'a pas paru convenable aux Gérolstinois d'être gouvernés par elle.

On parlait tout haut, dans les lieux publics, de changer l'ordre de succession au trône.

Les gens habitués à juger sainement les affaires de l'Europe prévoyaient depuis long-temps ces graves événements. Les habitants de Gérolstein n'étaient point dans des conditions d'existence normale.

Ils étaient trop heureux.

Mais avant d'aborder ce grave côté de la question, signalons un fait qui, dans l'opinion des gens sensés, n'a pas été étranger à la révolution gérolstinoise.

Il s'agit du mariage du prince avec une étrangère.

En épousant madame d'Harville, Rodolphe a mécontenté toute l'aristocratie de ses États. Une députation se rendit auprès de lui pour lui faire des représentations à cet égard. Élevé dans la fleur des belles manières et du beau langage parisien, Rodolphe tourna le dos à la députation et lui répondit « zut! »

Malgré cette réponse, on espérait encore que le prince voudrait bien ne pas violer ouvertement les convenances et se contenter d'une union morganatique.

Il n'en a rien été.

La cérémonie du mariage princier a eu lieu au milieu de la plus grande pompe; Rodolphe a pris lui-même sa couronne et l'a déposée sur la tête de madame d'Harville.

Les grands du pays se sont voilé la face et ont déclaré que le moment était venu.

Ils n'auraient pu rien faire cependant sans le concours du peuple. Heureusement pour la noblesse, le peuple, comme nous l'avons dit tout à l'heure, était trop heureux.

Les philosophes les plus célèbres de l'antiquité et des temps modernes ont consacré les maximes suivantes :

Le mieux est l'ennemi du bien.

Faut de la vertu, pas trop n'en faut.

Le système du prince Rodolphe était trop exclusivement vertueux.

Pas de Gérolstinois qui n'eût obtenu le prix Monthyon au moins une fois dans sa vie.

Toutes les Gérolstinoises avaient été également rosières au moins une fois.

Chaque citoyen en âge de sauver son semblable montrait avec orgueil sept à huit médailles à ses enfants.

Déguisé en Aroun-al-Raschid, le prince dirigeait lui-même les patrouilles grises et faisait administrer un feuilleton en neuf colonnes sur la plante des pieds à tout voleur surpris en flagrant délit.

Chaque famille se nourrissait d'un arlequin quotidien composé d'une poule au pot, d'un faisan rôti, de petits pois au sucre et de fraises pour dessert,

Le tout arrosé d'une petite bierre mousseuse surnommée par les poètes « nectar du Nord. »

Tant de bonheur était bien fait pour fatiguer à la longue un peuple encore plus patient que le peuple de Gérolstein.

A force de bonheur, il s'est insurgé.

A minuit les conjurés portant des flambeaux ont parcouru les principaux quartiers de la ville, précédés d'un drapeau sur lequel était inscrite cette devise significative : « A bas la vertu ! »

Grossie à chaque instant par le flot des mécontents, la foule s'est dirigée vers le palais.

Rodolphe languissait dans les bras du repos.

Et le sommeil trompeur lui versait ses pavots.

A ce bruit, il se lève, il demande ce que c'est.

On lui répond que c'est son peuple qui s'insurge parce qu'il est trop heureux.

Il veut se préparer à la résistance, mais il finit par céder par philanthropie. Voici le programme des insurgés :

Suppression générale des prix Monthyon et des rosières.

Amnistie sans condition pour toutes les actions vertueuses.

Établissement d'une Cité au centre de la capitale.

Autorisation à tout citoyen d'ouvrir des tapis-francs.

L'argot deviendra la seule langue usitée pour les transactions judiciaires et diplomatiques.

Moyennant ce, on permet à Rodolphe de se retirer partout où il voudra.

Le Cobourg qui briguait la main de la princesse Amélie-Fleur-de-Marie s'est retiré précipitamment dans ses États.

Le prince Rodolphe a fait retenir pour lui et sa famille l'ancien garni occupé par le duc de Brunswick. On croit qu'il se fixera à Paris pour y donner des leçons de savate.

Les Gérolstinois ont nommé grand-duc un jeune Français, maître de danse et de goût, fixé depuis peu à Gérolstein. Le nouveau prince régnera sous le nom de Tortillard Ier.

Le Musée Philipon.

Aubert désire que nous vous parlions de son *Musée Philipon*. Vraiment nous ne sommes pas à notre aise pour le satisfaire; car nous ne pouvons rien vous dire que vous ne sachiez tous. Le *Musée Philipon*, venu avant nous, est plus connu que nous; il vaut mieux que *Paris comique*, et il est notre ouvrage. Que dirons-nous donc? une critique serait déplacée dans cette publication qui marche autant qu'elle peut sur les traces du *Musée;* un éloge ne nous est pas permis en notre qualité avouée. Que dire?

Tâchons de ménager à la fois l'éditeur qui veut une annonce, notre dignité et notre amour-propre.

Disons donc simplement que le *Musée Philipon* est un chef-d'œuvre d'esprit, de gaieté, de malice et d'originalité. — C'est là tout ce qu'un auteur peut dire de plus modeste sur son livre, et, pour rien au monde, Aubert ne saurait obtenir plus de notre complaisance.

Le *Musée Philipon* a duré quarante-huit semaines — un an environ — et pendant ce temps-là il a suivi pas à pas les événements du jour, fêtes publiques, drames et mélodrames nouveaux, opéras, ballets, romans, etc. Il a tout passé en revue, tout représenté, tout écrit et dessiné à sa manière.

Pourquoi n'a-t-il pas duré plus long-temps? pourquoi les auteurs et l'éditeur, en possession d'un succès inouï, ont-ils arrêté leur œuvre? Hélas! c'est qu'une publication de ce genre est un travail de tous les jours, qu'elle nécessite le concours de tant d'artistes, dessinateurs et graveurs, et coûte tant d'argent qu'il faut nécessairement se reposer et reprendre haleine.

Les deux volumes dont se compose ce livre singulier ont coûté 72,000 fr. à l'éditeur, et c'est à peine s'il est entré aujourd'hui dans la voie des bénéfices. De quelle somme se fût-il trouvé en avances s'il eût continué sans interruption?

Sans doute la publication sera reprise et continuée, pour être interrompue encore et reprise de nouveau; mais nous n'en sommes pas là pour le moment. Elle se compose aujourd'hui de deux volumes seulement; parlons de ces deux volumes.

Le premier commence par un article intitulé : *Salon de cette année*, illustré par sept charmants dessins de Gavarni.

Vient ensuite : *Histoire de feu Barbe-Bleue mise en images pour les grands et petits enfants;* par MM. Cham (de N.) et E. Forest. C'est une parodie du conte de Perrault, une critique raisonnable pour la forme bouffonne et tellement raisonnable et divertissante, qu'elle a été traduite en anglais et en allemand. A Londres et à Vienne, comme à Paris, elle a obtenu un succès de fou rire.

Grandville a donné, pour finir la première livraison, ses *Hommes à têtes de bêtes*, parfaitement reproduits par Forest.

Une parodie de *Murat, drame à pied et à cheval, crié au Cirque-Olympique*, et dessiné par Cham (de N.), vient après et précède les *Bals masqués de la mi-carême* par Gavarni.

Trimolet, ce dessinateur si comique et si fin que les arts ont perdu dernièrement, avait placé plus loin ses *Physionomies, poses et gestes des différents lecteurs*.

La cinquième livraison se compose de la parodie de la *Reine de chiffre* (la Reine de Chypre), texte et dessins par Lorentz.

Une scène du fameux *Quinola* de Balzac commence la sixième livraison, qui contient aussi la fameuse *Promenade de Longchamps*, et le conte comiquement raconté du *Petit Chaperon rouge.*

Madame Sand est critiquée par le chapitre intitulé : *Un Roman bien noir*, dans lequel Cham (de N.) a, pour la première fois, essayé ces silhouettes noires, dans lesquelles il réussit parfaitement.

Racine lui-même voit ses *beautés* travesties par une collection de croquis au bas desquels on voit avec étonnement les vers les plus sérieux et les plus pathétiques de l'immortel poète servir de texte et de prétexte à des scènes bouffonnes.

Puis viennent les *Courses du Champ-de-Mars* avec un dessin de M. Lami et des croquades de M. Cham (de N.).

L'*Histoire des modes françaises* depuis Henri III jusqu'à nos jours a été dessinée par Ch. Vernier avec exactitude, et cette vérité suffit à rendre la collection assez intéressante pour qu'elle ait été également traduite et copiée dans les publications d'Allemagne et d'Angleterre.

Les *Réjouissances du 1er mai* et le conte de *la Belle au bois dormant*, dessinés par Cham (de N.) remplissent la septième livraison, avec les types des *Promeneurs du Salon* par Plattier.

Comme quoi Napoléon n'a jamais existé, par un ancien bibliothécaire de la ville d'Agen, texte revu par M. Petrus Borel et illustré par Lorentz, occupe la huitième livraison, que terminent les *Déplaisirs* par Gavarni.

Lorentz a écrit et dessiné la parodie de *Giselle*, sous le titre de *Grise-Aile*, dans la livraison suivante, qui a reçu de plus le commencement de la *Mythologie comique* de Cham (de N.).

Le Dedans jugé par le Dehors, article de Philipon, fait pour le *Charivari*, a été illustré par Trimolet et placé dans la dixième livraison.

Viennent ensuite : L'*Histoire de Robinson Crusoé, illustrée pour rire*, par Cham (de N.).—Les *Plaisirs de l'Omnibus*, par Grandville. — Les *Croquis divers*, par Gavarni. — L'*Invasion du céleste Empire*, par M. E. Bourget, croquis de Lorentz. — *Paris le Bohémien, galimatias dramatique de M. Bouche-Hardie*, dessins de Eustache Lorsay.

Puis, le *Cirque-Olympique des Champs-Elysées*, texte et dessins de Lorentz. — Et du même dessinateur, l'*Eclipse du 8 juillet, ou Robert Macaire dans la lune. — Nouvelle manière de lire les vieux auteurs*, par Cham (de N.) et E. Forest.

Dans la seizième livraison, la *Jolie marchande de gants*, parodie du ballet de *la Jolie Fille de Gand*, par Cham (de N.). — *Atala, ou les aventures de la Femme sauvage*, histoire de M. de Chateaubriand, corrigée et remise à neuf par Cham (de N.).

Plus loin, une *Représentation dramatique à Bourg-en-Bresse.*

Nota. — Parmi les pièces également remarquables que va jouer la troupe nomade qui dessert pour le moment la patrie du célèbre Bichat, se trouve *la Dame blanche*, à propos de laquelle on lit sur l'affiche théâtrale :

« La musique du célèbre Boïeldieu nuisant à l'exécution de ce charmant opéra comique, l'administration, pour être agréable aux habitants de Bourg-en-Bresse, l'a fait remplacer par un dialogue vif et animé. »

La dix-neuvième livraison offre le tableau des *Mille et une infortunes de Jujube Bilboquet*, écrites par M. Bourget et dessinées par Cham.

Les *Passe-Temps équestres*, parodie de la méthode Baucher, dédiée à la cavalerie française, complètent la vingtième livraison.

Emile Marco Saint-Hilaire a écrit l'article suivant intitulé : *Ah! quel plaisir d'être soldat! simple résumé de tous les agréments attachés à la chose*. Les croquades sont de M. Ch. Vernier.

Louis Huart nous présente ensuite réunis tous les plaisirs négatifs d'un *Voyage d'agrément à Paris*, et Daumier les dessine avec la verve et l'originalité qu'on lui connaît.

La vingt-troisième livraison est consacrée aux parades de Debureau : *Pierrot en Afrique*, et *Satan, ou le Pacte infernal*, donnent une idée exacte du paillasse célébré par son ami J. Janin.

Enfin le premier volume se termine par les *Chasseurs parisiens* dans les plaines peu giboyeuses de Grenelle et de Saint-Denis.

Ce premier volume, composé de 192 pages grand in-4°, à deux colonnes, imprimé avec tout le luxe que MM. Béthune et Plon savent mettre à leurs plus beaux tirages; ce volume, disons-nous, contient 764 dessins pour tous les articles que nous venons de nommer, et gravés par les plus habiles graveurs. Le volume étant donné pour 12 francs, comptez à quel prix cela porte chaque dessin!

Une autre fois nous vous dirons ce qui compose le volume suivant.

IMPRIMÉ PAR BÉTHUNE ET PLON, A PARIS.

PARIS COMIQUE,

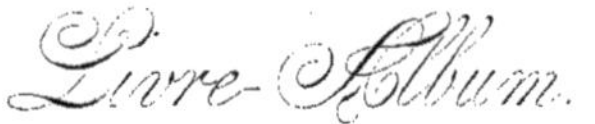

Dessins de MM. de Beaumont, Bouchot, Cham (de N..,) Daumier, Emy, Gavarni, Grandville, H. Monnier, Pruche, Vernier et autres.

TEXTE PAR LES RÉDACTEURS DU MUSÉE PHILIPON, DU CHARIVARI, DE LA CARICATURE, ETC., ETC.

DIALOGUE

SUR LA

NOUVELLE LOI DE LA CHASSE.

ACTUALITÉ.

— Ainsi, *monsieur*, vous voilà en admiration devant cette nouvelle loi sur la chasse?

— Assurément, *mon cher monsieur*.

— Mais, monsieur, l'avez-vous bien examinée?

— Comment, mon cher monsieur, vous ignorez donc que j'ai failli faire un commentaire sur cette loi?

—Ah bah, vraiment, monsieur... Eh bien! alors que dites-vous du premier article?

— Le premier article... Mon cher monsieur, je dis qu'il est magnifique! Il pose de suite le principe fondamental, qu'avant tout pour pouvoir chasser il faut prendre un permis de chasse.

— Mais non pas, s'il vous plaît, monsieur... l'article dit le contraire...

— Oh! oh! mon cher monsieur!

— Eh oui, monsieur... Ne porte-t-il pas ces mots : « Nul ne peut chasser s'il ne lui a *pas* été délivré un permis de chasse... » Or, pour signifier le sens que vous lui donnez, mon cher monsieur, il devait dire : « Nul ne peut chasser s'il ne lui a été délivré un permis de chasse... » Mais point du tout, il a soin de dire : « S'il ne lui a *pas été*... » Aux mots *nul* et *ne* se trouve accolé le mot *pas*... Or, deux négations valant une affirmation, monsieur, il s'ensuivrait que la condition pour pouvoir chasser, monsieur, serait de ne point se faire délivrer de permis! Voilà, monsieur...

— Ah bah! passons, mon cher monsieur!

— Oui, oui, passons... Mais passons à un autre : que dites-vous de l'article suivant?

— Le second article, mon cher monsieur, je dis qu'il est superbe! Il ne permet la chasse sans permis que dans un enclos attenant à une habitation...

— Et la raison, monsieur?

— La raison, mon cher monsieur... Lisez la discussion des chambres... C'est que nous vivons sous un gouvernement qui tient par-dessus tout à ne pas violer le domicile; or, mon cher monsieur, il eût fallu le violer pour constater le fait de chasse dans un enclos habité... Voilà!

— Très-bien, monsieur... Ainsi vous approuvez que, bien qu'il s'agisse d'une contravention, d'un délit, d'un fait quelconque punissable aux yeux de la loi, aux yeux de tous... ce fait se trouvera impuni parce que le coupable se sera caché pour le commettre derrière un mur, derrière une porte, à l'abri d'une habitation?... Mais savez-vous bien, monsieur, que, si je vous escarpais... ici... chez moâà... dans mon domicile... Je pourrais le faire alors avec impunité!

— Ah!... mon cher monsieur, vous m'effrayez! Passons.

— Oui, monsieur, passons... et laissons de côté l'article trois, qui veut que les arrêtés d'ouverture de chasse soient publiés dix jours à l'avance : article déraisonnable, puisqu'il met les préfets dans la position de *Matthieu Lænsberg*, obligés de connaître à l'avance l'état de la température, obligés de dire si le temps pourra, dans dix jours, permettre l'enlèvement total de la récolte, et par suite l'ouverture de la chasse! Passons donc, et voyons l'article quatre!

— Oh! quant à celui-là... mon cher monsieur, pour me servir d'une expression de cour d'assises, on peut dire qu'*il a coupé la tête* au braconnage (1)!

— Ah! de grâce, monsieur, laissons à la ville d'Auch cette expression de terroir! et puisque vous avez failli faire un commentaire, commentons s'il vous plaît : « En temps où la chasse n'est pas permise, on interdit de mettre en vente le gibier. » — Bien. — « D'en vendre... » — Bien. — « D'en acheter. » — Très-bien... Mais pourquoi pas d'en *manger*, monsieur?

— Hi... hi... mon cher monsieur, il y avait encore ici impossibilité de constater sans violer le domicile... ah!

— Toujours le même motif, monsieur... allons, bon, et continuons : « Défense aussi de colporter le gibier... » — Possible. — « D'en *transporter*... »

— Halte-là!

— Sans doute, monsieur, halte-là! Halte-là, car votre loi de la chasse est une loi cocasse. Elle permet en tout temps la chasse dans un enclos habité; en tout temps aussi elle permet la chasse dans les propriétés de la couronne... Et puis voilà qu'elle s'avise d'interdire pendant un temps de l'année le transport du gibier quelle qu'en soit la provenance... De telle sorte, monsieur, que le gibier tué sur ces propriétés réservées dont je parle, n'en pourra sortir alors, et devra être cuit et mangé sur place!

— Ah! que voulez-vous, mon cher monsieur? Il le fallait!... Pour atteindre les colporteurs de gibier, qui n'eussent pas manqué de prétendre qu'ils n'étaient que des transporteurs, *il le fâââllait!*... Les juges, voyez-vous, n'auraient point eu assez de finesse pour bien saisir la différence d'un *colporteur* à un *transporteur*... C'est M. le garde-des-sceaux qui l'a dit! D'ailleurs, mon cher monsieur, il y a un mot qui répond à tout, mot inventé par un rapporteur de la chambre, c'est que le transport du gibier est un délit *sui generis*.

— En effet, monsieur, j'avais oublié... *sui generis*... excellent mot! M. Scribe, de l'Académie française, l'a traduit par : délit *comme on en voit peu*, délit *comme on n'en voit guère*.... Cela répond à tout en effet! Cependant, monsieur, sous un autre point de vue, faites-moi l'amitié d'examiner avec moi l'interdiction du transport du gibier... dans ses conséquences par exemple!... Tenez, avez-vous quelquefois mangé des pâtés de Chartres, de Pithiviers, Périgueux?

— Ah! certainement, mon cher monsieur... délicieux!

— Eh bien! monsieur, vous n'en mangerez plus!

— Allons donc, mon cher monsieur, vous m'épouvantez!

— Mon Dieu, si, monsieur... vous n'en mangerez plus pendant six mois de l'année. Ces pâtés contiennent du gibier... Or, comme il est défendu de transporter du gibier (qu'il soit vivant ou mort, cru ou cuit), en admettant qu'un pâté ait été élaboré à Chartres à votre intention, vous ne pourrez le faire *transporter* à Paris sur votre table, monsieur!

— Oh! mon cher monsieur, vous faites erreur. On ne saura point ce que ces pâtés ont dans le ventre, on fermera les yeux... Ils seront censés contenir du veau!

— Non pas du tout, monsieur. Il n'en est point de la conscience d'un pâté comme de la vie d'un citoyen; on ne peut malheureusement lui appliquer ce mot qu'*elle doit être murée pour tous!* aussi l'on ne se gênera pas, croyez-le bien, pour faire à la barrière l'autopsie de tous ces pâtés! Mais autre chose. Vous, monsieur, qui n'aimez pas les abus et les violations des droits, que direz-vous de cette *confiscation préalable* du gibier au profit des hospices, alors qu'il n'y a encore que simple prévention, alors que toute l'instruction de l'affaire se résume en un procès de paroles, un *procès-verbal!*..

— Ah! ah! mon cher monsieur... la *susceptibilité* du gibier ne pouvait lui permettre d'attendre sans se gâter jusqu'au jour du jugement!

— Même comme corps de délit, monsieur... La chose est singulière en matière pénale. Mais pourtant si je suis acquitté, qui me rendra ce qui m'a été confisqué si injustement et si mal à propos, au moment peut-être où ma broche était toute prête? Les hospices... mais bah, il sera trop tard alors!

— Acquitté, mon cher monsieur... Acquitté!... Mais vous n'y songez pas! Cette confiscation ne

(1) Dans les plaidoiries du procès Lacoste, il fut dit que Me Cantaloup avait *coupé la tête* à l'accusation.

peut avoir lieu que pour le gibier saisi sur vous en temps de chasse prohibé... c'est-à-dire à l'occasion d'une contravention qu'il vous est impossible de nier, puisque la loi ne considère pas la provenance du gibier... ah!

—Ah! oui-dà, monsieur... mais si ce gibier saisi n'est pas du gibier... si vos agents se sont trompés sur la qualification du gibier... si par exemple ils ont pris un chapon pour un faisan, un jeune lapin clapier pour un vieux lapin de garenne... *quid?*

— Eh bien, *quid,* mon cher monsieur?

— Mais, monsieur... mais, malheureux, vous ne voyez donc pas que mon chapon et mon lapin clapier seront saisis, confisqués, croqués, dévorés et avalés par le directeur de l'hospice, alors que je viendrai prouver aux juges l'état de domesticité de mon innocent gibier? Voilà le *quid,* monsieur! Mais encore autre chose... Que pensez-vous des recherches de gibier à domicile chez les cabaretiers, marchands de comestibles et autres? Cela me fait bien, quant à moi, tout l'effet de perquisitions domiciliaires. — Ah! monsieur, c'est bien fâcheux, n'est-ce pas? pour vous qui ne les aimez... Mais bah, finissons-en sur cet article! « Il est défendu, dit-il, de prendre sur le terrain d'autrui (comme s'il était permis de prendre quoi que ce soit sur le terrain d'autrui), il est défendu de prendre ou de détruire des œufs et couvées de faisans, de perdrix et de cailles... » Ah çà, monsieur, pourquoi n'avoir point parlé des lièvres?

— C'est qu'ils ne font pas d'œufs apparemment, mon cher monsieur!

— C'est probable, monsieur... mais ils font pour sûr des petits que l'on nomme *levrauts*, lesquels, très-faciles à détruire, méritent pour le moins autant de sollicitude que les couvées de cette volaille poétiquement appelée l'*oiseau du Phase!*

— Comment, mon cher monsieur... le faisan! vous méprisez le faisan! mais on ne saurait trop le chérir et le protéger!

— En avez-vous souvent tué à la chasse, monsieur?

— Eh! sans doute, mon cher monsieur! j'en ai *manqué* quatre dans le parc de...

— Oui, monsieur, dans un parc... possible; mais ailleurs que dans un parc, jamais! Et même, si vous eussiez chassé pendant l'hiver, il est probable que vous n'eussiez pu apercevoir ces faisans que dans le poulailler du garde chargé de leur éducation!... Convenez donc avec moi, monsieur, qu'on a eu tort de trop songer aux couvées de faisans et pas assez aux familles de lièvres...

— Esprit de corps, mon cher monsieur!

— Bien, bien, monsieur; ne discutons pas sur la longueur des oreilles...

— Et puisque vous avez failli faire un commentaire, monsieur, citez-moi, je vous prie, les plus belles dispositions, selon vous, de cette loi de la chasse?

— Vous voulez me mettre au pied du mur, mon cher monsieur! Eh bien, prenez garde... vous finirez par tomber de mon avis! Que dites-vous, par exemple, de cette disposition par laquelle les braconniers vont avoir les bras cassés, aujourd'hui qu'on peut aller saisir jusque chez eux leurs filets et pantières?

— Est-ce que vous approuvez cette loi, monsieur?

— Oui, sans nul doute, mon cher monsieur!

— Et vous persistez à penser, monsieur, que l'esprit de cette loi a été par-dessus tout d'éviter les violations de domicile? Dites-moi alors, monsieur, si c'est là un échantillon de cet esprit que de permettre une visite domiciliaire pour un filet, un simple filet? Vous ne répondez pas; voyons donc...

— Eh! mon Dieu, mon cher monsieur, vous semblez avoir pour cette loi une antipathie sans mesure! Selon vous, ce serait une loi féroce, draconienne, et faisant courber sous son bon plaisir toute espèce de principes; cependant voyez comme elle est peu exclusive : ayant songé combien, dans la saison d'hiver, les chasseurs d'oiseaux seraient vexés par suite de la clôture de la chasse, elle permet aux préfets de prendre des arrêtés pour autoriser cette chasse... Hein? n'est-ce pas superbe?

— C'est stupide, monsieur!

— Stupide, mon cher monsieur?

— Eh! oui, monsieur!... Rappelez-vous ce qui résulte de l'article IV : que la clôture, comme l'ouverture de la chasse, n'a lieu que pour le gibier, le gibier seulement; or, si vous êtes chasseur...

— Je le suis, mon cher monsieur, et crânement!

— Alors, monsieur, jamais, à la chasse... vous n'avez regardé comme du gibier, du vrai gibier... des oiseaux tels que : fauvettes, pierrots et alouettes! pour vous, comme pour tous, ce ne sont là que des *oiseaux* et non du *gibier;* aux yeux de la loi il en est de même, car elle n'a point daigné s'occuper de leurs misérables œufs et couvées!...

Pourquoi dès lors avoir dit que les préfets pourraient, en temps de clôture de chasse, autoriser à faire la guerre à ces *petits oiseaux*, lorsqu'il est positif que la clôture ne les regarde pas puisqu'ils ne sont point du *gibier?*

— Cet argument est *petit*, mon cher monsieur!... mais que direz-vous de l'article qui défend d'*enivrer* le gibier?

— Ah! j'allais vous en parler, monsieur... Comment, vous qui êtes chasseur, qui même avez tiré des faisans, dites-vous... avez-vous jamais vu dans vos nombreuses campagnes des chasseurs qui cherchassent à *enivrer* le gibier? La chose serait singulière, n'est-ce pas?... Eh bien, voulez-vous que je vous donne le mot de cette énigme, monsieur?... le voici : c'est que le projet de loi portait simplement défense aux chasseurs d'*enivrer les gardes-champêtres*... C'était effectivement un fait très-répréhensible; car en temps de chasse il se renouvelle chaque jour et entraîne à sa suite des conséquences fort gaies pour le chasseur, mais fort tristes pour les récoltes... Or, monsieur, le malheureux copiste de la première commission perdit la boule... Il écrivit le mot *gibier* au lieu de celui de *garde-champêtre;* le projet resta ainsi... les chambres le votèrent avec cette boulette, et voilà!

— Ceci, mon cher monsieur, demanderait examen... Mais enfin, malgré toutes vos mauvaises raisons pour combattre quelques dispositions réglementaires de cette loi... si nous venons à l'examiner dans le but principal auquel elle tend, c'est-à-dire dans la partie de la *pénalité*... oh! alors, sous ce point de vue, vous ne pourrez qu'applaudir comme moi à la raison bienveillante qui a présidé au choix et à la dilimitation des peines, qui... que...

— Eh bien, répondez-moi, mon cher monsieur!

— C'est que, monsieur, je cherche un article... Ah! bon; voici : Art. XX : « L'article 463 du Code pénal ne sera point applicable aux délits prévus par cette loi. » Ah! ah!

— Eh bien, mon cher monsieur?

— Eh bien... vous ne connaissez donc pas cet article 463, le fameux article de la *circonstance atténuante,* article merveilleux qui fera à jamais la gloire de notre siècle?... Or voyez, monsieur, quel cas on en fait ici; réfléchissez qu'on n'en veut point entendre parler, et songez aux terribles conséquences de ceci! Écoutez-moi, je vous prie : vous aurez tué, je suppose, un lièvre en temps de chasse, vous, muni d'un permis de chasse, sans avoir à vos côtés aucune espèce de levrier ni la moindre chanterelle... le lièvre passait sur votre terrain. il était dans son tort, naturellement!... seulement, au lieu de le tuer d'un coup de fusil, vous l'avez tué d'un coup de *bâton*... Or, comme vous savez, la loi, ne permettant que la chasse à tir et la chasse à courre, prohibe par conséquent la chasse au bâton!... Vous êtes donc en état de contravention; par suite vous comparaissez piteusement en police correctionnelle... Là, vous vous bornez à implorer la commisération des juges, et votre défenseur se risque pour vous à hasarder le mot de *circonstances atténuantes :* « Du tout, du tout! vous répond-on durement; la loi est inflexible pour ce cas! » Et vous voilà condamné sans rémission, sans la moindre circonstance atténuante! Malheureux et trois fois malheureux!!! Supposez, au contraire, que vous ayez occis avec la plus profonde scélératesse, au lieu du lièvre, le garde-champêtre dans l'exercice de ses fonctions; de plus vous lui aurez enlevé son sabre et sa plaque de fer-blanc! Eh bien, une fois empoigné et convaincu de la chose, que croyez-vous qu'il vous arrive?... Eh bien, monsieur, si vous êtes condamné, vous aurez d'emblée, soyez en sûr, la circonstance atténuante, LA CIR-CON-STANCE AT-TÉ-NU-AN-TE!! Entendez-vous, comprenez-vous, monsieur?

— Assez, mon... mon... ch... monsieur; assez... vous n'êtes, voyez-vous, qu'un ppppp...

— Qu'un quoi, monsieur?

— Qu'un AVOCAT, mon cher monsieur!!!... »

Et il s'enfuit... Le ton méprisant de mon interlocuteur à ces derniers mots me fit frémir... je restai stupéfié! — Le soir j'eus la visite d'un jurisconsulte de mes amis, je lui contai la chose : « Le cas est grave, dit-il... D'abord il est positif que vous n'êtes point *avocat*... C'est une fausse qualification! Ensuite il serait possible qu'il y eût *injure*, et *injure grave* d'après un arrêt tout récent! Tenez, au reste, faites une chose... attaquez en *diffamation*, et, si vous succombez devant les premiers juges, allez en appel devant la *Cour*, la *Cour royale de Paris*, vous entendez. — Alors votre affaire est claire, soyez tranquille!... On ne pourra manquer de considérer le mot comme la plus cruelle injure qu'on puisse dire à un honnête homme!!! »

CONTRIBUTIONS INDIRECTES.

N° 11

Chez Aubert gal. Véro-dodat. Imp. d'Aubert & Cie

Suivant l'ouvreuse, il n'y a plus de places, vous prenez supplément sur supplément et vous finissez par reconnaître qu'un billet donné est souvent plus cher qu'un billet payé.

GALERIE PHYSIOLOGIQUE.

LE CHARLATAN.

J'entrai dans une cabane dont les murs faisaient apercevoir des pièces de bois frêles, unies par une espèce de torchis composé de paille et de terre rougeâtre. La porte était décorée d'une grosse couronne de chêne, suspendue à un bâton noueux par un cordon de cuir. Cette couronne, de branches naturelles et fraîchement coupées, servait d'enseigne. A dix lieues à la ronde, nous n'aurions pas, Félix et moi, trouvé d'auberge aussi bien fournie que l'était celle-là.

Une grande et vaste salle s'offrit à nos regards; elle occupait tout le rez-de-chaussée. On montait dans le grenier par un escalier de bois grossièrement fait. Ce grenier contenait deux lits; après les avoir vus, nous prîmes la résolution de dormir dans notre voiture ou de nous promener pendant la nuit. L'aubergiste et sa femme couchaient sur un grabat couvert en serge verte et placé dans un coin de la grande salle; on y buvait, on y mangeait devant de longues tables garnies de bancs, et l'on y faisait la cuisine : que n'y faisait-on pas!...

Quoiqu'il fît encore un peu de jour, la fumée des pipes empêchait de voir les objets, et jamais romancier n'inventa de spectacle plus fantastique.

A travers un brouillard bleuâtre, trois chandelles de résine aussi minces que le petit doigt éclairaient faiblement un gros homme à triple menton, coiffé d'un bonnet de coton, la pipe à la bouche, assis sur une escabelle, immobile, noir et sale : c'était l'hôte. Devant le foyer une petite femme, jaune comme un cierge, ronde comme une tonne, battait des œufs dans une poêle, et criait à tue-tête après sa fille qui tardait à lui apporter du beurre : « Ah çà, viens-tu, Cataud? Cataud, ces messieurs ont faim! » A l'une des tables étaient trois hommes qui jouaient aux cartes. De ma vie je n'oublierai cette scène. Quant aux cartes, je me contenterai de dire qu'il fallait de l'instinct pour en deviner les couleurs sous l'enduit hydrofuge qui les couvrait. Mais les trois hommes!.. Le premier était d'une haute stature, sec et nerveux; il avait une forêt de cheveux noirs, assez sales et retombant en grosses boucles sur ses épaules, où ils avaient circulairement tracé une couche de graisse luisante; son front était cuivré, mais on voyait qu'il avait été blanc; son crâne, large et protubérant, annonçait la puissance; sous deux sourcils très-fournis, ses yeux, noirs et petits, ressemblaient à deux pointes de feu; il avait une barbe fort épaisse et un teint bronzé; ses mains étaient assez bien faites, mais on aurait juré que c'était un homme de couleur. Il avait une vivacité de gestes qui semblait véritablement surnaturelle; il portait un habit rouge tout usé et qui avait sans doute appartenu à un mousquetaire de la maison du roi, car c'était un uniforme : « A toi, Titi! » s'écria-t-il d'une voix enrouée et sans faire attention à nous.

Titi hésitait à jouer. Titi était une petite femme dont la figure plombée conservait des lignes si harmonieuses qu'on devinait facilement qu'elle avait dû être belle; ses cheveux noirs étaient assez bien arrangés, mais il y avait dans sa coiffure des roses artificielles et des ornements en cannetille dédorée qui lui donnaient l'air d'une poupée; ses joues étaient couvertes de taches de rousseur si nombreuses que sa figure avait une vague ressemblance avec un abricot piqueté. Elle portait une robe de mousseline blanche brodée en chenille, dont le corsage permettait d'apercevoir une gorge trop souvent exposée aux rayons du soleil pour qu'elle fût attrayante; enfin ses bras nus ressemblaient à ceux d'un homme. Elle jeta une carte :

« A toi, Louloup! » s'écria de nouveau l'homme rouge. Louloup était un petit homme carré de base comme de hauteur, véritable cube de chair humaine. Il portait des vêtements qui n'avaient plus aucune couleur. Sa figure était celle d'un cosaque, mais d'un cosaque puant et hideux; ses cheveux, lustrés et crépés, auraient pu servir de brosse. Louloup gagna; et alors, avec la précipitation d'une bête féroce qui saute sur sa proie, il jeta sa large main couverte de poils sur trois gros sous. Ce groupe original nous intéressa. Quand nous nous fûmes habitués à l'atmosphère odieuse qui nous entourait, nous découvrîmes entre le mur et le banc où le grand homme était assis à côté de Titi une grosse caisse, une clarinette et des cymbales qui ne nous laissèrent plus de doute sur la profession de ces trois personnes.

« Vous devez faire bien peu d'argent au milieu de la Sologne? dis-je à Titi.

— Il y a des imbéciles partout! me répondit le chef en me toisant d'un air goguenard.

— Diable, il faut que vous soyez bien savant pour rire vous-même de votre métier!... repris-je.

— Je ne connais personne qui soit plus fort que moi! dit-il en battant les cartes avec une prétention à la grâce digne de ces farauds d'estaminet si bien rendus par Daumier dans ses caricatures.

— A quel jeu? demandai-je.

— A tous!... »

Et il mouilla son pouce pour distribuer les cartes.

« Vous devez être célèbre! repris-je.

— Un peu, mon fi... Allez demander, depuis la mer jusqu'en haut de la Loire, des nouvelles de Lahyène!... oh! le moindre paysan ôtera son bonnet comme quand on dit à l'église : Notre Seigneur.

— Mon Dieu, que je souffre! s'écria Félix.

— Monsieur est malade?... demanda Lahyène en me lançant un regard plein de malice.

— Il s'est foulé le pied en voulant sauter hors de la calèche au moment où la roue s'est cassée.

— Allons, Titi! allons Louloup! s'écria le charlatan; à l'ouvrage, mes bijoux! »

Puis se tournant vers Félix :

« Monsieur veut-il permettre que nous le guérissions? ajouta-t-il.

— Quelle charge!... dit Félix.

— Allons! laisse-toi faire! m'écriai-je.

— Monsieur, reprit froidement Lahyène, sur mon honneur vous allez être guéri... »

Titi et Louloup saisirent mon compagnon de voyage et le placèrent dans un fauteuil de dentiste qui faisait partie de leur équipage; ils mirent sa jambe sur une escabelle et allèrent chercher la lumière.

L'hôte se leva, sa femme et sa fille accoururent, ainsi que deux ou trois paysans qui buvaient et fumaient. Ce groupe attentif, dont toutes les têtes stupides étaient rangées en demi-cercle, avait quelque chose de biblique. Ces créatures presque sauvages ressemblaient aux bergers hébreux agenouillés devant la crèche; tous les yeux étaient ouverts et fixés sur Félix, qui souriait, et toutes les bouches béantes! Il régnait un silence imposant. A travers le brouillard, les trois oribus dessinaient une auréole au-dessus de la tête de Lahyène, dont l'habit rouge et les dorures tranchaient vivement sur cette masse. Le charlatan regardait fixement Félix, dont au bout de quelques minutes le rire cessa tout à coup. Titi déboucha une fiole oblongue, et versa sur le coude-pied de mon ami une partie du liquide qu'elle contenait; puis il en présenta le reste au patient comme pour le lui faire boire. Il hésita.

« Ah çà, dis-je à l'opérateur, il peut avaler ta drogue en toute sûreté? »

Lahyène se mit à sourire d'un air profondément sardonique. Félix but.

Alors le charlatan regarda le pied malade, y porta les mains, en fit jouer les muscles et les tendons et le secoua en disant à mon compagnon :

« Vous êtes guéri... Levez-vous! »

Félix se leva, marcha, et me dit, tout étonné :

« Je ne souffre plus!... voilà qui est drôle!...

— Drôle!... reprit Lahyène d'un ton railleur; vous êtes reconnaissant comme un duc et pair!... »

Les paysans, l'hôte, l'hôtesse et sa fille firent entendre un murmure d'admiration. Quant à l'opérateur, il se remit à sa place en disant à Titi et à Louloup :

« Achevons la partie! »

Les paysans touchaient alternativement le fauteuil, l'escabelle, la fiole vide, et regardaient d'un air crédule l'opérateur, qui semblait ne pas faire attention à leur étonnement. Bientôt les buveurs sortirent et allèrent sans doute semer la nouvelle de ce miracle dans toutes les veillées du pays. Quant à l'hôtesse, elle laissa brûler notre omelette; sa fille resta immobile; le père se remit à fumer tranquillement : à le voir, on devinait facilement que c'était un homme convaincu du pouvoir de Lahyène.

Félix tira sa bourse en demandant au charlatan ce qu'il lui devait :

« Dam! le prix de la bouteille d'eau souveraine : quinze sous! s'écria Titi.

— Monsieur est un bourgeois!... dit sentencieusement Lahyène; laisse-le payer comme il l'entendra... »

Félix jeta un napoléon sur la table.

« Ah! ah! je vais m'acheter une robe! s'écria Titi.

— Non, je veux avoir une pipe, reprit le charlatan en se saisissant de la pièce.

— Il faut faire repeindre notre tableau, dit Louloup qui sauta sur la main de l'opérateur.

— Ah çà, voulez-vous me constituer la paix? s'écria Lahyène.

— Lâche la pièce! s'écrièrent à la fois Louloup et Titi.

— Voulez-vous rire, mes bijoux?... »

Ce débat amena une lutte entre Titi, Louloup et Lahyène. Malgré la force prodigieuse de l'athlétique Louloup, et Titi qui mordait Lahyène, ce dernier étendit à ses pieds ses deux associés, qui crièrent comme des chiens sur la patte desquels on a marché.

« Ça fait de la peine de voir des gens pareils se battre comme nous autres!... dit l'aubergiste en soupirant.

— A quoi bon vous disputer? dit Félix qui riait de tout son cœur, voilà un autre napoléon, belle Titi!...

— Et toi, noble Louloup, voilà dix francs. Quant à ton tableau, mon maître, ajouta-t-il en désignant une vieille toile sur laquelle étaient grossièrement peints Adam et Ève dans le Paradis terrestre, je vous le restaurerai moi-même.

— Oh! si monsieur voulait me faire, à la place de ces farceurs-là, un gros serpent à sonnettes, contre lequel un nègre se défendrait, il me rendrait bien service.

— Volontiers! Ah! ah! Titi, Louloup! s'écria-t-il en leur donnant des coups de poing à tuer un rhinocéros, notre fortune est faite! Du vin, père Laflèche! du vin! nous allons joliment rire et boire!...

Et ces trois créatures bizarres qui venaient de faire un jeu à s'enfoncer les côtes, se serrèrent cordialement la main, et trinquèrent à leur fortune future.

Albums de Cham (de N...).

M. Cham (de N..) est un des plus jeunes dessinateurs comiques, un des plus féconds. Personne ne possède plus que lui l'originalité baroque, la folie comique, la bêtise spirituelle et amusante. C'est la tête la plus drôlement à l'envers que nous connaissions, et c'est avec tout cela le plus aimable, le meilleur garçon qu'on puisse rencontrer. Mais ce ne sont point ses qualités morales, ses vertus privées qu'Aubert nous prie d'annoncer ici, ce sont ses albums comiques. Ils sont déjà fort nombreux, et pour peu que la verve du caricaturiste se soutienne quelques années encore, on ne pourra plus les compter. — Ajoutons qu'on ne pourra plus se les procurer tous, car déja il en est dont les planches sont tellement usées qu'à peine les dessins sont encore visibles; de ce nombre sont les deux albums intitulés : *Folies caricaturales* et l'*Album saugrenu*. Ces deux ouvrages seront bientôt rares, et les collectionneurs en élèveront le prix, comme cela arrive toujours pour toutes les pièces d'estampes qui s'épuisent.

Les dessins exécutés par cet artiste se comptent déjà par milliers, et il y a quatre ou cinq ans seulement qu'Aubert a publié ses premiers croquis.— M. Cham a beaucoup travaillé pour le *Musée Philipon*, et grandement contribué à la vogue de ce recueil; il exécute beaucoup de dessins sur bois pour l'*Illustration*; il en a placé dans l'*Illustrated London news*; il en fait pour le *Charivari*, auquel il fournit aussi des croquades lithographiées; enfin Aubert a publié de lui, en outre des trois albums que nous rappelions plus haut, *M. Lajaunisse*, *M. Lamélasse*, *M. Jobard*, les *Deux vieilles Filles à marier*, le *Génie incompris*, le *Prince Colibri et la fée Caperdulaboula*, *Télémaque*, *fils d'Ulysse*; les *Rébus comiques* et les *Calembours en action*. Douze albums à 6 fr., et sept petits albums de poche à 50 cent., savoir : le *Miroir du Bureaucrate*, celui du *Calicot*, celui du *Pique-Assiette*, celui du *Collégien*, celui de l'*Amateur*, celui du *Lovelace* et celui du *Dandy*. Vous voyez que c'est un œuvre déjà fort remarquable.

Mais parlons seulement aujourd'hui de *Télémaque*, cette bouffonnerie, une des plus divertissantes de notre ami fait partie de la collection d'albums connue sous le titre de *MM. Jabot, Crépin et Cie.*

Jabot, *Crépin* et *Vieux-Bois* sont trois ouvrages plaisants qui ont été dessinés et publiés à Genève par M. Topffer et copiés à Paris par Aubert, qui ne fait pas habituellement le métier de contrefacteur, mais qui, cette fois seulement, s'est vengé sur trois albums suisses des milliers de contrefaçons qu'il subit lui-même de la part des Belges, des Anglais, des Allemands, des Suisses, etc., etc.

Ces trois albums imités, Aubert s'est adressé aux artistes français, et notamment à M. Cham (de N...), qui lui a dessiné ou plutôt croqué les *Aventures de Télémaque*, en tête desquelles on lit cet avis au public :

« M. Mentor désirant entrer en qualité de pré-
» cepteur dans une famille qui voyage, a fait pu-
» blier chez M. Aubert, place de la Bourse, la
» relation de sa dernière expédition, afin d'encou-
» rager les parents qui voudraient bien l'honorer
» de leur confiance. »

A la première page, ou plutôt au premier dessin, nous voyons la triste et désolée madame Calypso se promener dans son île et pleurer le départ d'Ulysse en chantant : *Hélas! il a fui comme une ombre...*

Tout à coup elle aperçoit les débris d'un navire, ce qui semble attester un naufrage, et bientôt elle voit apparaître deux jeunes gens dont l'un est un vieillard âgé et fort laid. Dans la personne du plus jeune elle reconnaît Télémaque; dans la personne du plus vieux elle reconnaît une personne qu'elle ne connaît pas. Ce vieux homme était une vieille déesse nommée MINERVE déguisée en MENTOR.

Calypso, enchantée de posséder Télémaque, lui dit : D'où vous vient, jeune imprudent, cette témérité d'aborder en mon île? Sachez, jeune homme, qu'on ne met pas impunément le pied dans ma propriété et que je pourrais vous causer des désagréments... Ah! mais, ah! mais...?

Télémaque, naïf comme au jeune âge, lui répondit : O vous, qui que vous soyez, mortelle ou déesse, sachez que j'ai perdu mon papa et que je n'ose retourner à la maison avant de l'avoir retrouvé...

Calypso, tendrement émue, ne tarde pas à s'éprendre du fils comme elle s'était éprise du père, on boit, on mange, et pendant le festin une nymphe chante les combats d'Ulysse pour amuser la société; ce qui plonge Télémaque dans une profonde mélancolie.

On se promène ensuite, on va dans les bosquets, et Calypso risque l'aveu de sa passion... Télémaque, modérément flatté de plaire à la beauté qui charma la jeunesse de son vieux père, fait la sourde oreille. Calypso, pour changer de conversation, le prie de narrer une histoire, n'importe laquelle, la sienne, s'il veut... Télémaque tousse, crache, se mouche et commence comme il suit... etc., etc., etc.

Cham vous montre ensuite Vénus venant demander à Jupiter le moyen de vexer Minerve, puis l'arrivée de Vénus dans l'île de Calypso et le débarquement de l'Amour.

Calypso, dit l'auteur, raffolait des enfants, elle eût tout donné pour en avoir; la présence du petit Cupidon lui fit grand plaisir, elle le prit sur ses genoux et le trouva fort avancé pour son âge..... Mais craignant un de ces accidents naturels chez les enfants, elle pria la nymphe Eucharis de se charger du petit.

Mais Eucharis n'eût pas plutôt l'enfant malin dans ses bras qu'elle prit feu comme une allumette chimique allemande. Télémaque, s'étant mis imprudemment à faire sauter le moutard sur ses genoux, fut pris du même feu. Mentor fut plus heureux, car il fut plus prudent (l'auteur indique par une pantomime expressive le moyen de se préserver des ardeurs de l'amour).

Cependant Télémaque, amoureux comme une bête, demeurait étendu sur le rivage de la mer, poussant des cris semblables aux mugissements d'un bœuf à la fleur de l'âge.

Après quoi il se mit en chasse avec Eucharis et fut surpris par Calypso qui, transportée de jalousie, s'écria : O jeune téméraire! ô divinités de l'Olympe! ô Télémaque! ô Mentor! ô Cupidon! ô là, là! qu'ai-je vu!.... Et elle alla trouver Mentor à qui elle dit : O Mentor, le jeune homme confié à votre charge m'en fait une que je ne puis souffrir, construisez un navire et emmenez-moi ce drôle-là...

Et Mentor construisit tout de suite un Papin inexplosible; mais les nymphes, jalouses de posséder Télémaque qui fait leurs délices, mettent le feu au vaisseau.....

Le jeune homme s'en réjouit, le vieux se vexe et flanque à l'eau son élève, qui devient le jouet des flots..... Télémaque fait sa coupe en s'écriant : O Mentor, que les Dieux m'ont aimé en me donnant votre secours! l'amour est plus à craindre sur le gazon que sur la glace.....

Sur ces entrefaites, un officier de marine, occupé à faire son quart naval sur un vaisseau marchant dans ces parages, aperçut Télémaque et Mentor qui barbottaient comme deux canards dans l'onde amère. — Il les repêcha.

Mentor s'écria : O déesse!... Le capitaine l'interrompit en lui disant : O stupide étranger, allez vous coucher. Puis, se tournant du côté de Télémaque, il dit : Mais je reconnais ce petit-là; c'est Alfred Télémaque. Eh! bonjour! comment que ça va, Alfred?

Nous en avons assez reproduit pour avoir bien établi que Fénelon n'aurait pas le droit de revendiquer à lui seul les honneurs du texte. Quant aux illustrations, elles sont de M. Cham tout seul, et elles suffiraient à sa gloire. Nous pourrions nous en tenir là de notre éloge; nous ajouterons — au moins comme souvenir d'une excellente charge — ce que disait un éditeur de notre connaissance, dans ses annonces d'une nouvelle édition de La Fontaine :

On se demande lequel a le plus d'esprit du dessinateur ou de l'auteur.

Ici, nous ne craignons pas de l'affirmer, Cham a vaincu Fénelon pour l'esprit comique et le fantastique baroque.

Les *Aventures de feu Télémaque* ne se vendent que six francs, elles forment un album de quatre-vingt-douze sujets.

IMPRIMÉ PAR BÉTHUNE ET PLON, A PARIS.

PARIS COMIQUE,

Livre-Album.

Dessins de MM. de Beaumont, Bouchot, Cham (de N..,) Daumier, Emy, Gavarni, Grandville, H. Monnier, Pruche, Vernier et autres.

TEXTE PAR LES RÉDACTEURS DU MUSÉE PHILIPON, DU CHARIVARI, DE LA CARICATURE, ETC., ETC.

PHYSIOLOGIE DE LA TOILETTE.

DES

Habits rembourrés.

Les meilleurs esprits de nos jours réclament une réforme dans la toilette; mais je ne sache pas que jusqu'ici personne ait indiqué l'abus d'où naissent tous les autres, le vice fondamental qu'il faut corriger avant d'opérer aucune amélioration: je veux dire l'ignorance complète où est le tailleur de l'importance de sa profession. Bien peu, sous ce rapport, s'élèvent au-dessus de l'artisan; tous, ou peu s'en faut, font un habit comme d'autres font des chaises et des tables. Et cependant, depuis que l'homme est sorti de l'état sauvage pour vivre en société, de quelle grave fonction se trouve chargé le tailleur! Qu'on se figure aujourd'hui un homme nu : ses semblables le fuient, la société le repousse; il est condamné à vivre isolé, à retourner à l'état sauvage. Car qui dit homme dans la civilisation, dit homme habillé; l'homme, sorti nu des mains de la nature, est inachevé pour l'ordre des choses où nous vivons : c'est le tailleur qui est appelé à le compléter; nous ne pouvons entrer dans le monde, y accomplir notre destinée, qu'à la condition d'en passer par ses mains; aussi à peine sommes-nous jetés dans la vie, qu'il nous saisit, nous suit toujours, nous retient et nous enserre par tous les côtés; nous ne lui échappons que pour entrer dans notre lit de mort. Et quel tailleur a jamais réfléchi à l'importance de pareilles fonctions? Quel a jamais songé combien le sort d'un homme était étroitement lié à son habillement? Voyez-les dans les rues, se rendant chez leurs pratiques, auraient-ils si peu de noblesse et de dignité s'ils comprenaient que, dans leur foulard, sous leur bras, ils portent un des éléments les plus essentiels d'une destinée d'homme? Ou, s'ils ne sentent point l'importance de leur profession, quelles études, quels soins, quel progrès pouvons-nous espérer d'eux? Quelle perfection attendre jamais de leurs travaux? Ainsi donc, pour quiconque désire sincèrement la régénération de la toilette, la première chose, c'est de faire sentir aux tailleurs toute la gravité de leurs fonctions; qu'ils comprennent que, forcés d'avoir sans cesse recours à leur art, nous avons de grands devoirs à exiger d'eux; qu'appelés par la société à revêtir le corps humain, tous leurs travaux, tous leurs efforts doivent tendre à en faire ressortir la grâce et la beauté. Alors seulement ils s'élèveront jusqu'aux grands principes qui dominent leur art, ils étudieront avec ardeur toutes les ressources, ils se feront hommes de conscience, et bientôt nous verrons disparaître ces vêtements sans goût qui rendent l'homme difforme ou ridicule, et la toilette marchera d'un pas rapide vers la réforme où elle aspire.

Peut-être quelque jour traiterons-nous *ex professo* de cette réforme; aujourd'hui nous n'en toucherons qu'une partie, nous n'attaquerons qu'un seul abus, mais grossier, et dont la persistance est toujours pour nous un grave sujet d'étonnement. Ces habits à collets et à revers rembourrés, drap au dehors, carton au dedans, ne sont-ils pas le produit de la plus étrange aberration d'esprit? Quel tailleur eût jamais imaginé d'affubler un homme d'un attirail si lourd, si disgracieux, s'il eût eu quelques sentiments du beau? Que quelqu'un vous conseille de renoncer à tout ce que vous pouvez avoir de grâce et d'aisance pour prendre un air de raideur et de gêne, vous croirez qu'il a perdu le sens; car, sans l'aisance et la grâce, que reste-t-il à la beauté? Eh bien! ce que cet homme vous conseillerait, vous le faites de vous-même, vous qui mettez un habit bourré de grosse toile et de laine. Ayez, en effet, autour du cou un collet aussi épais, aussi compacte, aussi dur que le collier d'un cheval; au-devant de la poitrine, deux sortes d'ouvrages avancés, bombés en hémisphères, fermes, solides, et qui ne sauraient fléchir à moins d'un coup de poing; puis, avec cela, essayez de donner quelque souplesse à votre bras, quelque grâce à votre corps : vous aurez toujours l'air roide, guindé et lourd comme l'habit qui vous couvre. Pour moi, je suis encore à concevoir comment deux hommes ainsi vêtus peuvent se regarder sans rire. Un habit souple et flexible, au contraire, gracieux par lui-même, ne peut que donner une nouvelle grâce au corps : il en suit tous les mouvements; il prend toutes les formes qu'on veut lui donner. Je ne veux point agiter ici l'importante et difficile question de savoir si l'habit doit se porter ouvert ou fermé sur la poitrine, ni décider entre le style épanoui et le style boutonné; quoi qu'il en soit du mérite de ces deux genres, il est incontestable que l'habit sans bourre n'a d'engagement exclusif avec aucun d'eux, et qu'il convient sous tous les points à l'un et à l'autre. Aimez-vous à avoir la poitrine à découvert, vous rejetez sur vos épaules vos revers sans bourrure, ils s'y tiendront renversés. Voulez-vous que la chemise et le gilet soient entièrement cachés, votre habit souple et flexible se boutonne avec aisance, et vous n'aurez point la poitrine flanquée d'une cuirasse piquée et rembourrée comme le plastron d'un maître d'armes.

Si le système que je soutiens avait besoin de l'appui de quelque autorité, je pourrais citer l'exemple d'une nation entière, de l'Angleterre, cette terre classique des habits souples et sans bourrures. Peut-être quelques esprits étroits vont-ils m'accuser ici de manquer de nationalité, parce que je vais chercher mes modèles hors de mon pays; mais je repousse les sots préjugés de haines nationales, qui ne nous permettraient pas d'imiter ce qui est bien en quelque lieu qu'il soit. Tous les peuples sont frères, la philosophie l'a proclamé; et, s'ils sont encore séparés par des barrières factices, peut être la toilette est-elle appelée à renverser ces barrières. Peut-être est-ce par des rapprochements dans le costume que commencera la fusion; peut-être les peuples se traiteront-ils en frères quand l'habillement ne les distinguera plus. Le sultan Mahmoud, par un instinct de génie, semble avoir senti cette vérité, lui qui, voulant incorporer son peuple à l'Europe, a commencé par le revêtir du frac européen.

Au reste, il ne faudrait pas remonter bien haut dans notre histoire pour y retrouver l'habit sans bourrures dans tout son éclat. Qui ne connaît la souplesse de ce vêtement sous le directoire et le consulat? Alors les habits étaient aussi éloignés de toute roideur que les mœurs. Comment donc, de ce qui était bien, avons-nous rétrogradé vers ce qui était mal? comment l'habit bourré est-il venu à prévaloir? J'ai consulté sur ce point un homme érudit en cette matière. S'il faut l'en croire, cette mode daterait de 1815. C'est aux poitrines rembourrées des officiers russes de l'armée alliée que nous aurions emprunté nos bourrures. Selon lui, ce serait un des plus funestes effets de l'invasion. Le manque d'originalité, qui fait la honte du caractère français, notre défaut de goût et d'habileté dans l'imitation, rendent cette origine assez probable. Toutefois, sans en contester la réalité, je ne veux voir là qu'une cause seconde et accidentelle, et je pense qu'il faut se placer dans un point de vue plus élevé pour découvrir la véritable cause, la raison philosophique.

En effet, dans l'état actuel des choses, la bourrure des habits n'est point un fait isolé, sans analogie; elle me semble avoir sa cause dans un fait général du même genre, dans une certaine roideur qu'on remarque de toutes parts autour de nous, dans les mœurs, dans les lettres, dans les arts. Cette grosse toile gommée, qui sert à rendre si fermes nos revers d'habit, s'appelle, en langue technique, du bougran; c'est le bougran qui donne aux choses simples et aisées en elles-mêmes une roideur artificielle. Eh bien! de tous côtés, sous mille noms, sous mille formes différentes, nous retrouverons le bougran.

Ce respect des convenances, cette hypocrisie puritaine qui pare les dehors sans améliorer les mœurs, c'est du bougran moral.

Cette empreinte politique qui s'applique à tout ce qui nous entoure, qui répand partout un froid ennui... bougran constitutionnel.

Ces esprits consciencieux, solides, judicieux, mais ayant un vocabulaire à eux, parlant un langage scientifique, souvent obscur, prononçant avec morgue et d'un ton tranchant... bougran philosophique.

La tragédie classique, avec ses héros tout d'une pièce et ses tirades à effet... bougran dramatique.

Ces écrivains corrects et purs, mais lourds et empesés... bougran académique.

Ces tableaux à personnages si bien taillés, si bien fendus, si bien posés... bougran de la peinture.

La dame noble avec ses poses lourdes, ses mouvements apprêtés, ses ritournelles de pirouettes... bougran chorégraphique. Mettez un peu de bougran dans les membres de madame Taglioni, c'en est fait de son divin talent.

Je serais entraîné trop loin si je voulais poursuivre cette énumération; j'en ai dit assez pour montrer que les bourrures des habits tiennent à un fait général et périront avec lui. Déjà une guerre lui est universellement déclarée; de tous côtés le bougran est battu en brèche. En littérature, en peinture, une nouvelle école combat avec ardeur pour la réforme. La régénération de la toilette a aussi de fervents apôtres. Tous les bons esprits ont rejeté les habits bourrés; je ne sais si je puis me féliciter d'avoir converti quelques retardataires. Dans tout ce qui tient au sentiment du beau, comment convaincre? Beaucoup peut-être s'écrieront, après m'avoir lu : — Qu'est-ce que cela prouve? A cela je n'ai rien à répondre. Par quel argument établir que telle chose est pleine de grâce, que telle autre est lourde et pesante? Je n'ai pu que dire : — Ouvrez les yeux et regardez; celui qui n'a point vu, c'est qu'il manque d'un sixième sens. Je le plains, mais je n'y puis que faire.

Heureusement c'est une loi de l'ordre moral, que les esprits intelligents et éclairés marchent en avant et indiquent la route. La masse les suit bon gré mal gré, plus ou moins vite. Elle adopte ce qui est bon et le pratique souvent à son insu, sans le comprendre. Fions-nous donc au temps et à la marche nécessaire des choses pour établir et achever l'édifice des idées nouvelles en toilette. Déjà des mains habiles en préparent et assemblent les matériaux; heureux si je puis dire aussi, moi chétif, que j'ai apporté une pierre toute taillée au temple.

B.

PETITES PLAIES SOCIALES.

Une belle Écriture.

Parmi les infirmités qui peuvent affliger l'espèce humaine, il en est bien peu qui causent autant de tourments qu'une belle écriture. Au premier aspect c'est un avantage et presque un mérite; on en tire vanité, on s'en pare comme d'un joyau. Il est des pères de famille qui froncent le sourcil quand leur héritier, à l'âge de dix ans, ne brille pas dans la coulée et n'excelle pas dans la bâtarde. Bien plus, les maîtres de pension ont l'infamie de décerner des prix d'écriture à ceux de leurs élèves qui cultivent le mieux cet exercice linéaire, tandis qu'ils devraient les écraser de pensums pour leur déformer la main.

Consultez le Joseph Prudhomme de notre bon Henri Monnier; il vous dira qu'avec une belle écriture on arrive à tout. Et voilà comment on abuse de la jeunesse ou de l'âge mûr! Aussi écoutez ce naïf provincial, qui, en descendant de la diligence de Brives-la-Gaillarde ou de Quimper-Corentin, va trouver le député de son arrondissement pour le prier de lui trouver un emploi administratif ou autre, — peu lui importe, — pourvu qu'il y ait peu de besogne et beaucoup de profits.

« Que savez-vous faire? lui demande l'honorable.

— Dam, je ne sais pas! répond le naïf solliciteur.

— Vous connaissez les mathématiques?

— Oui-dà, j'avons appris les quatre règles, excepté la multiplication et la division.

— Et le dessin?

— Nenni!

— Avez-vous étudié une langue étrangère? l'anglais, l'espagnol?... on pourrait vous attacher à quelque ambassade.

— J'savons l'patois sur l'bout d'not'doigt, et le français itou.

— Mais enfin avez-vous quelque talent que vous puissiez faire valoir?

— J'crois bien! j'ai la plus belle écriture de tout l'arrondissement! »

Dès qu'il a lâché cet aveu peu modeste, notre provincial croit avoir tout dit : il caresse complaisamment la place de sa moustache et attend avec confiance l'effet infaillible de sa révélation.

« Ah! vous avez une belle écriture? répond le député de sa voix la plus mielleuse; couvrez-vous donc!... l'air est très-frais... Nous tâcherons de tirer parti de ce précieux talent; vous m'en donnerez un échantillon. Tenez, justement, j'ai là un petit rapport qu'il s'agit de transcrire; c'est une excellente occasion : je mettrai votre copie sous les yeux du ministre, et j'obtiendrai pour vous un emploi d'expéditionnaire. »

Le visiteur rentre chez lui le cœur plein d'espérance et la poche non moins pleine des élucubrations de son représentant. Il pâlit trois nuits et trois jours durant sur ce griboullage pour donner à un amas de signes hiéroglyphiques une tournure conforme à notre système alphabétique; puis, le chef d'œuvre achevé, il court chez l'honorable, qui se fait excuser de ne pouvoir pas le recevoir, mais qui reçoit parfaitement la deuxième édition de son manuscrit.

Au bout de trois semaines, pendant lesquelles le pauvre solliciteur a trouvé régulièrement porte close tous les jours et à toute heure, il s'avise enfin de s'embusquer dans la rue pour saisir son protecteur au passage et lui rappeler ses brillantes promesses.

« Parbleu! je suis bien aise de vous rencontrer, s'écrie l'honorable, qui porte sous le bras une liasse de papiers; le ministre est aux eaux, et n'a pu prendre connaissance du rapport que vous m'avez mis au net... une superbe écriture!... mais, rassurez-vous, tout n'est pas désespéré : voici une improvisation que je dois prononcer dans la séance d'après-demain; le sténographe du *Moniteur* me fera demander mon discours; malheureusement il a été écrit du premier jet, il est rempli de ratures : moulez-moi cela; j'enverrai vos feuillets à Grün, et je ne doute pas qu'il ne s'empresse d'acquérir une si belle main. »

Le crédule enfant de la province tombe dans ce nouveau piége, et subit cette seconde corvée avec non moins de zèle que la première; le résultat est le même : il n'entend plus parler ni du député, ni du *Moniteur*, ni de M. Grün.

L'homme en place n'est pas exposé à moins de désagréments que le solliciteur par le fait d'une belle écriture : parents, amis, voisins, ses chefs, ses subalternes, tout le monde l'ennuie, l'obsède, l'assiége, l'assomme de requêtes incessantes :

« Vous qui avez une si belle écriture, soyez donc assez bon pour m'écrire ces trois pétitions au roi, à la reine et à madame Adélaïde;

» Vous qui avez une si belle écriture, ayez donc la complaisance de me faire une copie de mon livre de caisse;

» Vous qui avez une si belle écriture, rendez-moi le service de transcrire sur cet album ces quatre-vingt-dix lettres que mon frère m'a adressées du Mexique depuis cinq ans et dont la réunion formera une sorte d'impressions de voyage;

» Vous qui avez une si belle écriture, copiez-moi donc, je vous prie, ces deux cents pages d'un ouvrage héraldique qui fait remonter ma généalogie à Charlemagne, mes aïeux et moi nous vous en aurons une reconnaissance éternelle;

» Vous qui avez une si belle écriture, prêtez-moi donc le secours de votre plume pour rendre plus facile la lecture d'un poëme destiné au jugement de l'Académie française, qui compte tant de myopes dans son sein;

» Vous qui avez une si belle écriture, faites-moi donc, pour cette maudite censure, un second exemplaire de ce drame, qui n'a que cinq actes et pas de prologue. »

Le malheureux à qui échoient à chaque instant ces indiscrètes et impertinentes demandes n'a pas toujours la force ni la volonté, ni même la liberté de les repousser : il est l'obligé de celui-ci, le salarié de celui-là, l'ami intime de cet autre. Bref, il remplit gratis les fonctions d'écrivain public sans recevoir jamais les confidences piquantes qui sont les petits profits du métier; car ce n'est pas à lui qu'une femme légère, un coquin de neveu ou un employé infidèle se résignerait à faire sa confession. En pareil cas, on ne recule pas devant un sacrifice de cinquante centimes pour obtenir le concours et la discrétion d'un secrétaire en échoppe. Notez qu'il n'y a pas la moindre compensation à tous ces ennuis; une belle écriture est un objet de luxe complétement inutile : ceux qui en ont une mauvaise s'appuient de l'exemple de Napoléon et d'une foule d'autres grands hommes pour soutenir que la calligraphie est un indice de crétinisme; paradoxe que réfute victorieusement le superbe manuscrit de *Caligula*, si magnifiquement écrit et si galamment offert à l'ex-reine Christine par M. Al. Dumas, le premier écrivain public de notre époque.

Imp. d'Aubert & Cie　　Par Gavarni　　Chez Bauger R. du Croissant 16.

Or çà! votre république aura-t-elle bientot fini, Monsieur Coquardy ?

Quoi qu'il en soit, l'opinion est généralement défavorable aux belles écritures; c'est une triste recommandation à faire valoir auprès de ceux dont on a besoin. Moi-même j'ai refusé pour cette seule raison, pas plus tard que ce matin, le poste élevé de cocher de mes équipages au calligraphe qui peint ces lignes sous ma dictée.

CANDIDE

NOTRE CONTEMPORAIN.

Qui l'aurait cru? ni vous, ni moi, ni bien d'autres. Pourtant il existe, je l'ai vu, entends-tu, et j'ai ri, quoiqu'il m'ait fait peine, piètrement accoutré qu'il était: une figure d'un blême luisant, une bouche niaise, de longues dents, une canne énorme, des jambes grêles et tremblantes, une grosse femme, une attitude bête, une jolie petite fille et des souliers non cirés. Pauvre homme! comme il était changé, lui que j'avais admiré, frais, jeune, le teint rosé, fier et célibataire! A peine un peu plus d'un demi-siècle est écoulé, et le voilà! ainsi fait, ainsi dégénéré, de riche devenu pauvre, de brillant maigre et jaune, de grand seigneur peuple, mais peuple rabougri, à vues rétrécies, traînard et routinier.

Oh! si nos moralistes à creuses doctrines avaient aperçu mon homme, comme ils l'eussent saisi à deux mains et planté debout à deux pas devant eux, dissertant, discutant à perte de vue, certain de se faire admirer et comprendre! Ou bien, s'il fût tombé dans le cabinet de travail d'un successeur de Voltaire ou de Racine, comme il eût tressailli d'aise à la vue de ces meubles gothiques, à ce parfum d'antiquité qu'il eût aspiré de toutes ses narines, à l'audition de ces nobles hémistiches bien ronflants, bien réguliers! comme il eût admiré, lui, optimiste déclaré et imperturbable. Mieux encore si par fortune il eût entendu les cris frénétiques de certains orateurs, la brutalité de celui-ci, les sottises de celui-là, les malédictions des uns, les bravades gasconnes des autres; tout lui eût semblé élégance, urbanité, candeur, pieuse colère, audace généreuse. O Candide!

Mais tant de malheurs ne lui étaient pas réservés.

Ces gens-là ne le regardaient en rien. Candide s'était fait étranger aux affaires du monde. De la politique, il n'en entendait parler que si par hasard ses fluctuations faisaient hausser le sucre ou baisser le café; de la tourmente littéraire, que ce qu'il en lisait en faisant ses cornets de papier; du progrès des lumières, que deux ou trois mots au plus qui étaient arrivés à son oreille, un soir de grande débauche, qu'il avait été se placer à l'amphithéâtre des Variétés, et qu'Odry avait parlé de la méthode Jacotot et de M. Marle. Il est vrai de dire que, durant quinze jours, ces mots lui avaient trotté dans la tête; mais ne pouvant y trouver un sens raisonnable, il s'était dit à la fin: « N'y pensons plus; » et, de fait, il n'y pensait plus du tout.

Tout ce que je viens de vous dire aboutit à ces mots: « Candide était épicier, petit épicier de faubourg. » N'allez pas lever les épaules par pitié et méprisante ironie! Il n'avait pas voulu monter quand tous montaient; et, comme en se moquant autour de lui de ceux qui restaient stationnaires, il était descendu.

Or, ce jour-là c'était fête, et jour de printemps. Candide prit sa ronde femme sous le bras, sa petite fille par la main, et s'en fut à la quête de choses nouvelles, c'est-à-dire de nouveaux plaisirs.

Pour moi, je m'étais ennuyé la veille, la veille de la veille, pendant huit jours. Le matin même, j'étais d'humeur maussade; je bâillais chez moi, je ne voulais pas sortir de peur de bâiller dehors. Cependant sans dessein je prends mon chapeau de castor, mes gants glacés, mon léger bambou, et je ne sais comment il se fit que tout d'un coup je me trouvai au milieu des Tuileries, monotone et symétrique jardin que je n'aime pas. A quoi pensais-je donc qui ait pu me faire m'oublier à ce point? Je vous le dirai une autre fois.

Je m'étais arrêté machinalement à quelques pas de la statue de Diane chasseresse, et je regardai attentivement.... un jeune homme et une jeune fille assis sur le banc, à côté... Sans doute ils parlaient d'amour, et je soupirai en détournant les yeux. Plus loin, un homme avec une grosse femme et une petite fille, un vivant anachronisme dans ces lieux élégants, s'arrêta devant le groupe de Laocoon; soit curiosité, soit indifférence, mon regard s'était fixé sur sa physionomie tant soit peu hétéroclite. Le bonhomme regardait de tous ses yeux, sa rotonde moitié souriait niaisement, et sa petite fille tirait le pan de son habit; mais lui, sans s'émouvoir, regardait toujours. Soudain voilà que son visage s'allonge de manière à former du sommet du front au bas du menton une courbe parfaite... Ses yeux s'écarquillent, sa main droite est levée... tout son air est piteux; on dirait que, saisi d'admiration, il va pleurer sur le sort du père et des enfants infortunés... Mais ses larmes s'arrêtent prêtes à couler, et ces mots sortent de sa bouche :

« Ce monsieur doit avoir bien du désagrément avec ces anguilles. »

O Candide! m'écriai-je. C'était bien lui; il se retourna, me reconnut, et nous nous mîmes à rire, moi de lui, lui de tout.

C. DE B.

Le Musée Philipon.

(*DEUXIÈME VOLUME.*)

Les Mystères de Paris ne pouvaient pas captiver et émouvoir la France entière, — le monde entier, — sans que le *Musée Philipon* leur donnât une place dans sa collection; aussi Cham (de N..) et Philipon se mirent-ils à parodier le livre à la mode, et cette parodie a fourni cinq charmantes livraisons sous le titre de : *Paris dévoilé ou les Mystères sus.* Mais cette parodie, toujours gaie, rieuse et critique, ne s'est jamais écartée des convenances, n'a jamais oublié les égards dus à l'écrivain d'un assez grand talent pour fixer pendant dix gros volumes l'attention de tout l'univers. Les parodistes se sont même arrêtés devant quelques chapitres, avouant qu'ils regarderaient comme chose indigne d'un galant homme de ridiculiser, par exemple, les belles pages consacrées à la famille Morel; et nous croyons qu'en cela nos amis ont agi non-seulement en gens de goût, mais encore en braves artistes et en bons citoyens.

M. Jacques, dessinateur habile, qui, en sa qualité d'ex-caporal au 52e de ligne, connaît parfaitement et les allures militaires et les contes de chambrée, nous a donné l'*Histoire de La Ramée, ex-fusilier de l'armée française*, histoire pleine de comique naïf, d'observations fines et vraies; histoire faite évidemment par des soldats, car elle porte un cachet d'originalité que l'art n'imiterait pas; histoire, en un mot, la plus drôle, la plus burlesque qui se puisse imaginer :

Le conte de La Ramée commence ainsi :

« ... Sa famille fut fort étonnée de le voir naître » tout armé d'un *sâbe*, d'une *gèberne* et d'une pe- » tite paire de moustaches très-catholiques pour *sa* » jeune âge. »

Ce début annonce suffisamment la vocation du héros pour l'état militaire; on ne s'étonne donc point de le voir à vingt ans s'enrôler dans les rangs de l'armée : ici commencent les tribulations du pauvre soldat, et elles sont écrites et dessinées de main de maître :

« La Ramée, dit l'historien, ne s'était engagé » que dans l'espoir d'arriver au grade de capo- » ral. « Vous le serez avant qu'il soit long-temps, » » qu'on lui dit. » V'là que La Ramée fait un congé » de huit ans, et on ne le nomme pas seulement » un peu caporal. « Cré nom! qu'y dit, on m'a » enfoncé! — Tiens, que lui répond le capitaine, » si tu veux te r'engager, qu'il lui dit, avant qu'y » soit un mois tu seras caporal. — Ma foi! qu'y » dit, si c'est comme ça, eh ben, je veux bien, » dit-y... » V'là mon vieux cornichon qui *s'ren-* » *gage* pour huit ans; mais les huit ans s'écoulent... » pas le *moindrement* caporal! « C'est comme ça » qu'on me tient parole! qu'y dit La Ramée; pour » c'te fois là, je m'en vas! — Allons, que lui dit le » capitaine, reste. Si je t'ai pas fait avancer, qu'y » dit, c'est que j'ai pas pu : l'avancement est si dif- » ficile à présent! Mais si tu veux rester, dit- » il, t'es sûr que le premier caporal à passer, ce » sera toi... — Allons, que dit La Ramée, nous » verrons si vous tenez parole. » Et v'là qu'y » *s'rengage* encore pour huit ans. »

Mais un jour, dans la chambrée, notre héros, qui était le beau parleur de la compagnie, a le malheur de dire qu'un commandant est un chef supérieur et qu'un sous-officier et un caporal sont des chefs subalternes.

« Quoi! chef subalterne! s'écrie un caporal qui » s'trouvait là, s'élançant comme un furieux, » qu'appelez-vous subalterne? Vous allez vous ren- » dre sur-le-champ à la salle de police pour deux » jours...

» — Comment? que dit La Ramée...

» — N'répondez pas, ou je vas vous clouer quinze » jours pour insubordination!... »

» Sur ces entrefaites, ajoute l'auteur, le capi- » taine Michieu, qui était un homme juste, arrive, » et, s'étant fait tout expliquer, reprit La Ramée » avec douceur, expliqua au caporal comme quoi » il n'avait pas été insulté, et lui ordonna de lever

» la punition... « J'suis le père de tous ceux que je » commande, s'écria le bon capitaine; La Ramée » n'a tenu aucun propos offensant envers son su- » périeur; il ne lui sera, pour ces paroles, infligé » aucune punition; mais comme il a évidemment » eu l'intention de répliquer et de tenir tête au » capitaine Coïnau, il se rendra pour un mois à la » salle de police : ce qui prouve bien (dit encore » l'historien-soldat) que les punitions ne nous ar- » rivent jamais que par notre faute. »

N'est-ce pas là, nous vous le demandons, de la bonne et plaisante critique? Cette scène n'est-elle pas digne du théâtre, et le soldat qui l'a inventée n'est-il pas un véritable talent ignoré?

Les voleries des fournisseurs, les tripotages de l'administration, les intrigues par lesquelles sont étouffées les justes plaintes de la troupe, tout cela est peint avec la même gaieté, avec la même naïveté. Et puis, comme il faut à tout conte de chambrée son merveilleux, La Ramée fait rencontre d'un saint du paradis déguisé en mendiant; le saint, *pour le tenter,* lui dit : « Ah! brave soldat, » j'me recommande à votre âme charitable; y a » près de quinze jours que j'nai pas eu seulement » une crème fouettée à m'mettre sous la dent; oh! » mon brave, soyez charitable envers moi comme » la patrie a été généreuse et reconnaissante en- » vers vous. » (La Ramée, chassé après vingt-quatre ans de service, venait de reconnaître qu'en lui donnant généreusement son congé on l'avait *carotté* d'une ration de pain et de plusieurs centimes.) » Oui-dà, qu'lui dit La Ramée, t'as encore bon » nez, toi; tu t'adresses à un homme que la patrie » a décoré d'une ration de pain après vingt-quatre » ans de bons services, et deux centimes; mais » cré nom!... si t'as jamais porté une clarinette » de cinq pieds, tu n'seras pas dégoûté de partager » avec moi, et nous mangerons avec plaisir ce » pauv'pain que l'pays nous donne et que l'four- » rier nous rogne. D'ailleurs, si t'en as pas assez » de la moitié, prends tout; j'en gagnerai à la ville » prochaine. J'suis encore solide, et je trouverai » bien de l'ouvrage : le premier endroit v'nu m'sera » bon; j'ai pus de famille, ma vieille brave femme » de mère est morte, mais malgré tout ça j'compte » bien que la Providence n'abandonnera pas » La Ramée, ex-fusilier à la *cintième* du... »

Saint Matthieu, car c'était lui, fait don à La Ramée d'un talisman, et voilà le fantastique qui marche et nous fait voir le diable d'abord, ensuite le Paradis, dans lequel La Ramée fait une entrée triomphante; le bon Dieu le reçoit comme un ami de Saint Matthieu, le prend en amitié et en fait un saint; puis le conte se termine par cette phrase :

« Fallait voir la *balle* vénérable de La Ramée » sous c't'uniforme-là. »

Nous n'hésitons pas à le dire, le comte de La Ramée est un petit chef-d'œuvre d'excellente plaisanterie.

La vingt-huitième livraison est occupée par la parodie du drame de M. Sue, intitulée :

MATHILDE

MISE

EN PIÈCE

ET DIVISÉE EN CINQ PARTIES,

ouverture et morceaux

ARRANGÉS PAR M. PIRATI.

Cendrillon vient ensuite; ces deux derniers ouvrages sont illustrés par M. Cham (de N..).

Alexandre Dumas a son tour. — Il a fourni le prétexte de l'*Histoire du chevalier de Mal-Mental*; on comprend que c'est la charge du *Chevalier d'Harmental* qui a si long-temps occupé le feuilleton du *Siècle*. Les dessins sont de M. Eustache Lorsay.

Gavarni a donné les *Croquis divers* de la trente-deuxième livraison.

Nous avons ensuite les *Tribulations du jeune avocat,* article écrit par un membre du barreau parisien, et orné de jolis croquis de M. Ch. Vernier.

Huart a lié par un texte amusant les dessins d'Eustache Lorsay, représentant la vie de l'étudiant piocheur; personne ne pouvait mieux peindre ce revers de médaille que le spirituel auteur de la *Physiologie de l'étudiant*.

Viennent après cela : l'*Histoire des perruques*, par Jacques; la *Galerie théâtrale*, par C. Fontallard, et plus loin la parodie de *Mademoiselle de la Faille*, sous ce titre :

MADEMOISELLE LA CAILLE,

OU

L'AVANTAGE DE NE PAS ÊTRE GANNALISÉ,

histoire méli-méla-mélodramatique par MM. Frédéric Soulié, Anicet Bourgeois, Gustave Lemoine, Horace Raisson, Jules Janin, Ancelot, Trois-Étoiles, Machin et Chose.

La mise en scène pour le Musée Philipon *est de M. L. Huart; les costumes sont de M. Cham (de N...)*

Comme le drame (ou plutôt le succès du drame) avait occasionné une révolution dans la presse, et donné naissance à une foule de procès pour revendication de l'histoire ou du conte dont le drame n'était que la mise en scène; les auteurs de la parodie ont eu soin de l'accompagner de cette note :

« MM. Huart et Cham, tenant essentiellement à » ne pas être accusés de plagiat dans toute cette » affaire, qui a fait plus de bruit qu'elle... n'est » grosse, s'empressent de prendre date afin d'évi- » ter un procès.

» M. Louis Huart déclare donc que c'est en se » grattant le front, le 18 février 1843, à neuf » heures un quart du matin, que l'idée lui a poussé » d'écrire la présente histoire de mademoiselle *La* » *Caille*, et M. Cham donne sa parole d'honneur » la plus sacrée que c'est le 12 du même mois, » même an que dessus, qu'à onze heures quarante- » cinq minutes du soir, au moment où il venait de » souffler sa bougie de l'Étoile, il a été illuminé par » l'idée subite d'illustrer le travail de M. L. Huart, » laquelle idée lui est venue en se grattant le bout » du nez, qui le démangeait beaucoup en ce mo- » ment. »

Cette déclaration a eu son effet; aucun procès en contrefaçon ou usurpation de titre n'a été fait au *Musée Philipon.* On dit même que la note de MM. L. Huart et Cham a fait plus; on assure qu'elle a contribué à éteindre les procès commencés si plaisamment par les auteurs sérieux.

Le *Musée Philipon* s'est étendu dans le domaine de la poésie, et il a publié une parodie de *Norma*, versifiée avec talent, esprit et originalité par M. L... (caché sous le pseudonyme de Maritus); Cham l'a embellie de bonnes charges, qui font agréablement ressouvenir des figurants et figurantes de nos Bouffes.

Eustache Lorsay a dessiné plus loin les *Tournures, gestes, toilettes, physionomies et amusements de la Courtille.* On peut, à l'aide de cette livraison, s'imaginer parfaitement ce monde à part, ce monde curieux qu'on désire connaître, mais qu'on a raison de ne pas aller étudier d'après nature.

L'on était à la quarantième livraison du *Musée* lorsque la mode mit en faveur les *Voyages où il vous plaira*, les *Voyages dans un autre monde*, et toutes les publications fantastiques, ou soi-disant telles, qui ont un moment réussi. — Cette mode ne pouvait passer sans une petite critique de nos amis; Huart s'en est chargé, et s'en est acquitté fort heureusement sous ce titre :

VOYAGE FANTASTIQUE, PHILOSOPHIQUE, LUNATIQUE ET SUDORIFIQUE.

C'est un tohubohu qui représente fidèlement l'incohérence de ces sortes de publications, dans lesquelles sans doute se trouvent de fort bonnes choses et de charmants dessins, mais qui au résumé ne sont toujours que des pots-pourris fort peu raisonnables et moins intéressants.

Viennent ensuite *le Petit-Poucet*, par Cham (de N..); — *Le Bal de l'Opéra*, avec couronnement de Musard Ier, avec les danses qui ont précédé la Polka, avec le Galop infernal, et toutes les autres infernales réjouissances de cet enfer carnavalesque;

Les Burgs-*infiniment-trop*-graves, tartinologie découpée en différents morceaux, paroles de Victor Hugo, — décors et costumes d'Eustache Lorsay, — intermèdes de mademoiselle Maxime et musique du parterre, sont une amusante charge qui rappelle bien *les Burgraves* et le procès que mademoiselle Maxime a intenté à l'auteur, et la réception du parterre à cette œuvre excentrique.

Le Chat botté, par Cham; — *l'Enfant prodigue*, par Jacques; — l'*Esprit des lois*, — l'*Histoire chronologique, philosophique et morale du cancan*, par Lorsay, terminent ce volume, dans lequel se trouvent aussi de charmantes charges sur les *modes du jour*, exécutées pour *les Modes parisiennes*, cette jolie publication par laquelle Aubert a si heureusement remplacé les vilaines petites figures de modes qui, depuis quarante ans, faisaient le charme des couturières de province, l'admiration des coiffeurs de village et la honte des éditeurs parisiens. *Les Modes Parisiennes* sont faites avec tant d'élégance, la publication est si jolie, les dessins sont si bien exécutés et les toilettes choisies avec tant de goût et une si parfaite connaissance de la vraie mode du monde élégant, qu'il a fallu moins de six mois pour populariser en Angleterre, en Russie, en Allemagne, aussi bien qu'à Paris même, ce digne représentant de la *mode française; le Musée Philipon* n'eût-il servi qu'à remplacer par un recueil de bonne compagnie les gravures qui donnaient une si piètre idée de notre goût et de notre élégance, il aurait rendu un véritable service aux arts et à notre orgueil national.

IMPRIMÉ PAR BÉTHUNE ET PLON, A PARIS.

PARIS COMIQUE,

Livre-Album.

Dessins de MM. de Beaumont, Bouchot, Cham (de N..), Daumier, Emy, Gavarni, Grandville, H. Monnier, Pruche, Vernier et autres.

TEXTE PAR LES RÉDACTEURS DU MUSÉE PHILIPON, DU CHARIVARI, DE LA CARICATURE, ETC., ETC.

LA JEUNE MARIÉE

ET LES MENDIANTS.

La fleur d'oranger se balançait mollement sur sa tête; elle était pieusement agenouillée devant l'autel; son regard céleste se levait parfois sur la sainte image dont la chapelle était ornée, puis elle portait furtivement les yeux vers celui qui allait prononcer un serment qu'elle répétait tout bas. Comme elle rougissait!... quel frémissement agitait jusqu'aux nerfs de ses doigts, quand une pensée, qu'elle voulait éloigner, revenait sans cesse tourmenter sa pudique imagination! Je ne t'ai point intérrogée, jeune vierge; tu ne m'as pas dit tout ce qui se passait alors en toi, mais j'ai cru le deviner : il m'a semblé qu'il était un moment dans la vie d'une fiancée où, brillante des plus riches atours, elle oublie tout ce qui la fit rêver si longtemps : sa robe de satin, la couronne qui orne ses cheveux, le miroir qui lui a répété cent fois qu'elle était jolie, ce n'est plus ce qui l'occupe. Les regards jaloux des femmes, les hommages des hommes ne peuvent plus flatter sa vanité; car, à ce moment, elle n'entend plus que les paroles du prêtre, et peut-être n'est-il même qu'un mot qui puisse vibrer fortement à son oreille et trouver un écho dans son cœur : c'est le *oui* que bientôt prononcera son époux. Tandis qu'une famille joyeuse considérait l'heureux couple abrité sous le voile à franges d'or, et que là, derrière la grille de la chapelle, des curieux contemplaient ce tableau, un bourdonnement produit par le son de plusieurs voix rauques attira mon attention.

PREMIÈRE MENDIANTE. — Eh! la Bisquet, regarde donc, si c'est pas un meurtre de marier ça... c'est tout au plus si ça a seize ans.

DEUXIÈME MENDIANTE. — Tiens, je me suis bien mariée à quinze, aux Théophilanthropes, tu te rappelles pas?... si bien que nous avons fait la noce au Moulin de beurre. C'était un mariage, celui-là! Plus souvent que j'aurais voulu mettre une robe comme cette mariée-là en a une!

TROISIÈME MENDIANTE. — Pourtant, on dit que c'est du calé!

DEUXIÈME MENDIANTE. — Tu crois ça, la Gourbré? c'est des gausses : tu ne vois pas qu'y n'ont que deux voitures, et de louage encore.

PREMIÈRE MENDIANTE. — C'est tous crasseux... Mais, vois donc la mariée, elle regarde partout; le prêtre lui parle, et elle ne pleure seulement pas : c'est pourtant M. le vicaire qui officie, un homme qui dit toujours des paroles si sensibles!

DEUXIÈME MENDIANTE. — C'est effronté, ces jeunes filles, à présent... heim? Moi, je fondais, ce jour-là, il n'y a pas à dire, et pourtant c'était un mariage d'inclination.

PREMIÈRE MENDIANTE. — Écoute donc, elle a peut-être ses raisons pour être contente de se marier.

TROISIÈME MENDIANTE. — Veux-tu te taire! si on t'entendait, on ne donnerait pas.

DEUXIÈME MENDIANTE. — Je voudrais bien voir ça, je leur y ficherais de la boue sous le portail.

En ce moment, le prêtre dit : *Dominus vobiscum;* les mendiantes s'empressent de répondre : *Et cum spiritu tuo.* La cérémonie continue.

PREMIÈRE MENDIANTE. — Son bouquet est-il petit! Ne dirait-on pas qu'elle a pleuré pour l'avoir... c'est du trente sous, de la rue aux Fers.

DEUXIÈME MENDIANTE. — Et son voile qu'est tout fripé.

PREMIÈRE MENDIANTE. — Pardi, c'est d'hasard; ça a été décroché hier au Temple.

TROISIÈME MENDIANTE. — Du tout, c'est neuf; mais c'est commun comme tout.

DEUXIÈME MENDIANTE. — Dam! c'est comme le reste.

TROISIÈME MENDIANTE. — Eh bien! qu'est-ce que vous avez à dire? elle met ce qu'elle a, c'te pauvre enfant.

PREMIÈRE MENDIANTE. — Au moins on ne fait pas son embarras; on se marie avec des chandeliers de bois, et on ne demande pas les coussins de velours quand on n'a rien.

DEUXIÈME MENDIANTE. — Ou plutôt on ne se marie pas du tout; quand j'ai épousé Jérôme, mon sort était sûr : il avait déjà sa place de bon pauvre. Mais la jeunesse d'à présent, ça ne réfléchit pas... ça aime se mettre dans la misère...

Ici la conversation des mendiantes fut interrompue. On avait terminé la pieuse cérémonie, le suisse fit retentir sa lourde canne sur les dalles du parvis, et le groupe qui s'était formé à la porte de la chapelle s'ouvrit pour laisser passer les jeunes époux : « Ma bonne dame!... ma belle mariée!... mon petit ange! — ma princesse!... n'oubliez pas les bons pauvres de la paroisse! » répétèrent les hideuses créatures en tendant des mains sales et décharnées, dans lesquelles la mariée laissa tomber quelques pièces de menue monnaie. Les pauvresses nous accompagnèrent jusqu'aux voitures, et, quand les portières furent refermées, nous entendîmes ces femmes en haillons, dont la voix, le costume et le visage faisaient rêver aux sorcières de Macbeth, s'écrier de leur voix glapissante : « Toutes sortes de bénédictions! nous allons prier pour vous. » Puis elles entrèrent en jurant dans le cabaret voisin.

LA
POLICE CORRECTIONNELLE.

C'est un spectacle tout comme un autre, et ce ne serait pas un des moins courus si on pouvait acheter à la porte le droit d'y entrer. Si dans les grands jours on n'y pénètre qu'avec des billets délivrés par M. le président ou M. le procureur du roi, comme il ne s'agit aujourd'hui que d'une audience ordinaire, nous entrerons sans peine. Voici certain escalier dérobé qui n'est connu que de quelques privilégiés... Prenez place, belle dame; tirez votre flacon, pour cause; baissez votre voile, car le jeune barreau est très-sujet aux distractions, et regardez de tous vos yeux!

— Quoi, c'est dans ce tout petit tribunal?...

— Oui, belle dame, c'est dans ce tout petit tribunal, qui, dans cette toute petite enceinte, juge les grands écrivains et les petits voleurs, sans parler des vagabonds et des mendiants que M. Maugin aime mieux envoyer légalement en prison que dans cette maison de refuge ouverte au malheur, sous les auspices de la charité administrative de M. de Belleyme.

— Est-ce donc un écrivain que l'on juge en ce moment?

— Je ne le pense pas; mais, permettez, je vais le demander à ce gros monsieur que vous voyez là-bas, et dont la mine épanouie...

— Quel est ce gros monsieur?

— C'est le marquis de C..., un des plus infatigables habitués du lieu; il est à la police correctionnelle ce qu'est le général P... à l'orchestre du Vaudeville... Le bon marquis m'a mis au fait. Le jeune homme que vous voyez sur la sellette est un de ces industriels que les Anglais appellent pickpockett; il en est à sa septième affaire.

— Sa condamnation sera grave...

— Nous allons l'entendre prononcer à l'instant; mais pendant que les juges délibèrent, que l'avocat du prévenu s'essuie le front en recevant les félicitations des quatre stagiaires qui l'entourent, et que M. le procureur du roi prépare son réquisitoire pour l'affaire qui va suivre, examinons un peu le matériel du lieu et le personnel de l'assemblée... Jetez d'abord les yeux sur cette masse mouvante qui se tient debout, et dont les divers groupes semblent formés de gens de connaissance.

— Il y a là-dedans de bien vilaines figures; j'ai vu de cela dans un second acte de Newgate.

— Cette masse, composée d'éléments hétérogènes, a long-temps fait queue à la porte pour entrer. Vous pouvez y voir des pauvres diables qui se pressent pour absorber du calorique aux dépens du fisc, des amateurs qui viennent étudier le Code pénal par application, et enfin des frères et amis qu'un intérêt de curiosité et de sympathie amène au dénoûment d'une pièce où ils ont joué un rôle plus ou moins actif.

— Je remarque, en effet, que le beau jeune homme dont on s'occupe en ce moment fait des signes d'intelligence à un individu en blouse bleue caché dans le groupe qui est près du poêle.

— Remarquez aussi que ce monsieur à frac bleu, boutons d'argent, a compris la pantomime. L'adroit sergent-de-ville va faire d'une pierre deux coups; il vient de déposer contre l'auteur d'un vol, il va, sans sortir d'ici, mettre la main sur son complice... Mais, prenez garde et n'avancez pas si près de la balustrade qui nous sépare de la masse.

— Quel danger?

— J'ai cru remarquer à mon tour qu'un habitué caressait des yeux la chaîne d'or qui serpente autour de votre cou.

— Quel est donc maintenant ce groupe bruyant, agité, qui jouit du privilége de l'escalier dérobé et semble traiter ce corridor en pays conquis?

— Parlons bas, et pour cause, ce sont des gens avec lesquels il ne faut pas se brouiller. Vous voyez là les représentants de la publicité.

— Ce sont les journalistes? Pourriez-vous aussi, par l'entremise de votre noble marquis...

— Je suis au fait; mais comme il ne s'agit aujourd'hui que d'une petite audience, les grandes puissances ont dedaigné d'envoyer ici leurs ambassadeurs. Je ne vois que la *Gazette des Tribunaux*... (face réjouie, œil vif, faux toupet); elle cause amicalement avec le *Courrier des Tribunaux*, son rival, son ennemi mortel (joues creuses, air malade, nez très-long). Voici plus près de nous le *Journal de Paris* (joli brun, lunettes d'écaille), qui donne un billet d'Ambigu au *Journal du Commerce* (manteau bleu, l'air banquier). Voyez encore près de la porte le *Drapeau Blanc* (tête pelée, face bourgeonnée, carrick d'escamoteur); il prend une prise de tabac dans la boîte du garçon de bureau. A sa droite est la *Gazette de France* (cheveux noirs, teint noir, cravate noire, mains noires); elle parle politique avec le marquis de C...

— Quel est donc votre marquis de C...? est-il journaliste?

— Il n'est ni journaliste, ni témoin, ni prévenu, ni plaignant. C'est un caractère à part; c'est l'homme de la police correctionnelle. Chaque année les magistrats changent de tribunal, le marquis de C... ne change jamais. On est sûr de le trouver tous les jours ici, de dix à quatre, étalé dans ce fauteuil placé près de la porte d'entrée. Il a des pleurs et des attendrissements pour tous les réquisitoires politiques, des sympathies pour M. Mangin, des sourires pour les bons articles de lois répressives, des indignations pour toutes les libertés... Il parle gouvernement avec la *Gazette de France*.

DÉLUGE DE STATUETTES

LITTÉRAIRES, COMMERCIALES ET POLITIQUES.

Depuis quelques années la sculpture petit format se livre à une production immodérée de statuettes.

Aujourd'hui, la statuette nous déborde; c'est une épidémie, une calamité publique. On fabrique des statuettes avec la même facilité que des capsules de fusil et des pains à cacheter.

On en fait en plâtre, en fonte, en carton-pierre, en biscuit, en verre coloré; on en vend chez les quincailliers, chez les papetiers, chez les marchands de gravures et chez les débitants de tabac.

Le temps est passé où l'on éditait à peine, de six mois en six mois, une sainte ou une danseuse de marbre; à l'heure qu'il est, il suffit de prévenir son artiste douze heures d'avance pour se faire livrer tout un musée de grands personnages; il ne faut pas plus d'un quart d'heure pour cuire une danseuse, ni de cinq minutes pour couler un diplomate.

Après avoir épuisé les torses et les figures capitales de la danse, des arts et de l'histoire, les faiseurs de statuettes en sont aujourd'hui à éditer des ours, des écureuils et des squelettes de chevaux.

On vend des chats angoras en stuc et des chiens de Terre-Neuve en marbre vert; on moule des éléphants en pied, des coqs gaulois en pattes et des dauphins en pâte.

Un jour viendra où l'on cessera d'embellir les livres et les pittoresques au moyen des lithographies et des gravures sur acier. On publiera de nouvelles éditions des fables de La Fontaine, illustrées d'animaux-statuettes. En souscrivant à l'*Histoire de France*, on recevra une race de rois avec chaque livraison.

Il est vrai que la manie des statuettes fera le tour de la civilisation.

Il y a long-temps qu'elle a pénétré dans l'intérieur des familles, et tenté la vanité de bien des commerçants enrichis.

Parmi les négociants retirés, c'est à qui se fera sculpter avec les attributs de sa profession, et tirer à cinq cents exemplaires. La figurine menace d'une concurrence terrible les portraits à l'huile et au daguerréotype.

Un mercier, qui a fait sa fortune à l'enseigne de l'Y, a exigé dernièrement qu'on fît sa statuette en costume romain, sandales et casque carthaginois, avec des Y reconnaissants répandus sur son manteau, sur son cothurne et sur son cimier.

Les différents propriétaires du Chat-Noir, du Singe-Bleu, du Veau-d'Argent, se sont commandé également des statuettes parsemées de griffes, de queues ou de cornes, suivant les emblèmes distinctifs de leurs enseignes et de leur profession.

Après tant de chaos, tant d'abus, il ne restait plus au plâtre qu'un genre d'avanie à subir. C'était de se faire doctrinaire et juste-milieu! Il s'y dispose en ce moment.

On annonce, chez les principaux marchands de jouets d'enfants, une collection d'hommes politiques-statuettes, qui promettent de faire le plus grand tort aux poupées et magots de la Chine.

Incessamment on pourra se donner un ambassadeur pour sa fête, ou une galerie de députés du centre pour ses étrennes. On cite entre autres M. Sauzet, en marbre tacheté, qui ne pourra manquer, dit-on, de faire un fort joli ornement de cheminée.

Ce n'est pas tout. On sculpte en ce moment des hommes d'État qui peuvent servir à la fois de statuettes et d'ustensiles de ménage. On vend des têtes de ministres montées en cachets, des bustes d'ambassadeurs en manches de canifs et des orateurs dont les deux bras sont étendus en forme de porte-plumes.

Avec le cabinet du 29 octobre, on peut se faire toute une garniture de bureau. On peut prendre de l'encre de la petite vertu dans la bouche de M. Guizot, et de la poudre d'or dans l'oreille de M. Montalivet.

Les amateurs qui prennent douze ministres à la fois peuvent demander, en guise de treizième, un comédien ou un acrobate.

La taille des grands hommes varie généralement de six à dix-huit pouces.

Dans un siècle où nous n'avons que de petits hommes, il serait parfaitement ridicule de leur élever des statues, mais il pourra paraître convenable jusqu'à un certain point de les travailler en statuettes.

LA

SCIENCE DES OREILLES.

Ouvrez les parapluies, fermez les fenêtres : il pleut des sciences!

Au premier rang, il y a la science des bosses et des crânes : Gall et Spurzheim l'avaient érigée en philosophie, Broussais l'avait mise en cours, notre ami Thoré en dictionnaire; les confiseurs des passages des Panoramas l'ont mise en boutique. On trouve maintenant chez eux un exemplaire de toutes les têtes célèbres moulées en chocolat. Libre à vous de manger la tête criminelle de Papavoine ou de déjeuner du crâne littéraire de M. de Balzac : le tout est du salep, et on ne peut plus sucré; quand on prend douze têtes, on a la treizième en sus.

Il y aussi la science des nez et des yeux, qui est le système de Lavater; il y a aussi la science du creux de la main, si bien pratiquée par la famille Comte, laquelle ne reçoit pas moins de sept traitements à la fois.

En somme, nous avons la physionomie, la phrénologie, la callipédie, qui n'est autre chose que l'orthopédie; nous avons, de plus, l'art de couper radicalement les verrues, art qui n'est pas encore nommé. M. Raoul-Rochette, qui connaît le sens intime du zodiaque, n'a pas encore découvert comment se disait verrue chez les Grecs. On pourrait nous indiquer en outre à domicile des tachygraphes, des cacographes, des calligraphes, des géographes et des fabricants d'allumettes chimiques, science lumineuse et soufrante.

LA JOURNÉE DU CÉLIBATAIRE.

4.

Daumier del. Imp. d'Aubert & Cie Edité par le Charivari rue du Croissant 16.

10 HEURES DU MATIN.

Mr Coquelet ayant rencontré au jardin des Plantes Mlle Palissandre à laquelle il eut le bonheur d'offrir une rose Pompon le 1er Mai 1804, a obtenu un rendez-vous, et s'étant mis en frais d'une paire de gants à 29 sous, il jette un coup d'œil à son miroir, avant d'aller en bonne fortune.

Et néanmoins, avec le chemin de fer et le clysopompe, vous ne savez pas l'histoire, l'anatomie, la philosophie de vos deux oreilles.

Non, vous ne savez pas pourquoi vous entendez, pourquoi vous écoutez, pourquoi vous êtes sourd ; vous ne savez pas tout ce qu'il y a de primitif, de physiologique, d'analogique et peut-être même de révolutionnaire dans le plus ou moins de cavité de l'ouïe, dans la délicatesse de votre nerf auditif, dans le dessin ingénieux de cet organe charnu, velu et parallélogrammatique, où passsent, quelquefois pêle-mêle, quelquefois tour à tour, sans jalousie, le propos d'amour, la note musicale, la gamme politique, le chant des oiseaux, le réquisitoire, la voix des vents et le beau contr'alto de M. Liadières. Hélas! vous ne savez pas qu'une oreille, ou longue ou étroite, ou blanche ou rouge, ou en entonnoir ou aplatie, ou perpendiculaire ou oblique, signifie qu'on est un imbécile, un mangeur d'hommes, un colosse de génie, un huron ou un cumulard.

Vous ne savez pas non plus qu'il existe des êtres infortunés qui sont privés d'oreilles et d'autres qui en ont trop; je me trompe : vous en connaissez.

Eh bien! il vous est permis de savoir tout cela, aujourd'hui que la science des oreilles est fixée, qu'elle a presque déjà ses traités, sa grammaire, sa nomenclature, son lexique, sa syntaxe et ses vocabulaires; aujourd'hui qu'il va s'ouvrir un cours d'ouïe comme d'anatomie comparée, aujourd'hui que l'Académie des sciences a marqué la place des oreilles comme celle des mollusques et des crustacés.

Voilà un fait constant : un savant a présenté à l'Institut, et l'Institut a gravement écouté et discuté la lecture d'un rapport sur la position de l'oreille chez les différentes races d'hommes, « même chez ceux qui ne sont pas de notre couleur, » a dit le rapport. Bref, on a donné une catégorie à la science des oreilles; il y a là de quoi faire ouvrir démesurément celles du monde entier.

Il a été décidé que les Égyptiens, les Hébreux, voire les Hindous, avaient l'oreille placée très-haut, presque sur la ligne de jonction de continuité entre l'occiput et le sinciput, circonstance qui me porterait à croire que c'est des Grandes-Indes, du Jourdain et du Nil que nous est venu ce fameux proverbe : « Avoir la tête près du bonnet. » Chez certains individus, la tête c'est l'oreille.

Quant à nous, Gaulois de Vercingétorix ou Francs ripuaires de Pharamond, il paraît que notre oreille affecte d'habiter les régions inférieures, telles que l'extrémité des mâchoires, les abords du cou, les environs des tempes. Nous portons souvent même nos oreilles dans nos cravates; comme c'est bas!

Au surplus, pour ce qui regarde la longueur des oreilles de l'Européen et du Français en particulier, nous croyons que les savants de l'Institut y ont mis de l'esprit de parti. Lorsqu'une décision académique peut affaiblir la gloire intellectuelle de notre patrie, il aurait fallu éviter d'allonger les oreilles nationales plus qu'il ne convient. Passe si c'était l'Académie française! avec elle un roussin d'Arcadie est presque toujours sûr d'être couronné, et, si le roi Midas revenait des enfers, il obtiendrait d'elle une médaille d'encouragement ou même le fauteuil.

Cette manière d'entendre la question ne fait pas honneur aux oreilles académiques.

QUATRE-VINGT-QUATRE MILLIONS DE CHINOIS

Sans compter M. Dubois de Jancigny.

Tout est à la Chine : la politique, les lettres, le costume, les ambassades, le thé, les paravents; Paris a une fausse physionomie de Pékin. Cette monomanie de faire entrer le Céleste-Empire dans nos modes, dans nos mœurs, dans notre langue, dans nos repas et jusque dans nos pantoufles, étend ses ravages au delà de la capitale. La province en est déjà inondée : Bordeaux est bien pour le quart d'heure une ville un peu chinoise, en ce que M. Stanislas Jullien voudrait y créer une seconde chaire de mantchou; Angers aussi accapare beaucoup de la couleur de ce fabuleux pays, car M. Augustin Giraud y a toute l'obstination d'un poussah de cheminée.

Ne croyez pas que ce soit tout. L'amour de la Chine a fait irruption sur la frontière; il vient de traverser les Alpes, comme les ont traversées Annibal, Bonaparte et M. de Salvandy.

Voici venir M. Hœpffer, orientaliste suisse, qui nous donne dans la *Bibliothèque de Genève*, revue savante, mais bleue, le chiffre exact de la population chinoise.

Selon M. Hœpffer (de Genève), le Céleste-Empire ne contiendrait, ne nourrirait et n'hébergerait pas moins de quatre-vingt-quatre millions de Chinois, sans compter M. Dubois de Jancigny, mandarin de la *Revue des Deux-Mondes*.

Quatre-vingt-quatre millions d'habitants, vérification faite sur les lieux. Misère! Pauvre Chine, si florissante dans la nuit des âges, aujourd'hui si dépeuplée! Et pourtant M. Hœpffer nous conte sans pleurer que la patrie de Kong-Futz-Zée est habitée par quarante-deux millions d'hommes et quarante-deux millions de femmes, sans compter M. Dubois de Jancigny; et il s'étonne, et il trouve que c'est gigantesque!

Gigantesque! mais ce n'est rien que votre chiffre, monsieur! Quatre-vingt-quatre millions, qu'est-ce que cela? presque le triple de ce que possède la France : moins que rien! Misérable royaume des antipodes! il faut que quelque tremblement, parti tout humide des profondeurs du fleuve Jaune, ait noyé la moitié de sa population sous les débris de la grande muraille!

Quatre-vingt-quatre millions! Certes le choléra a passé par là, ou bien M. Hœpffer (de Genève) n'y a pas passé : l'un ou l'autre. J'aime mieux croire que c'est M. Hœpffer (de Genève) qui dévaste à loisir et d'un coup de plume le plus riche, le plus populeux et le plus pointu des empires du monde. Au rapport du père Herllerstein, Hollandais, la Chine comptait, en 1761, cent quatre-vingt-dix-huit millions deux cent quatorze mille habitants tout ronds; cela n'empêche pas que M. Hœpffer (de Genève) soit un plus habile calculateur que lord Macartney, il est vrai que lord Macartney est mort.

Si l'écrivain suisse avait pris la peine de compulser Tay-Thsing-y-Toung'Tsi, dont j'ai mis quatre ans à relever les chiffres, il se serait assuré qu'une seule des vingt et une provinces du grand empire contient jusqu'à quatre-vingt-dix-neuf millions neuf cent quatre-vingt-dix-neuf mille habitants. Je borne là ma décente critique; mais je n'en suis pas moins blessé au cœur de la façon toute parcimonieuse et cavalière dont les écrivains alpestres traitent les descendants des cent familles.

Oh! si j'avais l'encrier de pierre ollaire où le célèbre Chinois Miao-Tseu trempa l'immortel pinceau qui lui servit à écrire sa sublime satire contre feu Abel de Rémusat... si j'avais cet encrier plein de noir de fumée, je n'aurais pas assez de noir dans l'encrier et dans l'âme pour dire tout le mal que je pense des prétendus savants qui discourent, écrivent, pérorent et conjecturent sur la Chine!

On sait, ou plutôt on ne sait pas avec quelle profonde ironie, quelle haute raison le poète Miao-Tseu a critiqué les innombrables contresens des *Deux Cousines*, de feu Abel de Rémusat, surtout en ce qui concerne les hommes, lesquels n'ont véritablement qu'une femme et non deux épouses de rechange, comme le prétend feu Abel de Rémusat. Eh bien, tout ce qu'a écrit Miao-Tseu contre l'auteur téméraire des *Deux Cousines*, tout ce qu'il y a de sarcasme dans ses vers sanglants, n'est rien auprès de ce que je voudrais barbouiller de vers mantchoux contre M. Hœpffer, le savant compatriote du thé suisse!

Le thé suisse!... mais cela m'y fait penser; quand l'helvétique Hœpffer cherche à ravaler ainsi la Chine, ne serait-ce pas une rivalité de pays? J'y flaire, moi, une jalousie de thés.

UNE RÉVOLUTION
A L'ÉTUDE.

Eh bien! savez-vous la grande nouvelle? On vous l'a dite sans doute; il n'est bruit que de cela, et où que l'on aille on n'entend parler que de ce fait inouï, fabuleux, phénoménal.

A l'heure où nous écrivons ces lignes, Paris danse sur un volcan, l'émeute est à nos portes. Que diable fait donc le rappel, qu'il ne bat pas?

Les dossiers parlent de se soulever comme un seul homme, les testaments sont prêts à marcher, les contrats ont fait serment de vaincre ou de mourir, les études ont levé l'étendard de la révolte.

Messieurs les notaires de Paris sont en pleine révolution.

C'est la faute à M. Eugène Sue.

S'il n'avait pas écrit *les Mystères de Paris*, les notaires royaux seraient encore tout entiers aux soins des baux; mais tandis qu'ils vivaient en paix, un roman survint, et voilà la révolte allumée.

Que dis-je, un roman! Le roman n'est rien, le drame est tout. Tant que *les Mystères de Paris* se sont manifestés sous l'espèce de feuilleton, les notaires se sont bornés à gémir, c'était leur droit; mais aujourd'hui qu'ils se présentent sous la forme de scènes, les notaires ont tiré la plume hors du fourreau.

Messieurs les notaires royaux, par-devant eux-mêmes, et leur collègue à Paris, ont formulé leurs conclusions.

Entre le pouvoir et leur compagnie, il y a eu échange de protocoles. L'ultimatum a été signifié hier ès-mains de M. Cavé, parlant à sa personne, chef de la division des beaux-arts.

Si le gouvernement, par les ciseaux de la censure, ne supprime pas le rôle de Jacques Ferraud, la compagnie des notaires lui retire son concours. Le gouvernement a quarante-huit heures pour se prononcer.

Depuis que cet ultimatum a été signifié au gouvernement, la compagnie des notaires royaux est en permanence au siége ordinaire de ses délibérations. Une garde de clercs veille continuellement aux portes.

La pudeur primitive des chastes notaires de Paris s'est trouvée scandalisée des passions érotiques de M. Jacques Ferrand. La compagnie pudibonde et morale ne peut se consoler de voir un de ses membres accusé de pareilles légèretés. Ah! monsieur Eugène Sue, qu'avez-vous fait là? Ce n'est pas vous que les notaires marieront jamais, et, parce que vous avez inventé M. Jacques Ferrand, vous mourrez *ab intestat*.

Ces bons notaires ne peuvent pas comprendre qu'on ait osé s'attaquer à leur institution royale. Dans leur douleur ils se demandent s'il n'y a plus de censure. Si on ne respecte plus le notariat, que respectera-t-on? que dit l'axiome?

Ton vieux notaire honoreras
Afin de vivre longuement.

Ah! s'ils avaient eu une robe à queue comme leurs ancêtres, les tabellions, ils se seraient voilé le front; mais ils n'ont plus que des habits, ils ont pris la plume de la protestation.

Le notariat veut avoir ses trois journées. Une armée de clercs est prête à monter à l'assaut du théâtre de la Porte-Saint-Martin, s'il joue *les Mystères de Paris* avec Jacques Ferrand. Subsidiairement on démolira de fond en comble la rue de la Pépinière, où demeure M. Eugène Sue, et M. Eugène Sue lui-même sera brûlé en effigie. Ces bons notaires, qui ne vivent que par l'étude, lui doivent bien cette étude de mœurs.

Un instant cette question a été agitée, à savoir s'il ne conviendrait pas d'intenter un procès en dommages-intérêts à un romancier qui a osé suspecter la vertu d'un corps si respectable, d'un corps qui pourrait concourir au prix Monthyon, et qui ne le fait point par humilité, tant il a peur d'emporter tous les prix, d'un corps qui a compté MM. Lehon et Peytel parmi ses membres.

Les notaires ont donné là un noble exemple de vertueuse susceptibilité. Que MM. les avocats, les avoués, les pairs de France, les huissiers, les marchands de peaux de lapin, les ministres, les gardes-champêtres et les portiers les imitent, et l'art dramatique sera convenablement épuré.

Il le sera même si bien, que peut-être n'en restera-t-il rien; mais qu'importe? Ce rien sera digne d'être joué devant un parterre de notaires royaux.

Après ça, si nous devions dire toute notre pensée, peut-être estimerions-nous que messieurs les notaires (qui, après tout, sont en général d'honnêtes gens et des magistrats utiles, malgré les fâcheuses exceptions que leur corporation renferme), messieurs les notaires, disons-nous, gagneraient davantage à prendre moins souvent le chemin de Bruxelles qu'à protester; mais là n'est pas la question : elle est tout entière dans le danger que court le gouvernement. Dans quarante-huit heures, il sera aux prises avec la compagnie des notaires. C'est à faire trembler pour l'avenir du pouvoir. L'heure va sonner où une dynastie de tabellions régnera sur la France.

Lequel des cent treize notaires de Paris sera Tabellion Ier?

L'ALBUM SAUGRENU.

Par Cham (de N...).

Peu d'ouvrages justifient leur titre aussi bien que l'*Album saugrenu*, de notre collaborateur Cham. — Fantaisies, folies, bizarreries, tout ce qui peut traverser le cerveau baroque d'un caricaturiste, tout cela se trouve dans l'album en question; il traite de tout, du puits de Grenelle, des nouveaux costumes de l'infanterie, des restaurants à dix-huit sous, des aérostats, des chemins de fer, de la garde nationale à cheval, des coiffeurs, des découvertes d'arsenic dans le corps humain, des bûches économiques, de tout... et de bien d'autres choses encore!

Il commence par des prophéties pour l'année prochaine, et il prédit que les gardes nationaux seront de service tous les jours, mais qu'on leur laissera depuis minuit jusqu'à six heures du matin pour vaquer à leurs affaires.

Le stage du surnumérariat subira peu de changements; on mettra le surnuméraire aux appointements après soixante-cinq ans de travail, les cheveux blancs seront de rigueur.

La chaleur sera si forte que les punaises deviendront enragées.

Beaucoup d'artistes, éclairés par leur talent, se feront marchands d'allumettes chimiques.

Par un chemin de fer on parcourra tout le globe en vingt-cinq minutes. Les sauvages feront cirer leurs bottes au Palais-Royal.

Les fiacres pris à l'heure ne marcheront plus du tout, le cocher n'attellera pas même ses chevaux à la voiture.

Le soleil viendra remercier M. Daguerre de l'avoir rendu dessinateur.

Le dimanche, la Porte-Saint-Martin jouera trente-deux pièces, on en aura jusqu'au dimanche suivant.

Le magnétisme sera mis à toutes sauces; par lui on enseignera la géographie aux enfants en leur faisant parcourir le monde en dix minutes. — On leur enseignera l'histoire en leur ménageant des entrevues avec les grands hommes de l'antiquité.

Les lunettes deviendront inutiles, car, grâce au magnétisme, on lira par l'épine dorsale, par tout, excepté par les yeux.

M. Désirabode, continuant à perfectionner son art, inventera des dents en cuir pour l'hiver et en nankin pour l'été.

Après les prophéties viennent les actualités.

Un grenadier se rendant à son poste fait porter son bonnet à poil par un commissionnaire.

L'effet d'un coup de peigne au retour du collége.

Lecteurs d'un roman d'Anne Radcliffe.

Vue de la petite table (intérieur de famille).

Des piliers de restaurant à dix-huit sous.

Une page consacrée aux domestiques contient quatre sujets très-comiques sous ces titres : Une velléité. — Ce que nous vaut un mauvais certificat. — Ce que le ciel a mis sur la terre pour notre tourment. — Une vengeance de chien.

Nous avons ensuite : Un tête-à-tête avec une blanchisseuse de fin.

Un monsieur qui veut faire grandir son fils.

Imitation des émotions maritimes.

Membre de la compagnie des Indes chargé de la circulation libre des foulards indigènes et autres.

Le danger de cuire des œufs à petit feu.

Grand balayage de la voie publique.

Un homme qui se trouverait sur le pavé si l'on ne le mettait pas à la porte.

Pronostics de pluie.

Position d'un batelier après une inondation.

Un duel à mort.

Balle d'un témoin au premier coup de feu.

Vision d'un pauvre diable.

Ce qu'on voit d'une histoire quand elle est terminée.

Comment une dame coiffait ses enfants pendant l'absence de son mari.

Un sot entraîné par un autre.

Une manœuvre de la cavalerie civique.

Un monsieur qui se demande pourquoi il ne plaît pas aux femmes.

Ma première leçon dans l'art nautique.

Un monsieur dont on a lavé le linge dans le puits de Grenelle.

Étude académique, d'après David.

Position dans laquelle peut vous placer un cheval sauteur.

Les horreurs de la guerre en Chine.

Un aveugle, voyant venir un sergent-de-ville, se met à lire les affiches pour le déconcerter.

Écolier prenant une médecine noire.

Un adroit voleur.

Un chien qui a eu l'imprudence de regarder un des tableaux de M. Désirabode après dîner.

Une vieille maison.

Scène du déluge... complet!

Le comble des bonnes manières parisiennes.

Costume exact de Charles-le-Téméraire, fondateur de la garde nationale d'Arras...

Par ces titres, qui ne forment pas le quart des sujets du volume, on peut voir quelle diversité il présente, mais on ne peut s'imaginer à quel point ces folles croquades sont comiques. Toutefois, disons-le bien, ce n'est pas l'art, le dessin correct qu'il faut chercher là; ce n'est pas même le croquis élégant, mais froid, de Victor Adam : c'est la pochade anglaise avec sa piquante incorrection, avec sa sauvagerie et sa verve. Seulement Cham, dont le sang anglais se révèle dans ses œuvres, laisse voir aussi qu'il est né parmi nous. Ses dessins sont trop anglais pour être universellement acceptés en France, et trop français pour plaire généralement à Londres. Mais dans les deux pays, tout ce qui est artiste et connaisseur, soit par l'étude, soit par le sentiment, adore les charges de Cham et les tient pour de la bonne caricature burlesque.

L'*Album saugrenu* ne se vend que 6 francs, chez Aubert

IMPRIMÉ PAR BÉTHUNE ET PLON, A PARIS.

PARIS COMIQUE,

Livre-Album.

Dessins de MM. de Beaumont, Bouchot, Cham (de N..), Daumier, Emy, Gavarni, Grandville, H. Monnier, Pruche, Vernier et autres.

TEXTE PAR LES RÉDACTEURS DU MUSÉE PHILIPON, DU CHARIVARI, DE LA CARICATURE, ETC., ETC.

BOHÊME LITTÉRAIRE.

Le Grotesque.

Si le talent est le chemin de la célébrité littéraire, on peut dire que le ridicule est un sentier qui conduit au même but non moins vite et aussi sûrement, peut-être même plus sûrement. Il n'est pas rare, en effet, de voir le mérite méconnu, si ce n'est dans les mélodrames de l'Ambigu-Comique; mais le ridicule ne perd jamais ses droits et finit toujours par triompher.

Un jeune homme de lettres, ou soi-disant tel, consulte ses forces et reconnait qu'il ne peut aller loin s'il n'a que sa plume pour toute locomotive. Peu charmé de cette découverte, il se demande avec angoisse s'il n'a pas quelque ressource physique, quelque infirmité providentielle qui supplée avantageusement à son manque de capacité intellectuelle. O bonheur! la nature l'a pourvu d'un nez microscopique, ou d'une chevelure carotte, ou d'une paire d'yeux vert d'eau, ou de deux échasses en guise de jambes; c'est tout ce qu'il lui faut pour faire son chemin, pourvu qu'il possède la manière de s'en servir. Je ne sais si la réputation littéraire de M. Théophile Gauthier ne doit pas plus au luxe de sa chevelure que sa réputation capillaire au mérite de ses écrits, et je pourrais citer d'autres écrivains spirituels dont la protubérance nasale a été prise en considération avant même que la finesse de leur esprit fût appréciée.

Quand le jeune homme de lettres a découvert son côté faible, ou plutôt son côté fort, il aide la nature en s'affublant d'un costume bizarre, d'un chapeau invraisemblable et d'une canne impossible. On se rappelle qu'il fut un temps où M. de Balzac lui-même ne dédaignait pas ce grossier moyen de célébrité, tant il y a de petitesse chez les plus grands esprits! A bien plus forte raison ce procédé doit-il convenir aux gens qui veulent se faire remarquer sans être remarquables.

Mais si le ridicule consolide les réputations, il ne suffit pas toujours pour les fonder, s'il n'est pas renforcé par quelque accessoire. Le nombre des gens ridicules est si grand qu'on court le risque de passer inaperçu dans la quantité. Pour produire quelque sensation, il faut être en évidence, et n'y est pas qui veut.

Alfred (je désigne ainsi mon héros pour ne pas le nommer) a trouvé un excellent moyen d'attirer sur lui l'attention. Tant qu'il s'est borné à étaler une mise excentrique, une barbe non sarclée et des flots de cheveux bouclés comme une perruque à la Louis XIV, il n'a guère fait impression que sur les grisettes, les garçons coiffeurs et les inventeurs de pommades plus ou moins léonines... qui rêvaient une pareille tête pour enseigne. Dans les rues, sur les boulevards, dans les foyers de spectacles, les flâneurs qui forment la foule officielle le connaissaient non comme un de ces types qu'on n'oublie pas, mais son nom était un mythe. Il fallait remédier à cet inconvénient qui lui coupait la célébrité sous le pied. Alfred a saisi une plume de fer bien acérée, et s'est livré à la composition d'une foule d'épigrammes, de lazzis et de satires contre sa propre personne. Il ne s'est fait grâce ni d'un vice, ni d'un ridicule; il a critiqué plaisamment sa mise, son visage et jusqu'à ses prétentions poétiques. Les lecteurs sont plus friands de médisance que de panégyriques; Alfred n'avait pas trouvé un journal assez complaisant pour donner place à son éloge, il en a trouvé dix assez charitables pour livrer au public sa caricature écrite. Dès ce moment, il a été sauvé, son nom est sorti de l'obscurité; on se montre le personnage au doigt dans les théâtres, on le salue, on le tutoie comme une célébrité. Il a des amis, des flatteurs et, qui mieux est, des ennemis. Bientôt son nom, devenu proverbial comme celui des Falempin et des Tartempion, s'est trouvé sous la plume de tous les écrivains facétieux et a volé de colonnes en colonnes... de journaux, jusqu'à celles d'Hercule.

Mais dans ces attaques fréquentes qui semblent faire d'Alfred un martyr de la liberté de la presse, laquelle n'existe plus que dans le texte de la charte, il peut revendiquer comme siens les meilleurs traits qui lui sont décochés. Quand vous le voyez rôder autour de quelque bureau de journal, et marcher obliquement vers la boite en tâchant d'éviter les regards curieux, vous pouvez être certain que la feuille du lendemain contiendra quelque grosse malice à son adresse, ou le récit de quelque mésaventure dans laquelle il aura joué un rôle burlesque.

Alfred pousse si loin la verve satirique qu'il lui arrive parfois de sortir des bornes et de se manquer de respect à lui-même.

Je le vis un jour se présenter au bureau d'un journal pour réclamer contre le ton injurieux d'un article consacré à sa personne. Il demandait une rétractation ou une satisfaction. Comprenez-vous l'habileté du dilemme? dans l'un ou l'autre cas, il trouvait le moyen d'occuper encore une fois le public de son individu. Le gérant, homme d'un naturel peu endurant, voulut le mettre à la porte. Alfred se récria, jura ses grands dieux que l'auteur de l'article ne pouvait être qu'un cuistre et un polisson, à qui il couperait les oreilles s'il le connaissait. Le gérant se dénonça comme tel, et offrit pour tout accommodement le choix des armes. Ce n'était plus le compte d'Alfred, qui baissa le ton et se borna désormais à solliciter la rectification d'un fait erroné. On l'invita à la rédiger lui-même, ce qu'il fit avec empressement.

L'écriture de la rectification était la même que celle de l'article. Vous me demanderez ce qu'Alfred peut gagner à cette publicité. Eh! mon Dieu, ne savez-vous pas qu'aujourd'hui le crétin dont on parle, en bien ou en mal, est par cela même plus influent que l'homme de mérite ignoré? Alfred est célèbre; c'est beaucoup : il y a tant de gens célèbres qu'on ne se rappelle guère, pour la plupart d'entre eux, à quel titre ils le sont! L'essentiel est qu'ils le soient réellement. La célébrité, bonne ou mauvaise, est un passe-port obligé, une recommandation indispensable auprès des éditeurs, des libraires et des directeurs de théâtres. Livré aux seules ressources de son talent, Alfred mourrait de faim; grâce à la renommée burlesque dont il jouit, on accueille ses œuvres, non pour elles-mêmes, mais pour son nom. Ses éditeurs, en effet, sont assurés d'un placement considérable, pour peu que la moitié de ceux qui ont ri de sa personne, sur la foi des articles dont il a fait les frais, veuillent se donner le plaisir de rire également de ses écrits. Or, peu importe à l'éditeur qu'un livre manque tout à fait d'intérêt, pourvu qu'il ait chance d'y trouver le sien.

Certain proverbe dit que le ridicule tue. C'est une erreur. En littérature comme en politique, je ne connais point de gens qui soient morts de cette maladie, mais j'en pourrais citer, au contraire, qui n'ont pas d'autre moyen d'existence et qui se trouvent satisfaits de celui-là.

Le Manœuvre littéraire.

La plupart des écrivains, nous nous plaisons à le contester, ont le sentiment de la dignité des lettres et se gardent bien de la compromettre. Artistes, ils demandent à leur plume, comme le peintre à son pinceau, comme le sculpteur à son ciseau, une existence confortable autant que possible, mais honorable avant tout. Le prêtre lui-même vit de l'autel, et son caractère n'en est pas moins sacré; pourquoi l'homme de lettres ne vivrait-il pas de son talent?

Ce n'est donc pas l'usage que nous voulons signaler et blâmer, car il n'a rien de blâmable; mais seulement l'abus qui tend à avilir les productions de l'intelligence. L'écrivain qui se préoccupe uniquement de la question matérielle, qui ne considère la littérature que dans ses rapports avec le pot-au-feu, n'est pas un homme de lettres, mais un manœuvre; il ne cultive pas un art, mais une industrie.

Les esprits médiocres et dénués d'inspiration peuvent seuls se plier à ce honteux mercantilisme : le manœuvre est donc forcé, de par son insuffisance, de mettre sa plume à toute sauce — excepté cependant à la sauce piquante, — et d'endosser la livée de tous les industriels qui l'honorent de leur confiance et de leur pratique. Écrivain public surnuméraire et non autorisé par la police, il rédige au plus juste prix les prospectus des bottiers et des tailleurs, tient assortiment complet de réclames, fait mousser les savons nouveaux, jette aux yeux du public toutes sortes de poudres dentifrices, odontalgiques et autres, et entreprend généralement tout ce qui concerne son état. Il s'intitule journaliste et se vante de collaborer aux principales feuilles, ce qui n'est qu'aux trois quarts faux, car sa prose, en effet, occupe un certain nombre de lignes à presque toutes les quatrièmes pages.

C'est lui qui baptise les nouvelles pommades et inventorie leurs propriétés, inconnues de l'inventeur lui-même; c'est lui qui éclaire les myopes sur la supériorité économique et lumineuse des lampes plus ou moins astrales, sidérales, solaires ou sublunaires; c'est lui qui, par la force de son esprit, fait prévaloir les liqueurs de tel distillateur sur celles de ses confrères; c'est lui qui, par son style mousseux, fait avaler aux consommateurs, comme première qualité d'Aï, les vins de Champagne fabriqués à Paris.

Il en coûte plus aux industriels de débourser leur argent que de donner leur marchandise, et surtout les produits de leur invention, qui souvent leur coûtent ce qu'ils valent, c'est-à-dire fort peu de chose.

On ne paye donc guère le manœuvre littéraire qu'en nature.

Un article sur les socques articulés lui donne chaussure à son pied.

Il déjeune d'une réclame, dîne d'un entrefilet, et soupe d'une tartine.

Il est coiffé d'une annonce, habillé d'un prospectus et ganté d'une circulaire.

Il chauffe un chantier pour avoir le bois, et vise à couler sa prose à l'épicier du coin pour avoir la chandelle; mais il n'y a pas mèche : l'épicier ne goûte la littérature qu'en cornets.

Le manœuvre a ses moments d'abondance et ses heures de détresse. L'argent est la seule chose qu'il n'ait jamais. Sa clientèle comprendrait toutes les professions si le banquier ne lui manquait. C'est précisément le seul qui dût le payer en numéraire, a moins qu'il n'eût en portefeuille des cages, des clarinettes, des bahuts et autres valeurs ayant cours, non à la banque, mais dans les opérations de certains banquiers.

A l'époque des étrennes et du carnaval, quand les chances probables d'un surcroît de vente provoquent un surcroît de publicité industrielle, le manœuvre fait ses choux gras et regorge d'objets de toilette. Il n'est pas rare de le voir orné de deux gilets superposés, sans compter celui de flanelle qu'on ne voit pas. Son habit est recouvert d'un surtout que recouvre un manteau. Il change de gants deux fois dans une soirée et possède une canne différente pour chaque jour de la semaine. Ses poches regorgent de cachets de restaurateurs. Mais comme tout cela n'est valable que pour un certain temps, et qu'il ne veut laisser rien périmer, non-seulement il se fait étuver, pommader et poudrer à plaisir, mais il baigne, frise et nourrit gratis, pour ne laisser rien perdre, ses amis et connaissances, qui ne le lui rendent guère dans ses mauvais jours.

Car il a aussi ses mauvais jours. Quand vient la morte saison, celle où tout Paris élégant s'en va aux eaux ou à la campagne, le prospectus languit, l'annonce dort, et la réclame ne bat que d'une aile, ou plutôt ne bat pas du tout. C'est un déchet complet pour le manœuvre. Dans l'espace de quelques mois, les habits se râpent, les chapeaux se pèlent, les bottes s'éculent, et le ventre, naguère rebelle à l'alignement, reprend son niveau normal.

Heureusement la bascule ne tarde pas à remonter, sauf à redescendre encore. Ces alternatives inévitables d'abondance et de disette, ce flux et reflux continuel de luxe et d'indigence, font du manœuvre, avec le temps, un véritable philosophe à deux faces. C'est Diogène doublé d'Épicure.

Si le prétendu homme de lettres que nous avons baptisé manœuvre se fâche de cette qualification, nous sommes prêt à le satisfaire. Il suffit de lui rappeler comment on intitule les aides-de-camp de messieurs les maçons; ce titre est le seul qui lui convienne; gâcheur de plâtre ou gâcheur de phrases c'est tout un, — à l'utilité près.

LA BAGUE

ET LE BAL DE L'OPÉRA.

Souvenir de carnaval.

Alphonse alla au bal de l'Opéra, car depuis long-temps il avait grand désir de voir un bal masqué; et, d'après ce qu'il en avait ouï dire au fond de sa province, il croyait l'Opéra tel qu'il a pu exister en 1770, quand les dames de la cour affluaient au foyer, et y jouaient sous le masque et le domino à peu près le même rôle que celui qu'elles ont abandonné depuis à une autre classe de femmes chez lesquelles la noblesse de la naissance n'excuse pas à propos les honteux écarts du vice.

Il fut d'abord tout surpris de ne trouver ni livrées brillantes ni panneaux armoriés. Quelques voitures sans écusson, des cabriolets de jeunes gens, des fiacres et des gendarmes à cheval, voilà tout ce qui annonçait qu'il y avait bal à l'Opera. Sans doute, pensa-t-il, j'aurai devancé dans mon impatience l'heure à laquelle la haute société a coutume de venir. En attendant, il se promena dans les corridors déserts. De temps en temps, il est vrai, quelques masques, à la taille élégante, passaient rapidement auprès de lui; mais il y avait dans leur accent et dans leurs manières je ne sais quoi de repoussant qui inspirait le dégoût. Quelques hommes en habit noir, qui se promenaient silencieusement et en bâillant de long en large, ne parlaient pas davantage à son imagination.

Alphonse commençait à se lasser. Il entra dans une loge, s'y assit, et allait céder à l'influence du sommeil, lorsqu'un domino, à la démarche légère, à la voix tendre et féminine, vint s'asseoir à ses côtés. La conversation s'engage, s'anime, s'échauffe, Alphonse est sous le charme...

— « Seul, au milieu de Paris, avec votre inexpérience de jeune homme, sans un guide, sans une amie, sans une mère. Pauvre enfant! ne vous étonnez pas si je tiens un langage aussi sérieux; mais à trente ans une femme a vécu dans le monde, et le connaît; elle a vu ses piéges, ses dangers... et d'ailleurs l'intérêt que vous m'inspirez...

— Mais vous me connaissez à peine... dit Alphonse.

— Pas encore particulièrement; cependant ce n'est pas la première fois que nous nous voyons.

— Quoi!... Et où nous sommes-nous déjà rencontrés?

— Consultez votre mémoire. Avez-vous déjà oublié les lieux où vous avez été depuis votre arrivée à Paris? n'avez-vous encore été invité à aucune soirée, aucun bal?

— Hier, chez M. Cremière... le banquier de mon père.

— Et aucune des femmes qui s'y trouvaient n'a fixé particulièrement vos regards?

— Aucune.

— Vous n'avez pas distingué une femme vêtue d'une robe bleue?

— Je ne l'ai pas remarquée. »

L'inconnue soupira.

— « Elle s'était donc bien cruellement trompée!

— D'où le savez-vous?

— Je le sais... que cela vous suffise.

— Au nom du ciel, quelle est cette femme? qui êtes-vous vous-même? »

Et en même temps, entraîné par un mouvement qu'il ne put réprimer, il souleva un coin du léger voile de soie noire qui couvrait le bas du visage de l'inconnue, qui arrêta son bras assez tôt pour ne pas être démasquée, mais trop tard si son intention eût été réellement de cacher à Alphonse une bouche charmante, et des dents d'ivoire qui ne lui permirent plus de douter qu'il parlait à une jeune et jolie femme.

— « N'êtes-vous donc qu'une tête légère, et est-ce là tout ce qu'une femme qui se livre à votre bonne foi peut attendre de vous? »

Le son de sa voix était grave et lent comme si un sentiment douloureux oppressait son cœur. Elle fit un mouvement pour s'éloigner.

— « Au nom du ciel, lui dit Alphonse, un mot, un seul mot.

— Que me voulez-vous?

— Que vous me pardonniez un mouvement involontaire de curiosité.

— Je vous pardonne; mais avouez que déjà vous m'avez cruellement punie de ma légèreté.

— Quand vous reverrai-je?

— Je ne devrais jamais vous revoir.

— Ayez pitié de moi, je vous en supplie.

— Eh bien! chez Cremière... un jour... je vous promets de me faire connaître. Écoutez, portez-vous une bague?

— Oui.

— Voici la mienne; échangeons-les, et promettez-moi que vous ne quitterez jamais ce gage de

MORALITÉS COMIQUES.

N° 1.

Chez Aubert gal. Vero-Dodat.

Imp. d'Aubert & Cie

Nous entrerons au Ministère,
Quand nos Papas n'y seront plus :
Nous y trouverons leur poussière
Et les restes de leur vertus.

mon amitié. Quand je pourrai sans danger me dévoiler à vous, vous verrez votre anneau briller à mon doigt. »

Alphonse était dans l'ivresse; car il y avait dans le langage de l'inconnue, dans ses manières et dans la proposition même qu'elle lui fit d'échanger leurs bagues, je ne sais quoi de mystérieux qui transportait son imagination, et ne lui donnait pas même le temps de s'étonner de cette passion sévère qu'il avait inspirée à une femme qu'il n'avait jamais vue auparavant; et puis, elle exerçait sur lui un ascendant étrange par le ton, tantôt de supériorité, tantôt de prière, auquel elle s'élevait et descendait alternativement, en changeant les inflexions de sa voix; de sorte qu'elle semblait d'abord le supplier de ne pas la compromettre, et que tout à coup, comme entraînée par la passion qui lui faisait oublier les convenances de son sexe, elle lui prit la main, la pressa affectueusement dans la sienne, et finit par en détacher l'anneau enrichi d'un diamant précieux qui ornait le doigt d'Alphonse, anneau auquel il attachait un grand prix parce qu'il venait de sa mère, et dont en toute autre circonstance il ne se serait pas dessaisi aussi facilement, tandis qu'elle y substituait une bague d'une apparence beaucoup plus brillante. La tête n'y était plus. Le pauvre jeune homme, dans tout le délire de la passion, se penche vers elle et va la presser dans ses bras; elle se lève, ouvre la loge, et disparaît rapidement dans les corridors.

Un mois s'est écoulé : Alphonse n'a pas manqué une seule des soirées du banquier Cremière. Son œil de feu erre de salon en salon. Mais toutes ses recherches ont été vaines; toutes ses tentatives ont échoué; toutes ses espérances se sont évanouies, et cependant il ne peut oublier cette femme dont l'air mystérieux, la voix tendre et le langage séduisant ont ému si vivement son cœur.

Un jour qu'il était entré par hasard dans la boutique d'un joaillier, il lui prit fantaisie de faire estimer la bague qui, depuis le moment où elle fut donnée, n'avait jamais quitté son doigt.

— « Ce diamant doit avoir une grande valeur? quel éclat! quel feu!...

— Plaît-il, monsieur?

— Oui, ce diamant...

— Ce diamant... est un strass!...

— Cela n'est pas possible!

— Il est facile de vous en convaincre. »

Alphonse est anéanti.

— « Se peut-il que j'aie été réellement amoureux! s'écrie-t-il en se frappant le front, et de qui? Allez donc au bal de l'Opéra!... »

ÉTUDES

DE PHILOSOPHIE MORALE

Sur les habitants du Jardin-des-Plantes.

J'étais allé à Sainte-Pélagie visiter un de ces écrivains qui y subissent les arrêts; je l'avais trouvé plus calme, plus à lui-même, plus naturel que je ne l'avais vu dans le monde, et dans notre conversation d'une heure j'avais observé certaines parties de son caractère qui jusque-là m'avaient échappé. Je compris sur-le-champ quels avantages offre Sainte-Pélagie pour l'étude des caractères. Dans le monde, l'homme sans cesse exposé à des impressions extérieures est distrait, agité, modifié par tout ce qui l'entoure; en prison, au contraire, séparé de tout ce qui lui est étranger, il est plus complétement, plus constamment lui-même. Son âme n'est plus émue, troublée par mille événements journaliers; elle est au repos, elle se livre à qui l'étudie. L'homme, à Sainte-Pélagie, c'est le papillon fixé dans un cadre par une épingle, dont le naturaliste observe à loisirs et sans obstacle la forme et les couleurs.

En sortant de Sainte-Pélagie, je traversai le Jardin-des-Plantes; là il est aussi des êtres que le bon plaisir, à défaut de lois ou d'arrêts, retient sous les barreaux : je songeai à profiter de la position de ces autres prisonniers pour étudier leurs caractères et y découvrir quelques parties inconnues aux naturalistes. Mes observations n'ont pas été tout à fait sans fruit.

Ainsi, les naturalistes vous diront que l'ours aime la solitude, qu'il ne craint pas le danger, qu'il est très-susceptible de colère : moi j'ajouterai que c'est un animal opiniâtre, à tête dure, à idée fixe. Avec tant soit peu d'intelligence, l'ours du Jardin-des-Plantes aurait lu sur la porte de sa loge l'inscription de l'*Enfer* du Dante : *Voi che intrate, lasciate ogni speranza;* car on ne sort de là que pour aller au Muséum, en passant par les mains de l'empailleur. Eh bien! notre ours ne songe qu'à la liberté, et s'imagine sans cesse qu'il va la recouvrer. Sa vie est une promenade circulaire continuelle; il passe sa tête entre tous les barreaux, flaire chaque ouverture, comme si la moindre fente allait lui ouvrir les champs. L'ours dans sa prison est comme les vieux émigrés du gouvernement représentatif, il n'a rien oublié ni rien appris.

M. de Buffon a évidemment calomnié le tigre, quand il a dit qu'il n'a d'autre caractère que celui d'une basse méchanceté et d'une insatiable cruauté; qu'il n'a pour tout instinct qu'une rage constante, une fureur aveugle. Voilà de nos jugements téméraires et précipités! M. de Buffon n'avait pas observé le tigre en prison. J'ai vu celui que nous possédons, couché sur le ventre, la poitrine et la tête relevées; il est calme et tranquille; le bruit qui se fait près de lui, le pain qu'on lui jette ne peuvent l'émouvoir; il semble mépriser les hommes qui le tiennent prisonnier et ceux qui l'admirent. Certes cette résignation forte et dédaigneuse suppose quelque chose de plus que l'instinct de la cruauté; cette attitude digne, noble, un peu hautaine, qui ferait honneur à bien des hommes, montre dans le tigre une grande solidité d'esprit, un grand fonds de philosophie.

L'éléphant fait avec le tigre un frappant contraste. Dans son gros corps, son énorme masse, l'éléphant n'a qu'un petit esprit, des sentiments bas et mesquins. Il reçoit avec reconnaissance tout ce qu'on lui donne, il le mange avec avidité : herbes, feuilles, pain, gâteaux, tout lui est bon. Il avance sa trompe pour demander, il demande toujours et avec un air de soumission et d'humilité qui appelle le mépris; il donnerait des leçons à nos solliciteurs les plus intrépides, à nos caméléons les plus éhontés.

A côté de l'éléphant est la girafe. La girafe est, dans sa position actuelle, une grande idée morale, un éloquent enseignement philosophique. Chacun sait qu'envoyée en présent à notre roi, des académiciens allèrent à sa rencontre et lui servirent de garde d'honneur; pendant des mois entiers elle occupa tous les esprits, fut visitée par tout Paris; deux esclaves noirs la promenaient dans ses audiences publiques : la littérature, le théâtre, la lithographie, la mode exploitèrent sa célébrité. Quel nom enfin eut plus de retentissement? quel animal eut jamais plus de popularité? — Mais que dit Salomon? « Vanité des vanités, tout n'est que vanité. » Que dit l'antiquité? « La gloire n'est que fumée. » Or tout ce que le sage roi, tout ce que les philosophes ont dit de plus fort sur le néant de la renommée, la girafe en est un éloquent résumé, une preuve vivante; car aujourd'hui on la dédaigne, on l'oublie; elle n'est plus visitée que par le provincial arriéré, la bonne d'enfant désœuvrée et le Jean-Jean simple et naïf. A cette leçon frappante, bien des hommes devraient s'instruire et prévoir le sort qui les attend. Ainsi tel est aujourd'hui le président du conseil des ministres; lui aussi depuis plusieurs mois occupe tous les esprits; la girafe n'avait pas fourni plus de sujets de conversations, de déclamations éloquentes, de spirituelles épigrammes : encore quelques jours, et lui aussi sera oublié comme la girafe!

Jetons un coup d'œil sur la fosse qu'occupait autrefois le célèbre Martin : c'est là que se trouve tout ce que le Jardin-des-Plantes a de pathétique et de sentimental. Là habite une intéressante famille, une mère et ses deux petits. Dans cette triste et étroite demeure trois cœurs d'ours s'épanchent avec effusion et sans contrainte. On voit les deux jeunes frères se livrer gaiement aux amusements de leur âge, se poursuivre, sauter à l'envi, lutter ensemble; leur mère contemple avec joie leurs jeux enfantins, y prend part elle-même; puis elle se couche, attire ses petits à elle, les serre dans ses pattes et leur fait mille caresses. Craint-elle qu'ils ne fassent quelques dangereux efforts, elle s'y oppose avec sollicitude. Essaient-ils leurs jeunes forces en grimpant à l'arbre, elle vient s'étendre au pied, afin que, s'ils tombent, son corps les garantisse des dangers de la chute. Figurez-vous enfin tout ce que la tendresse d'une mère, tout ce que l'affection fraternelle ont de plus touchant. Aussi de nombreux spectateurs s'empressent à ces charmantes scènes; les environs de la fosse sont encombrés; on fait queue, on attend son tour pour voir (historique). Peut-être nos lecteurs du quartier de la banque et du noble faubourg s'étonneront d'un pareil empressement, et ne comprendront pas ce qu'un tel spectacle a d'intéressant. Je m'en afflige pour eux, je les plains de cette sécheresse de cœur qui repousse toute émotion naturelle. Mais dans le voisinage du Jardin-des-Plantes est ce quartier respectable dont la Place-Royale est le centre, où s'est réfugiée la sensibilité bourgeoise. Là se trouvent des cœurs simples et naïfs, pour qui l'intérêt et les préjugés d'orgueil n'ont pas détruit les liens du sang et les affections de famille. Ceux-là iront toujours voir l'ourse et ses petits, parce qu'ils sympathisent avec tous les sentiments honnêtes et naturels; parce que pour eux la vue d'une famille unie, le spectacle du bonheur domestique est toujours rempli de charmes.

Je m'arrête, pour ne point fatiguer mes lecteurs. J'ai toujours pensé que c'était petites doses qu'il fallait offrir la philosophie à l'esprit humain.

UNE CHARGE.

Souvenir d'atelier.

David venait d'entreprendre son tableau du Sacre, l'atelier du grand peintre était alors au Louvre. Moi, artiste amateur, j'y remplissais les nobles fonctions de rapin. Déjà mes camarades étaient forts, qu'à peine je barbouillais; ils faisaient des études, et je sonnais de la trompette; ils travaillaient beaucoup, et je maniais fort bien le fleuret; mais je n'étais en arrière ni pour les parties d'artistes ni pour les charges ; aussi la plupart d'entre eux se sont-ils faits un nom, tandis que moi je suis resté rapin.

Un jour l'heure du repas venait de sonner, et chacun avait déposé le pinceau pour la flûte et le jambon. Assis sur un tambour, la bouche pleine et le couteau en main, j'étais dans cette disposition extatique où, pendant le mouvement des mâchoires, l'esprit s'arrête à l'objet qui frappe les yeux. Mes regards se trouvèrent devant une muraille fraîchement construite en pierres de taille. En remarquant une d'une grandeur extraordinaire, je proposai de l'enlever pour voir ce qui était derrière, et aussitôt tous les couteaux grattant le ciment quadrangulaire me prouvèrent que ma proposition était au moins adoptée.

« Faire et défaire c'est toujours travailler, » nous répétait souvent David dans ses paternelles exhortations, et l'enlèvement de la pierre récompensa bientôt notre persévérance. Elle laissait un grand vide qui donnait dans la cheminée du concierge, et nous vîmes, en avançant la tête, madame Ripaud écumant sa marmite. A cette découverte se présenta la nécessité d'une charge, et, après bien des projets, il fut convenu qu'on enverrait le squelette de l'atelier goûter le bouillon de la famille Ripaud. Ce qui fut dit fut fait. Une corde est attachée à la place du cou de notre fluet personnage, qui, après avoir raclé les murailles de ses côtes osseuses, vient frapper l'écumoire de la portière et prendre un bain de pieds dans son pot-au-feu.

Cette visite inattendue pensa faire mourir de peur notre pauvre concierge. Ce furent des cris à faire trembler la maison, et les mots de spectre, de diable, parvenus jusqu'à nous, nous instruisirent de la manière dont fut interprétée la terrible apparition. Mais M. Ripaud, qui se disait philosophe parce qu'il avait lu *Candide*, et sa fille, qui ne croyait pas aux revenants, essayèrent de calmer les craintes maternelles; puis mademoiselle Ripaud, laissant un moment l'eau de Cologne et l'éther, vient aussi pour écumer le pot qui, d'un caractère plus solide, était toujours resté à la même place.

Le docile squelette en redescendant renouvela la même scène, avec variations et force embellissements. Les cris aigus de la fille réveillèrent ceux de la mère; et toutes deux, effrayées, couraient çà et là en se lamentant. M. Ripaud, un peu moins sûr de son courage, commença à craindre d'avoir peur, et, ne sachant plus que devenir au milieu d'une famille qui le terrifiait, il se met à appeler du secours de toute la force de ses pou mons de portier.

Alors, ce furent les voisins, ce furent les passants, même plusieurs d'entre nous, qui remplirent la loge, demandant la cause de tant de vacarme, et l'augmentant sans obtenir de réponse. Enfin, après bien du bruit, bien des cris, bien des conjectures, il fut décidé qu'un petit ramoneur monterait dans la cheminée, et, avant son ascension, recommandation expresse lui fut faite d'avertir aussitôt qu'il verrait quelque chose. L'Africain postiche s'élance dans le vide, et toute la population de la loge, dans une anxiété facile à comprendre, de lui crier en chœur. « Ne vois-tu rien? » A quoi l'enfant répondait en solo : « Non, rien. »

Nous avions replacé notre pierre pour ne pas laisser apercevoir de jour, et, l'oreille auprès, nous suivions la marche grimpante du petit Auvergnat. Il venait de répéter son « Non, rien » déjà pour la vingtième fois, lorsqu'il arriva devant l'ouverture. Nous l'enlevâmes, puis lui montrant une large tartine de confitures, nous lui fîmes signe d'entrer en silence dans notre atelier : il y consentit, et la pierre fut replacée à la hâte, les infatigables questionneurs demandèrent encore : « Ne vois-tu rien? » Pour cette fois, de réponse point. Ah! pour le coup, nouveau tumulte dans la loge, nouvelles alarmes, conjectures peu rassurantes, et, par suite, nouvelle acquisition d'un Auvergnat pour tenter une seconde épreuve. Malheureusement, le petit bonhomme, instruit de la destinée vague de son prédécesseur, et ne se souciant nullement d'être emporté par le diable, refusa de marcher. Il ne fallut rien moins que l'autorité de M. Ripaud, recouvert de son costume officiel, et les menaces de le jeter dans le pot-au-feu, pour le forcer à s'aventurer dans les régions enfumées.

Il venait d'arriver contre notre pierre, lorsque nous l'enlevâmes de nouveau, en lui offrant, comme à l'autre, un motif d'attraction sous la forme d'une tartine. Mais il y répondit différemment. Effrayé par ce changement subit, il poussa d'effroyables cris. Ses hurlements jetèrent l'épouvante chez la gent attendante du rez-de-chaussée. Cris en haut, cris en bas, ce devint une extrême agitation, à la faveur de laquelle nous nous rendîmes maîtres du ramoneur rebelle, et la pierre reprit de nouveau sa place. Le silence avait succédé à la rumeur générale chez M. Ripaud; mais la consternation était au comble. On ignorait le sort des deux ramoneurs; cependant les cris plus que bruyants du dernier faisaient supposer une fin au moins tragique. Conseil fut tenu. On renonça à une troisième épreuve, parce qu'on ne pouvait pas faire une aussi cruelle consommation d'Auvergnats, ni les envoyer ainsi, de gaieté de cœur, dans ce gouffre de l'humanité; on s'arrêta au parti de faire intervenir l'autorité, devant qui diables et feux follets, spectres et fantômes ont toujours échoué.

J'ai fini la charge.

La première démarche du commissaire fut de s'informer où communiquait la cheminée, et sitôt après la réponse, il était dans notre atelier.

Quel heureux sujet de pochade que l'arrivée du grave magistrat, conduit par M. Ripaud en grande tenue, et suivi de tout ce que la loge pouvait contenir de curieux! D'abord, il voulait réprimander, mais notre excuse l'en empêcha. « Monsieur le commissaire, lui dîmes-nous, vous ne pouvez nous blâmer d'avoir satisfait ces deux gaillards qui sont venus nous demander à déjeuner, par une issue peu ordinaire il est vrai; ce qui, comme vous le voyez, ne les empêche pas de s'en acquitter très-bien. » Et en effet, les deux petits ramoneurs, assis par terre au milieu de l'atelier, sous l'uniforme connu, et mangeant à se crever, achevaient le tableau.

LES

VIEILLES FILLES

A MARIER.

Aubert, notre éditeur, annonçait depuis un mois le dernier album de M. Cham (de N...), auquel ce dessinateur essentiellement baroque avait donné le titre de VIEILLES FILLES A MARIER. L'éditeur disait dans ses avis au public que cet album était le onzième de la série connue sous le titre général d'ALBUMS JABOT; il ajoutait que le dessinateur, s'abandonnant à sa verve comique, avait produit un chef-d'œuvre de folie dessinée, et il terminait en indiquant le prix de ce recueil burlesque, qu'il vendait 6 francs. Une semblable annonce paraissait parfaitement claire, et l'éditeur ne doutait pas qu'elle n'eût été comprise de tout le monde, — il en devait d'autant moins douter que les demandes d'exemplaires pleuvaient. — Qu'on juge de son étonnement, lorsqu'il reçut la lettre suivante. Nous copions textuellement :

« MONSIEUR,

» J'ai appris par les feuilles publiques que vous » êtes chargé de marier plusieurs demoiselles d'un » âge mûr. La confiance dont vous êtes honoré » par les familles de ces *dames* prouve que vous » êtes un homme sûr. Je puis donc, en toute as- » surance, m'adresser à vous pour vous demander » des renseignements sur la fortune des demoi- » selles dont il est question. Je vous prie de me » les donner sans retard, et de me dire en même » temps tout ce qui pourra m'intéresser sur leurs » personnes et sur leur parenté.

» J'ai cinquante ans, — je suis veuf d'une femme » qui m'a laissé quarante mille francs, — je jouis » d'une excellente santé et je suis magistrat.

» Voilà en deux mots ma situation, veuillez me » faire connaître celles des demoiselles qui dési- » rent ainsi que moi se marier par votre entre- » mise. »

Suivait la signature.

Aubert répondit par l'envoi d'un album de Cham : il en attend le prix depuis un an.

IMPRIMÉ PAR BÉTHUNE ET PLON, A PARIS.

PARIS COMIQUE,

Livre-Album.

Dessins de MM. de Beaumont, Bouchot, Cham (de N..,) Daumier, Emy, Gavarni, Grandville, H. Monnier, Pruche, Vernier et autres.

TEXTE PAR LES RÉDACTEURS DU MUSÉE PHILIPON, DU CHARIVARI, DE LA CARICATURE, ETC., ETC.

GALERIE PHYSIOLOGIQUE.

L'épicier.

Être sublime! être incompréhensible, source de douceur et de vie, de lumière et de plaisir, modèle de résignation! O épicier, tu es tout cela, sans t'en douter! Tu es épicier par instinct, par vocation, par intérêt, et néanmoins tu es un chef-d'œuvre de bonne grâce et de bonté; plus juste que tes balances, plus vigilant que le jour, plus constant au comptoir qu'un lycéen en amour. O épicier, tu serais le roi des hommes, si tu n'étais pas sujet à faire faillite!

Je n'ai jamais passé devant la sacrosainte boutique d'un épicier, tel chétif, tel rebutant, tel crasseux, tel mal casquetté qu'il pût être, sans élancer vers lui, mentalement, cette prière sociale d'un cœur plein de reconnaissance; je laisse aller un mort, un évêque, un roi, sans leur ôter mon chapeau; mais je salue toujours avec respect un épicier, et je lui parle avec déférence, à l'imitation du *Constitutionnel*.

Cette religion épicéenne vient d'une conviction profonde, et peut-être sera-t-elle partagée par ceux qui voudront lire l'analyse physiologique à laquelle nous allons soumettre la personne et la figure de l'épicier.

Il y a des gens qui, du haut des banquettes bleues de la chambre héréditaire, ont dit épicier! comme on dit raca! Il y a un homme en horreur à la nation française qui, à la tribune, a essayé de déconsidérer l'épicier... Enfin, il y a des artistes qui disent: — vous êtes des épiciers, — comme pour exprimer le dernier degré de mépris.

Voyons, finissons-en avec tous les détracteurs de l'épicerie! — Est-ce parce que l'épicier a toujours un pantalon brun-rouge, des bas bleus, de larges souliers, une casquette de fausse loutre garnie d'un galon d'argent noirci, et porte un tablier dont la pointe triangulaire arrive sur son plexus solaire, que vous maudissez un épicier? Mais alors il faudrait repousser l'artiste en blouse et tous les hommes de travail. Est-ce parce qu'un épicier est censé ne jamais penser? Aujourd'hui un épicier lit Voltaire, et met dans son salon les gravures de M. Sixdeniers, le véritable graveur de l'épicerie, prouvant ainsi que la poésie et les beaux-arts ne lui sont pas inconnus. Il admire Paul de Kock et Victor Ducange, pleure au mélodrame, va souvent aux Français, et comprend Hernani. Trouvez-moi beaucoup de citoyens français qui soient à cette hauteur! Enfin, comme beaucoup de bibliographes il connaît le nom d'une foule d'ouvrages qui ont défilé devant lui feuille à feuille.

Serait-ce donc parce que l'épicier travaille qu'il serait dédaigné, malheureux!... Devenons sauvages, Mohicans, Espagnols, fainéants, si cela est; car toute civilisation repose sur le travail.

Mais, que ces considérations sont mesquines devant le tableau synoptique des propriétés de l'épicier!...

Grand seigneur, vous fondez un village; spéculateur, vous bâtissez un quartier. Vous avez construit des maisons, vous avez élevé une église, vous trouvez des habitants, vous ramassez un pédagogue, vous fabriquez enfin une civilisation, comme on fait une tourte; il y a des champignons, une patte de poulet, des boulettes et une écrevisse, un presbytère, des adjoints, un maire et des administrés. Eh bien! votre microcosme n'a pas figure de nation, tant qu'il n'y aura pas là le plus puissant de tous les liens sociaux, le plus fort de tous les nœuds...—un épicier! Si vous tardiez à planter un épicier au milieu de la rue principale comme vous avez planté une croix au sein de la cité, tout déserterait. Le pain, la viande, les meubles et les tailleurs, les prêtres et les gouvernements viennent, mais il faut que l'épicier soit là, reste là, jour et nuit, à toute heure.

De cette boutique procède une véritable triplicité phénoménale, dirait M. V. Cousin, ou une trilogie céleste, s'il faut parler le langage de la nouvelle école, et cette trilogie, cette triplicité, ce triangle, ce delta, c'est : le thé, le café, le chocolat, triple essence des déjeuners modernes, source de toutes les jouissances antédînatoires.

De là procèdent l'huile à brûler, la bougie et la chandelle, autre triplicité phénoménale, source de lumière.

De là procèdent le sel, le poivre, le piment, autre trilogie.

Le sucre, la réglisse, le miel, autre triplicité.

Ce serait chose fastidieuse que de vous démontrer que, véritable unité à trois triangles, tout se déduit en épicerie, par une triple production, en réponse à un besoin; ainsi, littéralement parlant, l'épicier est une trilogie; religieusement parlant, c'est une image de la Trinité; philosophiquement, c'est une triplicité phénoménale perpétuelle; politiquement, il représente les trois pouvoirs; et devant tous, c'est l'unité.

L'épicier est le lien commun de tous nos besoins, et se rattache nécessairement à tous les détails d'une vie humaine, de même que la mémoire est l'essence de tous les arts.

— Une plume et de l'encre !... dit un poëte. — Monsieur, il y a un épicier au coin de la rue.

— J'ai perdu! je veux me brûler la cervelle!— De la poudre et des balles?—Monsieur l'épicier en vend.

— Bah! je vais tout regagner, des cartes, des cartes, mon palais pour des cartes!... — Monsieur, l'épicier.

— Oh! fumer... oh! voir un cigare de la Havane se consumer lentement à deux doigts de mes lèvres en me versant de douces rêveries, se résolvant en fumée, image de l'amour... — L'épicier.

— O pauvre Clara, voilà ta robe comme une feuille d'automne sur laquelle un paysan a marché. — L'épicier apparaît avec son savon de Marseille, son empois bleu, et voire un fer!...

— Oh! une longue veille, une insomnie, qui peut la dissiper, si ce n'est toi, célèbre et miraculeux Fumade! Toi dont les rouleaux rouges feront arriver ton nom jusqu'à Torneo. — L'épicier.

— Enfant, l'épicier te vend des billes d'agate aussi jolies que tes yeux brillants; des soleils aussi infatigables à tourner que tu l'es à courir; de la ficelle pour tes cerfs-volants, et le cerf-volant lui-même. Vieil invalide, il te vendra le tabac éternel que tu fais passer de ton mouchoir dans ta tabatière, et de ta tabatière dans ton mouchoir; car le tabac, le nez et le mouchoir d'un invalide sont une image de l'infini aussi bien qu'un serpent qui se mord la queue, et mieux que cela, l'épicier te vendra la roquille d'eau-de-vie qui t'aide à endormir tes douleurs. L'épicier vend l'hostie et les cierges au prêtre, l'abécédaire et les plumes au maître d'école, les dragées au parrain, du savon à la mariée, de la liqueur à l'époux, du papier à l'électeur, des fusées au député, je ne sais pas ce qu'il ne vend pas... Il vend des drogues qui donnent la mort, et des spécifiques qui rendent la santé. Il s'est vendu lui-même au public, comme une âme à Satan. Il est l'alpha et l'oméga de toute société humaine. Vous ne pouvez faire une lieue, un crime, une bonne action, un repas, une œuvre d'art, une orgie, une maîtresse, sans avoir recours à la toute-puissance de l'épicier. C'est la civilisation en boutique, la société en cornet, la nécessité armée de pied en cap. C'est l'encyclopédie en action, c'est la vie elle-même distribuée en tiroirs, en bouteilles, en sachets, en bocaux. Je préfère la protection d'un épicier à celle d'un roi. Soyez abandonné de tout, même de Dieu, s'il vous reste un épicier pour ami, vous vivrez chez lui comme le rat dans son fromage. — « Nous tenons tout, » — vous disent-ils avec un juste orgueil. Alors quand vous lirez en lettres d'or : Un tel, épicier du roi, demandez-vous avec terreur, qui est plus souverain ou du roi de l'épicier, ou de l'épicier du roi.

Et c'est ce rouage indispensable de notre machine sociale, c'est cet homme pivot, c'est cette tranquille créature, c'est ce philosophe pratique, cette triplicité industrielle, que l'on ose prendre comme le type de la bêtise!... O hommes... pairs de France, députés, artistes, écrivains, jusques à quand mépriserons-nous ce qui est utile, et honorerons-nous ce qui est oisif, pourri, inutile?

Mais, sous le rapport de l'urbanité, de la charité, de la politesse, autre triplicité morale, qui oserait ici-bas se comparer à l'épicier parisien, modèle éternel des épiciers européens, américains, asiatiques et africains?

Demandez-lui votre chemin?... Quand même il pleuvrait, il vous l'indique, fait quelques pas hors de son auvent, se mouille, vous pilote, et vous suit de l'œil comme Dédale faisait pour son fils Icare, et il semble vous dire : Va, fantassin; — I, care.

Qu'une femme se trouve mal au coin de la borne, il ne refusera jamais un verre de vin, un morceau de sucre.

Quant à sa politesse... elle est fabuleuse. Non cette politesse de salon, pleine de formules, vide d'intentions, riche en dehors, pauvre en dedans; mais une politesse vraie, corsée. Un épicier sourit toujours comme un notaire qui croit faire un acte : bref il est moins rare de trouver un épicier gracieux, qu'une femme bien faite.

Si cet homme-là n'habillait pas son fils en lancier; s'il n'allait pas à une campagne dont le jardin a deux perches, et dans une carriole d'osier; s'il n'avait pas dans son salon une pendule sous verre qui représente un amour sortant d'une coque d'œuf; si ses meubles n'étaient pas couverts en velours d'Utrecht et les rideaux de son lit en calicot jaune, ce serait le prototype du bien, du beau, de l'utile; ce serait le citoyen par excellence. Mais qu'y a-t-il de parfait dans cette vallée de misères?

DU GENDARME.

Après la crise révolutionnaire, lorsque le pouvoir fut reconstitué sur de nouvelles bases, il lui fallait des agents; mais la France régénérée demandait une milice en harmonie avec ses institutions, et qui n'eût rien de commun avec la maréchaussée de l'ancien régime. Du sentiment de ce besoin naquit le gendarme; le gendarme est fils de la révolution et des idées nouvelles; il est l'expression de la société moderne; comme elle, il est fort et calme. Il n'est point armé, comme le watchmann de Londres, d'un simple bâton, et sans défense contre les malfaiteurs; il ne porte pas non plus, comme le licteur de l'ancienne Rome, des verges et la hache du bourreau : il est armé du sabre en signe de sa force; mais son influence et son pouvoir, il les doit surtout à l'autorité de sa mission, à la gravité du caractère dont il est revêtu.

En effet, le gendarme est l'organe de la loi, ou plutôt il est la loi animée, la loi en habit bleu et en chapeau à cornes, la loi qui a pris un corps, des bras et des jambes pour se rendre sensible à la vue, à l'ouïe, au toucher, quand l'esprit l'oublie ou l'ignore. Vous voulez voyager, vous n'êtes ni voleur ni déserteur, vous montez en diligence sans songer à prendre un passe-port. Le gendarme vous rencontre et vous empoigne : cela vous rappelle qu'on ne peut aller de Paris à Orléans sans la permission du commissaire et de M. Mangin. Vous ne savez pas lire, une supposition; vous ne connaissez pas le code pénal; vous êtes sans argent, sans ouvrage et vous avez faim; vous demandez du pain... le gendarme vous met la main sur le collet, ce qui vous apprend qu'en France, quand on n'a pas de quoi manger, il faut mourir de faim, sous peine d'aller en prison.

Or, quelle réunion de qualités ne faut-il pas pour remplir de si importantes fonctions? D'abord le gendarme doit savoir l'orthographe aussi bien que M. Marle, car il écrit des rapports; il doit connaître sa langue comme M. de Mayrinhac, car il parle souvent en public; il doit être plein de sagacité, car il reconnaît un voleur à la physionomie, et découvre le crime au flair. Mais il est une qualité qu'il doit posséder avant toutes les autres, et qu'aucune ne peut suppléer. Soyez noble comme M. de P....c, déserteur comme M. de B......t, grossier comme M. M.... n., plaisant comme M. C....g, vous n'avez pas encore la patience, non pas cette patience triviale qui n'est que la faiblesse ou mollesse d'esprit, mais une patience forte, raisonnée, intelligente, philosophique, dont le genre humain avait perdu le secret depuis Socrate et Épictète, et que le gendarme a retrouvée.

Car, qui peut se vanter d'être doué de patience au même degré que le gendarme? Au milieu de la multitude, pour quel autre sont les railleries, les moqueries, les huées, les injures et l'ironique sobriquet de Bon Gendarme? A tout cela qu'oppose-t-il? Une impassibilité stoïque ou, tout au plus, l'inoffensif: « Rangez-vous! en arrière! » Le jour où l'on joua, pour la première fois, *Stockholm et Fon-*

tainebleau, une foule immense se pressait aux portes, un gendarme était chargé de modérer une curiosité trop impétueuse. Mais, bientôt la consigne fut méconnue, les barrières brisées, et la foule se précipita violemment dans le théâtre. J'ai vu le gendarme foulé, pressé, heurté, presque renversé : et il était armé d'un fusil, et il n'a pas donné une bourrade, il n'a pas proféré une plainte, pas un mot d'humeur contre le romantisme, ou de reconnaissance pour les tragédies classiques qui ne lui valurent jamais de pareilles tribulations.

Il semblait comprendre cette impétuosité du public, cette violente soif de trilogie que rien ne pouvait comprimer. Quel romantique eût consenti à souffrir autant et avec tant de patience en l'honneur de-la camaraderie?

Le gendarme à cheval est une variété de l'espèce gendarme. C'est un tout composé de deux parties superposées, un homme et un cheval; c'est le centaure de la civilisation; de ces deux parties, celle-là même qui paraît la moins capable d'intelligence, possède certaines qualités qu'on ne retrouve point ailleurs. Placez un hussard ou un cuirassier au milieu d'une foule qui se presse et s'agite, combien de jambes cassées, de membres meurtris! car quels ménagements attendre d'un cheval élevé au camp et apportant dans les villes ses habitudes militaires? Au lieu de cela, mettez un gendarme à cheval et vous ne verrez pas un pied écrasé, pas une personne froissée; c'est que ce cheval a de la tenue; c'est qu'il comprend sa position; qu'il sait quels égards on doit à des citoyens.

Toutefois, il faut l'avouer, le gendarme n'est pas populaire, la masse ne l'a pas encore compris; elle y arrivera, sans doute, Dieu aidant et le progrès des lumières; et déjà tous les esprits intelligents estiment le gendarme et l'apprécient; déjà il est pour nous un besoin, artificiel, si l'on veut, mais enraciné, mais passé dans le sang comme le besoin du café et du tabac; nous le voulons, nous le désirons partout.

Un sermon pathétique doit-il attirer la foule des fidèles : un gendarme facilite à la piété l'approche de l'église.

Que le jour de l'an nous appelle chez Berthellemot, nous trouvons les dragées et le sucre de pomme sous la protection du gendarme.

Vous concevez un spectacle sans acteurs, sans spectateurs, mais non pas sans gendarmes.

Vous avez de beaux salons, vous y réunissez de jolies danseuses, de brillants danseurs, avec l'orchestre de Tolbecque, vous aurez un bal, mais il y manquera ce quelque chose qui fait qu'on en parle, qui lui donne la notoriété, l'authenticité... c'est, à la porte, un gendarme entre deux lampions. Un bal sans gendarmes, c'est du vin qui n'est pas cacheté.

Oui, nous aimons le gendarme; mais, pour tout dire, ne nous le prodigue-t-on pas avec une libéralité mal entendue? J'ai vu, dans des bals champêtres, autant de gendarmes que de danseurs, que de masques. Or, c'est là du luxe, de la profusion. Plus une chose a de prix, plus il faut la ménager. O vous qui avez disposition du gendarme, sachez l'économiser ou le dépenser avec plus de prudence. On se lasse des meilleures choses, quand on les retrouve trop souvent; on se lasse même du pâté d'anguille. Et quels reproches n'auriez vous point à vous faire, si vous nous blasiez sur le gendarme, si vous lui faisiez perdre, à force de le prodiguer, tout ce qu'il a de piquant et de savoureux!

PARIS VU AU MICROSCOPE.

LE MÉDECIN DES BÊTES.

Cent fois le *Charivari* a retracé, avec le bonheur de style qu'on lui connaît, la physionomie si vivante, si exclusive, si prospère, des petits métiers, cette branche dédaignée souvent et toujours productive du commerce de la capitale. Il a repassé en revue et scrupuleusement le décrotteur, le commissionnaire, le vendeur d'allumettes, de contremarques, de café au lait, d'orviétan et de canard officiel, ce qui fait bien des drogues. Mais parfois, dans son rapide parcours, il a oublié l'aristocratie du genre, le petit métier fait grand homme, la petite industrie avec un cabinet, une bibliothèque et des pratiques assises dans son salon, le menu négoce déjà électeur, contribuable, et peut-être bien guizotin, la petite patente dans toute la splendeur de son développement.

Réparons cet oubli envers cette classe inappréciée long-temps; la gloire de la publicité doit descendre sur les savants et sur les chiffonniers, sur

CONTRIBUTIONS INDIRECTES.

N°16

Chez Aubert gal. Vero dodat. Imp. d'Aubert & Cie

Etes vous l'ami d'un artiste dramatique ?.... méfiez-vous de sa représentation à bénéfice (C'est l'impot litteraire)

l'Académie et sur la boutique, sur la plume et sur l'outil. D'ailleurs la plume, pour beaucoup, n'étant plus guère maintenant qu'un outil, on peut montrer sans indiscrétion que bien des outils valent certaines plumes. Mais passons.

Il y a, dans un certain coin de Paris, une boutique essentiellement odorante et mal rangée, un étalage malsain, encombré, sans relief de badigeonnage ou d'enseigne. On y pipe, on y grogne, on y hurle, on y soupire, et on y broute à toute heure du jour et de la nuit; c'est un caravansérail où se trouve un échantillon de toute la nature animée, depuis la grenouille verte de Lorraine, si chère à Grandville, jusqu'au cochon des bords du Gange; depuis l'ichneumon attrapé dans les ruines de Palmyre jusqu'à l'adorable petit rat blanc sur la crête des Alpes.

Cette maison, cet hospice, cette ambulance, appelez l'endroit comme vous voudrez, est tout uniment l'une des plus fortes entreprises médicales de Paris : je n'en excepte pas la pâte Regnault, qui a fait le tour du monde.

L'établissement est représenté, dans la pratique, par un Hippocrate inconnu, qui donne des consultations à heures fixes, comme un avocat aux conseils du roi et à la cour de cassation. On attend dans son antichambre, il y a un paillasson pour les gens crottés.

Cet homme, que dis-je? ce savant travaille infatigablement, depuis le matin jusqu'au soir, à l'amélioration, au croisement, voire à l'allaitement, de toutes les bêtes dont Noé put conserver un couple dans son arche. On ne lui a pas encore rendu justice; il manque à l'Académie de médecine; car, voyez combien il a fallu de dévouement et d'instinct à cet investigateur pour traverser, depuis vingt ans peut-être, les maladies des pintades, les gastrites des écureuils de Fontainebleau et l'incalculable série des affections de larynx qui déciment nos seigneurs les perroquets des îles Mariannes! Pour un seul traité sur l'ouïe des seuls canards, M. Flourens a été assis à l'Institut. Eh bien! notre Hippocrate universel est encore debout comme le Panthéon, comme la Colonne, comme la tragédie de mademoiselle Rachel. Il attend la postérité!

S'il fallait juger de sa gloire par son importance du moment, ce serait un Esculape, il mérite le nom de ce fils de Phébus. Son cabinet de travail est journellement rempli de tout ce qu'il y a de mieux dans la société, qu'il panse, qu'il purge, qu'il médicamente avec ordonnances et formules, suivant le codex. Vous rencontrez là de respectables caniches qui, assis gravement sur leur derrière, réfléchissent comme Descartes à l'utilité de la souffrance et à la fin de leur sciatique; vis-à-vis, des bouledogues d'Écosse, nés du temps de Walter Scott; des épagneuls de Vérone, nonchalamment couchés et soulevant leur patte endolorie, emmaillottés de toile fine, et souvent portés à bras sur le tissu d'un cachemire ou dans un mol édredon. Un peu plus loin des serins sifflent lugubrement entre leurs barreaux dans l'attente du forceps ou de l'incision cruciale; des faisans royaux regardent avec anxiété les fioles qui renferment les éléments de la vie ou de la mort de la gent animale. On observe un silence mélancolique, on se regarde sans parler; on a l'air de vieilles connaissances, d'existences cassées par les ans, de fortunes flétries qui se retrouvent chez le rémigeur, comme Pyrame et Thisbé ont dû se retrouver devant Minos aux enfers, comme Roméo et Juliette se sont retrouvés pour sûr à l'entrée du paradis. Pour l'ordinaire, ce sont les singes qui se montrent le moins résignés aux vicissitudes de la maladie. Les singes rient jusque dans l'opération, mais d'un rire satanique, sceptique, diabolique, d'un rire qui fait mal; véritables lords Byrons de l'espèce quadrumane, ils mentent à la douleur par amour-propre. On les trépane, c'est l'épidémie courante chez les maris des guenons et chez les guenons. Florian a prouvé dans ses fables que ces dames notamment ont presque toujours un dérangement de cervelle.

Il y a des jours où le praticien ne peut suffire; il est accablé, il ferme la porte au nez et au bec de ses malades, qui souvent entrent en insurrection armés de griffes contre la Faculté. Et puis il y a abus comme dans la société humaine : tel chien griffon qui arrive en carrosse chez l'Hippocrate passe sur le dos du pauvre lévrier de campagne venu, pour une entorse, sur ses quatre pattes. On a vu des biches du faubourg Saint-Germain rester une heure ou deux en tête à tête avec l'opérateur. C'est très-inconvenant. L'égalité de grand principe doit exister pour tous les animaux sans exception, pour ceux qui jappent comme pour ceux qui parlent. Platon l'a dit, et M. Victor Cousin le dira quand il ne sera plus au pouvoir.

Chose inouïe! je sais une dame dont la perruche est à l'agonie, et qui, depuis la première chute des feuilles, demande vainement une consultation. A Paris, dans mille et un greniers, il y a des biches sans nom, des Broussais sans enseignes, des médecins d'hommes qui meurent de faim. Pendant ce temps-là, l'homme qui met les jambes de bois aux bouvreuils éclopés gagne plus qu'il ne peut porter. L'or lui tombe en pluie abondante comme à Danaé dans sa tour : l'an prochain il sera éligible, peut-être bien élu.

Nous le verrions alors venir au Palais-Bourbon parler au nom des batraciens, des quadrupèdes, des volatiles. Il n'y aurait rien de changé, il n'y aurait de plus en France qu'un représentant des bêtes.

PHYSIOLOGIE GASTRONOMIQUE.

LE MANGEUR ET LE GLOUTON.

Les dispositions gastronomiques sont subordonnées aux qualités physiques et morales des hommes : toujours aussi l'influence combinée de ces deux principes, qui, selon les cas, se modifient mutuellement ou s'impriment une plus grande activité, détermine la catégorie dans laquelle on doit placer le sujet. S'il y a quelques êtres mixtes, espèces d'eunuques ou d'hermaphrodites en gastronomie, qui appartiennent à toutes les catégories sans appartenir à aucune, c'est la médiocrité du genre.

Nous ne nous occuperons pas de cet être si commun, mais si méprisable. Le plus bel apanage de l'homme est d'être lui, d'avoir un caractère distinctif.

Le sujet sans contredit le moins estimable de la gastronomie, c'est le glouton : il mange.... il mange encore... il mange toujours... mais sans méthode, sans intelligence, sans esprit; il mange parce qu'il a faim. C'est une disposition physique indépendante de son intelligence; c'est un appétit vorace; c'est un besoin impérieux des sens.

Le glouton ignore le principe élémentaire de la gastronomie, l'art sublime de broyer! Il avale les morceaux entiers; ils passent dans sa bouche sans chatouiller son palais, sans éveiller la plus petite idée; ils vont droit se perdre dans un estomac d'une capacité effrayante.

Le glouton est beaucoup plus qu'un animal; il est beaucoup moins qu'un homme.

Amphitryons dont la table est toujours bien servie, défiez-vous de ce destructeur; il dévorera votre repas sans vous en savoir gré, sans le trouver ni bon, ni mauvais : injure sanglante!

C'est donc rendre un véritable service à la société que de lui donner le signalement détaillé d'un être si dangereux.

Le glouton est généralement de la taille aujourd'hui exigée pour un grenadier de la garde nationale de Paris : cinq pieds quatre pouces; ses épaules sont larges, arrondies et bombées; son gros ventre avance en pointe; le poids de son corps a fait dévier en dedans ses jambes courtes et épaisses; ses pieds sont aplatis. Il a les mains larges et courtes, les doigts inégaux et défigurés par d'énormes nodus, les ongles épais, le front bas, les oreilles rouges comme l'écarlate, le nez gros, les narines ouvertes, les yeux gonflés, petits et remplis d'eau; la bouche fendue jusqu'aux oreilles — c'est le signe caractéristique —; les lèvres épaisses et bleuâtres, les dents larges, courtes, neuves et jaunes; le menton rond et triple, les joues rubicondes.

Sa démarche est lente, très-lente après le dîner : avant cette précieuse opération, elle est assez vive; mais lorsque le glouton se rend à une invitation, il va comme le vent.

A table jamais il ne lève les yeux, il dévore de l'œil comme de la bouche; il ne desserre les dents que pour manger; jamais un propos facétieux, ce sel de tous les bons dîners, même des mauvais; rien ne sort de sa bouche, tout y entre! jamais un coup d'œil à sa jolie voisine; jamais la plus légère attention, la moindre prévenance; il la coudoie parfois parce qu'il lui faut ses aises, et que fort souvent l'on est l'un sur l'autre à table.

Enfin, il est tout à son assiette, qu'il voudrait voir de la capacité du plus énorme plat.

Parlerai-je de l'intelligence, de l'esprit d'un pareil sujet? Néant! Il dort, il ronfle, il geint après dîner.

Néanmoins, j'aimerais mille fois mieux être le plus glouton des gloutons, que de n'avoir en gastronomie aucun caractère distinctif. Rien n'est poignant comme d'être ce qu'est tout le monde. Un écrivain absurde, mais copieusement absurde, a plus de mérite à mes yeux qu'un écrivain médiocre, qu'un auteur comme tout le monde peut l'être. L'absurdité est le génie de la bêtise. En gastronomie, il en est de même de la gloutonnerie.

Le mangeur, quoique placé dans un rang gastronomique très-inférieur, occupe pourtant une place plus honorable que le glouton; il a moins de défauts, mais il est doué de bien faibles qualités. Il ne mange pas pour vivre, mais il ne vit pas non plus pour manger : chez lui ces deux influences se combinent; ces deux affections le travaillent tour à tour, et quelquefois en même temps.

Le mangeur cède à l'appétit des sens; il cède aussi à l'appétit de l'imagination. Un morceau, en passant dans sa bouche, y imprime une sensation bien légère, il est vrai, mais enfin elle réveille une idée : c'est un éclair qui peut produire la lumière; c'est un germe qui, habilement fécondé par l'art, peut faire du sujet un gourmand de mince mérite. La nature est plus souvent avare que prodigue.

Le mangeur est difficile à reconnaître à la seule inspection de la physionomie; pour porter un jugement infaillible, il faudrait le voir opérer. Cependant il est quelques signes caractéristiques qui peuvent mettre le novice observateur sur la voie.

Souvent il est maigre et grand; il mange vite, beaucoup; rarement il est difficile : cependant il n'admet point tous les mets. Il préfère généralement les morceaux solides, fait peu de cas des entremets, du dessert. Un gigot braisé, une côte de bœuf, un fricandeau sont assez de son goût, mais il refuse parfois d'y toucher, dans la crainte de montrer quelque analogie avec le glouton.

Le signe distinctif du mangeur est d'opérer lentement et après avoir passablement broyé : il parle assez souvent, quelquefois même il est enjoué; mais cette précieuse qualité ne se révèle chez lui qu'à la fin du second service.

Jamais le mangeur ne fait usage de pain tendre.

ENGHIEN.

On m'avait dit : « Allez voir Enghien, mangez de ses cerises, regardez son lac : et évitez de rencontrer le cousin de Jean-Jacques Rousseau : mieux vaudrait tomber dans le lac. »

Ce cousin de J.-J. Rousseau est un monsieur qui a pour toute profession d'être cousin du célèbre philosophe; il accoste les passants et leur emprunte cent sous au nom de l'ombre de son parent. Si vous refusez, il vous bourdonne aux oreilles que vous êtes un Welche, un partisan des priviléges, digne de porter des ailes de pigeon, et que vous n'avez pas lu Rousseau. Donnez-lui cent sous, il ne vous lâche plus; il se met à analyser les *Confessions*, l'*Émile*, la *Nouvelle Héloïse*, comme le pourrait faire M. Saint-Marc-Girardin à la Sorbonne. Aucun moyen de s'en délivrer. Le cousin de Rousseau apparaît ordinairement au détour d'un sentier, dans le voisinage d'Ermenonville.

C'est pourquoi j'allai à Enghien, afin de goûter à ses cerises, de voir son lac et d'éviter tous les cousins généralement quelconques.

Enghien est devenu un village des environs de Rotterdam.

Rien de plus propre, de plus ciré, de plus lustré, de plus verni. Le goût de la propreté est devenu monomanie chez les habitants d'Enghien.

Avant de mettre le pied dans l'endroit, il vous faut subir une inspection rigoureuse. Un monsieur, préposé à la propreté publique, regarde vos bottes pour s'assurer qu'elles ne veulent point introduire en contrebande, dans la rue, un peu de poussière exotique.

Défense est faite de se laver les mains dans le lac, qui est épousseté et arrosé trois fois par jour.

Comme j'avais eu la maladresse de plonger le pied droit dans une mare, le monsieur de la propreté publique me dit que je ne pourrais à la rigueur circuler dans Enghien dans l'état où se trouvait mon pied droit; que cependant il prenait sur lui de me permettre l'accès du village pourvu que ce fût du pied gauche. De cette façon, je pouvais visiter les curiosités de l'endroit à cloche-pied. La plaisanterie était par trop hollandaise.

Il n'y avait que les cerises qui pussent faire quelque diversion à mon dépit. Un quidam, à qui je demandai l'adresse d'un cerisier, me répondit en ouvrant sa tabatière : « Vous aimez les cerises, monsieur, c'est un goût bien naturel; je dirai même que le goût des fruits et des légumes est le seul naturel à l'homme, ainsi que le prouve surabondamment l'immortel Jean-Jacques dans une des plus belles pages de l'*Emile*. Justement j'ai l'*Emile* là, dans ma poche. »

Je compris que j'étais sur le cousin de Jean-Jacques Rousseau, ce qui me détermina à me sauver sur mes deux pieds, à toutes jambes.

C'était moi qui courais!

Calembours en action.

PAR CHAM (DE N..).

Pendant quatre ans les croquis de Pigal ont été à la mode, et, il faut bien le dire, si la mode les a abandonnés, la mode a eu tort, car ces croquis, pour être maladroitement faits, n'en étaient pas moins de bons et jolis croquis naïfs et frais, représentant toujours de petites scènes peu compliquées mais simplement et fidèlement rendues. Pigal, ce bon et laborieux artiste, méritait beaucoup plus qu'il n'a obtenu.

Plus tard les croquades d'Henri Monnier régnèrent à peu près sans partage, mais leur règne fut court : est-ce la faute du dessinateur inconstant qui abandonna l'atelier pour le théâtre ? est-ce la faute de son genre un peu restreint? Nous ne savons ; mais ce qui est certain, c'est que la vogue de Monnier a passé à son tour.

Cham est à la mode aujourd'hui, aucun caricaturiste ne peut prétendre à une égale popularité pour les croquades de fantaisie, pour les albums grotesques, mais on peut prédire à cette mode plus de durée qu'aux autres, non que M. de N.... dessine avec la vérité de Pigal, non qu'il possède l'observation et le mordant de Monnier, mais parce qu'il est plus amusant, plus bizarre, plus baroque que tous les dessinateurs que nous avons vus depuis quinze ans. Dire tout ce qu'il a fait depuis qu'Aubert, ou plutôt depuis que notre ami et le sien Charles Philipon l'a mis en évidence, serait impossible. Les croquis coulent du crayon de Cham, comme les gouttes d'eau coulent du puits de Grenelle, sans qu'on puisse en prévoir ou supposer la fin. C'est une verve intarissable, une abondance d'originalité effrayante. En outre des milliers de dessins qu'il a donnés au *Musée Philipon*, en outre de tous les albums que nous avons déjà cités, existent bien des albums encore, dont nous n'avons pas le temps de parler; mais dans la foule de ces recueils également divertissants, se trouve celui dont le nom figure en tête de cet article. Nous l'avons sous les yeux et nous voudrions en donner une idée à ceux qui ne le connaissent pas. Mais, comment faire? une caricature se décrit mal, une croquade ne se décrit pas. Vous dire seulement les titres des sujets, ainsi que nous l'avons fait pour d'autres albums du même artiste, c'est en quelque sorte une profanation, car un titre stupide est souvent *spiritualisé* (passez-nous ce néologisme) par le croquis au bas duquel il est placé. D'ailleurs qu'importe à l'artiste qui jette ses fantaisies sur le papier, qu'importe à l'amateur qui s'amuse de ces folies du crayon le mot qu'il a fallu tracer au bas de la croquade pour satisfaire aux exigences de l'éditeur esclave lui-même des exigences du public? Le croquis se fait d'abord, sans réflexion, sans but, comme il vient, et le mot se met ensuite tel quel.

Ainsi Cham, dans les Calembours en action, a fait, comme toujours, des pochades crayonnées, des bonshommes d'un comique parfait, et puis, pour donner prétexte à un titre nouveau, il a tourné en pointes, en calembours, en jeux de mots, les petites légendes dont chaque bambochade est nécessairement accompagnée. Les hasards du crayon lui ont fait figurer un enfant effrayé par un ours, il met au bas : *L'avaleur n'attend pas le nombre des années.*

Nos turcs de carnaval lui fournissent une bonne scène de musiciens ambulants, il écrit : *Musiciens turcs exécutant l'ouverture de la porte.* Assurément le jeu de mots est mauvais, mais la croquade est d'une gaieté ébouriffante et le jeu de mots disparaît.

Il fait la charge d'un postillon, ce personnage est fort laid, il fait un calembour sur cette laideur.

Il fait des jeux de mots sur tout, et ses jeux de mots sont d'autant meilleurs qu'ils sont plus mauvais et qu'ils concourent ainsi à rendre plus folles les folies de l'artiste.

Cham est un de ces caricaturistes pour les œuvres desquels on est pénétré d'amour ou de haine, suivant qu'on se place au point de vue convenable ou qu'on s'en éloigne. C'est un caricaturiste dans le sentiment des charges anglaises, qui sont exagérées jusqu'à la folie. Voulez-vous le juger avec ces habitudes françaises qui vous font appeler Gavarni un caricaturiste? Oh! certes, vous le trouverez détestable; il vous faut le dessin avant tout exact, correct, plutôt froid que risqué; il vous faut une scène vraie et des physionomies exactes, et vous ne trouvez en lui que de la verve, de l'exagération, des poses outrées et de la grimace. Mais vous trouvez aussi, avec tous ces défauts, toutes les qualités comiques qu'ils comportent.

Les Calembours en action forment un album du prix modique de 6 fr.

IMPRIMÉ PAR BÉTHUNE ET PLON, A PARIS.

PARIS COMIQUE,

Livre-Album.

Dessins de MM. de Beaumont, Bouchot, Cham (de N..), Daumier, Emy, Gavarni, Grandville, H. Monnier, Pruche, Vernier et autres.

TEXTE PAR LES RÉDACTEURS DU MUSÉE PHILIPON, DU CHARIVARI, DE LA CARICATURE, ETC., ETC.

Il nous a paru piquant de reproduire cet article, publié il y a quinze ans, car il prouve que les législatures se suivent et se ressemblent. Changez les noms et dites-nous si cette petite charge de mœurs parlementaires n'est pas aussi vraie en 1845 qu'en 1830.

FAC-SIMILE

D'UNE

Séance de la Chambre des Députés.

(PRÉSIDENCE DE M. LAFFITTE.)

SOMMAIRE. — Lecture du procès-verbal. — Chicanes oiseuses (perte de temps). — Pétitions absurdes (perte de temps). — MM. Charles Dupin et Mestadier (ridicule). — Discussion générale (scandale, ridicule, perte de temps). — Aspect de la Chambre (scandale, ridicule). — RÉSUMÉ : Beaucoup de temps perdu, de ridicule et de scandale.

A une heure, M. le président occupe le fauteuil. Un des secrétaires lit la rédaction du procès-verbal.

M. D'ESCAYRAC. — Vous me faites dire une bêtise.

LE SECRÉTAIRE. — Je ne vous fais dire que ce que vous avez dit.

M. D'ESCAYRAC. — Non, pas du tout.

A GAUCHE. — A l'ordre! à l'ordre!

M. D'ESCAYRAC. — Il ne s'agit pas de l'ordre; puisque je dis que je réclame, c'est clair. Car enfin, de deux choses l'une : ou je suis député, ou je ne le suis pas; ou il y a un procès-verbal, ou il n'y en a pas. S'il y a un procès-verbal, et si je suis député...

PLUSIEURS VOIX. — En voilà assez.

M. D'ESCAYRAC. — Non, non, attendez; laissez-moi achever, vous verrez que mon argument est très considérable; car enfin, si je suis député et s'il y a un procès-verbal...

DE TOUTES PARTS. — C'est ridicule, c'est insoutenable; nous avons déjà perdu deux heures... — Aux voix! aux voix!

On va aux voix, et la réclamation de M. d'Escayrac est rejetée.

M. D'ESCAYRAC. — C'est une horreur, je ne parlerai plus, la révolution et la monarchie s'en tireront comme elles pourront.

L'ordre du jour est la discussion du projet de loi sur les élections.

M. LE PRÉSIDENT. — Plusieurs lettres ont été remises sur mon bureau; je vais d'abord en faire la lecture.

« M. Joson, de Paris, demande à la chambre la permission d'épouser sa sœur. Le signataire cite plusieurs exemples tirés du paganisme et de l'histoire sainte. »

M. DE CONNY. — Messieurs, à cette demande se rattache une question de juridiction ecclésiastique, et notre Saint-Père le pape...

PLUSIEURS VOIX. — Que nous fait le pape? L'ordre du jour, l'ordre du jour!

« M. Beugnot, majeur, se plaint à la chambre de ce que sa femme ne lui laisse pas sucrer son café à sa guise. »

A DROITE. — C'est affreux, sous le régime des lois et de la liberté!

Renvoi dans les bureaux.

« M. de Cottu demande l'autorisation de porter le grand-cordon de la Légion-d'Honneur, attendu qu'il est de même âge que M. Girardet, qu'à ce titre il croit l'avoir suffisamment mérité. »

M. DUPIN aîné prend la parole. — Messieurs, la demande du signataire est digne de fixer notre attention. Dans la constitution de tout gouvernement fort et bien organisé, un fait apparaît avéré, notoire, incontestable, c'est la conscience intime...

LE PRÉSIDENT. — Vous sortez de la question.

M. DUPIN. — C'est possible, mais c'est pour y rentrer avec plus d'éclat; attendez une petite demi-heure; laissez-moi venir, je serai sublime. Je disais donc : Dans la constitution de tout gouvernement fort, et...

A GAUCHE. — L'ordre du jour! l'ordre du jour!

A DROITE. — Ah! hi! hi!

A GAUCHE. — Oh! oh! hu! hu! (Le président crie, agite sa sonnette. Au bout de vingt-cinq minutes, le calme se rétablit. On passe à l'ordre du jour.)

« M. Madrole demande une direction générale ou un ministère. Par l'article 1er de la Charte, tous les Français sont égaux devant la loi. Or, il est Français; or, il y a des directeurs-généraux, donc il peut l'être, donc il doit l'être. »

On rit à gauche; c'est clair, il n'y a rien à répondre à cela. Renvoi au ministre de l'intérieur.

M. le président tient encore une masse de lettres, qui sont autant de pétitions.

M. BENJAMIN CONSTANT. — La lecture de ces pétitions nous fait perdre un temps précieux; je demande qu'on l'interrompe et que l'on passe à l'ordre du jour. — Appuyé.

M. MESTADIER. — Messieurs, pour éviter l'inconvénient d'un grand nombre de ces pétitions, je suis d'avis qu'on ne puisse en adresser à la chambre, si l'on n'est âgé de soixante ans. Avant ce terme, tous les hommes sont des morveux et des polissons.

M. Montigny appuie M. de Mestadier.

M. CHARLES DUPIN. — Je combats la proposition de l'honorable préopinant. Je vais exposer à la chambre un petit moyen statistique fort ingénieux; ce serait de partager les pétitions en différentes classes, qui se composeraient de divisions, puis de subdivisions, avec des numéros et des bandes noires, grises, blanches, vertes, etc. Au moyen de chiffres, d'équations, et avec une table de logarithmes, la question serait infiniment simplifiée.

La proposition ingénieuse de M. Dupin n'est pas appuyée.

L'ordre du jour est la discussion générale sur les élections.

M. LE PRÉSIDENT. — Le premier des orateurs inscrits en faveur du projet a la parole.

PLUSIEURS VOIX. — C'est moi! c'est nous! c'est lui!

Dix à douze membres s'élancent à la tribune; M. Dupin aîné s'y cramponne.

PLUSIEURS VOIX. — Ce n'est pas à vous.

M. Pas de Beaulieu le tire par la jambe, M. Dupin lui donne des coups de pied, M. Berryer met sa main sur la bouche de M. Dupin pour l'empêcher de parler.

M. DUPIN. — Messieurs, il y a violence. A la garde! vous déchirez mon habit; c'est indigne. On m'étouffe.

Grand tumulte. M. le président agite sa sonnette; il veut parler, le bruit couvre sa voix.

M. LE PRÉSIDENT. — Messieurs, M. Dupin est arrivé là le premier; il a la place, laissez-le, vous parlerez ensuite.

(Plusieurs membres du côté droit retournent à leur place en grognant et en aboyant à l'injustice.)

M. Dupin, après avoir toussé, craché et mis une épingle à sa cravate déchirée dans la lutte, commence son discours.

Les conversations particulières s'établissent. M. de Curzay fait des niches à M. Villemain, qui l'égratigne; M. Berryer fait des bons mots, M. Mestadier rit aux larmes, M. Colomb se promène à cloche-pied dans le couloir, M... met des queues de papier à ses voisins. On s'amuse beaucoup.

M. DUPIN. — Messieurs, je réclame du silence et de l'attention. Dans ce moment-ci, je dis de fort bonnes choses.

Au bout de trois quarts d'heure, M. Dupin s'essuie le front; il avertit la Chambre qu'il a fini.

M. Chilhaud de La Rigaudie monte à la tribune; il tire de sa poche un énorme manuscrit. On se récrie, on s'interrompt, on veut qu'il descende de la tribune. — Messieurs, dit-il, j'ai comme vous le droit d'être imprimé dans le *Moniteur*, ma femme et mon oncle le reçoivent; j'userai de mon droit envers et contre tous. (Il continue de lire.)

PLUSIEURS VOIX. — Mais ce n'est pas la question; on a déjà répondu à cette objection-là.

M. CHILHAUD. — C'est égal; je devais parler hier. Ce que je dis là était alors à propos; pourquoi a-t-on usurpé mon tour? L'orateur termine au milieu des bâillements et des ronflements.

M. Creuzé-Delessert. — Messieurs, je l'ai laissé dans la poche de ma redingote... (On rit.) Si l'on m'avait donné le temps d'achever, on aurait compris ma pensée; j'ai voulu dire que j'avais oublié mon discours dans la poche de ma redingote.

Mais votre opinion!

M. Creuzé-Delessert. — Je vous répète que j'ai oublié... (On rit plus fort.)

L'orateur descend de la tribune. Un autre se dispose à le remplacer; mais les deux centres se récrient: ils se lèvent en masse et demandent à aller dîner.

M. le Président. — La séance ne peut être levée, il n'est que six heures, et la discussion générale n'est point terminée.

M. Mestadier. — J'ai déjeuné à sept heures; je n'ai pris qu'une légère soupe au lait. Il y a de la tyrannie à me tenir onze heures sans manger. Je suis mandataire du peuple; et, comme tel...

Plusieurs voix du centre. — On veut nous prendre par la famine; c'est atroce. Allons-nous-en.

Les bancs des deux centres et du côté droit se dégarnissent. Ces messieurs sortent avec grand bruit. Quelques-uns font en ricanant les cornes au président et au côté gauche.

Le Président, au côté gauche, d'un ton pénétré. — Messieurs, nous ne sommes plus en nombre pour voter, la séance est levée; mais en nous retirant nous avons la conscience d'avoir fait notre devoir.

PETITES PLAIES SOCIALES.

LES ÉCONOMIES DE LA BANLIEUE.

« Habitez la campagne, me disait-on; c'est un vrai pays de Cocagne. — Aux portes de Paris on trouve la campagne. — Le vin y est pour rien, la viande pour peu de chose; il y a gros à gagner sur l'huile, le vinaigre, le bois et le charbon. L'écomie est si grande et si évidente que les logements y sont hors de prix, vu l'encombrement.

» — Va donc pour l'encombrement, m'écriai-je en jetant mon bagage par-dessus les moulins; l'air des champs me fera du bien. » Et me voilà citoyen de la banlieue!

Or, figurez-vous pour tous champs, d'épaisses couches de moellons émaillés çà et là de flasques d'eau bourbeuse; pour toute végétation quelques vieux ormes chauves en toute saison, étiques, rabougris, décortiqués; pour un air pur, des émanations fangeuses, plâtrières et putrides; car les fabriques infectantes, les charniers d'équarrissage et autres établissements peu inodores sont relegués hors barrière, dans l'intérêt de la salubrité..... parisienne, ce qui est fort consolant pour les habitants de la banlieue.

Il est vrai que si vous êtes né sous une étoil propice, vous avez la chance de posséder l'usufruit d'un carré de choux suffisant pour nourrir un lapin durant trois semaines, pourvu que vous ayez soin de le cultiver quotidiennement pendant six mois. Vous avez encore la facilité de vous procurer, moyennant la bagatelle de cinquante ou soixante francs par an, un conduit aquatique, lequel vous économise une voie d'eau de dix centimes par jour.

Mais, qu'importe! vous voilà parqué bien ou mal dans votre ermitage. La difficulté n'est pas d'y rester quand on y est, mais d'en sortir; et surtout d'y rentrer quand on en est sorti. La moindre course est un voyage pour lequel il serait imprudent de s'embarquer.... dans la boue, sans biscuit et surtout sans parapluie, car, entre le temps de l'aller et du retour, le baromètre a le loisir de changer autant de fois de température que M. Pasquier a changé de serment. Comprenez-vous l'agrément d'être le Pylade, l'inséparable de ces ustensiles hydrophobes qui garantissent l'individu contre la pluie, tout juste comme la Charte garantit les citoyens contre les giboulées gouvernementales? En outre, une longue marche trop souvent réitérée use les jambes, ce qui est un faible inconvénient quand elles sont bonnes, — mais aussi les bottes, les sous-pieds et les pantalons, ce qui est plus coûteux. M. Charles Dupin, le statisticien par excellence, a établi par des chiffres irrécusables que l'habitant de la banlieue consomme, terme moyen, deux cinquièmes de culottes et de chaussures en sus de la consommation du Parisien. — La différence, sans être aussi grande en ce qui concerne le chapeau et le reste de l'habillement, n'en est pas moins incontestable. Vous m'objecterez qu'il suffit, pour ne pas se crotter et pour procurer une longue vie à ses semelles de bottes, de faire ses courses en voiture. Je saisis très-bien ce raisonnement. Mais ce procédé que je goûte fort ne fait pas mon compte au point de vue économique. La banlieue se recrute surtout parmi les employés que leurs fonctions appellent chaque jour à leur bureau. Or, s'il s'en trouvait dans le nombre qui fussent d'avis, avec un philosophe stationnaire, que la nature a donné à l'homme des jambes pour ne pas marcher, il lui en coûterait année commune, pour se faire voiturer, soixante centimes multipliés par trois cent soixante-cinq, ce qui ne laisserait pas que de faire un assez bon dîner pour des gens qui veulent économiser.

Mais, dira-t-on, vous oubliez les économies sur la viande, sur etc.... Parlons-en, vous gagnez trente centimes sur un pot-au-feu, je ne le nie pas; mais on peut vous servir de la vache plus ou moins enragée en guise de bœuf. Les bouchers de Paris n'ont le droit de frauder que sur le poids de leur marchandise; quant à la qualité, la censure des abattoirs y met bon ordre. Elle surveille avec soin le sexe des animaux livrés au couteau du sacrificateur. Hors de la barrière, au contraire, le boucher est livré à son noble arbitre : il peut ne respecter ni le sexe, ni l'âge; bien plus, rien, si ce n'est sa conscience, ne l'empêche de vendre les dépouilles d'un quadrupède décédé de mort naturelle. Et vous n'y voyez que de la viande.

Quant au petit vin suret qui vous râpe le gosier moyennant quarante centimes le litre, je le crois bon chrétien et surtout bon catholique. Les coteaux de Surène et d'Argenteuil ne défraieraient pas durant trois jours les quelques centaines de guinguettes échelonnées entre le mur d'octroi et les fortifications. Si la contrefaçon se glisse avec tant d'audace et d'impudence jusque dans les caves des marchands de vin de Paris, où la surveillance est plus active, où le contrôle est plus sévère que partout ailleurs, que sera-ce chez les débitants de la banlieue qui sont moins souvent troublés dans le paisible exercice de leur industrie frelatée?

Vous croyez aussi que le lait pur, s'il y en a, les œufs frais, les plus beaux fruits, la fleur des pois, font les délices des habitants de la banlieue qui les ont vus naître. Quelle illusion folle! Tout cela leur passe devant le nez pour aller orner les boutiques des marchands de comestibles et la montre des restaurateurs. Les primeurs que la plupart des Parisiens ne connaissent que de vue, sont un mythe et une utopie pour les tityres de la banlieue.

Mais admettons, indépendamment de la qualité, le bon marché des denrées alimentaires. L'employé qui rentre chez lui, vers l'heure du dîner avec une flûte de deux sous dans l'estomac pour tout potage, a contracté par la longueur de la marche un surcroît d'appétit qui nécessite un surcroît de mastication. Il ne mange pas, il dévore; il gagne sur le prix, il le perd sur la quantité.

C'est surtout le soir, quand il dîne en ville ou se paye le spectacle, que l'habitant de la banlieue peut apprécier le malheur de sa position sociale. S'il rentre chez lui à pied, il s'expose à n'y arriver que le lendemain matin ou à se faire dévaliser et chouriner en chemin. Veut-il se fendre d'une voiture, les omnibus, à cette heure, sont sous la remise. S'il prend un cabriolet, le cocher le dépose à la barrière; c'est-à-dire à moitié du chemin. Il n'obtient de se faire conduire à son domicile qu'en payant double course si le temps est passable, et cinq francs au moins si le ciel pleure à grosses larmes.

L'économie dans tout cela ne m'est point parfaitement démontrée.

Il est des gens qui se croient trop pauvres pour habiter Paris; on n'est jamais assez riche pour habiter la banlieue.

LE QUATRAIN

DE M. DE LAMARTINE.

M. de Lamartine voyage, et avec lui les cent bouches de la renommée : le grand orateur n'expédie pas une dépêche, le grand poëte n'écrit pas une rime, le grand homme privé ne fait pas une halte, que le monde n'en soit informé par le télégraphe du génie.

Avant de quitter les rives heureuses de la Saône, M. de Lamartine a pris, avec la sage prévoyance qui le distingue, toutes ses précautions de voyageur, et, entre autres, il n'a point oublié ce qu'il appelle son *grand quatrain d'album*; ainsi lesté, il est monté en chaise de poste, en attendant le chemin de fer du centre.

Poussé vers le midi par le galop de quatre coursiers rapides, l'auteur des *Méditations* a traversé Marseille avec la légèreté de l'hirondelle; il s'est posé quelques instants sur les Grands Bains de mer, autrement dit la Villa-Étienne, du nom de

Par Gavarni. Imp. d'Aubert et Cie

Protocoles.

l'habile propriétaire qui les dirige, et là, sous les ravissants berceaux qui dominent la Méditerranée, il a appris que tous les appartements étaient occupés, et qu'il n'y avait plus de place même pour un député-poète de son nom et de sa portée. Il a demandé s'il y avait un *album* dans la maison, et avant de partir il a déposé sur le feuillet de vélin blanc son *quatrain de mer :*

La fraîcheur de ces bords, l'ombre qui les couronne,
M'enchaînent tout le jour sur le rivage amer;
Comme un enfant bercé par un chant monotone,
Mon âme s'assoupit au souffle de la mer.

Puis, le poète assure son passage pour Ischia sur le vapeur *Maria-Antonietta.* Mais on lui crie :
— Il est temps encore, un propriétaire vous cèdera sa campagne touchant aux bains, moyennant 3,000 fr. — Non, s'écrie-t-il, les Marseillais sont trop chers!... Et il va donner 4,000 fr. de double traversée aux paquebots napolitains.

Arrivé à Gênes, M. de Lamartine ne peut se dispenser de monter à la Villetta, où il fait sa visite au doyen des poètes et des patriciens génois, le vénérable et très-spirituel marquis Di Négro. Celui-ci conduit l'honorable voyageur français dans la plus belle des vingt campagnes de ses neveux, à quelques milles de la ville, et là, à l'abri du vent de la mer, au cœur de ce riche pays tout émaillé de fleurs, tout planté d'arbustes odoriférants, tout chargé d'arbres séculaires, il risque timidement :

— Si vous étiez assez bon pour mettre quelques vers sur ces pages où j'ai de l'écriture de lord Byron, de Walter Scott, d'Alfieri, de Châteaubriand, de Manzoni, de Paganini, de Rossini, de Napoléon, de....

—Vous avez un *album !* interrompit tout joyeux M. de Lamartine; donnez vite.

Après avoir médité quelques instants, il écrit inspiré son *quatrain de terre :*

La fraîcheur de ces *bois*, l'ombre qui les couronne,
M'entraînent tout le jour *loin* du rivage amer;
Comme un enfant bercé par un chant monotone,
Mon âme s'assoupit *sans regretter* la mer.

Et le vieillard ravi remercie son noble visiteur.

Profitant des deux jours de relâche au port de Civita-Vecchia, M. de Lamartine va à Rome, où le cardinal Lambruschini lui fait, au nom du pape, les honneurs de la ville sainte. Après avoir porté ses génuflexions au pied de l'autel de Saint-Jean-de-Latran, le touriste émérite est introduit au sommet du palais Quirinal, dans un pavillon où l'on admire le magnifique panorama de Rome.

— Ah! si j'avais un *album!* s'écrie-t-il avec enthousiasme!

— J'allais vous présenter celui-ci, reprend le cardinal.

— Donnez vite!

Et le poète, en admiration devant ces riches coupoles et le sommet de ces gigantesques édifices qui s'élèvent sur les sept collines, trace alors son *quatrain d'intérieur :*

La fraîcheur de ces *toits*, l'ombre qui les couronne,
M'enchaînent tout le jour, etc.

M. de Lamartine a vu Rome, le Pape, et il part laissant le cardinal enchanté :

Le voilà à Naples, où il a déjà placé sur trois *albums* son *quatrain de mer;* mais il reconnait trop tard qu'il eût mieux fait de payer les 3,000 fr., qu'aujourd'hui le vrai *far-niente* italien, les délices de Capoue, les voluptés de Baïes, la poésie du cap Misène, le soleil de Pozzuolo, la brise de Procita, les ombrages du Pausilippe, sont aux bains de mer de Marseille.

M. de Lamartine croyait revoir la poétique Parthénope! Hélas! il trouve une plage sans sel, une solfatare sans soufre, un volcan qui s'éteint, un lazzarone qui se meurt, un polichinel qui s'endort, un *corricolo* enrayé, une *pollanchella* refroidie, Herculanum restauré, et Naples en décadence faute de liberté!

LE

SOLEIL ÉCLIPSÉ.

On a bien raison de dire que tout est vanité en ce monde et rien que vanité! On ne sait jamais sur quoi compter en fait de gloire.... Jugez-en d'après les nombreux exemples puisés dans l'histoire des rois de la terre et d'après l'histoire non moins palpitante d'intérêt des réverbères de Paris.

Primitivement les rues de la capitale furent éclairées par des bouts de chandelles, lesquels même n'étaient pas toujours allumés. Il suffisait d'un voleur pour souffler sur toutes les lumières d'un quartier, et à défaut, il arrivait la plupart du temps que l'entrepreneur qui avait la fourniture des chandelles se livrait lui-même à cette facétie, l'obscurité lui procurant un bénéfice tout clair. Ce n'était que changer de voleur.

De la chandelle, les Parisiens passèrent aux réverbères ornés de mèches et d'huile; c'était déjà un grand pas de fait, et la lune commençait à être humiliée. Sans compter que ces réverbères furent successivement l'objet des veilles d'une foule de chimistes qui étaient aussi quelque peu lampistes. Chaque année on inventait une nouvelle manière de faire brûler l'huile et d'allumer les mèches. Les réverbères se croyaient attachés à perpétuité aux poteaux municipaux de la ville de Paris et ils se balançaient orgueilleusement dans les airs en faisant leur tête comme de véritables parvenus, lorsque tout à coup le gaz fit sa lumineuse apparition. Auprès de ces aigrettes sidérales, les quinquets ne furent plus que de tristes lumignons tolérés tout au plus pour éclairer les chambres de malades. Enfoncés les réverbères et vive le gaz! Vous savez si le gaz use de sa victoire; c'est là de l'histoire contemporaine. Vous avez vu par vos propres yeux avec quelle rage impitoyable ce nouveau venu chassa de tous les théâtres, de tous les cafés et de toutes les rues de Paris, l'infortuné réverbère, le malheureux quinquet; pour eux bientôt il n'y eut plus mèche et ils furent réduits à s'exiler dans les chefs-lieux de sous-préfecture.... Et encore leur ennemi menaçait-il de diriger incessamment de ce côté ses menées souterraines.

Le gaz se croyait désormais tout-puissant en Europe, et il versait des torrents de lumière sur ses obscurs blasphémateurs à l'instar du soleil de M. de Pompignan. Un seul théâtre lui avait refusé ses portes pendant dix années (au gaz, pas à M. de Pompignan), et tout récemment ce théâtre s'est enfin décidé à capituler. Le Théâtre-Français avait éteint ses quinquets séculaires pour admettre les becs de MM. Baurrels et compagnie.

Rien ne manquait au triomphe du gaz; il se gonflait tellement dans son amour-propre qu'on craignait à chaque instant qu'il n'éclatât, et c'est ce qui est arrivé effectivement par-ci, par-là. Eh bien! voilà que le gaz lui-même reçoit aussi tout à coup sur le bec; et par un juste retour des choses et des réverbères d'ici-bas, le vainqueur de la mèche à l'huile n'est plus, auprès de la nouvelle découverte, qu'un obscur lampion.

En combinant l'électricité avec le galvanisme, les savants de notre époque sont déjà parvenus à inventer une foule de divertissements de société tous plus ingénieux les uns que les autres. Ainsi, à l'aide de ces appareils, on dore des ciseaux et on couvre d'une couche de bronze un homme des pieds à la tête. Un monsieur s'endort simple académicien, et il se réveille statue : on n'a plus qu'à le placer sur un piédestal au milieu de la grande place de sa ville natale.

Un chimiste, encore plus physicien que tous ses confrères, prétend faire servir l'électricité à un usage plus brillant : il est parvenu à transformer l'appareil galvano-électrique en une chandelle de la force de plusieurs lunes.

Le premier essai de ce nouveau système d'éclairage a été fait dernièrement sur la place de la Concorde; et l'appareil en question a remplacé fort avantageusement une quarantaine de becs de gaz.

Mais, ce n'est rien encore : dans quelques jours une nouvelle expérience aura lieu, et cette fois, l'appareil, grandement électrisé par le premier succès, se propose d'éclairer complétement à lui seul toute la place de la Concorde, l'avenue des Champs-Élysées et une douzaine de rues adjacentes.

A la troisième expérience, l'appareil, qui se montrera toujours de plus fort en plus fort comme s'il avait été fabriqué par Mirler, illuminera tout Paris, et avant la fin du mois il projettera ses rayons dans les quatre-vingt-six départements.

On confectionnera de petits soleils supplémentaires pour l'Algérie et pour nos colonies d'outremer.

Quant aux autres peuples de la terre, nous leur laisserons passer la moitié de leur vie dans l'obscurité, et il faudra qu'ils continuent à se contenter de leurs lanternes, de leurs becs de gaz et de cette misérable et pâle veilleuse qu'on nomme la lune.

Restauration DU LUXEMBOURG.

Ainsi tout s'use, ainsi tout passe, ainsi nous-mêmes nous passons, comme les statues du Luxembourg.

Oui les statues s'usent aussi, et pourtant elles sont faites de marbre.

La pluie commence à les recouvrir de mousse; la mousse s'insinue peu à peu dans la pierre, elle fend le plus dur Paros; le vent apporte dans la fente une graine lointaine; la graine devient plante, la plante arbrisseau. C'est ainsi que nous vîmes se former, il y a quelque temps, un bosquet sur le sein même de Diane chasseresse; un arbre s'était niché dans son carquois. Allez deviner une statue là-dessous!

Le temps, le caillou du gamin, le vandalisme du promeneur achèvent ou commencent l'œuvre de la nature. Peu à peu les statues sont mutilées, elles se brisent, elles tombent de leur piédestal, l'âme des déesses ou des héroïnes qui les animaient remonte vers les cieux, et il faut les remplacer par d'autres.

Que deviendraient les pauvres artistes s'il n'en était pas ainsi?

Luxembourg! Luxembourg! jardin mélancolique et constitutionnel, j'ai souvent élevé la voix en faveur de ta population de pierre; j'ai longtemps crié dans le Sahara; enfin ma plainte vient d'être entendue; on a commandé une nouvelle génération de statues aux sculpteurs contemporains.

J'ai lu la liste des notabilités admises à ce panthéon en plein air. Elle ne me satisfait qu'à demi; on a trop négligé la mythologie. Diane, Junon, Vénus, Minerve, ne seront pas remises à neuf, on les livre brutalement au tombereau; c'est le moyen âge qui remplace l'antiquité.

Le Luxembourg sera peuplé de nobles dames, dont quelques-unes sont des saintes. Nous verrons Clotilde, l'épouse de Clovis, et Marguerite de Provence, l'épouse de René, Velléda à côté de Clémence Isaure.

Est-ce que, par hasard, on aurait l'intention de transférer l'Académie des Jeux-Floraux à Paris? Prendrait-on le Luxembourg pour le Capitole?

Velléda a figuré à deux expositions : une fois en pierre, l'autre fois en plâtre. Son front est ceint de la couronne de verveine; la faucille d'or pend à son côté; elle rêve, mélancoliquement inclinée, au jeune général romain qui doit raconter plus tard sa mort d'une façon si touchante, par l'intermédiaire de M. de Châteaubriand. J'aime cette statue. Je sais que Velléda est Gauloise, druidesse, tout ce que vous voudrez, mais enfin elle appartient encore à l'antiquité. Le génie l'a naturalisée païenne.

Clémence Isaure me satisfait moins. Il me sera impossible de passer devant elle sans fredonner la fameuse romance :

> Dans Toulouse était une belle,
> Clémence Isaure était son nom.

Une belle! comme c'est Empire! faites donc des statues avec cela! On dit que le sculpteur chargé de cette besogne recevra en payement pour deux mille francs d'églantines d'or. Il fera de droit partie de l'Académie des Jeux-Floraux. Je ne lui envie pas son diplôme de ménestrel.

O Luxembourg! te voilà donc modernisé. Soyez heureux, étudiants romantiques qui étudiez l'histoire dans *Gaule et France*, de M. Dumas, c'est pour vous qu'on a fait cette restauration.

LES

PRIX D'HONNEUR INDISPOSÉS.

Cette année, comme l'année dernière, comme l'année précédente et comme sans doute toutes les années qui suivront, nous assistons à une furie d'annonces et de réclames relatives au concours général et aux jeunes sujets qui ont eu le bonheur de s'y distinguer sur le fil d'archal du thème grec ou sur la corde roide du discours latin.

Ces annonces partent, bien entendu, du sein des institutions qui se servent de leurs élèves forts comme d'affiches et d'hameçons qu'on lance pendant les vacances à la crédulité des parents.

L'heure de la distribution des prix vient à peine de sonner qu'on voit se dessiner à la quatrième page des journaux la liste des vainqueurs de la course.

Je m'étonne qu'on n'ait pas encore imaginé de transporter aux joutes des colléges la mode des paris, qui ne pourrait manquer d'augmenter encore l'éclat de ces solennités classiques. Quel triomphe pour les pensions que de pouvoir annoncer que l'on avait parié, pour tel ou tel élève, favori de troisième ou de seconde, des sommes au moins aussi fortes que pour certains chevaux du Champ-de-Mars, vainqueurs aux dernières courses!

En attendant que cette précieuse innovation soit introduite dans les courses universitaires, on se contente de proclamer, par la voix de l'annonce, les noms des jeunes étalons de classe qui sont arrivés les premiers au but.

La meilleure pension est évidemment celle qui a remporté le plus grand nombre de nominations.

Celle-là est parfaitement libre de nourrir ses élèves obscurs avec des accessits, et de leur servir à dîner les couronnes de l'année dernière. Le concours général absorbe tous ses frais, il s'agit surtout de fumer, d'arroser, d'écheniller, d'étayer ces plantes précieuses et délicates que l'on appelle les lauréats. Pour eux, l'institution est une serre chaude. Le reste végète comme il peut en pleine terre.

Cependant, un cas épineux se présentait, c'était celui où tel élève, après avoir l'année dernière monopolisé tous les prix de la classe, se serait *dérobé* cette année, serait resté à la queue des concours et n'aurait obtenu, pas même à la distribution, l'ombre d'un accessit. Cela s'est vu : les concours ont leurs destinées.

Que faire en pareil cas? Voici ce qu'ont imaginé plusieurs chefs d'institution nantis de ces sujets inconstants qu'ils avaient achetés souvent à grands frais à leurs confrères. Ils ont enjoint aux annonces de faire savoir au public que si l'élève un *tel*, qui avait été l'*imperator* du dernier concours, était resté cette année à l'état de prolétaire, on devait attribuer ce déchet à une indisposition subite.

Les médecins étaient là pour constater que ce jeune phénix ayant consommé pendant la séance une quantité énorme de poires, d'abricots, de pêches et de prunes de reine-claude, ses compositions avaient dû nécessairement s'en ressentir. Si les couronnes de sa classe lui étaient échappées, il fallait s'en prendre aux fruits engloutis par l'élève, et nullement à l'institution.

Nul doute qu'au mois d'août prochain, nous ne voyions publier dans les journaux la liste exacte de tous les rhumatismes, fluxions, rhumes de cerveau, douleurs d'entrailles des élèves qui donnaient des espérances. On verra ce qu'eût pu être tel accessit ou même tel second prix, s'il eût joui, le jour de sa composition, de la plénitude de sa santé.

LES RÉBUS EN ACTION,

Par CHAM (de N.).

J'ai horreur des calembours et je tiens les rébus pour des niaiseries dont un homme quelque peu sensé ne doit pas s'occuper une seconde, mais j'aime les croquis sans prétention, et les préfère à tous les dessins léchés et pointillés. C'est pourquoi, malgré ses pitoyables calembours et jeux de mots, j'aime l'album intitulé les *Calembours en action*: c'est pourquoi j'aime plus encore les *Rébus en action* qui ont servi de prétexte à ces pages de charmantes bouffonneries. Pour ce dernier album, Cham a dû procéder d'une façon qui ne lui est pas habituelle : on sait qu'il dessine comme Sterne écrivait, sans préparation et à la garde de Dieu : ici, il a fallu qu'il sût, avant de commencer une page, ce que cette page devait contenir, puisque tous les croquis dont elle est remplie tendent à exprimer une phrase, puisqu'enfin ces croquis sont de véritables hiéroglyphes. Je ne dirai pas qu'il a mieux réussi que de coutume, car je trouve qu'il ne réussit jamais mieux que lorsqu'il s'abandonne à la folle du logis. Mais il a réussi aussi bien, et cela me donne une plus haute idée de son mérite.

Or donc, si vous détestez comme moi les rébus et si, comme moi, vous aimez les pochades d'artiste, vous aimerez les *Rébus en action*.

Mais cet album fera votre bonheur si vous trouvez du plaisir à chercher ce que peuvent signifier six galopins étendus par terre, ou bien un homme et un chat qui jouent ensemble. Vous aurez alors et le plaisir de voir des croquades charmantes, et le plaisir de mettre votre esprit à la torture pour deviner le sens caché sous la figuration.

Aux amis du dessin facile je dis : vous trouverez dans ce recueil des bambochades très-divertissantes.

Aux amateurs de rébus, j'annonce la solution des problèmes suivants :

Qu'a-t-on dit quand Méhémet-Ali est venu au monde?

Pourquoi un homme qui bat son chien est-il blanc?

Quel rapport y a-t-il entre un roi et un insecte?

Pourquoi la figure d'un vieillard est-elle desséchée?

Quelle est la différence d'un tambour-major et d'un nègre?

En quoi le musicien qui joue avec chaleur ressemble-t-il à un cordonnier?

Pourquoi les fantassins romains étaient-ils cavaliers?

Quel rapport y a-t-il entre un camp et un pistolet?

J'ai pris ces huit questions au hasard, il y en a 64, et chacune remplit une page de dessins comiques. L'album se vend 6 francs.

IMPRIMÉ PAR BÉTHUNE ET PLON, A PARIS.

PARIS COMIQUE,

Livre-Album.

Dessins de MM. de Beaumont, Bouchot, Cham (de N..), Daumier, Emy, Gavarni, Grandville, H. Monnier, Pruche, Vernier et autres.

TEXTE PAR LES RÉDACTEURS DU MUSÉE PHILIPON, DU CHARIVARI, DE LA CARICATURE, ETC., ETC.

PETITES PLAIES SOCIALES.

Le Parleur éternel.

Avez-vous à pleurer un proche parent, un vieil ami, une femme adorée? Avez-vous reçu un pot de fleurs ou d'autre chose sur la tête, ou même une croix d'honneur sur la poitrine?

Êtes-vous trahi par le sort ou par votre maîtresse?

Avez-vous perdu trois dents et gagné une fluxion?

Êtes-vous poursuivi à outrance par un créancier impitoyable pour une lettre de change impayée?

Le restaurant vous a-t-il coupé les vivres, et votre propriétaire s'est-il approprié votre mobilier en vous mettant sur le pavé?

Êtes-vous contraint, en qualité de sténographe, à l'obligation d'assister aux séances de la chambre des pairs?

Vos concitoyens vous ont-ils promu au grade de caporal d'une compagnie de voltigeurs de la garde nationale?

Êtes-vous surnuméraire dans une institution publique, éditeur des œuvres de M. Vatout, vociférateur préposé aux acclamations dramatiques, censeur, tondeur de chiens en plein vent, saltimbanque chargé de l'absorption des sabres et autres ingrédients fort indigestes?

Assurément je ne prétends pas vous faire illusion sur la rigueur de votre destinée; mais vous devez encore des remercîments à la Providence, car la somme de vos maux n'égale pas celle de ses faveurs si elle vous a préservé de l'amitié de mon ami Chrysostome. Ce cher, je veux dire cet exécrable ami, s'est mépris sur sa vocation. La nature l'avait fait avocat, il s'est fait militaire; mais sa langue n'y a rien perdu. C'est une machine à vapeur de je ne sais combien de paroles; elle réalise la solution du problème tant cherché du mouvement perpétuel.

Quand il était sous les drapeaux il parlait en faisant l'exercice, il parlait en faisant la corvée, il parlait pendant que ses amis faisaient la gamelle; rien ne pouvait lui fermer la bouche. On le fourrait de temps en temps à la salle de réflexion, il y parlait de plus belle, n'y réfléchissait pas du tout et en sortait puni, mais non corrigé. Ce flux de paroles incommodait tellement ses compagnons, qu'on le fuyait à dix chambrées à la ronde. Quelques-uns, affligés d'une plus grande sensibilité auriculaire, ne virent de refuge contre lui que dans la désertion. On fusilla ceux qui furent repris pour l'exemple, et leurs camarades envièrent leur destinée. Les morts n'ont point d'oreilles.

Sur le champ de bataille, Chrysostome défiait à voix haute les boulets et les obus au passage, et narguait les balles en répondant par des cris à leurs sifflements.

Poussait-on clandestinement une reconnaissance vers le camp ennemi ou vers les portes d une ville assiégée, on était obligé de le mettre à l'arrière-garde. Le bruit de sa voix eût éveillé les sentinelles les plus éloignées.

Enfin le régiment se cotisa pour lui acheter un remplaçant; il n'était pas mauvais soldat, sa langue seule était rebelle à la pratique de l'obéissance passive.

Rendu à la société dont il fait l'affliction, Chrysostome a beau jeu à narrer ses campagnes. Ce n'est pas qu'il soit plus embarrassé pour raconter celles qu'il n'a pas faites; il n'est jamais à bout de matière. Peu lui importe d'ailleurs le sujet qu'il traite et la manière dont il le traite; il ne vise pas à la réputation de beau parleur. Tout ce qu'il demande, c'est de parler, bien ou mal. La parole est son élément comme l'air est le nôtre; il parle pour vivre comme nous respirons. Si la voix venait à lui manquer, de même qu'à nous le souffle, il étoufferait. Vous le verrez mourir quelque jour d'une période rentrée.

Si, du moins, Chrysostome parlait dans le désert, sa maladie serait supportable; mais il lui faut un auditoire. Malheur à celui qui lui tombe sous la main, je veux dire sous la langue; il lui faut essuyer un feu roulant d'exclamations, il l'inonde d'un torrent d'interjections, et ne lui laisse pas le temps de se reconnaître. Les représailles avec cet intrépide parleur sont impossibles; il ne vous permet pas d'ouvrir la bouche, intercepte votre premier monosyllabe au passage, et s'adresse lui-même en votre nom les objections que vous pourriez lui faire. Voici sa formule en pareil cas :

« Vous me direz que... que... et que... etc. A cela vous n'avez rien à me dire; » en effet, et vous vous taisez en soupirant.

Chrysostome vit de ses rentes et n'a d'autre occupation que celle de réclamer les gens qu'il appelle ses amis, le bourreau! pour leur imposer sa conversation, ou plutôt son monologue. Vous croyez en être quitte pour ne pas le visiter; il n'est point susceptible et n'en vient que plus souvent chez vous sous prétexte de s'enquérir de votre santé. Vous sortez dès qu'il arrive, en alléguant une course indispensable, il vous accompagne en parlant; s'agit-il d'une affaire confidentielle, il vous attend à la porte. Êtes-vous employé dans un bureau ou dans un magasin, il est sûr de vous y trouver et abuse de son avantage; il sait le boulevard que vous fréquentez, et il vous y poursuit; quel théâtre, et il vous y cherche; quelle lorette, et il la cultive. Impossible de lui échapper. Vous lui faites froide mine, il n'y prend pas garde; vous l'évitez ostensiblement, il double le pas pour vous attraper : il s'inquiète peu que votre cœur lui soit fermé, pourvu que vos oreilles lui soient ouvertes.

Au demeurant, Chrysostome serait un excellent homme s'il n'était un détestable fléau. Depuis que j'ai le malheur de le connaître, je ne puis passer sans émotion devant l'établissement des sourds-muets. Que ne suis-je l'un, hélas! ou que n'est-il l'autre!

LA SUCCESSION DE CHODRUC-DUCLOS.

La succession de Chodruc-Duclos! — N'est-ce pas que voilà deux mots qui hurlent de se trouver ensemble, suivant la belle expression de Mirabeau ou de M. Duvert, je ne sais pas lequel des deux?

Eh bien! malgré ce hurlement, le fait existe, il est réel, positif, irrécusable : Chodruc-Duclos a laissé une succession, laquelle se compose, non pas d'un chapeau âgé de quinze ans et d'une redingote sans date, mais d'immeubles, de bons biens au soleil qui seront vendus le 4 décembre prochain, à l'heure de midi, dans la chambre des notaires de Paris.

J'ai failli m'évanouir d'étonnement en lisant tout-à-l'heure l'affiche qui vient d'être apposée sur les murailles de Paris et qui annonce que ces biens seront mis à prix à dix-huit mille francs; mais fort heureusement j'ai encore eu assez de présence d'esprit pour songer que j'étais sur le trottoir de la rue Vivienne, et j'ai remis cet évanouissement à un lieu plus propice à la chose.

Quant à vous, si au moment où vous apprenez cette fabuleuse nouvelle de dix-huit mille francs, vous êtes chez vous dans un bon fauteuil à la Voltaire, allez, ne vous gênez pas : perdez toute la connaissance que vous êtes susceptible d'avoir, vous ne trouverez jamais une meilleure occasion de vous évanouir.

Avouez que nous vivons dans un siècle de déceptions! je me vois obligé de vous arracher l'illusion de la pauvreté de Chodruc-Duclos, cet homme qui semblait avoir enfoncé Diogène lui-même en fait de gueuserie.

Lorsqu'on voulait citer le beau idéal de la débine humaine, le nom de Chodruc venait immédiatement à la bouche des personnes même les moins lettrées, et ce personnage devait être l'une des illustrations du dix-neuvième siècle. Il est bien triste de songer qu'il avait volé sa réputation!

Quand je rêvais la pauvreté, je songeais immédiatement à Chodruc; et sa redingote (donnons-lui ce nom, puisque la langue française n'est pas assez riche pour exprimer autrement l'espèce de loque grisâtre qui était fixée sur ses épaules par des ficelles à procédé); sa redingote, disons-nous, me paraissait presque sublime, puisqu'elle était un symbole complet de la plus parfaite indépendance, y compris l'indépendance du tailleur.

Eh bien! cet homme, qui semblait détaché de tous les biens du monde et qui se vantait de vivre pendant trois jours avec les vingt sous qu'il vous faisait l'honneur de vous emprunter sans hypothèque, était propriétaire, et presque électeur. Un petit bout de prairie de plus, et les aspirants à la députation étaient obligés d'arpenter les galeries du Palais-Royal pour courir après la voix de M. Chodruc-Duclos.

Je ne m'étonne plus si la police laissait M. Chodruc parfaitement tranquille et se gardait de le troubler dans ses emprunts quotidiens! Le gouvernement savait parfaitement que M. Chodruc pouvait devenir électeur d'un jour à l'autre, quand bon lui semblerait; et qui sait si sa voix ne devait pas changer le résultat du scrutin dans le collége où il était appelé à voter! La succession de M. Chodruc (nous n'osons plus dire Chodruc tout court, en parlant d'un personnage important et qui pourrait marcher de pair avec un ferblantier ou un vaudevilliste retiré), n'avait été acceptée que sous bénéfice d'inventaire par ses héritiers, qui craignaient que le prix de toute sa garderobe ne suffît pas à payer le dernier plat de pommes de terre frites qu'il devait à son restaurateur; mais cette crainte n'était pas fondée, car plusieurs Anglais se proposaient de mettre l'enchère sur la redingote et sur le chapeau que vous savez. Jugez de la stupéfaction de ces braves collatéraux lorsqu'ils découvrirent dans le vieux tiroir du défunt des prairies, des vignes, et même plusieurs champs de betteraves; le tout, bien entendu, représenté par de bons contrats passés par-devant notaire!

A quelle gueuserie faudra-t-il donc se fier désormais? Nous savions bien que bon nombre de vieilles pauvresses, qui semblent n'avoir pour toutes ressources ici-bas qu'une boîte d'allumettes chimiques ou qu'une botte d'échalottes, ont plusieurs billets de banque cousus dans leurs jupons; nous n'ignorions pas que bien des faux aveugles qui, le soir, prétendent n'avoir rien mangé, eux et leur clarinette; non, je veux dire leur caniche, ont dans le fond de leur pot-à-beurre assez de pièces d'or pour payer quinze festins de Balthazar au Rocher de Cancale... Mais jamais, au grand jamais, je n'aurais pu m'imaginer que les économies de Chodruc-Duclos se montassent à dix-huit mille francs.

Je vois qu'il est infiniment plus profitable de flâner en vieille redingote feuille morte qu'en paletot noir, et j'ai bien envie d'adopter la méthode suivie avec tant de succès par M. Chodruc. S'il avait pu continuer ses promenades seulement encore pendant dix années, ce grand homme serait devenu éligible; et qui sait si, à force de marcher, il ne serait pas arrivé jusqu'à la chambre des députés! Il n'eût pas été le premier et le seul mendiant qu'on y eût vu.

UN PENSIONNAT
DE PARIS.

(La scène se passe dans la cour d'un pensionnat de demoiselles, rue Poissonnière, quelques instants avant la distribution des prix.)

— J'espère bien, madame, que mes deux petites filles auront des prix.

— Mais, madame, elles sont encore si jeunes... et puis, il y a si peu de temps qu'elles sont chez moi... elles ne sont venues qu'à la fin de l'année, après les compositions.

— Je croyais, madame, qu'on ne mettait les enfants en pension que pour avoir des prix.

— Aussi en donnerons-nous beaucoup cette année, madame; nous savons combien cela fait plaisir aux parents; et l'année prochaine, soyez sûre, madame...

— Non, madame, c'est cette année, et tout de suite, qu'il me faut des prix. Je l'ai promis à leur grand-père; leur frère en a eu, et son maître de pension n'a pas fait tant de cérémonies, madame.

— C'est possible, madame; mais chez nous, ma...

— Chez vous, pas plus qu'ailleurs, madame... Chez madame Simon, votre voisine, on en a donné à tout le monde; les petites Boulard, les filles du coiffeur, de l'épicier, vrais ânes de naissance, en ont eu huit à elles deux, et des *accessits* que ça ne finit plus!... Ma petite portière, qui va chez les sœurs, n'a pas encore cinq ans, on lui a donné le prix de décence, madame; ainsi!...

— Ah! mad ..

— Je ne veux pas retourner à la maison, madame, avec des enfants sans prix; mon père y tient, et il me disait encore hier : « Voilà la distribution des prix, j'espère que les deux Bibi auront quelque chose; je veux que tous mes petits-enfants aient des prix, et je ne veux voir autour de moi que des têtes couronnées... » Vous concevez bien, madame, que quand leur frère, leurs cousins et leurs cousines reviendront avec des livres et des couronnes, je ne veux pas que ces deux innocentes soient victimes. Je payerai plutôt, s'il le faut!...

— Oh! mada...

— Écoutez, madame, ou elles auront des prix, ou je ne les ramène pas...

(*Passe une sous-maîtresse.*)

— Mademoiselle Prudence!

— Madame?

— Vous reste-t-il encore quelque chose?

— Rien du tout, madame; mademoiselle l'actrice, qui vous a donné hier une loge, vient de demander un prix pour sa petite fille... le prix de modestie... elle dit que l'enfant fera une maladie si on n'ôte pas ce prix à celle qui l'a obtenu et qu'elle déteste; elle nous menace d'une attaque de nerfs pendant la distribution des prix, si on lui refuse le prix... La mère est capable d'en mourir, comme vient de le faire, au Hâvre, au couvent des Ursulines, une pauvre dame qui est morte subitement de douleur parce que sa nièce n'avait pas de prix!

— Et les deux prix du maintien?

— Ils sont demandés, madame.

— Qui, madame Badureau? Il faut les lui ôter, tout de suite... Est-ce qu'il y a du bon sens!... ses filles sont bossues.

— Elle vient d'envoyer un énorme turbot, et nous avons à dîner l'abbé Rose après la distribution.

— C'est vrai... comment faire?

— Il me reste bien quelque chose...

— Ah! ma chère demoiselle Prudence! Mes enfants, mon père, toute ma famille et moi, nous vous bénirons ..

— J'ai encore un prix... Un seul.

La mère. — Elles le partageront! Elles iront le recevoir ensemble; ce sera touchant... ce sera charmant!

— Mais quel est ce prix?

La sous-maitresse. — Le prix d'espérance!

Les deux petites filles. — Quel bonheur!

La mère. — Quel honneur.

La sous-maitresse (*bas*). — Quelle sottise!

LES

COMMISSIONNAIRES AU RABAIS.

Les philosophes moroses, et quel philosophe n'est pas morose? ne cessent de nous répéter depuis une vingtaine de siècles que l'amitié n'est qu'un vain nom, et que si les hommes ne se mangent pas entre eux, c'est uniquement parce que le bifteck de bœuf leur paraît un aliment d'une qualité supérieure.

J'ignore quelle pouvait être la conduite des humains à une époque antérieure à celle où j'ai l'agrément de vivre, mais je sais parfaitement que depuis quinze jours surtout, les hommes en général, et les commissionnaires de Paris en particulier, me paraissent dévoués à leurs semblables d'une manière qui me tire des larmes des yeux quand j'y pense. Aussi j'évite d'y penser trop souvent. Tout Parisien possède en ce moment un ami dévoué à chaque coin de rue.

Depuis l'invention des messagers au rabais qui, au nombre de six mille, ont été institués pour porter à domicile des falourdes de bois et des billets doux, le tout avec la même discrétion, il n'est pas un des anciens savoyards à vestes de velours, ayant depuis un temps immémorial le monopole de ces missions de confiance, qui ne se soit mis à renchérir sur la philanthropie des messagers parisiens.

Quand nous disons renchérir, l'expression n'est pas exacte; car au contraire, ces estimables compatriotes des marmottes font tout ce qui concerne leur état à un rabais qui tient du prodige. Ils en sont arrivés à porter une lettre à travers tout Paris pour trois sous; et je crois que, si vous ajoutiez deux sous, ils vous porteraient vous-mêmes sur leurs épaules de la rue Notre-Dame-de Lorette à la rue de Vaugirard. Les omnibus n'ont qu'à bien se tenir.

A cela vous me direz qu'on préférera toujours

GALERIE PHYSIONOMIQUE N° 9

Le vrai Fumeur | The true Smoker

payer six sous et s'asseoir même sur un strapontin ; mais ce n'est pas certain, car tous les goûts sont dans la nature, et le goût des épaules de savoyard pourra très-bien devenir à la mode.

Ce qu'il y a de fâcheux dans cette concurrence qui s'est établie entre les nouveaux messagers et les anciens, c'est que la jalousie de métier pousse ces deux corporations à se venger par tous les moyens possibles; or, ces moyens sont quelquefois bien désagréables pour le bourgeois qui donne la commission.

A peine êtes-vous descendu dans la rue, que, si vous avez le malheur de chercher seulement du coin de l'œil un commissionnaire, aussitôt il s'en présente deux, et chacun de ces enragés se met à vous demander la préférence avec une pantomime si expressive que les deux pans de votre habit restent ordinairement sur le champ de bataille. De sorte que, de rabais en rabais, vous ne payez que cinq ou six sous pour faire partir votre paquet, au lieu de vingt sous, ancien tarif; mais vous devez payer quinze francs à votre tailleur pour rafistoler votre vêtement.

Il est vrai que, pour vous consoler, vous entendez le commissionnaire qui n'a pas été honoré de votre choix se livrer à une foule d'invectives qui s'adressent directement à vous, et vous n'avez que la ressource de dire avec dignité à votre antagoniste : Monsieur, les expressions dont vous vous servez à mon égard ne sont pas parlementaires.

Ce n'est pas tout : la vengeance de votre ennemi n'est pas complète, surtout si vous avez donné mission de porter une lettre qui doit être remise discrètement: notre gaillard suit la lettre à la piste, et il n'a rien de plus pressé que d'aller dévoiler au mari l'intrigue espagnole qui le menace.

Depuis l'institution des messagers parisiens il y a déjà quarante-cinq demandes en séparation de corps de plus que dans les temps ordinaires. — Sans compter les sévices et voies de fait qui s'exercent tranquillement et conjugalement, sans scandale, ainsi que cela se pratique dans les ménages qui se respectent. Quand un œil est poché à huis-clos, celui de la police n'a rien à y voir..... Du moins telle est l'opinion de Montesquieu.

Malgré ces petits désagréments, je ne reconnais pas moins que nous devons nous estimer fort heureux de vivre à une époque où le génie industriel est arrivé à nous procurer ainsi à chaque coin de rue deux commissionnaires pour un, il en résulte que chaque Parisien a aujourd'hui douze mille domestiques à son service ; et avec l'esprit de rabais qui s'est emparé de ces douze mille philanthropes, on ne peut prévoir où s'arrêtera le perfectionnement dont nous sommes menacés de jouir.

Hier je priai un messager parisien d'aller me chercher une citadine; aussitôt un savoyard le devança et me ramena un fiacre dont le cocher était payé. En me forçant de monter gratis dans cette voiture, le savoyard eut encore la bonté de me dire : « Not'maître, donnez-moi toujours la préférence. »

Esquisses physiologiques.

LE FIGURANT.

Espèce de mécanique dont le mouvement doit commencer et finir à heure fixe; être passif et négatif, dont tout l'emploi consiste à avoir des jambes, des bras, un visage; qui pendant quatre heures par jour se réduit à la plus simple expression de l'entéité; l'entéité agissante, parlante, taciturne et immobile, et cela par une volonté étrangère, par une sorte de ressort caché, correspondant à son sens intime pour le comprimer et l'étouffer; nature abâtardie, dépouillant sa spécialité pour revêtir celle des circonstances, des temps et des lieux; voilà l'homme physique.

Modèle de douceur et d'obéissance, d'indifférence stoïque et de calme imperturbable, disciple constant de la plus difficile des vertus, la patience; être modeste par excellence, puisqu'il lui arrive en un jour de faire abstraction de lui-même jusqu'à cinquante-six fois, toujours avec autant de succès; et puis, après le triomphe, pas plus fier, aussi doux, aussi souple qu'auparavant ; toujours satisfait après les sifflets comme après les bravos, pourvu qu'il lui soit bien démontré que la maison ne peut pas faire banqueroute, c'est l'homme moral!

Et encore je n'ai pas dit la millième partie de ses qualités, de son savoir, de sa force d'inertie ou d'action. Non, vous ne vous figurez pas, jeune fashionable du balcon ou de l'avant-scène, vous en gants blancs et en gilet couleur flamme de punch ; vous ne pouvez vous figurer belles dames en chapeaux roses, à blondes riches et longues; enfants, bourgeois, peuple, vous tous qui venez pour voir et pour être vus, votre esprit, quelque étendu, quelque capable que je me plaise à le croire, n'a point assez de sagacité pour découvrir dans cet homme qui pose là en habit de chevalier, et qui tout à l'heure portait si noblement la toge romaine, quels éléments il a fallu trouver réunis en faisceau, quels dons précieux, quelles vertus, pour que de cet ensemble rare et grandiose surgît un figurant! L'œil le plus exercé, le lorgnon le plus clair, la lunette la plus grossissante, tout cela n'est rien.. rien... pas même les binocles, voire même les jumelles.

En effet que de métamorphoses! que de transformations soudaines, bizarres! Là c'est un grand seigneur, ici un charbonnier, là-bas un soldat, plus loin un Gascon, un paysan, un Turc, un grand homme, un médecin, un Prussien, un Russe, un sot, un niais, un auteur, un journaliste, un escroc, un Anglais, un fournisseur, un mouchard, un galérien! Des dorures, des haillons, de la misère, de la honte, de la boue!.... et lui, lui propre à tout!... Voyez, ô dégradation! ces jambes de chameau et d'éléphant, un homme dans chaque jambe! ces flots d'une mer agitée, un homme pour un flot! c'est le dernier degré! Pour le plaisir des hommes il faut que d'autres hommes se fassent machines. Irons-nous loin encore sur le chemin de la civilisation?

O figurants, comparses, coryphées! qu'importe le nom? vous vous ressemblez tous... que l'orgueil n'établisse parmi vous ni distinctions, ni rangs! classe intéressante, classe à part quoique nombreuse! A toi qui souffres sans te plaindre le mépris et les plats quolibets, à toi la palme du mérite paisible et sociable! à toi la couronne civique du dévouement; car il doit être grand, le tien, lorsque, assailli par un orage de sifflets, tu restes ferme et inébranlable, toi qui ne les as pas mérités, toi qui ne peux les faire cesser, puisque tu n'as rien à dire. Ton devoir est d'attendre, et tu attends, roi impassible!

Et l'on te dédaigne! Qu'est-ce qu'un figurant? A cette demande, des sourires ironiques, des regards pleins de pitié moqueuse!... Mais ne t'étonne pas d'être ignoré de ceux qui ne te connaissent point; ceux même qui te connaissent ne te comprennent pas... car, s'ils te comprenaient, oseraient-ils jamais te rudoyer, répondre à tes humbles remontrances par des rebufades, voire quelque chose de plus matériel, de plus sensible? Auteurs et directeurs, à bas ces vaines bouffées d'orgueil! celui que vous maltraitez est un père de famille.

Avez-vous dans vos voyages rencontré beaucoup d'hommes qui poussassent l'abnégation d'eux-mêmes jusqu'à anéantir leur dignité et cela sans espérance de briller, pour vingt sous par jour?

Vous vous plaignez de voir habillés en élégants des gens qui n'ont ni façons ni tournure; à qui la faute? Pour vingt-cinq centimes de plus vous auriez mieux... Vous spéculez sur la nature humaine; vous la préférez grêle, appauvrie, ou sauvage et grossière!.... Vingt sous pour un homme! qui se présente?

Cet homme que vous avez vu hier flot ou jambe d'éléphant, voyez-le aujourd'hui dans son ménage; il est bon père, bon époux, bon ami, bon fils,... il mange,... il boit,... il souffre,.. il pleure,... il rit... L'homme-machine a déposé entre onze heures et minuit sa casaque de fer... l'homme social a reparu... il est absolument comme un autre... non... meilleur qu'un autre... bon de la gêne qu'il s'impose pour nourrir ses enfants et sa femme! Créature rendue à la vie véritable, il jouit avec délices du temps où il est libre, et ce temps, il l'emploie encore au travail... Il sera gai, triste, sensible lui-même; il mangera la soupe et le petit-salé, il vivra de la vie réelle jusqu'à sept heures du soir... l'heure du néant!

ALBUMS DE POCHE.

Aubert ne se contente pas d'offrir aux amateurs de belles estampes les magnifiques gravures d'Hippolyte Garnier, *Jacob chez Laban*, le *Départ de Rebecca*, *Napoléon à Wagram*, le *Naufrage de Virginie* et tant d'autres véritables ouvrages d'art; ce n'est pas assez pour lui de présenter aux collectionneurs sa curieuse *Galerie royale de costumes*, ses *Costumes de l'armée française comparés depuis Louis XIV jusqu'à nos jours;* de meubler tous les salons du monde élégant, d'albums pour soirées. Sa maison, qui fournit aux dames, aux demoiselles, aux enfants de si jolis recueils pour étrennes; qui fournit à tant de journaux leurs dessins quotidiens, hebdomadaires ou mensuels, ne lui semble pas encore faire pour la propagation du dessin, pour la popularisation des images tout ce qu'elle peut faire, il orne nos appartements de gravures artistiques, il encombre nos guéridons d'albums comiques, il remplit nos cartons et nos bibliothèques de croquis de tout genre, il dirige notre goût dans l'ameublement par sa belle publication des *Tapisseries parisiennes*, il sert de guide à la toilette de nos dames par son merveilleux *Journal des Modes :* cela ne lui suffit pas, il veut encore bourrer nos poches d'albums en miniature. Ses miroirs comiques sont destinés à nous suivre en voyage, ce sont des compagnons qu'il nous donne pour charmer les ennuis de la diligence, du chemin de fer ou du bateau à vapeur. Vraiment ce sont de gais compagnons qui tiennent peu de place, font peu de bruit, nous amusent quand nous voulons être amusés et nous laissent dormir quand le sommeil s'empare de nous.

Ils sont au nombre de quatorze. On peut choisir selon son goût, son âge et sa profession. Chaque album se vend 50 centimes.

C'est, comme vous voyez, une bien légère augmentation de vos frais de voyages. Prenez-les tous, vous irez de Paris à Rome sans vous ennuyer.

Le premier de ces petits recueils a pour titre : *Miroir du bureaucrate*. C'est la peinture plaisante des mœurs de l'employé, l'histoire de sa vie végétale depuis le surnumérariat jusqu'à la retraite, le récit de ses joies et de ses douleurs, la confidence de ses ruses pour tuer le temps, en un mot c'est un charmant petit vaudeville sans couplets, une piquante comédie en vingt-sept tableaux.

Le second est le *Miroir du calicot*. Il commence ainsi :

« Le calicot est l'homme chez lequel on trouve » le moins de ce qu'il vend, — de l'étoffe. »

Nous voyons ensuite un buste dont la tête est frisée, la cravate irréprochable, le linge empesé et tiré à quatre épingles, plus bas sont placées des bottes poudreuses et un pantalon rapiécé. On lit : « Le calicot est très-soigné dans le haut du corps » et très-négligé dans la partie cachée par le comp» toir. »

Puis viennent les observations suivantes, toujours accompagnées de dessins :

« Le calicot parle à la pratique comme un Lo» velace en bonne fortune.

» Comme le dentiste, il a toujours le sourire sur » les lèvres.

» Le dimanche, de midi à dix heures du soir, le » calicot se pose en homme du monde, en lion....

» Ce jour-là il abuse de l'éperon comme un ca» valier de la garde nationale. Chaque magasin, » dit l'auteur, possède un Mirabeau chargé d'étourdir » la pratique. Il possède aussi un crétin chargé uni» quement de plier les étoffes. »

Ces citations suffisent pour faire comprendre que l'artiste a tiré bon parti du type dont il s'est amusé.

Le troisième est le *Miroir du collégien*. Nous continuons à transcrire quelques-unes des légendes.

« Le collégien est de tous les types le plus diffi» cile à dessiner en raison de tous les raccourcis de » son costume. »

Puis nous voyons le collégien paresseux et le *piocheur*, tous deux sont pris au point de vue comique.

Nous les retrouvons réunis au bain du Pont-Royal, où on les voit, le jeudi, grelottants, et colorés comme une prune de monsieur.

Le pion, le garçon de classe, les jeux de la récréation et les divertissements illicites de l'étude, les conséquences des congés, la distribution de prix, toutes les phases de la vie de collége passent sous nos yeux. L'album se termine par cette bonne critique : A la fin de ses études le collégien se voit refusé au baccalauréat ès-lettres ; non parce qu'il n'a pas su le grec, mais parce qu'il ne sait pas le français.

Le *Miroir du pique-assiette* commence de la sorte : « Le savant va à la Bibliothèque, le peintre au » Louvre, le dévot à l'église, le pique-assiette va » voir l'étalage de Chevet. » Il finit ainsi : « Le » pique-assiette promenant ses plus chères affec» tions. » On a deviné qu'il promène son ventre.

Le *Miroir de l'amateur* peint les folies du collectionneur ruinant sa famille pour acquérir des curiosités qu'il entasse presque toujours sans goût, sans ordre et sans savoir, et nous le montre obligé quelque jour de vendre à l'encan toutes les merveilleuses raretés sur lesquelles il perd 200 pour cent.

Le *Miroir du Lovelace* nous fait rire des prétentions des hommes à bonnes fortunes, de leurs déceptions, de leurs ridicules, et nous les montre dans leur vieillesse esclaves de quelque mégère, de quelque caricature ou, pis que cela, de quelque servante-maîtresse.

Le *Miroir du dandy* est une critique du lion, et ce miroir est un des plus divertissants comme aussi des plus fidèles. Le *beau* que nous voyons faire la roue sur le boulevard de Gand au commencement de l'album, vieillit, change de visage, mais ne change pas d'esprit et tombe dans le ci-devant jeune homme, puis il grossit et l'auteur dit : « Le » tailleur ne peut bientôt plus contenir le débor- » dement de l'embonpoint. Cependant il finit sou- » vent par habiller le dandy d'une façon plus » serrée. » Cette dernière phrase est placée en dénoûment au bas d'un croquis de la maison pour dettes.

Le *Miroir de l'étudiant en vacances* est l'œuvre spirituelle de M. de S..., qui, prenant en brave son parti d'un malheur que tous ses amis déplorent, signe gaiement *Quillembois*.

« L'étudiant en droit, ayant celui (le droit) de » passer deux mois au sein de sa famille et des » plaisirs champêtres, débarque avec ses effets (sa » canne et sa pipe).

On le voit ensuite, et successivement, presser sur son cœur son père, sa mère et toute sa famille, — et recevoir les caresses de ses chiens, — puis les félicitations de sa vieille bonne. Après quoi il dort, bâille et fume.

La fête du pays est une grande occasion de plaisir ; la veille on mange du flan, — le lendemain on remange du flan et le surlendemain on reremange du flan.

Le dimanche, M. le curé vient manger l'oie truffée... aux marrons, arrosée de vieux vin... du cru.

Enfin l'auteur passe en revue tous les plaisirs qui attendent l'étudiant sous le toit paternel, et finit par le départ qu'il intitule : *Scène hydraulique*.

Le même artiste a dessiné le *Miroir de l'étudiant de première année*.

Nous n'en dirons que la première et la dernière pages.

« L'étudiant de première année, moitié collégien, » moitié provincial, a été justement nommé *jobard*. » Le jobard est à l'étudiant pur-sang ce que le » tourlourou est au grognard. »

Suivent tous les actes qui distinguent le *jobard*, et l'album finit par une scène au bas de laquelle on lit : « C'est d'ordinaire une connaissance faite à la » Chaumière qui transforme le jobard en étudiant » pur-sang. »

Le 10e miroir est celui du *rapin*.

« A peine au sortir de l'enfance, il annonçait » les plus heureuses dispositions. A quatre ans et » demi il fit le portrait de *mossieu* son père, effrayant de ressemblance. »

Il entre à l'atelier, où il devient le souffre-douleur des anciens. Ancien à son tour, il est dans la vraie condition du rapin ; et M. de S..., qui décrit son costume, dit : « il regarde les bottes comme un » abus, les sous-pieds comme un luxe inutile et le » cirage comme un vain préjugé.

Conclusion :

« Souvent après dix ans d'études le rapin finit » par faire assez bien un portrait... au daguer- » réotype. »

Le *Miroir du moutard* est le onzième de la série. Il est encore de M. de S... (Quillembois).

Il commence ainsi :

« La plus belle époque de la vie de l'homme est » celle qu'il passe à l'état de simple moutard, de- » puis le moment où il quitte le biberon de M. Darbo » jusqu'à celui où il prend celui de M. Lhomond. »

Et il finit par nous montrer le pauvre moutard échangeant sa veste d'enfant contre le frac détesté de collégien.

Le *Miroir de l'épicier* vient ensuite ; il est toujours de M. de S... et c'est un de ses plus piquants albums. Le malheureux épicier plie sous les épigrammes et les charges d'atelier. L'auteur en fait sur ses vieux jours un rentier de la plaine Montrouge, un joueur de boules, un adjoint au maire de sa commune et un pêcheur à la ligne.

Le *Miroir de l'étudiant pur-sang* nous peint le héros des bals de la *Grande-Chaumière*, de la *Grande-Chartreuse*, du *Prado* et de *Mabille*. C'est un type curieux, un peu décolleté mais fort amusant. L'album finit ainsi : « L'étudiant pur-sang » fait une fin, il prend une femme et du ventre ; il » achète une étude et fait des enfants qu'il élève » dans la crainte de Dieu et de plusieurs choses..... »

Cette série de quatorze albums se termine par le *Miroir de l'avocat*, trahison lithographique d'un membre du barreau parisien qui a représenté ses confrères et s'est représenté lui-même dans ses variétés d'avocats. M. des O.... prend l'avocat au moment de sa prestation de serment, il le suit dans tous les degrés de sa carrière de débutant et nous montre sur la route ceux qui restent en chemin, ceux qui se fourvoient et enfin les plus heureux qui arrivent à se créer une clientèle et à faire un mariage *de convenances*.

Vous voyez par ce rapide compte-rendu que les *Albums de poche* — ou les *Miroirs comiques*, ainsi qu'on les appelle, sont en réalité une collection très-amusante de sujets bien variés.

Nous répétons que le prix de chaque album est seulement de 50 centimes.

IMPRIMÉ PAR BÉTHUNE ET PLON, A PARIS.

PARIS COMIQUE,

Livre-Album.

Dessins de MM. de Beaumont, Bouchot, Cham (de N...) Daumier, Emy, Gavarni, Grandville, H. Monnier, Pruche, Vernier et autres.

TEXTE PAR LES RÉDACTEURS DU MUSÉE PHILIPON, DU CHARIVARI, DE LA CARICATURE, ETC., ETC.

UN MYSTÈRE
DE COULISSES.

Imaginez une loge de sylphide, non loin du foyer de la danse, à l'Opéra. Un poète chevelu, mais trop coloriste, a comparé le local à une coquille de noix. Cela sera juste si l'on veut admettre qu'une coquille de noix peut contenir un sofa, des tapis, une armoire à glace et quatre ou cinq de ces sortes de choses en maillot que madame de Genlis appelait génériquement des *polissons*.

Madame de Genlis ne faisait aucunement allusion à Jean Racine.

A propos de ce mot (pas le mot de Jean Racine, l'autre), on ne le dit plus aujourd'hui, on dit *tournures*. Les dames de l'Opéra ont maintenant la langue si chaste!

Celle dont nous allons parler est la plus petite, et l'une des plus jolies; il serait superflu de dire qu'elle danse à ravir, tout le monde le sait. Willis, péris, almées, ne lui viendraient qu'à la cheville, ou plutôt c'est elle qui est nos willis, nos péris, nos almées.

Une ou deux fois par semaine, on peut la voir entrer dans sa loge, tenant d'une main un morceau de craie, de l'autre main, dans un cornet, un demi-cent de marrons rôtis. Les marrons, elle les porte à ses lèvres de fée; la craie, elle en frotte ses semelles pour éviter les faux pas. Là-dessus, moitié grignotant, moitié frottant, elle s'exerce à jouer du talon.

C'est ce qu'elle faisait, il y a quelques semaines, quand la porte tourna sur ses gonds. Au même instant apparaissaient un cigare éteint et un homme toujours allumé; je parle d'un poète faiseur de ballets, le même qui a comparé la loge à une coquille de noix.

« Bonsoir, divine! dit-il.

— Ah! bonsoir, monsieur, vous tombez bien!

— Comment, je tombe bien? Parce que j'ai fait un vaudeville, me prenez-vous, par hasard, pour un vaudevilliste?

— Vous me voyez justement outrée, courroucée, furieuse...

— Là, là, calmez-vous, tigresse d'Hyrcanie, et dites-moi ce que vous avez.

— Ce que j'ai? mon grand pas à danser, le *pas de l'abeille*, celui où l'on me trouve le plus piquante. Or, les *rats* m'ont chippé ma craie. J'en ai fait demander partout à nos dames; elles disent n'en pas avoir. Au fond, c'est une conspiration pour empêcher mon pas. Point de craie, point de moelleux dans les pirouettes. Ah! mon poète, si j'osais!...

— Osez donc!

— Eh bien! je vous prierais de m'en avoir.

— De la craie?

— Certainement.

— Tranquillisez-vous; je vais écrire au petit baron qui est en ce moment en Afrique, sur la cime du Mokaltam; il vous en rapportera la charge d'un chameau.

— Vous ne me comprenez pas, monsieur; si je vous demande de la craie, c'est qu'il m'en faut pour tout de suite.

— Pour tout de suite! où diable voulez-vous que j'en prenne?

— Voilà le mérite, reprit vivement la danseuse, partez, je la payerai ce que vous voudrez. Nous avons encore un quart d'heure à nous avant le lever du rideau. Gentil poète, je vous attends! »

Il était onze heures. Pas une boutique ouverte. Déjà le ciel était devenu noir comme un ramoneur dans l'exercice de ses fonctions.

La première idée qui vint au poète fut de s'arracher les cheveux; il y renonça vite. Cette idée ne valait rien. Elle lui eût demandé trop de temps.

Tout à coup il prit son essor et courut. Dix minutes après il revenait harassé, essoufflé, bleu, mais rapportant vingt morceaux de craie.

« Ah! vous me sauvez les jambes! s'écria la danseuse en le revoyant; combien ne vous dois-je pas!

— Vous ne me devez que dix petits verres avec le bain de pied, répondit le poète.

— Dix petits verres?

— D'eau-de-vie de Cognac, d'eau-de-vie d'Andaye, de rhum de la Jamaïque et de curaçao clair de Hollande.

— Soyez vous-même plus limpide.

— Rien d'aussi simple; j'ai été obligé d'entrer dans dix estaminets différents pour voler de la craie, — craie servant à frotter le bout des queues de billard. »

Ce qu'entendant, notre danseuse se fendit en un rire homérique, depuis les lèvres jusqu'à l'orteil. Presqu'au même instant elle s'élançait sur les planches, d'où elle revint chargée de toutes les belles fleurs qu'on jette aux entrechats.

Voilà l'histoire; j'ajouterai que le poète s'en retourna pensif et presque poussif.

« Ma foi, se dit-il, voilà une journée que je ne marquerai pas à la craie blanche. »

LE JOURNAL

Apollon soit loué et Terpsichore soit bénie! Nous avons enfin un journal consacré à la danse.

Aussi je me disais depuis long-temps : A quoi pensent donc les spéculateurs parisiens de ne pas créer une feuille plus ou moins publique, destinée à suivre pas à pas les progrès de la danse au dix-neuvième siècle? Les notaires, les avoués, les huissiers, les ferblantiers même ont tous des journaux spécialement destinés à leur corporation, et les danseurs seuls sont privés de cet agrément! Cette position est intolérable et ne peut durer long-temps.

Effectivement un des plus fidèles sectateurs du culte professé avec tant d'éclat par Vestris et M. Chicard vient de fonder le journal *la Valse*, consacré à traiter des plus grandes questions de l'art chorégraphique.

La musique avait à elle seule douze gazettes, *la France musicale* en tête, toutes occupées, chaque semaine, à chercher querelle aux compositeurs, quand par hasard elles ne se cherchent pas dispute entre elles.

Ainsi, c'était bien le moins que la danse eût sa petite feuille spéciale; sans cela Terpsichore eût été par trop jalouse de Polymnie, ainsi qu'on dit encore à l'Académie française dans ses grands jours.

Le journal *la Valse* ne sera pas seulement réservé à cette danse tournoyante importée d'Allemagne et si affectionnée par les willis et par les marchandes de petits balais.

Le flic-flac, le jeté-battu, le pas de zéphyr et l'entrechat seront aussi les sujets des méditations les plus profondes des rédacteurs de *la Valse*. Bien plus, le rédacteur de cette feuille, que, sur son titre, on pourrait croire très-légère, annonce dans son prospectus qu'il prétend faire de sa publication le moniteur de la danse correcte et sévère.

Les belles traditions du temps de Louis XIV se sont perdues; c'était alors l'époque de la haute chorégraphie, et le directeur de *la Valse* prétend nous ramener aux beaux modèles du grand siècle. C'est-à-dire qu'il gémit profondément sur l'invasion de la Polka en France, et c'est pour combattre ce terrible ennemi qu'il a lancé son prospectus.

A la place du directeur de *la Valse* j'aurais intitulé mon journal *le Menuet* : ce mot aurait bien mieux indiqué les tendances et le but de l'entreprise.

Ce titre de *la Valse* est encore par trop folâtre et n'aura pas les sympathies des disciples de l'antique et vénérable chorégraphie, de ces Français pour qui Louis XIV est le plus grand roi de la monarchie, parce qu'il a figuré avantageusement dans les ballets de Versailles en costume de soleil. Voir danser le soleil, voilà qui était agréable!

Comme à Paris on ne peut rien créer sans qu'aussitôt la concurrence se présente, je ne serais pas étonné de voir lancer avant huit jours le premier numéro du journal *le Cancan*. Les bureaux d'abonnement pourraient être établis pendant l'hiver au bal Musard.

Chose fort triste à penser! il est presque certain que le *cancan* aurait vingt fois plus d'abonnés que *la Valse*, tellement le mauvais goût fait invasion en France! Ah! monsieur Chicard, vous êtes un grand coupable!

Je ne verrais de chance réelle de succès pour le journal *la Valse* qu'en lui donnant pour rédactrice en chef Carlotta Grisi; mais par malheur le prospectus ne nous annonce pas que le fondateur de la chose ait eu la même idée que moi.

Malgré cela nous faisons les vœux les plus sincères pour que ce nouvel organe de la publicité obtienne vingt mille abonnés, ce qui dépasserait d'environ dix-neuf mille cinq cents le nombre des jeunes gens qui savent réellement valser en France.

Il serait fort triste que le rédacteur de *la Valse* fît un faux pas dès son entrée dans la carrière du journalisme, car alors il ne lui resterait pas d'autre parti à prendre que d'exécuter une pirouette finale. Terpsichore, la malheureuse Terpsichore, veuve de son unique journal, serait plus que jamais horriblement jalouse des douze gazettes de Polymnie!

Nous vous dirions bien où l'on s'abonne à *la Valse;* mais nous avons complétement oublié le lieu où se prennent les cachets d'abonnement; en outre, nous ne savons pas davantage le prix de la souscription.

Mais Terpsichore ne peut avoir élu domicile à Paris que rue *Pastourelle*, et chaque numéro doit coûter quatre sous, puisque tel est le tarif adopté depuis un temps immémorial pour la *valse* dans tous les bals publics, depuis les corybantes jusqu'à nos jours.

Du reste le papier est acheté, les imprimeurs sont tout prêts, les rédacteurs taillent déjà leurs plumes, et l'entreprise ne peut tarder d'entrer en danse.

L'ORCHESTRE DES MUSICIENS.

L'orchestre des musiciens est extrêmement facétieux. On ne se douterait jamais qu'il y eût tant de malice dans une basse, et un si grand nombre de calembours dans un cor à pistons. Le trombonne est très-railleur, et la flûte elle-même se permet des plaisanteries. Il n'y a pas jusqu'à la grosse caisse qui, dans la prova d'un opéra séria, ne réponde à Lablache : « Grosse caisse toi-même, » ce qui fait pouffer de rire tout l'orchestre des Italiens.

Mais c'est particulièrement à l'Académie royale de Musique que l'orchestre des musiciens véritablement français se livre à toutes les originalités du caractère national. Il y a là, parmi les plus simples, des musiciens d'une gaieté hyperbolique et triomphante. Prenons l'opéra de *Guillaume Tell*, si vous le voulez bien, et voyons comment il se joue en deçà de la rampe. La parodie s'exécute concurremment avec le drame. Nous ne rapporterons que les principaux traits.

D'abord le chœur chante avec autant de poumons et de sérieux qu'il en peut avoir :

Célébrons tous en ce beau jour
Le travail, l'hymen et l'amour !
Célébrons, etc., etc.

L'orchestre alors, regardant les comparses en fermant un œil et en leur faisant la nique, fredonne de son côté :

Célébrons tous en ce beau jour
Le travail, l'hymen et l'amour!
Célébrons, etc., etc.

Les comparses n'y tiennent pas; ils se mettent à rire comme des fous; l'orchestre est dans le ravissement.

Plus tard, lorsque Berthold, blessé, arrive et demande au pêcheur de le passer au rivage opposé, lorsque Guillaume-Tell, arrachant la rame des mains de cet homme sans cœur, se dispose à sauver son compatriote et chante à sa famille affligée :

Ne crains rien, chère Hedwige (*montrant le ciel*),
Les périls sont bien grands, mais le pilote est là.

L'orchestre, par un mouvement spontané, tourne la tête et regarde dans les frises du théâtre pour voir s'il n'aperçoit pas la figure du Père Éternel. M. Dérivis, qui ne hait pas la plaisanterie, murmure dans sa barbe : « Tas de farceurs ! »

Enfin les sarcasmes (nous en passons, et non pas des meilleurs) ne tarissent que pendant le ballet, lorsque le chœur accompagne les pas un peu lourds des danseuses peu favorisées de la bienveillance de ces messieurs.

LE CHOEUR, *avec bonne foi.*
Toi que l'oiseau ne suivrait pas !
Ah ! ah !
L'ORCHESTRE, *en riant.*
Ah ! ah !
LE CHOEUR.
Sur nos accords règle tes pas !
Ah ! ah !
L'ORCHESTRE.
Ah ! ah !

Puis il s'établit la conversation suivante entre les plus plaisamment nés :

« Dis donc, hein? l'oiseau qui ne la suivrait pas! En v'là, une bonne ! cette autruche !!...

— Et cela, comme elle règle ses pas sur nos accords, elle ne va pas en mesure. »

Alors ils reprennent en chœur : « Ah ! ah ! ah ! Ah ! Ah ! Ah ! »

Telles sont les principales facéties que se permet l'orchestre des musiciens de l'Académie royale de Musique dans l'opéra de *Guillaume Tell.* Ces facéties font les délices des comparses et valent aux railleurs les plus agréables compliments durant les entr'actes lorsqu'ils passent sur la scène. Nous examinerons prochainement la conduite de l'orchestre du Théâtre-Français, de cet orchestre adonné à la belle littérature, et qui joue sans difficulté l'air de *Malbrough s'en va-t-en guerre,* et *Ah! vous dirai-je maman.*

LE BEURRE

A LA VAPEUR.

Tout le monde ici-bas cherche plus ou moins à bien faire son beurre. C'est là un axiome aussi vieux que le monde et le beurre. Ne soyons donc pas surpris si un ingénieur américain s'est mis à consacrer bon nombre de nuits à rêver à la recherche de l'alliance de la vapeur et du laitage.

Comme il n'y a rien de plus profitable que de rêver longuement à une chose, surtout quand on rêve tout éveillé et qu'on ne s'endort pas sur elle, il s'ensuivit qu'à force de temps et de méditations cet ingénieur parvint à trouver ce qu'il cherchait, c'est-à-dire une nouvelle manière d'avoir du beurre frais au moins de frais possible.

Voici la recette employée par ce bienfaiteur de l'humanité pour épargner aux maîtresses de maison l'achat d'une baratte qui coûte trois ou quatre francs.

Vous vous procurez un chemin de fer de trente ou quarante lieues, et une machine à vapeur de la force du même nombre de chevaux. Vous placez votre laitage dans un récipient attaché sous la machine; dans ledit récipient vous introduisez une espèce de battant de cloche mis en mouvement par la force de la vapeur. Vous tournez un piston, et crac, vous faites route pour Orléans ou Rouen. Une fois arrivé à cette destination, vous ouvrez votre récipient, et vous y trouvez, au lieu du lait, trois ou quatre livres de beurre excellent... sauf qu'il sent un peu le fer et beaucoup la fumée de houille.

Du reste, pour obtenir vos quatre livres de beurre, vous n'avez guère consommé que six cents kilogrammes de charbon de terre.

Ce procédé ne se trouve pas encore dans le *Journal des connaissances utiles;* mais vous l'y verrez dans la livraison du mois prochain.

Ce sont les journaux de New-York qui nous ont apporté, ce matin même, cette nouvelle découverte, dont ils sont fiers à juste titre, puisqu'elle doit illustrer un de leurs concitoyens. Qu'on dise encore qu'on n'apprend rien à lire les gazettes ! Si je n'avais pas parcouru le *Constitutionnel* ce matin, je ne me douterais pas encore, à l'heure qu'il est, de cette nouvelle manière de battre le beurre.

Si j'avais eu sous la main un pot de lait, un rail-way et une locomotive, j'aurais fait un essai immédiatement; mais c'est une satisfaction que je me procurerai plus tard... et même le plus tard que je pourrai.

Les actionnaires des compagnies de chemins de fer doivent être dans l'ivresse de la joie; voilà une découverte qui ne pourra pas manquer de doubler leurs capitaux ! Le trop plein de la vapeur, qui jusqu'à ce jour ne servait qu'à faire sauter les voyageurs, sera utilisé à battre le laitage, et chaque débarcadère deviendra une succursale de la halle ; on y vendra des montagnes de beurre.

Avant trois mois on ne nourrira plus les collégiens et les moutards que de tartines confectionnées avec ce produit, dont jadis Isigny réclamait

Habitué des ventes publiques | The attendant at public auctions

le monopole, et l'antique raisiné ne tardera pas à devenir une chimère.

Il est probable que l'ingénieur américain ne s'arrêtera pas là dans ses découvertes scientifiques; il ne tardera pas à appliquer la propriété battante de la vapeur à une foule d'autres usages qui, jusqu'à présent, réclamaient tout au plus la force d'un cheval; jugez de ce qu'on peut obtenir d'une machine qui fait la besogne de trois ou quatre cents coursiers limousins!

C'est tout un nouveau monde que s'ouvre l'économiste intelligent. O avenir mystérieux, salut! je t'admire comme tout ce qui est profond, et même quelque peu incompréhensible, en d'autres termes, comme j'admire les rébus du *Charivari* et les débats espagnols de la crise Olozaga.

Avant peu l'ingénieux ingénieur utilisera la force battante d'une locomotive à battre les habits et les omelettes. En arrivant à la station, les voyageurs seront débarrassés de toute poussière et trouveront un déjeuner ou un souper cuit à point et aux fines herbes.

De plus, à chaque convoi, cet ingénieur priera les voyageurs qui auraient à se plaindre de leurs femmes de vouloir bien les lui confier pendant l'espace d'une douzaine de lieues; il se chargera de les corriger sans augmentation de frais; toujours à l'aide du trop plein de la force battante de sa locomotive, notre homme, espère obtenir une vitesse moyenne de soixante-quinze coups de manche à balai par minute, et les infortunées soumises à ce traitement, renouvelé de Sganarelle, s'écrieront douloureusement : « O vapeur, voilà de tes coups! »

Cette nouvelle découverte sera plus que jamais insérée dans le *Journal des connaissances utiles.*

LA CONSULTATION

EN PLEIN VENT.

Hippocrate dit qu'il n'en coûte rien d'être poli; au contraire.

(NOUVEL APHORISME MÉDICAL.)

Il résulte d'une statistique récemment publiée par les grands journaux, que l'on compte aujourd'hui 1500 médecins dans la ville de Paris, ce qui fait à peu près un médecin par 500 habitants. C'est vraiment effrayant!

Or, Paris avait déjà l'avantage de jouir des écrasements de voitures, des bandits nocturnes et diurnes, des casse-cous connus sous le nom d'embellissements Rambuteau, d'un air méphitique et contagieux, de plusieurs centaines de restaurants empoisonnés de 18 à 40 sous, de débits de vins désastreusement frelatés, et d'autres drogues alimentaires non moins malsaines. Eh bien! ajoutez à cette foule de chances de mortalité, celle de 1500 médecins. Hélas! si nous y réfléchissions sérieusement, nous ferions tous immédiatement notre testament.

Cependant, comme parmi les 1500 médecins sus-mentionnés qui encombrent Paris, il s'en trouve tout au plus 3 ou 400 qui jouissent d'une réputation et d'une clientèle, il suit de là que les 1100 autres occupent une position assez râpée, attendu que la généralité des Parisiens ne se soucie pas de mourir pour la faire vivre.

Aussi les 1100 Hippocrates superflus sont-ils forcés, pour se procurer des pratiques et des honoraires, de recourir, comme on dit vulgairement, aux expédients.

La nécessité qui, dit-on, rend inventif, leur suggère une multitude de tours et de roueries capables de fournir un large appendice à la comédie intitulée : *Crispin médecin.*

Notre ami et directeur Philipon a soulevé un coin de ce voile drolatique dans une des robert-macairiades où il représente un médecin se prétendant philanthrope et donneur de consultations gratuites, qui dit à l'une de ses pratiques : « Croyez-moi, buvez de l'eau, beaucoup d'eau, et revenez me voir souvent; ça ne vous ruinera pas; mes consultations sont gratuites... Vous me devez vingt francs pour ces deux bouteilles (d'eau). — *Nota.* On reprend le verre pour dix centimes. »

Grâce à leur ingénieuse rapacité, on peut dire que certains médecins de Paris ne tiennent pas moins à soulager l'humanité souffrante de ses écus de cent sous que de ses maux.

Voici entre autres deux aventures qui nous ont été racontées par les victimes elles-mêmes, et qui viennent merveilleusement à l'appui de nos précédentes réflexions sur la philanthropie désintéressée des Diafoirus industriels et banquistes.

M. G..., riche marchand de pierres de la Cité, a un médecin. Mais par malheur (pour le médecin), la santé de M. G... étant presque aussi robuste que ses marchandises, le docteur n'a que rarement le plaisir de rendre des visites à son client.

Ce docteur qui ne demande qu'à soulager l'humanité souffrante, surtout quand elle souffre dans un bon lit et près d'un secrétaire bien garni, restait inconnu en qualité de quasi-médecin *in partibus* de l'opulent M. G... Depuis huit ans, il n'avait vu son malade que deux fois, à table, au milieu de 30 convives.

Enfin, il y a un mois environ, le docteur se trouve face à face avec son client dans le passage des Panoramas, et le dialogue suivant s'établit entre eux :

LE MÉDECIN. Hé! bonjour, monsieur G... Comment cela vous va-t-il?

M. G... Toujours parfaitement, comme vous voyez. (Le docteur pousse un profond soupir.) Ah!... cependant, j'y pense, je crois qu'hier, à la suite d'un dîner un peu copieux, j'ai éprouvé quelque pesanteur d'estomac.

LE MÉDECIN *reprenant sa sérénité*. Diable! diable! ne plaisantons pas, ceci peut devenir sérieux... Ménagez-vous, croyez moi, ne mangez pas trop.

M. G... Merci, docteur, je suivrai votre conseil. Au revoir, mes respects à madame votre épouse.

Le médecin et le client se quittèrent après cet échange de civilités. Au bout d'une quinzaine, nouvelle rencontre, nouveau dialogue :

LE MÉDECIN. Enchanté de l'heureux hasard qui me fait vous rencontrer derechef, mon cher malade. Eh bien, avons-nous suivi l'ordonnance que je vous avais prescrite?

M. G... *étonné*. Quelle ordonnance?

LE MÉDECIN. Vous savez bien... il y a quinze jours, lorsque je vous ai dit d'être modéré dans vos aliments.

M. G... Ah! c'est vrai!... j'avais oublié... Ma foi, docteur, c'est égal, je me porte comme un charme.

LE MÉDECIN. J'en étais sûr... J'ai bien l'honneur de vous saluer.

A quelque temps de là, M. G... ne fut pas médiocrement surpris de recevoir, de la part de son mécin, un petit compte de vingt francs pour deux consultations. Ces deux consultations n'étaient autres que les deux scènes de civilité puérile, mais peu honnête, que nous avons mentionnées ci-dessus.

On peut juger de la surprise et de la grimace de M. G... Cependant, comme il tient à son médecin (c'est sa seule infirmité), il paya les 20 fr., jurant, mais un peu tard, qu'on ne l'y reprendrait plus.

Avant-hier, en traversant la rue Richelieu, il aperçut son docteur qui venait à lui, le chapeau à la main, la mine souriante, et qui s'apprêtait de nouveau à lui présenter ses civilités.

A cette vue, l'honnête marchand passa vivement de l'autre côté du trottoir, en criant d'une voix de stentor : « Je me porte bien, docteur... Je me porte parfaitement bien... Merci! Remettez votre chapeau, je vous dispense de me saluer... Passez au large, » et M. G. court encore.

Nous citerons en outre, comme pendant à cette véridique histoire, un médecin qui, ayant soigné la femme d'un négociant détaillant, est venu postérieurement une douzaine de fois voir sa cliente au comptoir comme pour lui dire bonjour en passant. La dame en question, de même que M. G..., a été ensuite obligée de payer les visites de politesse comme visites médicales.

Moralité : habitants de Paris et de la banlieue, ayez soin de vous garer des voitures, des attaques nocturnes, des chiens sans domicile, des tuiles sur la tête, des actions en commandite et des salutations de votre médecin, si votre malheureuse étoile vous a fait tomber sur un docteur industriel et banquiste.

M. DAGUERRE
ET LA COCOTE.

Hommes d'esprit qui me lirez (je ne crois pas commettre une flagornerie déplacée en vous appelant hommes d'esprit, ô lecteurs fort inconnus à qui j'adresse la parole, parce que vous avez dû faire preuve de beaucoup d'esprit, de tact et de bon sens en souscrivant à *Paris comique* de préférence aux mille sept cent quarante-sept publications du moment. — Là-dessus, je ferme ma parenthèse, et je reprends, sans crainte d'être démenti par vous) : Hommes d'esprit qui me lirez, n'allez pas vous imaginer, au titre seul de cet article, que je vais vous annoncer que M. Daguerre a la cocote! — Si le hasard a réuni ainsi, sous ma plume, le nom du célèbre peintre du Diorama et le nom fort connu de la maladie à la mode parmi mesdames les génisses, c'est que j'ai voulu vous entretenir dans le même article de deux étonnantes nouvelles qui ont mis en révolution toutes les loges des portières et tous les ateliers des artistes!

Hélas! — rien n'est plus vrai! — deux classes de la société se trouvent, en ce moment, presque réduites à la mendicité par l'annonce seule de ces deux mots qui ont circulé dans les journaux : la cocote et M. Daguerre! Par une bizarre opposition, les marchandes qui sont vouées au culte du lait, et les artistes qui se sont voués au culte du beau... idéal, se voient menacés de perdre en même temps leurs moyens d'existence. — Les laitières sont ruinées par la cocote, les dessinateurs par M. Daguerre!

Parlons un peu de la cocote! — D'abord la cocote a-t-elle jamais existé? Qui est-ce qui connaît la cocote, qui est-ce qui s'est jamais trouvé en face de la cocotte? Ouvrez le dictionnaire de l'Académie, vous trouverez au mot cocote la définition suivante : « Petit poulet en papier, fabriqué, pour l'amusement des enfants, par les personnes qui sont adroites à tous les petits jeux qui font l'agrément de la société. » — La cocote n'existe pas dans le dictionnaire de l'Académie, et je crois bien qu'on ne la trouverait pas dans les étables des environs de Paris. — Je suis convaincu, pour ma part, que la cocote est un puff, un immense puff inventé par les laitières elles-mêmes pour faire mousser leur industrie. — Elles se ruinent pendant un mois pour mieux s'enrichir par la suite. — Vous ne comprenez pas encore parfaitement, me dites-vous. — Voilà la chose.

Depuis quelques années, les Parisiens n'étaient plus convaincus que les vingt-cinq mille tonnes de lait qui se consomment chaque matin dans Paris provinssent des mamelles nourrissantes de la compagne du taureau. On parlait vaguement de mélanges illicites d'eau claire, d'amidon, de farine, etc., etc. Les laitières (on nomme ainsi les femmes qui vendent de l'eau blanche sous les portes cochères), les laitières, disons-nous, résolurent de faire croire qu'il existait réellement des vaches aux environs de Paris, et huit jours après tout Paris ne parlait que de la cocote! — Vous saisissez maintenant tout l'agrément du puff. — Les Parisiens ne boiront pas de lait pendant un mois, mais aujourd'hui, grâce à l'invention de la cocote, ils sont tous bien convaincus de l'existence des vaches aux environs de Paris; et quand un second puff annoncera la disparition de la cocote, toutes les bornes-fontaines ne suffiront plus pour tarir la soif de lait qui s'emparera de tous les gosiers. — Dans un an toutes les laitières qui font semblant de se lamenter aujourd'hui auront fait une brillante fortune, et béniront la mémoire de la cocote!

Quant au nouvel instrument inventé par M. Daguerre, nous croyons que les dessinateurs s'alarment un peu trop à l'avance en songeant à la révolution qu'il va produire dans les arts. — Si l'on en croyait la sourde rumeur qui circule, grâce à cet instrument on verrait disparaître du même coup les paysagistes, les portraitistes, les ornemanistes et tous les autres artistes. — Vous voulez un paysage, — vous allez vous mettre avec votre instrument en face du paysage en question, vous tirez la ficelle, l'instrument fait son effet, et, au bout de cinq minutes, le paysage demandé est allé se coller sur une feuille de papier. — Vous désirez le portrait de votre portier, — très-bien! — vous appelez l'homme au cordon, vous lui faites ôter sa casquette de loutre, vous le priez de regarder en face toujours le même instrument, et, en trois minutes et demie, vous possédez une fidèle copie d'un original fort laid, et vous n'avez plus qu'à demander à ce portier une mèche de ses cheveux, comme second et précieux souvenir!

Si cela est véridique, nous avons eu parfaitement raison d'accoler sous le même titre le nom de M. Daguerre et celui de la cocote; car un instrument aussi précieux rapporterait des monceaux d'or et serait une véritable vache à lait pour l'heureux inventeur.

LA NOUVELLE
LANTERNE MAGIQUE,

PIÈCES CURIEUSES

PAR

MM. Victor Adam, — Alophe, — Bouchot, — Cham, — Daumier, — J. David, — Devéria, — E. Forest, — Francis, — Gavarni, — Grandville, — Grenier, — Pigal, — Ch. Vernier et autres.

Nous avons déjà parlé de la *Lanterne magique*, publiée l'an dernier par Aubert; voici un album du même genre et du même titre, qui n'aura pas moins de succès, parce qu'il se compose des mêmes éléments et s'exécute par les mêmes artistes.

Pour donner une juste idée de la variété qui en fait le charme, nous procéderons comme nous l'avons fait jusqu'ici, nous passerons en revue quelques livraisons. On verra, par ce détail très-abrégé, que l'album nouveau est un piquant mélange de sujets opposés et de genres différents, on verra, par la seule citation des noms des auteurs, combien une collection de cette sorte doit plaire et amuser.

Chaque livraison se compose de six pages de dessins.

Voici la composition de la première :

1re page. — Le roi Yo-té-té se *chiquant* pour un repas chez le gouverneur-général. (L'artiste a saisi — notez que c'est l'artiste lui-même qui parle — le moment où sa grâce ordonne à son groom Toby-té-té d'aller lui chercher un fiacre.)

La reine Po-ma-ré sortant de faire tatouer à neuf sa chienne A-zor-ra-ré.

(Ces croquis sont de Cham.)

2e page. — Les enfants du fermier, gentille composition représentant deux petits paysans occupés aux soins de la ferme.

3e page. — Grande caricature de Plattier. Un garçon de restaurant regarde par le trou d'une serrure, et dit : « La pratique mange-t-elle le filet de cheval?... Oui, mais elle a l'air de le trouver un peu dur... C'est égal, ça passe tout de même. »

4e page. — Croquis de Cham.

« Voyez l'effet de votre pommade; voilà comme elle fait pousser mes cheveux. » Le coiffeur auquel ce reproche est adressé par un *client*, a l'air peu surpris du résultat négatif de son cosmétique.

Chevelure chinoise.

Du plus beau des toupets, voilà ce qui me reste.

5e page. — Quatre scènes croquées par Eustache Lorsay.

Une bonne prise de tabac.

Une mauvaise prise de tabac.

Arrestation illégale.

Arrestation légale.

6e page, remplie de dessins par Victor Adam, pour la justification du proverbe : « *Qui trop embrasse mal étreint.* »

Tout ce que nous venons de rappeler là se trouve dans la première livraison. On conviendra que recevoir pour 50 centimes six feuilles, qui se seraient vendues autrefois 4 fr. 50 cent., c'est vraiment tout ce qu'on peut désirer en fait de bon marché. Ajoutons que ces six feuilles sont piquées dans une enveloppe de papier de couleur, ce qui leur donne l'aspect d'un album complet.

Voici la seconde livraison.

1re page. — Trois croquis de Cham.

Un monsieur affreusement bourgeonné, boutonné, épanoui même, se présente chez le marchand de moutarde blanche, qui lui dit d'un air assez goguenard : « Oui, monsieur, la moutarde blanche fait cet effet-là d'abord; mais, continuez d'en prendre, et surtout d'en acheter, ça finira par finir, et vous deviendrez joli comme un amour. »

Sac de graine de niais.

Rien que ça de médecine!

2e page. — Croquis d'Eustache Lorsay.

Un dîner dans la banlieue. Le restaurateur ne peut offrir qu'un melon et un morceau de lard.

Flâneries le lundi hors barrières.

3e page. — Grande caricature de Ch. Vernier.

Un ivrogne emmené par la garde s'écrie : « J'aime pas me promener seul... et pis j'aime les soldats, c'est pus fort que moi... »

4e page. — Copie d'un petit tableau de M. Pingret, intitulé *la Leçon*, et représentant une jolie petite fille qui fait parler un perroquet.

5e page. — Grande caricature de Plattier, représentant une bonne femme qui rit de la tournure comico-militaire de son mari en garde national, et dit : « Ah! mon pauvre homme, s'il y a des cerisiers aux environs du corps de-garde, tu vas joliment faire peur aux moineaux... »

6e page. — Trois croquis de Cham.

Une visite interrompue.

Le municipal Bellepatt

Le prince Vilainmerloff.

Cette livraison est donc consacrée presque entièrement au genre comique, la petite composition de M. Pingret fait seule diversion; mais dans les livraisons suivantes nous verrons figurer *Le Chasseur égaré*, dessin de Grenier. — *Un Retour de chasse* et *Une Halte de chasseurs*, par Victor Adam. — De charmantes scènes d'Alophe Menut. — *La Chasse à courre*, par Francis. — *La Croix de Dieu*, jolie composition sérieuse de Gavarni. — *L'Agréable partie*, par Grenier. — *La Forge*, par Francis. — Des croquis, par Victor Adam. — Des scènes d'enfants, par Pigal, etc., etc.

La nouvelle Lanterne magique sera certainement aussi amusante, aussi variée et aussi recherchée que celle de l'année dernière. Tous les amateurs qui ont placé la première dans leur salon, tous les enfants qui l'ont reçue en étrennes apprendront avec plaisir l'apparition de la seconde, qui se vendra le même prix. Brochée, 6 fr.; cartonnée, 8 fr. et au-dessus.

IMPRIMÉ PAR BÉTHUNE ET PLON, A PARIS.

PARIS COMIQUE,

Livre-Album.

Dessins de MM. de Beaumont, Bouchot, Cham (de N..), Daumier, Emy, Gavarni, Grandville, H. Monnier, Pruche, Vernier et autres.

TEXTE PAR LES RÉDACTEURS DU MUSÉE PHILIPON, DU CHARIVARI, DE LA CARICATURE, ETC., ETC.

LES ÉTIQUETTES

ET LES PETITS PAQUETS D'APOTHICAIRE.

A quoi tient une destinée? J'ai connu un garçon apothicaire, ou, pour parler la langue moderne, un élève en pharmacie qui avait subi les plus brillants examens de capacité. On le regardait déjà, dans les officines, comme un praticien-modèle; il était cité pour la rapidité de ses préparations; il faisait cent pilules à la minute, et vingt juleps à l'heure; il accompagnait harmonieusement sa voix sur le mortier de *fa*, et exécutait avec son pilon de bronze un oratorio d'Haydn.

Eh bien! ce virtuose, l'espérance du laboratoire, que les hôpitaux s'enviaient et s'arrachaient tour à tour, ne put jamais parvenir à se placer chez un pharmacien en boutique; il manquait au jeune homme un sixième sens, dont la privation le rendait un être incomplet pour l'apothicaire! Le malheureux ne savait pas faire un petit paquet!

Un élève en pharmacie qui ne sait pas faire une coquette enveloppe au quina, et qui ne sait pas enfermer avec art la rhubarbe, est, aux yeux du patron, ce qu'est, dans l'estime des enfants au-dessous de sept ans, un provincial qui ne sait pas faire une cocote ou un bateau de papier.

Flâneurs, vous est-il quelquefois arrivé de coller votre visage sur les vitres des pharmaciens en renom? Avez-vous été témoins oculaires de la minutieuse attention, de la précaution artistique avec lesquelles on enveloppe, comme une momie égyptienne, la boite de jujube ou la livre de chocolat? Il faut une heure au consommateur pour délivrer son acquisition de sa prison de bandelettes.

Ce serait de la philanthropie bien entendue que cette toilette faite aux vases qui portent dans leurs entrailles l'amer médicament; c'est tendre à la répugnance du malade un piége innocent dont sa santé a le profit; mais il faudrait que les petits paquets se fissent au moyen de la vapeur, le malade et le consommateur gagneraient de ne pas attendre. L'élève en pharmacie porte jusqu'au fanatisme la religion de l'enveloppe et du petit paquet. Il perdrait plutôt la vie que de lancer dans la circulation une œuvre informe. Il y a telle forme de petit paquet qui demande une demi-journée pour sa parfaite confection. On a vu des élèves en pharmacie se suicider pour avoir manqué une enveloppe.

Un soir, je faisais galerie devant le comptoir d'un pharmacien. Une pauvre fille entre tout en larmes; elle remet au chef de la maison une ordonnance. Il s'agissait de préparer je ne sais quelle poudre pour sa mère moribonde:

« Monsieur Charles, dit le pharmacien s'adressant au premier élève, servez mademoiselle! »

Après quelques minutes, la porte s'ouvre de nouveau, et un élégant s'élance dans la boutique et réclame avec empressement quelques gouttes d'éther, pour une dame qui éprouve des spasmes nerveux, et qu'il a laissée à quelques pas de là dans une citadine.

« Monsieur Isidore, dit le pharmacien en s'adressant au second élève, expédiez promptement monsieur. Vingt gouttes d'éther. »

Le gant-jaune s'assied et suit du regard l'élève comme pour le presser.

L'élève a versé quelques gouttes dans une petite fiole; il les a comptées, il y en a vingt et une. Il veut ôter l'excédant, mais il en ôte une de plus. Alors il y en a une de moins; il faut donc rajouter. L'opération faite, le dandy se lève et avance la main pour recevoir la fiole.

« Il faut que je mette un bouchon, dit l'élève.

— C'est inutile, madame attend...

— Ce ne sera pas long. »

L'élève ouvre un tiroir où se trouvent pêle-mêle trois ou quatre générations de bouchons, de toute forme et de toute grosseur... Enfin il parvient à en ajuster un. Le fashionable se lève de nouveau et avance la main... L'élève détache gravement une feuille de papier blanc, il en sépare un carré, et, prenant les ciseaux, il se met à découper en chicorée le tour qui servira d'enveloppe à la fiole.

L'élégant se lève... et, voyant que la fiole n'est pas préparée, il se rassied.

Le pharmacien détache une seconde feuille de papier bleu, il en sépare un carré, et, prenant ses ciseaux, il découpe de nouveau la seconde enveloppe qui doit couvrir la première.

Le jeune homme fait claquer ses doigts comme des castagnettes en signe d'impatience.

L'élève allume une bougie, prend la cire à cacheter, et en jette une forte dose sur le sommet du papier bleu; puis il imprime le cachet du patron.

Le dandy fait un pas et croit enfin tenir la fiole.

L'élève dit: « Permettez, monsieur, rien ne sort d'ici sans étiquette. »

Le gant-jaune se remet sur son siége et trépigne.

A ce moment le premier élève allait remettre à la jeune fille le médicament, selon la formule. Le pharmacien jette un regard sur le paquet: « Monsieur Charles, s'écrie-t-il, vous voulez donc perdre ma maison? Je ne veux pas qu'un paquet sorte d'ici aussi vicieusement fait; voyez ces angles, ils sont tous rentrés. Il n'y a pas un côté égal... refaites-moi cela... je vous le ferai refaire plutôt dix fois.

« Mais ma mère!... » dit la pauvre fille.

Personne ne répondit.

Enfin le second élève était arrivé au but de son œuvre. Il avait collé sur la petite fiole un écusson sur lequel on remarquait un serpent qui se mordait la queue; et, au moment où le dandy impatienté s'emparait de l'éther, l'élève évite sa main, et, prenant une plume, il écrit lentement en lettres gothiques : « Éther sulfurique. » Tout cela avait duré trente-sept minutes.

Enfin le dandy et la jeune fille quittent la boutique du pharmacien.

Le jeune homme arrive à l'endroit où la dame nerveuse l'attendait. La citadine était partie : « Oh! il y a long-temps que madame a dit : « Fouette » cocher! » répond un commissionnaire que le dandy interroge.

« Elle n'a pas dit où elle allait?

— Je n'en sais rien. »

Le gant-jaune ne trouva rien de mieux à faire que de prendre pour lui-même la potion calmante qu'il avait eu tant de mal à conquérir.

Quant à la jeune fille, elle trouva son père moitié ivre qui l'attendait, en jurant, sur la porte de son domicile. Sa mère était au plus mal. « Coquine, dit-il, ça reste trois heures pour apporter deux sous de drogue .. ça mourra un jour sur l'échafaud. »

L'AVANTAGE D'ÊTRE PROVINCIAL.

Si je n'étais Picard, je voudrais être Franc-Comtois, Dauphinois, Champenois ou n'importe quoi, plutôt que d'être Parisien.

Certain proverbe, que je soupçonne avoir été inventé par un enfant de Paris, prétend que « nul n'est prophète dans son pays. » Cette assertion, qui peut être vraie à l'égard des citoyens-nés de la capitale, est pour le reste de la France une odieuse calomnie.

Paris ressemble à ces marâtres fécondes qui, vu le grand nombre de leurs enfants, n'en reconnaissent aucun, faute de pouvoir les reconnaître tous. Ses bras ne s'ouvrent qu'à bon escient et pour les gloires dont la splendeur lui crève les yeux. Quand on a donné le jour à une foule de généraux, à une masse d'académiciens et même de littérateurs, à une myriade de ténors, de compositeurs, de conseillers d'état, de pairs et d'acrobates distingués en tout genre et même en politique, quand on regorge de sommités financières, artistiques, intellectuelles, gouvernementales et industrielles, on a le droit d'être difficile.

La province, au contraire, serait mal venue à faire la renchérie. On a beau posséder dans son sein un sous-préfet ou même un préfet, un receveur des contributions (car il y en a partout) et un garde champêtre, il n'y a pas là de quoi être bien fière, et on est bien aise d'avoir à citer quelque chose de mieux. C'est pourquoi chaque ville a son amour-propre d'auteur en raison inverse de son importance : c'est-à-dire que tel qui passe inaperçu dans la capitale, est une illustration dans une ville de second ordre, une célébrité dans un chef-lieu, un grand homme dans une petite ville, un immortel dans un bourg : la gloire est relative.

En effet, Quimper-Corentin s'enorgueillira d'avoir donné le jour à un troisième comique du théâtre de la Gaîté, et Brive-la-Gaillarde tirera vanité d'avoir procréé une clarinette du Cirque-Olympique : chacun prend sa gloire où il la trouve.

Or, si la renommée de clocher s'acquiert à si peu de frais, je vous laisse à juger l'avantage, à mérite égal, du provincial, placé en évidence, sur le Parisien. Si leur triomphe est le même ici, la différence est immense là-bas.

La province n'accepte la réputation des Parisiens qu'avec une certaine défiance et sous bénéfice d'inventaire; elle les flaire dédaigneusement et les tourne et retourne en tout sens, prête à en saisir le côté faible. Mais la ville, l'arrondissement, le département tout entiers ratifient et amplifient sans examen l'approbation accordée ailleurs à l'enfant de l'endroit. L'écrivain qu'on ne siffle pas à Paris est applaudi dans la province; celui que nous applaudissons y est porté aux nues et en triomphe. Le banal ruban rouge appliqué à une poitrine provinciale devient l'étoile des braves.

Ce compérage enthousiaste n'a pas sa source, comme on pourrait le croire, dans une fraternité de bon voisinage. Il n'exclut pas l'envie et la médisance; on se dédommage amplement sous le manteau de la cheminée. Mais cela n'empêche pas les démonstrations officielles : on est avant tout de son clocher, et on se considère comme associé par droit d'origine à la gloire du paroissien qu'on prône. On se fait donc le satellite bénévole de l'astre local parce qu'on se flatte d'être un de ses rayons.

Avez-vous fait quelques vaudevilles représentés au théâtre de Saint-Marcel ou de Bobino, votre ville s'en empare et les accueille avec des trépignements frénétiques. La salle est trop petite pour contenir les spectateurs; la feuille d'annonces de l'arrondissement vous proclame l'héritier direct de Scribe et l'heureux rival de Bayard; l'annuaire du département publie votre biographie; s'il existe une académie à vingt lieues à la ronde, elle vous proclame à l'unanimité membre correspondant.

Si, au lieu de petits vaudevilles, vous avez commis une tragédie ou un gros mélodrame, l'ovation est bien autre, ma foi! on se cotise pour vous offrir un banquet; les autorités vous visitent en corps, et les amateurs vous donnent une sérénade : c'est déchirant pour vos oreilles, mais très-flatteur pour votre amour-propre.

Êtes-vous historien, romancier ou publiciste, l'admiration, sans être moins vive, prend une tournure plus sérieuse : on vous invite à présider les distributions de prix, à couronner les rosières, à honorer de votre signature les contrats de mariage. Si l'on baptise une cloche, vous êtes son parrain naturel. Dans toutes les cérémonies publiques, il faut, bon gré, mal gré, que vous preniez la parole; mais cela ne vous oblige pas à de grands efforts d'improvisation : on vous applaudit avant que vous ayez ouvert la bouche, on vous comprend sans vous entendre : il n'en serait pas de même si l'on vous entendait.

Absent, vous n'êtes pas oublié : vous vivez dans le cœur ou du moins sur les lèvres de vos concitoyens. Les parents vous proposent pour modèle à leurs enfants, le conseil municipal souscrit à tous vos ouvrages pour la bibliothèque que la ville aura peut-être un jour. Votre portrait figure dans les salles de la mairie en attendant qu'on vous frappe une médaille.

Les grands hommes se ressentent, même après leur mort, de l'avantage d'être nés en province. Paris s'est tâté pendant cent soixante-dix ans avant de se décider à offrir à Molière une borne-fontaine; je parie que la ville de Laval n'attendra pas l'enterrement de M. Lottin pour lui élever une statue équestre.

La géographie elle-même fournit un argument à l'appui de ma thèse. C'est tout au plus si elle a l'air de connaître les personnages les plus illustres de notre histoire qui sont nés à Paris; mais à la suite du moindre chef-lieu de canton, elle n'oublie jamais de mentionner les célébrités ignorées auxquelles il a donné naissance. Ainsi, vous y lirez :

« Coulommiers, patrie du célèbre Mardichaud; — Marmande, patrie du savant Burdochie, et ainsi de suite. » Qu'est-ce que Burdochie? qu'est-ce que Mardichaud? .. Nous avons en France tant de grands hommes vivants, qu'on est sujet à oublier ceux qui ne sont plus.

D'UNE
NOUVELLE MANIÈRE DE PRENDRE LE CAFÉ.

Le temps modifie tout. Sous Louis XV, on saluait en pliant l'échine en deux; aujourd'hui, on salue à peine de la main. S'il y a une canne au bout de cette main, c'est la canne que l'on remue. Cette façon de donner la révérence tient peut-être aux habitudes économiques de l'époque : elle a pour but de ménager les chapeaux.

Comme l'action de saluer, plusieurs choses ont changé de nature; par exemple, la manière de fumer, quoi qu'en dise M. Siméon, directeur des tabacs, et sa peu docte cabale. Du tuyau de pipe on a passé au cigare à paille; du cigare à paille au cigare nu; de ce dernier à la cigarette. La régie fera si bien que de la cigarette on finira par passer.... à rien du tout.

Seule, la manière de prendre le café n'avait encore subi aucune variante. Sur presque tous les points, on s'en tient à la coutume du temps de madame de Sévigné, qui, s'asseyant devant une table, sonnant, se faisant servir un bol, y versait et y sucrait elle-même la liqueur qu'elle proclamait devoir vivre aussi peu que Racine (le polisson). Racine vit encore ainsi que le café; mais, hélas! le grand auteur tragique s'est vu continuer par une bien grande variété de chicorées!

Dans notre dix-neuvième siècle, comme sous le grand roi, les personnes aisées, les banquiers, les maréchaux de France littéraires, voire les caporaux du feuilleton prennent leur café dans un bol cylindrique de porcelaine de Sèvres qu'on appelle demi-tasse. Pourquoi demi-tasse? Ce bol n'est pourtant pas plus une demie qu'un sixième de tasse, ou une tasse entière. Bientôt même, grâce aux fonds opaques, ce ne sera rien!

On prend ordinairement le café noir après dîner, à l'heure où s'allument l'étoile du berger et le Messager, qu'on ne prend jamais. Le consommateur en le dégustant oublie tout dans une douce et molle ivresse... Il oublie même quelquefois de payer sa demi-tasse.

Le café se prend aussi le matin chez les dames, amendé dans du lait d'Issy, édulcoré par la crème de Ville-d'Avray. Mais c'est la minorité. Grâce à la faculté de médecine, le café au lait a été reconnu subversif des meilleures constitutions pour la femme. Aujourd'hui le chocolat l'emporte, le chocolat analeptique et béchique. Nous avons tiré cela de l'Espagne en même temps que M. Orfila et les Saynètes.

Un homme est éclos qui est arrivé à établir un lien intellectuel entre le café et la valeur, entre la demi-tasse et les hasards de la guerre, entre le gloria et les coups de sabre. L'Atlas a des défilés étroits, le café peut y rencontrer ses Thermopyles.

Tout dernièrement sur l'Atlas une compagnie de tirailleurs dépendant du corps du brave colonel Cavaignac, se trouva tout d'un coup loin du cantonnement tout près d'une tribu ennemie. Les premiers pelotons armaient leurs fusils de combat, les officiers allaient et venaient pour organiser la résistance. Tout le monde attendait avec impatience le signal de l'attaque... un seul excepté. Celui-là était un vieux capitaine soldat de la République et de l'Empire, homme connu par son audace et même par sa témérité. Il paraissait inquiet et préoccupé.

« Capitaine, dit le lieutenant en premier, avançons-nous contre ces mauricauds?

— Non, dit le capitaine, ne nous pressons pas. » Et il se dirigea vers les bagages.

Cependant la fusillade résonnait et une épaisse fumée enveloppait de son tourbillon les sentinelles placées en avant-garde. Chaque minute paraissait une heure aux soldats impatients.

Le lieutenant revint voir le capitaine et s'avisa de regarder ce qu'il faisait au milieu des bagages.

Il aperçut alors, au poste le plus exposé, le vieux soldat occupé à préparer son café, tout en surveillant l'ennemi. En effet, le capitaine avait, depuis la bataille de Ptolémaïs, l'habitude de faire son café et il n'y avait jamais manqué. En le vidant dans sa tasse, le brave donna le signal de l'attaque, et chargea en le buvant; après quoi il emporta d'assaut, en se léchant la moustache, la moitié de la tribu ennemie et un cent de moutons.

Voilà un beau fait! Ce capitaine, du reste, a toujours bu son café à la même heure, et il a dû le

CAMARADERIES. N° 1.

Chez Aubert ga. Véro-Dodat. Par Gavarni Imp. d'Aubert & Cie

RUSE ET CONFIANCE.

Se Vend chez Bauger & Cie Editeurs des Dessins du FIGARO de la CARICATURE & du CHARIVARI R. du Croissant 16.

faire bien souvent sous le feu de l'ennemi. « Savez-vous, disait-il, quand j'ai subi ma plus rude épreuve dans les combats? — C'est le jour ou un coup de sabre vous a emporté trois doigts de la main gauche? — Non, c'est un matin, il ne me restait de café que pour une demi-tasse, et une balle m'a brisé le bol dans la main. En voyant couler mon sang, je n'ai jamais autant souffert qu'en voyant couler mon café.

LES TURCS

DE NOS JOURS.

Tout beau! Turc, tout beau! Est-ce bien toi que je vois en lunettes, en col crinoline, en gants jaunes, en socques articulés et en redingote à la propriétaire? Toi, le serviteur de Mahomet, le représentant du faste oriental, l'homme des cassolettes, du sérail et des houris, tu fumes des cigares de la régie, et tu dînes à 22 sols! Oh! déplorable infirmité! Mais à quoi pensait le sultan, ton maître, quand il a fait égorger deux cent mille janissaires pour arriver à ce résultat? Est-ce ainsi qu'un peuple se régénère? Un paletot, des chaussettes et des gilets de flanelle donneront-ils jamais à tes concitoyens la force et la puissance qui les abandonnent?

Pauvre Turc! pauvre Turc! en vérité, tu me fais infiniment de peine!

C'est ainsi qu'hier, en voyant un musulman de nouvelle invention dans un de ces restaurants qui ne vous restaurent guère, je parlais à sa personne, comme disent les gueux d'huissiers. Je croyais vraiment l'offenser, et déjà je m'imaginais le voir dégaîner un damas recourbé pour me couper la parole..... et la tête, lorsque le pauvre diable de Turc, après avoir tiré un curedent, et m'avoir lancé un regard de mérinos, me tint à peu près ce langage :

« Il est vrai, ô citoyen français, que depuis notre régénération nous semblons plus dégénérés que jamais, et que nos femmes nous trouvent laids comme des chenilles. Au lieu de ces pelisses versicolores, de ces pantalons étoffés, de ces babouches moelleuses et de nos majestueux turbans, nous n'avons plus que des demi-bottes, des cors aux pieds, des ognons, durillons et autres végétations incommodes; avec nos pantalons, des sous-pieds boueux; avec nos bonnets, des figures d'hôpital; et au lieu de nos armes fastueuses, des rotins et des parapluies à cannes! Il nous reste, il est vrai, la polygamie comme fiche de consolation; mais à quoi nous sert, je vous le demande, le droit d'avoir plusieurs femmes, si on nous enlaidit au point de ne pouvoir en charmer une seule! Notre révolution a avorté : comme beaucoup d'autres, elle s'est faite seulement au profit de quelques marchands d'habits-galons qui avaient des cargaisons de défroques à vendre, et sont venus prier notre respectable maître d'égorger deux cent mille croyants pour favoriser cinquante Bas-Normands qui ne croient à rien du tout. Voilà toute l'affaire. Notre race est tout à fait compromise, car elle n'a gagné qu'en ridicules. Plus de ces prestiges, de ces apparences imposantes qui nous valaient des apparences de considération; la vérité la plus misérable a succédé à nos fables séduisantes; les Turcs sont devenus crétins, et les chienlits de votre carnaval n'oseraient pas même endosser notre costume.

» Tenez, monsieur, ajouta-t-il avec un air piteux, veuillez m'accompagner chez quelques compatriotes. Ce sont des enfants naturels du sultan (car ils se disent tous ses enfants naturels), et vous verrez quelle est la transformation de nos habitudes nationales. » En effet, je courus avec lui au fond du faubourg Saint-Jacques, dans une maison sale, délabrée, sans portier et presque sans portes; là, au second étage, grelottaient dans une chambre mesquine trois jeunes hommes à la face dolente et chétive. L'un maniait un Coran aussi graisseux qu'un Mathieu-Laensberg de cuisinière; l'autre fumait dans une pipe d'un sou; le troisième cousait un bouton à sa culotte; tous paraissaient minables et minés par l'ennui qui régnait autour d'eux. « Ciel! m'écriai-je, ce sont là des enfants de ce mystérieux harem, où des rêves d'or embellissent des jours tissus d'or et de soie! Quoi! des enfants du Prophète vêtus comme des carabins, et au lieu de bayadères et d'obélisques, employant une madame Gibou à six francs par mois, pour faire leur ménage! En vérité, j'étais prêt à m'évanouir dans ma cravate à ce triste tableau. Ici des chaises en paille en place de divans, de froids carreaux pour des tapis de Perse, la pipe de terre au lieu du narguillé, et de la chandelle des huit jetant sa lueur économique sur des paperasses, au milieu desquelles figuraient des consultations du docteur Charles A...... Malédiction! malédiction sur tout cela!

Oh! me dis-je en moi-même, alors que je sortais au plus vite de ce taudis oriental, le Turc se meurt, le Turc a vécu; c'est une affaire finie. Désormais, ce n'est plus qu'un animal fabuleux, qu'un mythe, qu'un mirage; avant peu on se l'appliquera comme un hiéroglyphe égyptien, et, peut-être, quand on trouvera de ses rares ossements, faudra-t-il un nouveau Cuvier pour classer cette race éteinte.

En parlant ainsi, je m'éloignais avec tristesse, lorsqu'au détour de la rue d'Enfer, j'aperçus un mécréant avec un turban ambitieux, une ample culotte, un caftan brodé et un nez d'un aquilin superbe; ô bonheur! m'écriai-je, il est encore des Turcs; j'en tiens un : son costume, sa barbe, son air grave et digne, tout le revèle... Hélas! c'était un Juif polonais qui vendait des dattes de Tunis, pour le compte d'un épicier colonel dans la garde nationale.

VARIÉTÉS.

Un locataire comme il n'y en a pas deux.

Les propriétaires ont aujourd'hui bien des déboires; le plus grand de leurs malheurs est incontestablement celui qui consiste à avoir des propriétés.

Dites cela en roman, dites-le en drame, dites-le en articles de journaux, vous ferez rire les quatre-vingt-dix-neuf centièmes du genre humain. C'est que les quatre-vingt-dix-neuf centièmes du genre humain sont locataires.

Le locataire, type multiforme, est surtout inhérent à Paris, cité d'environ trois mille rues et de cent mille maisons. S'il faut s'en rapporter à une statistique publiée par le cadastre et par les contributions directes, on compte dans l'immense ville environ neuf cent quatre-vingt-cinq mille habitans demeurant dans des appartements qui ne sont pas à eux.

Parmi ces neuf cent quatre-vingt-cinq mille locataires, il en est de doux, de terribles, d'exacts, de roux, de bruns, de petits, de grands, de moyens; il en est de toute humeur, de toute couleur et de toute valeur. Mais à coup sûr, il n'en est pas un seul, pas un, qui ne soit par contre-coup la victime du seul et unique locataire que je vais vous dire.

Celui-là est mon voisin et aussi mon cordonnier. Il a été, est et sera peut-être encore le fléau de tout Paris. Père de famille, il n'y a pas, suivant lui, le plus petit mot à dire sur sa conscience, quoiqu'il fasse profession de ne pas payer son terme. Son métier de ressemeler des chaussures, ne marche pour lui qu'au second rang.

On serait un historien sans bonne foi si l'on omettait de dire qu'il a un scrupule honorable : c'est de laisser la clef aux gens après avoir déménagé.

Homme prodigieux, reste de la vieille truanderie du moyen âge, il a des meubles qui se démontent et un caractère qui ne se démonte jamais.

Depuis qu'il court de Vaugirard à la barrière du Trône, de la rue des Martyrs au quartier Saint-Marceau, il a épuisé toutes les maisons dont les fenêtres donnent sur des ruelles, sur des carrefours, sur des culs-de-sac, sur des cours de messageries qui aident à faire de la vie un voyage; il a usé et abusé aussi de toutes celles qui n'ont pas de portiers. C'est sans doute à cause de lui qu'il y a maintenant des portiers partout.

On cite de lui des traits inouïs dignes des lutins de Shakspeare ou des quarante voleurs des Mille et une Nuits, au choix.

Un soir, notre homme fit descendre tout son mobilier sur le palier du propriétaire. Le commissionnaire stylé par lui frappa trois coups et mit sa casquette à la main. On ouvrit et il voulut faire entrer les meubles dans le salon.

« Otez donc tout cela, mon ami! dit le propriétaire émerveillé. Qui vous a prié de m'apporter toutes ces guenilles? »

— Doux Jésus! chest pas ichi chez M. Bouchard qui fait des souliers?

— Eh mon Dieu, non! c'est à l'étage au-dessus. Il y a un sansonnet à la porte.

— Excujez, not' bourgeois, » repartit le porteur, et, tandis qu'on fermait la porte, il déménagea librement la défroque du locataire.

Une autre fois, le propriétaire d'alors rencontra mon cordonnier faisant littéralement un métier de cheval et tirant à bras une petite charrette avec bagage, commode, lit et buffet. C'était au penchant de la rue Cléry, près du boulevard, où la montée est si rude.

— Qu'est-ce que vous faites donc là, mon ami? dit l'homme ayant maison à l'homme ayant voiture. Est-ce que l'ouvrage ne va pas, que vous allez en pareil équipage?

— Si fait, monsieur, mais je déménage un ami. Il a plu; le pavé est furieusement gras. Aidez-moi donc d'un petit coup de main.

Là-dessus, ce propriétaire aida son locataire avec une bonhomie charmante à le frustrer de son terme; il ne se doutait pas qu'en tirant cette voiture, le cordonnier lui tirait une carotte.

Il a joué cent tours pareils et a poussé l'adresse jusqu'à forcer son propriétaire à l'indemniser pour sortir sans payer six termes : ce jour-là, il vida une bonne bouteille à la santé du propriétaire après avoir vidé les lieux.

Son dernier propriétaire, qui était un homme d'esprit (chose rare!), l'a institué son portier. C'est tout ce qu'on doit faire d'un gaillard qui sait si bien toutes les rubriques des locataires indisciplinés. « Tant mieux, a dit notre homme, on ne pourra plus me mettre à la porte puisque j'y suis naturellement. »

Mystifications du Carnaval.

LA GAGEURE.

La mystification a ses époques de grandeur et de décadence, il est à regretter qu'à toutes les phases brillantes il ne soit pas sorti des entrailles des salles de bal un Gavarni, pour se mettre au chevalet et croquer les traits des dupes et des meneurs accourus au signal du coup d'archet carnavalesque.

Il y a quelques dizaines d'années, quand fleurissaient la littérature et les habits gris-perle de l'empire, une société de mystificateurs trônait chaque année au bord du théâtre de la Porte-Saint-Martin; le chef de l'association, qui est aujourd'hui un de nos plus volumineux vaudevillistes, était doué d'un sang-froid modèle et se plaçait lui-même aux avant-postes pour faire le premier coup de feu.

Il était d'usage de chercher une victime dans l'aristocratie empaillassée des masques. En ce temps le marquis était très en vogue; il luttait de prééminence avec le Turc pur-sang. Quand la meute des affiliés avait levé une bonne bête comme on dit encore en idiome d'atelier, avis en était porté au commandant en chef. La force était alors subitement organisée dans tous ses développements. On faisait le plan de campagne comme un plan de vaudeville. On trouvait à l'improviste l'exposition, la péripétie et le dénoûment. Et voici le proverbe en action qui se jouait avec plus ou moins de variations, aux applaudissements de tous les invités.

Un Affidé, *frappant sur l'épaule d'un marquis en habit gorge-de-pigeon.* — Tiens, c'est toi, farceur de Rigobert; tu as donc quitté Limoges en sournois? la porcelaine va-t-elle toujours bien? et la petite femme toujours jolie?.. tu lui fais des traits, marquis.

Le Marquis, *avec une voix flûtée.* — Tu te trompes, je ne suis pas Rigobert.

Le Premier Affidé, *aux second et troisième.* — Dites donc, vous autres qui êtes de Limoges... cherchez un peu auquel de vos compatriotes appartiennent ce port élégant, cette taille de tambour-major, et surtout ce mollet monstre...

Tous. — C'est Rigobert... reconnu... Rigobert... C'est toi, lève le masque.

Le Marquis, *avec une voix encore plus flûtée.* — Je ne suis pas Limousin, je suis Nancéien.

Tous. — Comme si on ne connaissait pas ta voix! (*On veut lui ôter son masque.*)

Le Marquis, *avec sa voix naturelle.* — Je vous donne ma parole d'honneur que je ne suis pas monsieur Rigobert... Je vous parie...

Tous. — A souper... accepté... accepté...

Le Marquis, *avec joie, ôtant son énorme masque, dont les joues sont couleur sang de bœuf.* — Voyez, messieurs...

Tous. — Vous avez perdu... Il a perdu... A-t-il un aplomb...

Le Marquis, *démasqué.* — Messieurs, c'est sans doute un jeu de la nature, c'est déjà arrivé pour les Ménechmes; mais je vous jure sur mon passeport que voici, que je ne suis ni faïencier, ni Limousin... Je suis de Nancy... ma parole d'honneur....

Le Chef des Mystificateurs, *perçant la foule.* — Excusez-nous, monsieur, ce quiproquo est d'autant plus pardonnable, que vous ne ressemblez nullement à Rigobert, qui n'a jamais existé.... (*Chorus de rires.*)

La plaisanterie se terminait presque toujours par une invitation à un souper faite à la victime par les mystificateurs; on lui donnait un rendez-vous au foyer à deux heures précises, et à une heure trois quarts les affiliés allaient se coucher.

ALPHABETS ANIMÉS,

Par MM. DAUMIER, — E. FOREST

Et autres dessinateurs.

De temps immémorial, on a fait de ces alphabets qui se déploient et forment une grande bande d'images. C'est une parfaite invention pour apprendre aux enfants les lettres, les syllabes et leur assemblage. Mais cette excellente idée n'était exploitée que par les imagiers de la rue Saint-Jacques; les dessins étaient inévitablement grossiers, le coloris ignoble, le papier, l'impression et le cartonnage à l'avenant. Aubert, le premier, le seul encore, a demandé aux dessinateurs ordinaires de sa maison des croquis légèrement mais artistement exécutés, et les parents, qui croient avec raison qu'il faut de très-bonne heure habituer les enfants à des dessins intelligents, à des formes spirituelles, ont enfin pu essayer de ce mode d'enseignement, auquel ils avaient dû renoncer.

Daumier a exécuté deux de ces gentils petits ouvrages; il est inutile de dire qu'il a mis dans ces croquades, sans importance au point de vue de l'art, toute la gaieté, tout le comique, tout l'entrain de son talent; il n'est personne de nous qui ne serait charmé de posséder sur son album ces petits dessins que nous donnons à nos enfants.

Le premier alphabet de Daumier représente, pour la lettre A, un papa qui fait admirer à ses trois enfants un ALPHABET en bandes. — Pour la lettre B, l'auteur a pris le mot BOUFFONNERIE, et a croqué un petit garçon affublé d'un grand chapeau à trois cornes, d'un habit de son père et d'une canne de grand-papa. — Le mot CORRECTION vient ensuite et nous fait voir un pauvre gamin cherchant à éviter la férule d'un maître d'école très-drôlement figuré. — Des enfants se montrent en riant un savant qui marche gravement, un livre à la main, sans se douter qu'au lieu de son castor il s'est coiffé du chapeau de sa femme. Cela fait le mot DISTRACTION. — ESPIÈGLERIE vient après; c'est un malheureux écolier qui a renouvelé la vieille farce de crever d'un coup de tête le châssis d'un savetier, mais la plaisanterie lui réussit fort mal. Le savetier, furieux, tient l'espiègle par le toupet et va le faire repentir de son mauvais tour. — FIERTÉ, GOURMANDISE, HUMANITÉ, IMPRUDENCE, KNOUT, et beaucoup d'autres mots dont les initiales forment l'alphabet donnent lieu à de fort jolies petites scènes que les enfants comprennent très-bien et qui les divertissent, tout en gravant dans leur mémoire les premiers éléments de l'instruction.

Le second alphabet de Daumier commence par le mot ANE, appliqué à un enfant paresseux que son maître a fait mettre à genoux affublé du bonnet à cornes. Cette série de croquis représente plus particulièrement ce qu'on nomme des grotesques, c'est-à-dire des personnages à têtes démesurément grosses.

Un troisième alphabet comique est dessiné par M. Traviès; il se compose de personnages ridicules qui provoquent le rire.

E. Forest, le plus adroit de nos dessinateurs à la plume, a fait un alphabet de métiers et professions. ARTISTE, BOULANGER, CHARCUTIER, DENTISTE, ÉPICIER, etc. Ici ne se trouvent plus de caricatures, ce sont des états que les enfants reconnaissent par les accessoires et par l'action des figures mises en scène.

Pour les enfants un peu plus âgés, le même artiste a exécuté un alphabet de sujets divers. ARABE, BALCON, COCO, DANSE, ÉCUYER, etc., etc. Le mot se liant moins intimement au sujet, exige de la part de l'enfant de plus grands efforts de mémoire, et nous conseillerions de n'employer cet alphabet qu'en second et en quelque sorte comme *preuve* que l'enfant sait bien reconnaître ses lettres et lire les mots.

Certains alphabets ont l'air d'être plus particulièrement destinés aux petites filles, tel est celui qu'on nomme *Alphabet des petits amis,* — et celui qui commence par ces mots : ADIEU MA BONNE MÈRE. Ils représentent des scènes plus douces, plus calmes, et qui vont mieux au caractère des jeunes demoiselles qu'à celui des petits garçons.

Puis se trouvent aussi des alphabets militaires — de quadrupèdes — d'oiseaux — de costumes nationaux — de costumes de fantaisie, etc., etc.

Le nombre enfin s'élève à treize petits volumes variés, tous agréablement dessinés et intelligemment composés. C'est une collection qui jouit d'une grande vogue et qui la mérite à tous égards.

Chaque alphabet se vend : En noir, 1 fr. 50 cent.
En couleur, 3 fr.

IMPRIMÉ PAR BÉTHUNE ET PLON, A PARIS.

PARIS COMIQUE,

Dessins de MM. de Beaumont, Bouchot, Cham (de N..,) Daumier, Emy, Gavarni, Grandville, H. Monnier, Pruche, Vernier et autres.

TEXTE PAR LES RÉDACTEURS DU MUSÉE PHILIPON, DU CHARIVARI, DE LA CARICATURE, ETC., ETC.

LES CONSOLATIONS

DE L'AMITIÉ.

Depuis Noé, qui se consola du déluge en plantant la vigne et en se grisant de la manière que vous savez, un grand nombre d'hommes ont cherché l'oubli de leurs maux et de leurs chagrins au fond d'une bouteille. Il est admis dans la société, et surtout dans la société de la Courtille, qu'on ne peut tuer ses chagrins qu'en les noyant. C'est de là que les boutiques de marchands de vins ont été qualifiées de *débits de consolation*. Les environs du Père-Lachaise sont peuplés de deux sortes de commerçants; à savoir, les débitants de couronnes d'immortelles et les débitants de consolation. Il est à remarquer que les établissements de la seconde classe sont surtout fréquentés par les maris qui viennent d'enterrer leur femme, et cela leur fait le plus grand honneur, car cela nous prouve qu'en général ils sont vivement affectés de la perte qu'ils viennent de faire, et qu'ils n'ont même pas la force de rentrer à leur domicile sans d'abord chercher à s'étourdir sur leur malheur.

Messieurs les croque-morts sont aussi très-partisans de la boutique de marchand de vin; il est d'usage dans leur profession de posséder un nez qui tient de la pomme de terre pour la forme, et de la betterave pour la couleur. Ceci soit dit en passant et sans rien ôter à leurs qualités physiques et morales. L'alliance de la pomme de terre et de la betterave n'a rien de répréhensible ni d'inconstitutionnel. Si vous passez devant un débitant de consolations funéraires, il n'est pas de jour où vous ne soyez à même d'assister à une scène *marito-lacrymo-bachico-funéraire*, entremêlée de soupirs, de hoquets, de pleurs lamentables, de chants joyeux, de cœurs brisés et de bouteilles cassées.

Les deux acteurs de ce drame-vaudeville sont toujours le mari et l'ami de la maison.

Après la cérémonie, l'ami fait entrer le mari inconsolable dans le premier débit qu'il rencontre, et on s'attable sous le prétexte honnête de se remettre le cœur à l'aide d'un seul et unique verre de vin; mais une fois la bouteille entamée, il faut bien l'achever. Va donc pour la bouteille!

Le mari, qui a le vin tendre, n'a pas fini cette première bouteille, qu'il sent une larme qui vient rouler de son œil sur son nez, et qui de son nez roule sur la table. L'ami, voyant ce premier symptôme de désespoir, crie au garçon d'apporter une seconde bouteille. Femme chérie et bien-aimée, c'est pourtant pour toi qu'on boit cette seconde bouteille!

Le mari de la défunte se met encore de plus belle à humecter son désespoir, et il avale chaque verre de vin en l'honneur d'une des qualités de son épouse. Hélas! tristes regrets! cette épouse était si pétrie de tant de qualités, que la seconde bouteille est devenue sèche comme une allumette chimique allemande, et le mari n'en est encore qu'à la moitié de la nomenclature. Ceci nécessite forcément une troisième bouteille; ce serait faire un trop grand affront à la pauvre défunte que de la laisser en place au beau milieu de ses excellentes qualités!

L'ami se met donc à rerecrier :

« Garçon! apportez une troisième de rouge! »

Ce mot de rouge rappelle au mari inconsolable que sa pauvre petite femme adorait le vin blanc; et, voulant rendre un hommage délicat à sa mémoire, il s'écrie :

« Garçon! apportez avec le rouge une bouteille de blanc; en le buvant, j'croirai que ma pauvre petite femme est là! »

Les verres de rouge et de blanc, alternés avec une égale sollicitude, produisent sur la fibre lacrymatoire un effet qui est toujours certain. Aussi le malheureux époux se met-il à pleurer comme un bœuf qui est encore en nourrice. C'est un torrent, c'est un déluge de larmes amères qui, suivant le nez, à l'instar d'une gouttière, viennent tomber dans le verre du rouge et du blanc, et littéralement l'infortuné s'abreuve de sa douleur.

L'ami, voyant ce cataclysme de désespoir, s'empresse de rerecrier au garçon :

« Apportez deux bouteilles première qualité, et deux petits verres d'eau-de-vie. »

Puis, trinquant pour la centième fois avec l'époux qui pleure et qui beugle comme un troupeau de jeunes veaux fort désolés, il dit :

« Allons, mon vieux, allons, pas de faiblesse humaine!... tu es un homme, n'est-ce pas? »

Ce à quoi l'époux inconsolable répond, avec une voix étouffée par toutes sortes de soupirs :

« Es tu mon ami?... t'es mon ami, n'est-ce pas?... Eh ben! tu peux pas connaître combien que ma femme était aimable!

— Mais si, pardieu!... je le savais aussi bien que toi.

— T'es donc mon ami, toi?... eh bien! verse-moi à boire! Je veux boire à la santé d'ma femme... toujours à la santé de ma femme!... c'est que je l'aime, moi, vois-tu, ma femme... J'l'aimerai toujours, vois-tu, toi, ma femme... j'veux boire à sa santé... j'veux boire à mort à sa santé! » A force de pleurer et de boire, de boire et de pleurer, les deux amis, cédant à la douleur, finissent par tomber sur la table, heureux même quand ils ne tombent pas dessous!

SOUVENIRS DE JEUNESSE

ET DE BEEFSTEAKS.

Bénie soit la nature, l'intelligente, la prévoyante, l'excellente nature, qui a doué les mâchoires de la jeunesse d'une collection de canines, d'incisives et de molaires capables de casser des noyaux de pêche, de briser des cuillers de fer, de broyer un jeu de dominos, et même quelquefois d'entamer un beefsteack de restaurant à trente-deux sous!

L'homme ne doit pas vivre pour manger, il doit manger pour vivre; cette maxime, aussi peu consolante que nourrissante, devrait être gravée en lettres d'or dans l'endroit le plus apparent de tous les restaurants du Quartier latin, ainsi qu'Harpagon voulait le faire écrire sur la muraille de sa salle à manger.

Il faut avoir passé par les restaurants de la rue Saint-Jacques pour savoir au juste ce que c'est que l'intelligence humaine quand elle applique toutes ses facultés à un seul objet, — comme par exemple le veau décédé avant d'avoir ouvert les yeux à la lumière.

Dans ce veau, un cuisinier de la rue Saint-Jacques trouve d'abord des côtelettes (ce qui est bien naturel); mais il trouve en outre du filet de bœuf, — *idem* de chevreuil; — puis des pieds de mouton, — *idem* de cochon; — puis.... enfin je ne sais ce qu'il ne parvient pas à y trouver.... Car rien qu'avec ce veau, il vous confectionne, si vous le désirez, une fricassée de poulet, y compris les écrevisses et les champignons!

Après cela, il est impossible de faire des reproches à ces ingénieux restaurateurs, car enfin, ils ne peuvent pas fournir, à huit sous le plat de viande, des mets achetés chez Chevet, — à moins d'être très-philanthropes et fort riches en même temps.

Car un des agréments, — nous dirons le seul agrément qu'a l'étudiant chez le restaurateur latin, c'est de dîner à *la carte*, — le prix fixe est regardé comme mauvais genre. — Bien plus, on dîne à la carte sans avoir à s'inquiéter du prix des objets de consommation, car règle générale, — les plats de viande sont tarifés à huit sous et les plats de légumes à six sous; même les asperges dans leur primeur, — seulement quand vous en demandez, on ne vous en sert pas.

L'étudiant est peu gastronome de sa nature, à vingt ans la gourmandise n'est pas la passion la plus vivace, et rarement le prix d'un dîner de la rue Saint-Jacques s'élève à plus de trente sous : — vous voyez que ce dîner latin se rapproche beaucoup d'un dîner grec, — surtout sous le point de vue du brouet noir des Spartiates, — et une leçon de l'école de droit vaut le bain dans l'Eurotas.

Le vin est regardé comme une chimère, ou, si vous aimez mieux, comme un préjugé, dans la plupart de ces établissements, où l'on mange — parce qu'il faut manger, — mais où l'on ne boit pas, — ou du moins l'on ne boit que la petite quantité d'eau strictement nécessaire pour dé'ayer les aliments.

Par exemple, tout en rendant justice à l'esprit ingénieux du restaurateur qui parvient à déguiser le veau sous tant de formes différentes, — l'étudiant regrette souvent que cet homme par trop ingénieux ait appliqué la découverte si précieuse du caoutchouc à la fabrication des beefsteacks.

Certainement le caoutchouc est une bonne chose, une fort bonne chose, mais non pas au beurre d'anchois ou aux pommes de terre, et le malheureux dîneur qui s'efforce d'entamer un beefsteack de la rue Saint-Jacques y perd plus que son latin, il y perd quelquefois ses dents.

Quand l'étudiant est connu et qu'il tient absolument à faire usage de ce beefsteack remarquable, il demande un morceau de papier au garçon, l'enveloppe soigneusement (le beefsteack, pas le garçon), — et s'en fait confectionner, chez un culottier, une excellente paire de bretelles élastiques.

Mais on n'a pas tous les jours besoin de bretelles! — Alors on se rabat invariablement sur le fricandeau aux épinards, la tête de veau à la vinaigrette, et d'autres dérivés du veau!

Mais hélas! quelquefois, par un contre-temps non moins cruel, on reconnait que la carte a cherché à vous abuser par l'âge et le sexe de ce veau, — car ledit fricandeau annonce formellement et à des symptômes irrécusables que ce prétendu fricandeau a été taillé dans les flancs d'une génisse morte au milieu des douleurs de l'enfantement!

On ne donne pas de larmes à sa mémoire, mais on demande des pruneaux pour dessert, pour rôti et entremets.

Heureusement que, pour digérer ces trois plats, l'étudiant a la consolation de la demi-tasse et du petit verre, — car, règle générale, l'étudiant dîne mal, dîne très-mal, quelquefois même ne dîne pas du tout, — mais toujours, comme digestif, il prend la demi tasse de rigueur.

Puis, outre la demi-tasse, il prend des dominos de six heures à minuit; —ô cafés Procope, Voltaire, Molière et autres, que de magnifiques parties vos garçons ont été, sont et seront encore témoins! — que de révélations, palpitantes d'intérêt, pourraient faire vos doubles-six s'ils pouvaient parler, — mais ils ne peuvent pas parler; — d'ailleurs, de tout le jeu de dominos le *double-six* est le plus infirme, car l'infortuné se trouve toujours bousculé par les joueurs, et au lieu d'être placé délicatement sur le tapis, — qui est une table de marbre, — sa pose est toujours escortée d'un coup de poing.

Du reste, grâce à ce double-six de malheur, il n'est pas toujours très-économique de dîner avec une simple demi-tasse, — car plus d'une fois de *double-six* en *double-six*, il est arrivé qu'un étudiant, poursuivi par le guignon, s'est vu mettre sur son compte toutes les demi-tasses consommées dans le courant de la soirée par tous les habitués du café. — Total, cinquante ou soixante francs.

Cela s'appelle *empoigner une culotte*. — Ce qui fait que pour solder une culotte pareille, l'infortuné se voit souvent obligé, le lendemain, de vendre ses habits.

Ceci nous rappelle qu'en 1835, au café Procope, café des *culottes* par excellence, un de nos amis se moquait d'un *culotté* qui avait déjà une cinquantaine de francs sur le corps, vu le guignon dont il jouissait depuis le commencement de la soirée. — Or, tout en riant, le goguenardeur cassa un verre dont le prix est de quatre sous.

Ne voulant pas payer ces quatre misérables sous au garçon, notre ami proposa de les jouer au *culotté*, qui dans l'espace d'une heure lui repassa ses cinquante francs. Enfin, à minuit, le prix du verre cassé monta définitivement à quatre vingt-cinq francs! Jamais verre de Bohême ne coûta ce prix.

L'anecdote est historique; le héros de l'aventure est aujourd'hui notaire royal certificateur. — Il peut certifier le fait.

Mais ceci n'empêche pas que les beefsteacks en caoutchouc ne soient définitivement une déplorable invention.

LES EXAMENS

NON DE CONSCIENCE.

Ce n'est pas seulement pour mâcher des biftecks en caoutchouc, fumer de détestables cigares de la régie et danser un cancan plus ou moins perfectionné, que l'homme a été jeté sur cette boule que l'on est convenu d'appeler la terre, et que les poètes s'obstinent à nommer *la vallée de misère*, ce qui est contraire aux plus simples notions de géologie.

— L'homme dans quelque position que le sort l'ait placé, est appelé à faire quelque chose. — Les tailleurs font des culottes, les pharmaciens font des pâtes plus ou moins pectorales, les boulangers font des petits gâteaux, les gérants des sociétés en commandite font leurs actionnaires, et les notaires font banqueroute.

Bref, personne ici-bas ne reste totalement oisif, chacun se rend plus ou moins utile à la société, et il arrive une époque de l'année où l'étudiant fait un retour sur lui-même et se dit : — Diable! c'est dans six semaines mon examen, il faut que je pioche, ou sans cela je suis enfoncé!

C'est ce qui explique pourquoi, après avoir flâné tout l'hiver et une bonne partie du printemps, il se décide à secouer la poussière qui ternit les nobles couleurs et la tranche de son Code civil.

On a beaucoup célébré en prose et en vers le courage de Décius qui se précipita dans un gouffre, et de plusieurs autres guerriers anciens et modernes qui se sont précipités dans des dangers beaucoup moins grands. Mais le courage de l'étudiant qui se décide un beau matin à se jeter à corps perdu dans *le Code civil*, n'est pas moins admirable, et surtout pas moins admiré de tous les contemporains du même âge et du même quartier. — Le fâcheux de la chose, c'est qu'il s'y précipite souvent les yeux fermés, ce qui nuit un peu à la prompte connaissance de ce même Code civil.

Une fois qu'il s'est décidé à préparer son examen, l'étudiant ne quitte plus le volume qu'il s'agit d'apprendre par cœur, car, dans notre siècle si fécond en *spécialités*, on ne pouvait manquer de voir publier une foule d'ouvrages *spéciaux* pour chacun des examens de messieurs les étudiants. — Ces petits *manuels* sont écrits par demandes et réponses, à l'instar de tous les bons catéchismes, et les têtes assez heureuses pour être douées de la bosse de la mémoire, apprennent facilement un examen en une quinzaine de jours; — puis, comme pour oublier tout cela il ne faut que huit jours, vous voyez que dans le court espace de trois semaines on a reçu son brevet de bachelier ou de licencié, et la tête n'est pas plus lourde qu'auparavant.

Quelques industriels du quartier latin avaient poussé, jadis encore, plus loin la *spécialité* de l'examen en faveur des étudiants qui n'avaient pas la bosse de la mémoire, et qui par conséquent ne pouvaient se fourrer dans la tête les petits manuels en question.

— Moyennant un prix raisonnable, l'étudiant dans l'embarras faisait passer son examen par un de ces savants spéciaux. — Mais les doyens de la faculté ayant reconnu quelques inconvénients à ce genre d'étude, ont pris des mesures non moins spéciales qui rendent le retour de ces supercheries à peu près impossible.

On a établi dans tous les cabinets littéraires du pays latin *des salles d'étude* à l'usage de messieurs les étudiants qui n'aiment pas à travailler dans la solitude. Mais les jeunes gens qui adoptent ordinairement ce genre d'étude restent d'ordinaire six mois pour préparer un examen, attendu que comme dans ces salons on trouve des journaux tout à côté des volumes de *Code civil* ou de droit romain, la moitié des travailleurs ont bien leur volume ouvert devant eux, mais le volume est presque toujours couvert par le Charivari ou le National. — Quant aux étudiants qui se décident à travailler réellement, ils sont distraits à chaque instant par les bâillements de leurs voisins, et rien n'étant contagieux comme ce genre d'exercice de la mâchoire, quand un lecteur bâille, tous les autres se mettent aussi forcément à bâiller. Or, cette manière d'étudier le *Code civil* n'est profitable qu'aux muscles des bras et de la poitrine.

Les examens ont cela de bon qu'ils forcent les étudiants de faire au moins connaissance avec le visage de leur professeur le jour où ils vont, d'après le règlement, lui demander un certificat d'assiduité. Au moins cela ne l'expose plus à commettre une méprise sur le physique de ces messieurs, quand on parle en société de M. Duranton par exemple, à ne plus dire : — M. Duranton! ah! oui, je connais, un grand maigre. Après cela, il est toujours très-bon qu'avant d'aller faire la visite à son professeur pour lui demander ledit cer-

POLITIQUE DES FEMMES.

Imp. d'Aubert & Cie

Chez Bauger R. du Croissant 16.

Le petit lever.

tificat d'assiduité à son cours, il se soit rendu une fois au moins à son cours pour jeter un coup d'œil sur la face et sur le profil de ce même professeur, — sans quoi l'imprudent jeune homme s'expose à renouveler la scène suivante, quand il va frapper à sa porte :

— Toc — Toc!

On vient ouvrir.

— Monsieur Bravard?

— C'est ici, monsieur.

— Ah! je désirerais lui parler, monsieur.

— C'est moi, monsieur, qu'y a-t-il pour votre service?

— Ah! vous êtes M. Bravard, professeur du code de commerce? — Je venais vous demander un certificat d'assiduité à vos cours!

Or, vous conviendrez qu'il est difficile à un professeur de certifier qu'un étudiant est venu régulièrement à son cours pendant six mois, ou même un an, quand cet étudiant ne connaît pas même le visage de ce professeur; à moins d'admettre qu'il ait la vue excessivement basse, et qu'il ne sache pas qu'on a inventé des lunettes.

Tous les étudiants ne s'exposent pas à la même mésaventure ci-dessus. Mais presqu'invariablement ce dialogue s'établit entre le jeune homme et le professeur :

— Vous désirez un certificat d'assiduité, mais, monsieur, je ne crois pas vous avoir vu souvent à mon cours.

— Ah! pardon, monsieur, je n'ai pas manqué une seule fois depuis l'ouverture.

— C'est étonnant! mais où donc vous placez-vous?

— Derrière la première colonne à droite, c'est ma place invariable, je suis toujours derrière la dernière colonne en entrant, c'est ce qui explique pourquoi vous ne me voyez pas bien.

Cette bienheureuse colonne de la salle de l'école de droit partage, avec les buissons du théâtre de l'Ambigu, le privilége de pouvoir cacher une armée tout entière, comme dans les mélodrames de M. *Guibert de Pixérécourt.*

Quand arrive le jour terrible de l'examen, l'étudiant même le plus balochard a une mine beaucoup moins joyeuse que lorsqu'il se rend à la Chaumière. Le cœur palpite très-fort, lorsqu'on endosse la robe noire de rigueur, et l'huissier, tout en vous aidant à passer la manche, ne vous rassure que tout juste, en vous apprenant que les examinateurs sont très-difficiles, qu'ils ont déjà refusé dix-sept élèves depuis ce matin!

Alors on commence à comprendre qu'on a peut-être eu tort de tant se hâter de donner ses soixante ou même ses quatre-vingt-dix francs à titre de consignation, ces fonds semblent bien aventurés, et à l'instar de Lepeintre jeune dans *les Cabinets particuliers,* le néophyte, revêtu de la fatale robe qui lui donne un air encore beaucoup plus pâle, se répète plusieurs fois à lui-même :

— Je voudrais bien m'en aller.

Mais hélas! il n'est plus temps, la porte s'est ouverte et la nouvelle fournée des quatre postulants s'avance devant ses juges d'un pas non moins solennel et à l'instar des *Matassins* qui défilent dans la cérémonie du *Malade imaginaire.*

L'infortuné, qui la veille encore se croyait si sûr de *ses demandes* et de *ses réponses* sur le Code civil, lui qui se croyait fort comme un Turc sur le *droit romain,* s'aperçoit bien vite que son instruction n'est pas encore parfaite, et au lieu de définir exactement *un contrat de vente* ou *de louage,* l'apprenti jurisconsulte pâlit, sue à grosses gouttes, ce qui ne définit rien du tout. Aussi au bout d'une heure, lorsque l'étudiant sort de sa robe, son affaire est dans le sac; et le secrétaire de la faculté, entr'ouvrant la porte de la salle d'examen, vient lui annoncer que le résultat du scrutin donne *trois rouges* et *deux noires!* Refusé! il faut se présenter de nouveau dans un mois, et consigner soixante ou quatre-vingt-dix nouveaux francs; il est vrai qu'en guise de consolation on reçoit les sardoniques compliments de condoléance de ses amis, et qu'on donne à l'huissier cent sous pour cette robe de malheur.

Après cela il est rare qu'après avoir été refusé trois ou quatre fois, un étudiant ne finisse par être reçu, et alors il célèbre sa victoire par un festin joyeux, plus connu dans la société du quartier latin sous le nom de *culotte;* et en reprenant le soir le chemin de son domicile, le nouveau *bachelier* et licencié chante, en compagnie de ses amis, la Marseillaise ou toute autre romance plus ou moins anacréontique. — Cela trouble bien le repos des vieux naturels de la rue des Francs Bourgeois-Saint-Michel; et si on leur demandait d'abord la permission d'exécuter ce concert, il est probable qu'ils la refuseraient; — c'est ce qui fait qu'on s'en prive parfaitement.

LES
ENFANTS MATHÉMATICIENS.

Autrefois on voyait apparaître périodiquement, dans les colonnes des journaux, certains prodiges qui avaient au moins le mérite de la nouveauté.

Ainsi, aujourd'hui, c'était une araignée *mélomane*, demain un *serpent de mer* long comme un mélodrame de M. Bouchardy; une autre fois c'était un brigand, comme Schubry, qui poignardait cinquante personnes entre son déjeuner et son dîner. — Toutes ces histoires étaient variées, c'était gentil, c'était agaçant, ça fouettait le sang, ça faisait vibrer les nerfs, et l'abonné ne regrettait pas trop ses 40 ou même ses 80 francs. — Mais aujourd'hui ce n'est plus cela; je ne sais pas quel est le rédacteur qui a la spécialité des *prodiges*, mais il n'est pas fort. — C'est toujours la même chose; tous les trimestres, à l'époque du renouvellement, les abonnés ne sont pas régalés d'autre chose que de la nouvelle de *l'enfant prodige*, âgé de sept ans, connaissant les mathématiques beaucoup mieux que père et mère, et se livrant de mémoire à une foule d'additions et de multiplications qui enfoncent Barême et tous les autres savants en chiffres.

Ce prodige nous semble monotone en diable, j'aimerais autant m'en tenir au *Prodige de la Chimie*, qui reste aussi invariablement annoncé dans la quatrième page de ces journaux.

Le dernier de ces mathémaciens... peu mouchés, a été trouvé dans les campagnes de la Touraine (car règle générale, c'est toujours dans la campagne qu'on trouve ces prodiges; vous sortez pour allez chercher des fraises ou des hannetons, et v'lan! vous trouvez un mathématicien); le dernier rival de Mangiamele, disons-nous, se nomme... — Comment diable se nomme-t-il déjà? — Ma foi, je l'ai oublié; mais le nom ne fait rien à la chose, et je puis continuer, néanmoins, à vous narrer les plaisirs de la première séance à laquelle nous avons eu le plaisir d'assister. — Notre jeune homme, âgé de sept ans, répond à toutes sortes de demandes, faites dans toutes sortes de langues (pourvu que cette langue ne lui soit pas étrangère, il ne comprend guère que le patois tourangeau). Méprisant le charlatanisme des plumes, de l'encre et du papier, ce mathématicien sait résoudre les calculs les plus compliqués rien qu'en se mettant un instant le front entre les deux mains, et quelquefois il se contente de se fourrer le doigt dans l'organe de la respiration et du rhume de cerveau; mais son professeur l'empêche autant que possible de se livrer à ce genre de méditation.

Voici quelques-unes des demandes et des réponses qui ont été le plus justement remarquées et applaudies dans la première séance du jeune prodige : —

Dans le fait, c'est prodigieux.

Demande. — Jeune homme! vous avez été hier soir au théâtre du Gymnase, vous avez vu par conséquent le nombre des spectateurs qui ne se pressaient pas dans la salle. — Eh bien! dites-moi combien vous estimez la recette?

Réponse. — Cent quatre-vingt-sept francs, vingt-cinq centimes. (Le caissier du Gymnase soupirant : C'est bien juste!)

Demande. — Jeune homme! si sur cette recette, répétée pendant trois cent soixante-cinq jours de l'année, on prélève trente mille francs de loyer, cent vingt mille d'appointements d'acteurs, et cent mille autres francs d'autres frais divers, que restera-t-il à chaque actionnaire?

Réponse. — Très-peu de cheveux, attendu qu'il se les sera arrachés bien des fois en pensant qu'il a eu la bonhomie de se laisser intituler *actionnaire du Gymnase.*

Un monsieur chauve. Cet enfant raisonne comme un ange, je regrette de ne pas l'avoir connu un peu plus tôt!

Demande. — Un jeune auteur quelconque fait imprimer à ses frais, et à 800 exemplaires, un volume de poésies intitulé : *Echos de ma lyre*, ou *Pleurs de mon âme*, en dépose cinquante exemplaires dans les bureaux des journaux, trois exemplaires au ministère de l'intérieur et le reste chez un libraire : combien, au bout d'un an, retrouvera-t-on de volumes chez l'éditeur dépositaire.

Réponse. — Sept cent trente.

Un jeune homme à longs cheveux, se levant. — C'est faux! ce calcul est de toute fausseté!

2e Réponse. — J'ai dit sept cent trente, non parce que dix-sept volumes ont été achetés par le public, mais parce que ces vers ont été goûtés par les rats.

Demande. — Une actrice née en 1790, quel âge se donne-t-elle en 1845?

Réponse. — Trente-deux ans.

(Le public s'apprêtait à faire d'autres demandes sur l'âge des dames, mais la séance se trouva forcément levée par le départ de toutes les spectatrices. — La suite à une prochaine séance et à un prochain numéro.)

PARIS BOISÉ.

O Mascarille! tu n'avais point si grand tort de vouloir mettre l'histoire romaine en madrigaux! Voici maintenant que nous voyons la France en bois!

Le bois a tout envahi. Il n'y a plus que le bois, le bois seul est aimable. Hors du bois, point de salut!

La plume n'est plus à présent la colonne de la littérature, c'est le buis. Elle pourrait au besoin se passer de typographie, mais elle ne se passerait certainement pas de gravure.

Que dit le philosophe? Gravez, si vous voulez que vos écrits restent.

Quel temps que le nôtre! les gloires de la France reposent sur un arbrisseau. Supprimez le buis, et vous n'aurez plus même un livre à mettre sous les yeux.

Le règne du laurier est fini. Que peut l'arbre d'Apollon devant l'arbuste du graveur? Je demande qu'il soit supprimé jusqu'à la dernière couronne, et que le buis soit inauguré jusqu'à la dernière bordure.

Après avoir été si long-temps l'ornement des jardins, ne fallait-il pas qu'il devînt la parure de la librairie?

Quand M. Le Nôtre entourait de verdoyants remparts les plates-bandes de Versailles, il ne savait pas qu'il semait pour la plus grande gloire des lettres françaises.

C'est du Sud maintenant que nous vient la lumière, puisque c'est du Sud que nous vient le buis. C'est dans l'intérêt du Parnasse français que Louis XIV a dit son grand mot : Il n'y a plus de Pyrénées! Je frémis à la pensée d'une guerre avec la Péninsule. Le buis que fournit la Catalogne ne nous arriverait plus; que deviendraient alors les gens de lettres parisiens?

Mais écartons de notre article ces graves considérations, et renfermons-nous dans les limites de la province, considérée au point de vue du buis.

J'ai vu la Normandie, depuis Mantes jusqu'au Havre, taillée en buis; j'ai vu le Bourbonnais passer sous les fourches caudines du buis.

J'ai vu la Bourgogne ajouter à l'éclat de ses annales l'éclat de ses illustrations.

J'ai vu deux fois la Bretagne appeler à son aide la pompe du cliché.

J'ai vu l'Auvergne gravée depuis Saint-Flour jusqu'aux porteurs d'eau.

J'ai vu la Provence se barbouiller de lithographies du Rhône au Var. Or, la pierre n'est-elle pas le précurseur du buis?

Je vois maintenant l'Orléanais, à son tour, sacrifier aux idoles; il élève un temple de papier à ces faux dieux de bois. Ce temple aura une foule d'illustrations et plusieurs volumes.

Les autres provinces suivront sans doute comme les moutons de Panurge, et il n'y aura bientôt plus sur toute l'étendue du royaume un seul département privé de bois.

Que disent les éditeurs? C'est le bois aujourd'hui qui mène à la fortune.

PETITS PRIX DE SAGESSE,

JOLIS ALBUMS A 50 CENTIMES.

Nous avons trois manières de juger les enfants suivant :

1° Qu'ils sont à nous;

2° Qu'ils sont à nos amis;

3° Ou à des étrangers.

L'enfant d'un étranger trouve en nous un juge bien sévère : son étourderie est à nos yeux de la turbulence — sa malice de l'effronterie, ou sa timidité de la niaiserie.

Nous sommes un peu plus indulgents pour l'enfant d'un ami.

Mais c'est pour sa propre progéniture que le cœur de l'homme a des bontés, des pardons qui rappellent la miséricorde divine. L'enfant le plus laid, le plus disgracieux, le plus tortu ou biscornu se relève dans l'esprit paternel, se nettoie, se débarbouille, s'enjolive si bien dans ce féerique boudoir qu'il est pour nos yeux — pour les yeux paternels — beau comme un amour. Le crétin devient un génie, notre enfant est un prodige, tous nos enfants sont des prodiges!

Achetons-nous chez Aubert un album ou un livre, rien n'est assez fort, assez raisonnable pour l'enfant auquel ce cadeau est destiné. — Monsieur, disons-nous au commis qui nous sert : C'EST UN ENFANT FORT AVANCÉ POUR SON AGE. Mais nous avons grand tort de le dire, le commis le savait sans connaître l'enfant, sans connaître le père, il le savait ; car *tous les enfants sont fort avancés pour leur âge*, cela est convenu dans les familles depuis l'origine de la famille, et cela est entendu chez tous les libraires depuis la fondation des boutiques.

Parents intelligents, —juges impartiaux des qualités de messieurs vos fils et de mesdemoiselles vos filles, — heureux possesseurs de ces jeunes merveilles, ce n'est point à vos petits prodiges qu'Aubert fait offre de ses petits prix de sagesse. Fi donc! *cela n'est pas assez avancé pour*... .... Ce n'est pas non plus pour les enfants qui vous sont tout à fait étrangers, pour des mauvais sujets, des enfants tapageurs qui vous assourdissent, de petits maraudeurs; — que dis-je, de jeunes voleurs qui mettent votre jardin au pillage; — des enfants qui se permettent de rire quand vous êtes sérieux; — de rire de vous peut-être ! Allons donc !

C'est à vos neveux, à vos nièces, à ces petits êtres moitié bons, moitié méchants; à ces petits abrégés de l'homme et de la femme qui possèdent déjà — mais en germe — les qualités et les défauts de l'humaine nature ; c'est à cette classe bien nombreuse d'enfants, qu'il faut soutenir, encourager dans le bien, que s'adressent les *Petits Prix de sagesse*. C'est aux petites et jeunes intelligences que sont destinés tous ces sujets enfantins que les enfants aiment et comprennent.

Ces petits albums se donneront avec fruit après une semaine, une quinzaine, un mois si vous voulez, de sagesse et d'assiduité au travail. Vous aurez grandement encouragé l'enfant de votre ami et vous aurez dépensé CINQUANTE CENTIMES !

Vous voyez que c'est de la générosité comme il en faut à notre époque, de la générosité de bonne qualité et pas chère.

Aubert va publier d'ici au 1er décembre douze albums différents dans ce genre. La collection formera un très-joli présent d'étrennes pour enfant et ne coûtera que 6 francs.

Il publiera également les *Petits Livres récompenses*, douze autres petits volumes contenant un peu moins de dessins que les albums, mais en revanche renfermant un ou plusieurs petits contes dans le genre de ceux du chanoine Schmid. Les *Petits Livres récompenses* se vendront également 50 centimes la pièce.

Vous voilà donc fixés sur la question relative aux enfants de vos amis : vous leur donnerez ces petits albums, ces petits livres qui vont aux toutes petites intelligences, et vous ferez bien, car, voyez-vous, c'est folie de bourrer les enfants de choses au-dessus de leur portée, de les traiter en hommes à l'âge des joujoux, de vouloir leur parler un langage, leur faire lire des livres ou leur présenter des estampes qu'ils ne peuvent comprendre. C'est faire comme l'épicier du coin qui déguise son moutard en garde national ou en artilleur, c'est tourner en grimaces du singe les gentillesses de l'enfance.

Quant à messieurs vos enfants, oh! c'est autre chose! quelques traités mathématiques, quelques dissertations sur les beautés de l'art, quelques ouvrages bien graves et bien profonds seraient dignes de leur *étonnante précocité*; mais, hélas ! Aubert n'en a pas, et, vous savez, le *plus bel éditeur ne peut offrir que ce qu'il a*. Aubert vous offre les *Contes du grand'papa*, ou les *Contes de ma mère*, deux jolis livres in-8° imprimés avec luxe, par MM. Béthune et Plon, sur beau papier vélin satiné, et ornés chacun de 40 lithographies de MM. Alophe-Menut, — Victor Adam, — Beaume, — Bellangé, — Charlet, — Jules David, — Devéria, — Forest, — Francis, — Gavarni, — Grenier, — Madou, — Léon Noël et autres artistes.

Les contes sont écrits par MM. l'abbé de Savigny, — Tonin Castellan, — Ortaire Fournier, — Michelant, et par mesdames Camille Bodin et Eugénie Foa.

A défaut de choses plus dignes de vos jeunes merveilles, croyez-moi, donnez-leur ces deux livres; ils guideront leurs jeunes cœurs vers le bien, ils les amuseront tout en les moralisant; et si, par ce cadeau, vous satisfaites moins votre juste orgueil paternel, vous satisferez davantage vos enfants, c'est bien quelque chose pour un excellent père.

Les *Contes du grand'papa* et les *Contes de ma mère* se vendent chacun, broché, 10 francs, cartonné, 12 francs et au-dessus.

Vous trouverez dans le fonds d'Aubert un grand choix d'autres volumes tout aussi peu scientifiques, mais également instructifs et intéressants.

IMPRIMÉ PAR BÉTHUNE ET PLON, A PARIS.

PARIS COMIQUE,

Dessins de MM. de Beaumont, Bouchot, Cham (de N...) Daumier, Emy, Gavarni, Grandville, H. Monnier, Pruche, Vernier et autres.

TEXTE PAR LES RÉDACTEURS DU MUSÉE PHILIPON, DU CHARIVARI, DE LA CARICATURE, ETC., ETC.

Sous le titre de PHYSIOLOGIE CARICATURALE, notre ami Ch. Philipon a publié dans LE CHARIVARI une série d'articles à laquelle nous empruntons les quatre chapitres suivants.

PHYSIOLOGIE CARICATURALE.

En général, l'homme d'un tempérament bilieux est maigre; sa peau est jaune et bistrée, ses cheveux noirs, ses yeux noirs ou bruns, enfouis dans des orbites sombres; il est peu communicatif, très-grognon, et se plaît, dans le commerce habituel de la vie, à discuter, contester et contrecarrer. Pour peu qu'il manque d'élévation dans l'esprit, il devient ergoteur, taquin et tracassier. La colère, l'envie et la jalousie sont ses défauts dominants; ses goûts sont les plaisirs qui entraînent une lutte quelconque : l'équitation, l'escrime, et principalement le jeu, qui, chez lui, dégénère souvent en passion.

L'homme sanguin a la taille bien prise, la tête bien plantée, une physionomie vive, ouverte, gaie et souvent spirituelle. Presque toujours il est vaniteux; toujours il aime le luxe, l'éclat, la toilette, les parfums, les jeux et les plaisirs de toutes sortes, mais sans passion, car il est par-dessus tout inconstant.

L'homme nerveux est habituellement petit, sec; sa parole, ses mouvements, ses gestes sont saccadés; il est fort rare qu'il ne soit pas marqué d'un tic de la tête, des yeux ou de la bouche. Son caractère est constamment irritable et capricieux. Vous le verrez tour à tour bon, méchant, triste, gai, babillard ou taciturne, suivant que l'air atmosphérique sera plus ou moins chargé d'électricité.

L'homme lymphatique, d'une constitution faible et chétive, est pâle ou d'un blanc rose; s'il est gros, sa graisse est blanche et molle; ses cheveux sont blonds ou châtain-clair; il a l'œil gris ou bleu, le regard doux, mais sans vivacité. C'est un homme bon, bienveillant, modéré, patient, affectueux et sensible, d'un esprit lent, ou du moins fort calme, souvent très-fin, mais d'un caractère enclin à la tristesse. Son organisation le porte aux jeux qui exercent l'intelligence, et aux plaisirs tranquilles; il aime les arts, la lecture, le spectacle, les fleurs et les animaux domestiques.

Comme, dans le monde physique et moral, tout se tient par des chaînons plus ou moins visibles; comme toutes les affinités tendent à se réunir, l'homme, dont l'organisation est tellement semblable à celle de la bête, devait, suivant son caractère, suivant ses penchants, son âge, son esprit et son genre de vie, se rapprocher de l'animal dont les instincts ou seulement la forme ont avec lui des rapports médiats ou immédiats. — C'est cette vérité philosophique qui fournit au caricaturiste les observations suivantes :

Les petites filles aiment les agneaux, les petits chiens, les petits lapins, les oiseaux; en un mot, tous les êtres jeunes, faibles et doux comme elles. — Les petits garçons se plaisent à poursuivre les papillons, les hannetons, les lézards. — Les galopins se divertissent des souris, des taupes et des autres bêtes répugnantes. — L'homme d'un caractère sérieux, studieux et d'un esprit peu actif, fait collection d'insectes. — L'homme vif, fier, ambitieux, aime le cheval. — L'homme d'une humeur tyrannique exerce sa domination sur le chien docile et craintif, qu'il peut impunément maltraiter. — Le vieux bonhomme, doux et affectueux, s'attache au barbet. — Le soldat prend pour camarade le caniche, et, par ricochet, le soumet aux corvées de l'exercice. — Le libéral supporte volontiers et quelquefois aime le chat, trop égoïste et trop indépendant pour rendre amour pour amour. — La vieille femme utilise le résidu de sa tendresse sur le carlin ou le bichon, qu'elle nourrit de friandises et fait crever d'indigestion. — La vieille fille, implacable, inexorable pour la nature humaine, n'applique qu'à son matou favori le proverbe : « *Il faut bien que jeunesse se passe.* »

La femme sur le retour raffole du petit épagneul de Charles Ier, ou de l'imperceptible chien anglais, animaux caressants outre mesure. — La jeune fille choisit le petit chien levrier, fin, svelte et léger. — La grisette et l'écolier apprivoisent l'écureuil malin et inconstant. — La femme au profil brusqué est l'amie de la chèvre, de la brebis et du lapin. — Le vieux couple choisit la tourterelle aux amours sans fin. — Le gobe-mouche, le tourlourou, le petit rentier, aiment le cygne monotone. — Le vieil imbécile élève des serins. — Le portier, le savetier, goulus, sales et bavards, ont pour compagnon ordinaire le corbeau, le merle ou le geai. — Le maître de langues vit en bonne intelligence avec la pie. — Le perroquet est l'oiseau de la vieille bavarde. — La perruche convient à la *panthère* (1). — L'artiste s'amuse du singe, son rival en imitations, grimaces et mauvais tours. — Les poissons rouges, dont la vie peu accidentée s'écoule dans un bocal, sont les intimes du petit rentier. — Enfin, le prisonnier chérit tout être vivant qui lui tient compagnie, fût-ce un rat ou une araignée. — Et le cœur du flâneur est toujours ouvert au chat de Polichinelle, au singe balayeur, au lièvre tambour, au chien habillé, au serin canonnier, à la puce travailleuse, au cheval gastronome, au cerf acrobate, à la chèvre mathématicienne, à Munito, à l'âne savant, etc., etc., etc., c'est-à-dire à tout animal remplissant de gré ou de force les fonctions de saltimbanque.

(1) On nomme *panthères* une variété de *Lorettes* ou Magdelaines non repenties.

Le Gamin de Paris.

Familier, crieur, goguenard, paresseux, gourmand, aimant le spectacle comme un Romain, et par-dessus tout flâneur, oh ! flâneur avec amour ! Telles sont les qualités distinctives du gamin de Paris.

Vous comprenez que le gamin, comme nous l'entendons, c'est l'apprenti, l'enfant sans instruction, sans tenue et sans argent, qui, oubliant tout à fait la commission dont il est chargé, vague dans les rues, flâne aux devantures de boutiques, fait des grimaces aux marchandes, des niches aux passants, aigrit le caractère des chiens et parcourt gaiement la capitale assis sur le marchepied postérieur des voitures. C'est l'amateur passionné du pruneau, du raisin sec, de la mélasse, de la cassonade, du raisiné et de toutes ces succulentes choses dont l'épicier cupide ne veut absolument se dessaisir que pour du numéraire.

Or, nous l'avons dit, le numéraire est le côté faible du gamin ; mais il est dans la nature une loi de pondération en vertu de laquelle les parties faibles tendent toujours à s'équilibrer avec les parties fortes. L'esprit et la ruse viennent remplacer le numéraire, et l'équilibre s'établit.

Ainsi le gamin, alléché par l'odeur tentatrice du chocolat, de la réglisse ou de la confiture, passe-t-il devant l'étalage d'un de ces heureux de la terre prosaïquement appelés *épiciers*, tous les rayons de son intelligence convergent sur un seul point, — posséder une partie quelconque de ces richesses. Il laissera, par exemple, tomber son pain dans la gelée de groseilles, et s'excusera de l'*accident*. Ou bien il marchandera les pruneaux, les figues, les noisettes, le sucre, goûtant, à chaque question de prix ou de qualité, l'objet qu'il marchande, et finissant par renvoyer son achat à un jour indéterminé.

Cependant si l'épicier, qui vit avec le gamin dans la perpétuelle position du bœuf aiguillonné par une mouche, s'oppose à cet exercice gratuit des fonctions de dégustateur, — ou bien, si les tendances digestives du gamin le portent vers la galette, car il n'est pas exclusif, et, sans déprécier la valeur des farineux, — s'il éprouve un vague désir de flan, ou de tout autre comestible qu'il n'est pas possible de goûter sans l'acheter, oh ! alors, les idées de paresse sont repoussées avec perte, chassées honteusement ; notre gamin devient travailleur... travailleur accidentel, comme le lazzarone napolitain.

Descendez-vous de cheval, il s'offre pour tenir la bride en votre absence. Votre voiture s'arrête-t-elle, il accourt, met le pan de sa veste sur la roue boueuse, et vous aide à franchir le marchepied; — il porte le pot de fleurs que vous venez d'acheter pour *elle*. Il guide l'étranger qui cherche la poste aux lettres, son hôtel, la Bourse ou tout autre établissement public.

— Êtes-vous retenu par un orage sous la porte cochère? il court chercher pour vous une voiture. — Enfin il fera tout pour obtenir de ses concitoyens les *cinquante* centimes nécessaires à son bonheur; après quoi il redevient, non pas le lazzarone italien, dormeur et nonchalant, mais le lazzarone français, dont nous avons dit le caractère en commençant ce chapitre. Le soir venu, c'est chez madame Saqui, c'est à la Gaîté ou au Cirque-Olympique que vous trouverez le gamin, toujours rieur, toujours goguenard; interpellant les acteurs, leur criant de parler plus bas, de parler plus haut; appelant *Titi* et lui demandant, d'un bout de la salle à l'autre, s'il mange toute la galette; réclamant à grands cris l'expulsion des *geondarmes* (gendarmes); s'emparant de la police de la salle en intimant aux femmes l'ordre d'enlever leurs châles accrochés à la balustrade, et ordonnant aux hommes de faire *face au parterre*. Là, il trône; là, il est maître souverain, et celui qui ne l'aurait pas vu aux théâtres du boulevard ne connaîtrait pas certainement le gamin de Paris.

Les accidents, les exécutions, les émeutes, les fêtes publiques, nationales, royales ou n'importe quoi, sont encore ses points de réunion; il grimpe aux mâts de cocagne, sur les arbres, sur les voitures, sur les colonnes des réverbères; il grimpe partout, se fourre partout, voit tout; et, comme nous le disions, il aime tellement le spectacle, de quelque genre qu'il soit, que, pour jouir de cette vue, il oublierait tout dans ces jours mémorables, tout! peut-être même la galette et le raisiné.

Le Plaisir du soldat.

Il résulte de toutes les statistiques que, sur un chiffre de 400,000 hommes, l'armée française fournit 393,000 des plus intrépides flâneurs; et peut être faut-il encore rétablir le chiffre retranché sous prétexte qu'il figure le nombre des malades, car l'hôpital est souvent un lieu de refuge contre la corvée, un moyen d'obtenir la soupe au beurre, un palais de délices enfin et de flâneries particulières, plutôt qu'un asile pour la vraie souffrance. — Le militaire est incontestablement, par-dessus tout et plus que tout, musard, badaud, gobe-mouche; et cela ne doit surprendre personne. Que voulez-vous que ces 400,000 pauvres diables fassent dans une paix profonde? A moins de s'entre-dévorer comme les brochets d'un étang ou d'occire les péquins, il faut bien que des gens dont le métier est de tuer tuent au moins le temps, le seul ennemi, d'ailleurs, qui puisse triompher du guerrrrier frrrrrançais. Aussi ce malheureux vieux en voit-il de cruelles avec de tels gaillards! Cavalerie, infanterie, artillerie, toutes les armes, tous les grades, depuis le maréchal de France jusqu'au jean-jean, tout le monde l'attaque à sa manière et lui fait une guerre acharnée.

Le maréchal, obèse et goutteux, se retranche dans ses terres ou attend l'ennemi dans son fauteuil.

Le général, plus ingambe, le poursuit dans les antichambres de la cour, et surtout dans les bureaux du ministère.

Le colonel l'aborde à la baïonnette dans le bois de Boulogne, dans les cercles, dans les foyers des théâtres royaux, et le pourchasse jusque dans les ruelles des lionnes à la mode.

Quant aux chefs d'escadron et de bataillon, ils l'assiégent chez le restaurateur, à table d'hôte, dans les banquets, les repas de corps, et font main-basse sur les ravitaillements. N'est-il pas de bonne stratégie d'enlever le plus de vivres possible à l'ennemi?

Capitaines, lieutenants et sous-lieutenants lui livrent un rude assaut à grands coups de pipes, de cartes, de dominos et de queues de billard.

Le sous-officier s'exerce bravement au maniement de ces mêmes armes obtenues par le carottage (1).

Mais le vrai flâneur, c'est le bon, le pur tourlourou. Hâtons-nous de le dire à sa louange, le pioupiou est le symbole de la plus parfaite innocence, le modèle de la simplicité du premier âge. Sobre comme le modeste compagnon de son enfance, dont le braiement ravive ses souvenirs du pays et de la payse; patient comme le chameau qui l'attend sur les sables de l'Afrique; chaste comme un saint de bois; rangé comme une demoiselle qui l'est encore (rangée), — ce n'est pas lui qu'on voit dépenser ses forces en plaisirs scandaleux, jeter

(1) Le carottage est une sorte d'impôt indirect sur le père, la mère, le frère, la sœur et sur tout autre parent affectionné du soldat; il porte encore sur les fournisseurs de la compagnie et sur la naïveté du conscrit qui débarque au régiment.

son or aux courtisanes, aux croupiers de la roulette, ou bien, tombant dans un excès opposé, empiler les écus, thésauriser, tarir les sources de la fortune publique. Non, non, ce n'est pas lui qui gaspille les finances du pays; et si la patrie, toujours grande et généreuse envers ceux qui la servent, lui fait la munificence d'un sou net par jour, ce sou il le rend noblement à la circulation, et entretient, par une sage répartition de son revenu, la richesse dans toutes les branches de l'industrie et des arts. C'est ainsi qu'il encourage le commerce de l'achat d'une pipe de terre; — l'agriculture, par une consommation modérée de pommes de terre frites, — et les arts, par la libéralité d'une fraction de ses cinq centimes en faveur de cet homme qui, à force d'études préparatoires, est arrivé à avaler des lames de sabre, des manches de râteau et des brancards de calèche.

Mais il espère bien, dans son amour éclairé du progrès, que l'art ne s'arrêtera pas toujours à la poignée du sabre et à l'avant-train de la voiture. Pénétré, d'ailleurs, de cette vérité (dont l'intuition prouve à quel point il possède le sentiment de l'art), que les applaudissements de la multitude, les bravos de la foule, ce que le saltimbanque appelle *l'honneur de votre présence*, est un stimulant bien préférable au vil métal, le pioupiou *accorde l'honneur de sa présence* à tout ce que Paris compte de savants — aux physiciens des Champs-Élysées — aux marchands de vulnéraire — lavatériens qui disent la bonne aventure, à tous les praticiens célèbres, aux extirpateurs de cors, durillons, de dents et autres difformités; — à tous les arts et à tous les artistes, la danse de corde, l'assaut de savate, Polichinelle, la lanterne magique, le singe balayeur, l'âne savant et la femme forte, — cette femme incomparable, la gloire de son sexe, qui a fait, comme elle le dit avec simplicité, l'admiration des puissances étrangères et de notre saint père le pape.

Le Batteur de pavé.

Croyez-vous que la flânerie n'appartienne qu'aux fonctionnaires publics, aux rentiers, aux avocats sans cause, aux tourlourous, en un mot, aux hommes de loisir? Pensez-vous qu'elle soit, pour tout le monde comme pour vous, un sujet de distraction, un moyen de dépenser le temps? Ce serait méconnaître le caractère industriel de votre siècle, faire injure à l'intelligence de vos concitoyens. Certes, dans un pays avancé comme le nôtre, dans une ville où l'eau, l'air, le feu, la terre, l'amour, l'honneur, l'esprit et la matière se vendent, se louent et s'exploitent de toutes les façons, la flânerie devait s'utiliser d'une manière quelconque; fournir à quelques-uns le moyen de lever un impôt sur beaucoup d'autres, but philosophique vers lequel tendent toujours les progrès de la civilisation.

De cette idée profonde d'économie politique est né le *batteur de pavé*, famille variée dans les espèces, classe riche en besoins et surtout respectable... par le nombre, car elle se compose, à Paris, de ces trente-cinq mille consommateurs qui se lèvent sans savoir comment ils dîneront, dans quel lieu ils coucheront; problème qui, suivant les calculs de la probabilité, a pour solution :

Dîner : — Aux dépens du prochain.
Coucher : — id.

Mais qui dans les jours néfastes se résout ainsi :

Dîner : — Zéro.
Coucher : — Au violon.

Vous dire toutes les nuances de l'espèce serait trop long et demanderait plus de travail que nous n'en voulons mettre, moi à écrire, vous à lire cet article; choisissons seulement quelques-uns des plus remarquables.

Cet ami intime que vous ne connaissez pas, mais que vous rencontrez dans tous les lieux publics, qui vous sourit toujours, vous salue de la main, et finit, ou plutôt commence par vous emprunter vingt francs, c'est un *batteur de pavé*.

Cet homme qui entre dans une boutique, en courant d'un air très-affairé, et qui dit au bonnetier, au mercier dont il vient de lire le nom sur l'enseigne : Mon Dieu! monsieur Barnabé, je suis votre voisin, je demeure là, n° 26 : je viens de faire un petit achat; il me manque 5 francs; je ne voudrais pas remonter chez moi; voulez-vous me faire le plaisir de me les prêter?... Batteur de pavé!

Ce monsieur au maintien décent, à l'air honnête et vénérable, qui se présente orné d'un ruban rouge et d'une tête chauve, collecteur officieux pour les victimes de l'inondation, de l'incendie ou de tout autre malheur à la mode, c'est un batteur de pavé; les aumônes passeront de vos mains dans celle d'un croupier de tripot.

Ce Polonais de Strasbourg, cet Espagnol de Pezenas, ce Napolitain de Turin, tous ces nobles

L'imagination. N° 5.

T. de Benard, rue de l'Abbaye N° 4 — On s'abonne chez Aubert, galerie vero Dodat

Misantropie.

Si je m'empoisonnais ?... des vomissemens.... des souffrances ! et le charbon ? ou bien le poignard ? l'eau ... la corde... non, le pistolet..... oui, le pistolet !

étrangers de contrebande, qui font appel à votre libéralisme, ou plutôt à vos libéralités : batteurs de pavé! batteurs de pavé!

Et ce pauvre diable crasseux, râpé, délabré, qui parcourant d'un œil inquiet les dîners des restaurateurs, lit :

DINERS A 13 SOUS.
On a trois plats, un carafon de vin et un dessert.

DINERS A 17 SOUS.
On a quatre plats au choix, une demi-bouteille de vin de Mâcon, dessert à discrétion.

et qui, tout bien considéré, attendu qu'il lui manque pour dîner 13 sous ou même 17 sous, se met à chercher dans la poche des passants, soit devant l'étalage des marchands d'estampes, soit dans la foule du musée, devant la baraque de Polichinelle, ou dans toute autre réunion de badauds, encore un *batteur de pavé;* c'est celui qu'on nomme *le tireur*.

Nous avons de plus le bonjourien, qui bat le pavé à huit heures du matin, parcourt les maisons, entre partout où il peut entrer; prend ce qu'il peut prendre, et se retire en vous souhaitant le bonjour et en vous demandant pardon de vous avoir réveillé.

Puis l'*américain* qui flâne à toute heure pour rencontrer une sacoche sur le dos d'un jobard, auquel il demande, en baragouinant, l'échange de deux écus contre une guinée d'or; échange que le jobard accepte par cupidité, fait par bêtise, et pour lequel il reçoit pour son bon et bel argent du plomb, des sous dorés, et des jetons en rouleaux.

Enfin dans la même catégorie se place le *flâneur nocturne*, modeste fleur des grandes villes, qui ne peut supporter ni la lumière du soleil ni celle des réverbères, et ne s'épanouit que dans l'ombre des rues solitaires, ou, permettez-moi ce calembour botanique, dans les serres du préfet de police.

Mais le *batteur de pavé* par excellence est le philosophe praticien, il vit gaiement au jour le jour, sans luxe, sans gêne, sans prétentions à la fortune, dégagé de tous préjugés, s'accommodant de tout ce que regrettent les autres, mangeant peu, buvant beaucoup, et pouvant toujours s'écrier comme Bias :

Omnia mecum porto!

En un mot, le rêveur du faubourg Saint-Marceau, le flâneur prolétaire, le roi du pavé, le chiffonnier parisien.

LES GÉNIES MÉCONNUS.

LE MUSICIEN INCOMPRIS.

Platon, dans l'organisation de sa république idéale, définit le musicien incompris : Un animal à deux pattes et sans plume, qui compose, en vue des lois de l'humanité, une musique que l'on ne saurait comprendre pour un public qui n'existe pas.

D'abord le musicien incompris a été simple mortel comme vous et moi, montant sa garde le moins souvent possible, payant régulièrement son terme et rêvant, comme tant d'autres, la gloire et la fortune. Mais après avoir publié des romances qu'on n'a pas voulu chanter, et composé des opéras qu'on a toujours refusés, il a pris une autre voie, véritable chemin de traverse; il est devenu humanitaire et a pris place dans la classe nombreuse des génies méconnus : dès lors il s'est dit en lançant à la foule sa malédiction : Ah! vous dites que je n'ai pas d'imagination! j'y consens, mais alors j'aurai du génie, et nous verrons. A dater de ce jour, lui qui s'arrêtait en extase devant les orgues de Barbarie et les serinettes, quand par hasard il avait sauvé du naufrage et de l'oubli quelques-unes de ses romances, il est devenu horriblement malheureux si une mémoire fatale a retenu seulement la plus mince bribe des hiéroglyphes qu'il fait graver avec persévérance et qu'il nomme ses pensées musicales. Maintenant, au rebours de la sagesse des nations, il exclut tous les genres, hors le genre ennuyeux.

Amuser le public! dérision. Applaudi par cette foule stupide qui ne remplit pas la salle quand on exécute les rêveries fantastiques! horreur! C'est bon pour les esprits étroits, pour les musiciens de l'ancien régime d'aimer les bravos; pour lui, moins il est applaudi, plus il s'estime. Aussi s'estime-t-il excessivement. Il lui faut, pour ses représentations solennelles, une vaste salle bien vide, ou garnie tout au plus de quelques rares éditeurs qui l'admirent par dévouement et bâillent par nécessité.

Le musicien incompris méprise ce qu'on nomme vulgairement le public; mais en compensation il n'a qu'une très-médiocre estime pour les artistes contemporains. Si vous lui nommez Meyerbeer,—

Hum, hum, je ne dis pas, il a quelque talent, mais il sacrifie à la mode.

— Et M. Aubert, en voilà un qui écrit de charmants opéras !

— Compositeur de quadrilles et de chansons; un peu d'esprit, voilà tout.

— Pour Rossini, vous conviendrez?

— Un Italien, un sensualiste.

— Enfin Bellini, Donizetti?

— Italiens, Italiens, musiciens faciles, trop faciles.

Par exemple, s'il traite fort cavalièrement le présent, il a une grande vénération pour tout ce qui date d'un siècle; et quand vous lui parlez d'un opéra nouveau, d'un succès, il vous répond immédiatement d'une voix attendrie : — Ah! que diriez-vous si vous connaissiez le fameux Jacques Langlumé (un incompris de la jeunesse de Louis XIV). Quelle musique! quel musicien! Avec ces ingénieuses théories, on comprend que le musicien incompris ne se livre pas à la composition comme le vulgaire des humains. Pour que sa muse échevelée fût à l'aise, il lui faudrait, à l'entendre, une foule de forêts vierges et de rochers gigantesques, seuls cabinets de travail où un homme de génie qui se respecte peut rencontrer la véritable inspiration; mais comme, en fait de forêts vierges et de rochers, on ne connaît guère à Paris que le pacifique bois de Romainville et les carrières Montmartre, notre grand homme va chercher la solitude au huitième au-dessus de l'entre-sol; là, après s'être parfumé de quantité de cigares, après avoir tourné trois fois sur lui-même, il se livre tout entier au dieu qui le dévore; il saisit sa guitare (le piano généralement tapotté lui semble fort mesquin) et tombe le poil hérissé sur son sofa, où il compose, compose jusqu'à extinction de chaleur naturelle. Il court surtout après la haute philosophie musicale, pour lui la romance est un mythe qui doit exprimer une des faces les plus superlicoquencqueuses de la vie humaine; le duo, une palingénésie drolatique et humanitaire, Une fois lancé, rien ne l'arrête; la langue de Beethoveen et de Weber ne lui suffit plus; il invente des accords inouïs, des rhythmes inconnus, des mélodies inaccessibles. Grâce à cet agréable procédé et à cet exercice violent, le compositeur échevelé arrive à produire une partition qui peut lutter avec les charivaris les mieux organisés, et il obtient toujours le succès, non je veux dire la chute demandée.

Toutefois, le musicien incompris descend quelquefois des régions nébuleuses, où il se plaît ordinairement à résider, pour aller réclamer le coup de grosse caisse de l'annonce. C'est même, en fait de musique, l'instrument qu'il connaît le mieux. S'il méprise bravement les applaudissements que personne n'a envie de lui donner, il possède parfaitement les précieuses ressources du puff littéraire et musical, et il s'en sert de la façon la plus ingénieuse. Il trouve à son profit des réclames ébouriffantes; il sait glisser adroitement dans les journaux de petits articles à sa louange; six mois à l'avance il fait savoir au public qu'il s'occupe d'une petite symphonie sociale et fantastique, dont il a trouvé le sujet dans les Pères de l'Église. Une autre fois c'est un drame tiré de la littérature samscrite (le susdit samscrit est un patois bas-breton bien digne de la musique tartare du grand homme) auquel il a ajouté des chœurs passablement chinois. Faute de meilleure occupation, il s'occupe à refaire, sur un plan nouveau, les symphonies de Beethoveen, ou à socialiser les opéras des maîtres qui ont eu la faiblesse d'écrire tout simplement de la musique, rien que de la musique qu'on écoute avec plaisir, les ignorants! Puis au milieu de ces occupations souterraines dont il fait grand bruit au dehors, la réclame va son train et fait son petit effet; à force de parler de génie méconnu, on finit par convaincre quelques badauds, par arriver à la réputation; et un beau jour, persuadé qu'on est un grand homme, on s'élève à soi-même une statue et on réussit à se voir coulé au physique comme au moral.

C'est surtout au moment du concert ou de la représentation d'un chef-d'œuvre que le musicien incompris multiplie ses efforts; il s'entoure de son bataillon sacré, des jeunes Français encore dans l'âge des illusions. Les affiches monstres, les lettres gigantesques, couvrent tous les murs; partout où il peut glisser quelques lignes de sa façon, on lit : « Le célèbre X..., ce prodigieux compositeur, auquel l'art musical doit tant de progrès, donnera demain son grand concert annuel; on ajoutera sa fameuse symphonie de *Mathusalem*. » Puis viennent les célébrités microscopiques qu'il protège, la célèbre cantatrice Aspasie Truchot (totalement inconnue) chantera des stances sur la grâce efficace; (comprenez-vous? non, ni moi non plus.) Le célèbre M. Boniface (on n'en a jamais parlé) chantera le rôle de Mathusalem, etc. etc. Le concert a lieu en présence de cinq ou six amis fidèles au malheur, de trois provinciaux séduits par l'affiche, et deux ouvreuses victimes de leur devoir. Le lendemain on lit : « L'élite de la société parisienne assistait... C'est un triomphe de plus pour l'auteur de... » suivent les titres de toutes les œuvres ensesevelies dans la poussière. Ce n'est pas fini, durant les six mois qui suivent, on répète de semaine en semaine : « La belle symphonie de *Mathusalem* a été exécutée avec un immense succès à Monaco, en présence d'un public nombreux et enthousiasmé ; » et ainsi de suite, jusqu'à ce que la sublime composition ait fait son tour d'Europe. Après cela, si vous allez à Vienne, à Berlin ou à Rome, à votre choix, et que, sur la foi de l'annonce, vous disiez à quelqu'amateur émérite qui vous vante les compositeurs du cru : « Oui, il a du talent, mais nous avons aussi des compositeurs un peu soignés à Paris; hein ! mes gaillards, fameux la symphonie de *Mathusalem*. Ce diable de X..., quel homme! » Votre interlocuteur vous répond : « Connais pas. » Si vous insistez, comme il suppose qu'en votre qualité de Français, naturellement spirituel, vous vous moquez de lui, il se fâche ou vous rit au nez, selon qu'il a le caractère plus ou moins bien fait... Et le musicien incompris, me direz-vous, que devient-il? il poursuit ses triomphantes symphonies, et reste décidément un grand homme pour son portier et son éditeur, car c'est encore là une de ses victimes.

PANORAMA

DES BOULEVARDS ET DES CHAMPS-ÉLYSÉES.

N'êtes-vous jamais venu à Paris? achetez l'immense dessin qui représente les Boulevards depuis la Madeleine jusqu'à la place de la Bastille ; vous aurez une idée de la grande ville, car ce panorama lithographique vous montrera quelques-uns des monuments qui font l'orgueil du *badaud*, vous déroulera cette prodigieuse enfilade de maisons qui, petit à petit, étouffent les arbres plantés sous tous les régimes passés, et vous fera connaître les différentes tribus qui habitent ce *désert populeux*. Car il faut bien vous garder de croire au mélange perpétuel des classes dont on vous parle dans les grands journaux, à cette fusion de rangs, à ce pêlemêle d'individus. C'est un conte!

Les habitants de Paris n'ont de commun que l'air, les contributions et la charge de la garde nationale. A cela près, ils vivent séparés, divisés en castes, en peuplades, comme les Bédouins ou les Kabyles de l'Algérie.

Ne croyez pas que j'abuse de votre simplicité ! parole d'honneur! demandez à quiconque aura habité Paris pendant un an seulement, — ce qui est assurément trop peu pour bien connaître la rue dans laquelle on est logé, — demandez-lui si la population du faubourg Saint-Honoré ressemble le moins du monde à celle du faubourg Saint-Marceau ! Certes ! il n'est besoin d'être profondément observateur pour vous répondre que ces deux populations se ressemblent comme une tanche et un oiseau-mouche...

Mais il faut pénétrer un peu plus profondément dans l'étude des mœurs pour distinguer, quartier par quartier, tous les degrés de dissemblance existant du faubourg des diplomates à celui des chiffonniers.

Cette étude, vous pouvez la faire sans quitter Bordeaux, Marseille ou Pézénas, vous n'avez qu'à suivre de l'œil les gradations indiquées par M. Provost sur son beau dessin des Boulevards.

Sur la place de la Madeleine vous reconnaîtrez le voisinage des grandes ambassades, autant par les équipages et les promeneurs que par les *Madeleines* elles-mêmes, ces *lorettes* du quartier anglais.

De la rue Caumartin à la rue Taitbout — en un mot, sur le boulevard de Gand — vous distinguerez la peuplade de viveurs et de viveuses, composée : en hommes, de fils de famille, d'agioteurs de la Bourse et de jeunes banquiers mangeant leur fonds, et de grands chevaliers d'industrie; et, en femmes, de vraies lorettes, de lionnes et de panthères, trois variétés de la même espèce.

C'est là que se trouvent ces établissements chers à tous les cœurs bien nés : — le *Café Anglais*, renommé par ses excellents dîners d'autrefois; — le *Café de Paris*, par ses dîners d'aujourd'hui; — *Tortoni* par ses glaces ; — la *Maison d'Or*, par ses soupers de carnaval.

De la rue Taitbout au Passage des Panoramas, se rencontrent les viveurs de second ordre, les officiers en semestre, les commis d'agents de change, les *beaux* de province, venus pour se retremper à la grande école, et les *rats* des petits théâtres, ou pis encore, les *belles de nuit* qui ne s'épanouissent qu'à la clarté du gaz.

C'est l'emplacement du *Passage de l'Opéra*, —

du *Jockei-Club*, dont le personnel appartient au boulevard précédent, — du *Cercle de la rue de Grammont*, — du *Café du Grand-Balcon*, bien connu des provinciaux amateurs de billard et de tabagie, — enfin du *Théâtre des Variétés* et du *Passage des Panoramas*, rendez-vous des étrangers et des tireurs de bourse.

De là au Faubourg du Temple grouille la fourmilière de marchands d'articles de Saint-Quentin et de Tarare, de marchands de mercerie, de bijouterie et de rubans, courant tous après les détaillants débarqués dans Paris, — la foule de ces derniers courant les dépôts et les fabriques, — et, en femmes, les gentilles grisettes, les *trottins* de magasin, les jolies boutiquières, courant toutes aussi après les acheteurs ou les fournisseurs.

C'est le quartier du *Gymnase*, du *Bazar Bonne-Nouvelle* et de la *Porte-Saint-Denis*, de la *Porte-Saint-Martin*, du *Cercle de l'Industrie*, du *Théâtre Saint-Martin*, de l'*Ambigu* dit *Comique* et du *Château d'Eau*.

Vient ensuite le boulevard du Crime, surnommé boulevard du Temple, promenade des jeunes gens du Marais qui viennent chauffer au soleil leur douzième lustre, assister aux combats de dominos ou de billard livrés au café Turc, et faire la roue devant les coquettes de leur âge, assises en tapisserie devant le *Jardin Turc*.

Le *Cirque-Olympique*, — les *Folies-Dramatiques*, — la *Gaîté*, — les *Funambules* (scène de Debureau), — les figures de cire et beaucoup d'autres spectacles de même qualité sont échelonnés sur cette ligne : c'est dire qu'elle est parcourue aussi par les petits boutiquiers et les artisans des faubourgs, et fréquentés par une population moins intéressante mais plus pittoresque, les *golpeurs* (pardon de l'expression), de toutes les rues borgnes, les voleurs de bas étage, les flâneurs en état de rupture de ban, les locataires ordinaires de la Conciergerie et de Saint-Lazare.

Au boulevard Beaumarchais, Paris reprend sa physionomie honnête, c'est le pays tranquille du Marais, la promenade triste et paisible des vieux rentiers, des vieilles dévotes, des magistrats en demi-solde, des papas et mamans qui ont obtenu de la reconnaissance filiale, ou plus sûrement de la sagesse des lois, une pension alimentaire. C'est le quartier des bonnes d'enfants et des tourlourous; quartier sans monument aucun, sorte de désert placé entre la ville des plaisirs, des jeux et des théâtres, et le faubourg Saint-Antoine, pays du travail et de la souffrance.

Le grand dessin de M. Provost a commencé par le monument impérial, l'église de la Madeleine; il se termine par la colonne révolutionnaire de Juillet. C'est un beau travail, un dessin curieux, que nous recommandons également à ceux qui connaissent Paris et même à ceux qui l'habitent, car Paris changera de physionomie, et ce dessin restera comme souvenir du temps présent. Aujourd'hui il plaît par sa ressemblance, dans dix ans il intéressera par la comparaison. Un dessin semblable fait il y a trente ans, il y a vingt ans même, serait très-précieux aujourd'hui, et M. Provost a eu raison de commencer une série qui se continuera sûrement plus tard et permettra de voir au premier coup d'œil les changements survenus dans cette partie, la plus intéressante des quartiers de Paris.

Les Boulevards sont représentés par deux grandes feuilles contenant chacune quatre bandes imprimées en deux teintes. Les 2 feuilles se vendent 10 f.

Réunies, collées, repliées comme une carte géographique et posées sous deux cartons en forme d'albums qui se déploient, elles se vendent 12 f.

Coloriées et cartonnées 24 f.

M. Provost a dessiné de la même manière les Champs-Élysées, depuis et y compris la barrière de l'Étoile, jusqu'au palais des Tuileries également compris.

Ce tableau représente donc le quartier Beaujon, le quartier du faubourg Saint-Honoré, le Rond-Point, Francoui d'Été, les jolies fontaines et les élégants pavillons de construction nouvelle, la place Louis XV, l'obélisque de Luxor, le Garde-Meuble de la couronne, les chevaux de Marly, le jardin des Tuileries, le grand bassin, les belles allées de marronniers, le petit bassin, les parterres du roi et le palais.

Les boulevards sont le tableau du Paris actif, la représentation de son mouvement, de sa circulation; les Champs-Élysées sont le portrait du Paris oisif, flâneur, promeneur.

Chacune de ces deux parties a sa physionomie bien distincte, mais également curieuse.

Le dessin des Champs-Élysées se compose comme les Boulevards de deux grandes feuilles, et se vend les mêmes prix.

IMPRIMÉ PAR BÉTHUNE ET PLON, A PARIS.

PARIS COMIQUE,

Livre-Album.

Dessins de MM. de Beaumont, Bouchot, Cham (de N..), Daumier, Emy, Gavarni, Grandville, H. Monnier, Pruche, Vernier et autres.

TEXTE PAR LES RÉDACTEURS DU MUSÉE PHILIPON, DU CHARIVARI, DE LA CARICATURE, ETC., ETC.

LE SOUFFLEUR.

Si jamais vous avez pénétré dans ce sanctuaire dramatique qu'on nomme les coulisses, si vous avez obtenu, à quelque théâtre que ce soit, le privilége heureux et tant envié d'une entrée, vous aurez sans doute remarqué, parmi cette foule empressée, agitée, des ingénues, des grandes coquettes, des premiers rôles, des amoureux, des tyrans et des victimes, au milieu de cette foule parée des oripeaux éclatants, dorés, du drame, ou du frac élégant du vaudevilliste vétéran du genre, revenu des illusions de la scène, dédaigneux des amours de théâtre, calculateur profond des droits d'auteur, un personnage d'un âge mûr d'ordinaire, variant de quarante à soixante, parfois même dépassant cette limite, dont l'attitude modeste, le regard éteint, la parole humble, contraste singulièrement avec l'œil enflammé, la voix éclatante, la tenue un peu arrogante des renommées du lieu. D'habitude il est légèrement voûté comme les prisonniers des prisons d'État qui ont perdu, sous la voûte surbaissée de leur cachot, le pouvoir de porter la tête haute et fière; son costume, des plus simples, ne redoute ni la poussière ni l'huile. Aussi il a volontiers adopté cette redingote à grands poils, aux poches immenses de chaque côté, que le vendeur de contremarques s'est également choisie pour uniforme. Néanmoins, quelque silencieuse, quelqu'effacée que soit sa personne, il semble au mieux avec chacun; il aborde sans façon les plus élégantes, il a souvent avec elles d'intimes conversations; le premier rôle, d'ordinaire assez orgueilleux, lui donne volontiers une poignée de main, au péril de l'irréprochable pureté du gant jaune de tradition; il le recherche, lui répète avec complaisance les plus minutieuses observations au lever du rideau (cette circonstance est significative), le traite de la façon la plus amicale. Mais, la pièce jouée, si le succès n'a pas répondu à son attente, si l'importance de son rôle a souffert de la moindre hésitation, si, enfin, quelque difficile spectateur a usé de son droit *qu'à la porte on achète en entrant*, la bienveillance du personnel dramatique change soudainement, et l'accueil que reçoit l'homme qui paraît, l'homme si favorablement traité une heure auparavant, est bien mieux en rapport avec sa tenue réservée et quelquefois craintive. Aussi alors la soirée a été marquée par une de ces catastrophes aiguës qui frappent si rudement la vanité soupçonneuse, délicate, de la race irritable des comédiens; il s'échappe rapidement dans l'ombre, sans regarder personne, préparant, en cas de fâcheuse rencontre, une de ces phrases adoucissantes qui calment les profondes blessures de l'amour-propre dramatique, toujours disposé, à tort ou à raison, à lui reprocher ses mésaventures. Comme on peut le voir, la position du souffleur, car j'espère qu'on l'aura reconnu à notre description, est constamment mêlée aux plus tristes mécomptes. Sa vie tout entière est, pour ainsi dire, concentrée dans le théâtre : dès le matin, sa présence y est nécessaire pour les répétitions, le soir il en sort le dernier, et durant toute cette longue journée, son esprit, son attention, sont perpétuellement enchaînés à la prose du mélodrame, aux couplets du vaudeville. Il traîne constamment à sa suite les tirades boursouflées hérissées de poignards, d'amour, de dagues, de malédictions, de trahisons, qu'il a vues déjà si souvent dans les chefs d'œuvre de l'Ambigu et de la Gaîté, aussi bien que les saillies vingt fois répétées, les fades épigrammes, les sentiments parfumés, poudrés, ou les équivoques usées du Vaudeville. Une fois le rideau levé, le souffleur appartient corps et âme au manuscrit ou à la mince brochure fixée devant lui; et il ne suffit pas de suivre tout simplement la pièce scène par scène, et de lancer à l'acteur le mot qui lui fait faute; son manuscrit, le jour de représentation, est maculé d'une foule de signes plus ou moins hiéroglyphiques, de traits, de points, de coupures indiquées à l'encre rouge, et qui tous ont leurs significations, et qui doivent à chaque page fixer spécialement son attention; ce sont ensuite les changements que l'auteur a, dans ses répétitions, apportés à son ouvrage et qui trompent facilement la mémoire de l'acteur, puis ceux introduits au dernier instant par la censure; puissance farouche et susceptible, qui voit partout le mal, qui s'inquiète à chaque mot et dont les tranchantes décisions ont bien souvent désespéré le patient souffleur. Puis à chaque représentation ce travail d'attention se complique davantage : c'est une phrase qu'on veut supprimer, un couplet qu'on ne chantera pas, un mot qui, jeté par hasard au public, réussit, et que l'acteur veut ajouter; une débutante ou une doublure qui a repris un rôle à l'improviste, et dont à chaque signe il faut soutenir la timidité, ou seconder la parole hésitante. Encore si l'on tenait compte au souffleur de ses efforts, il se consolerait peut-être de ses ennuis; mais, non : pour lui seul il n'y a ni gloire ni éloge; si rien n'a arrêté la pièce, on sort sans lui adresser un remercîment, et séparément chacun s'attribue le succès sans songer le moins du monde que le souffleur en pourrait bien réclamer quelque part; si, au contraire, une réplique s'est trouvée en retard, un mot n'est pas arrivé à propos, une distraction fâcheuse a jeté le désordre dans le dialogue, personne ne se croit coupable, tout le mal vient du souffleur, et de toutes parts il entend les reproches les plus contradictoires. — Vous avez soufflé trop haut, cela m'a inquiété. — Vous parlez trop bas, je ne vous entends pas. — Vous ne m'avez pas regardé. — Mais c'est vous qui regardiez dans la salle, répond-il. — Pas du tout, c'était un jeu de scène, et si vous aviez jeté à propos un regard de mon côté, vous m'auriez vu hésiter. — J'ai attendu ma réplique. — Vous avez interrompu. — Vous vous êtes arrêté. — Du tout, je prenais un temps. — Et tous répètent maintenant : — C'est votre faute, c'est une maladresse; vous ne connaissez pas votre métier. Enfin, personne n'a tort que le souffleur, personne ne s'est trompé que le souffleur; le souffleur, oh! la belle invention pour la vanité des comédiens! quel personnage bien trouvé que cet homme sur qui retombent toutes les fautes et qui sert de facile prétexte à la vanité des comédiens pour sauver les humiliations d'une chute. Quand il n'aurait pas d'autre utilité, le souffleur serait encore un des plus importants rouages de cette machine compliquée qu'on nomme théâtre.

Si du présent vous retournez au passé, le souffleur reprend toute sa dignité d'homme : humble par devoir, il est orgueilleux par nature; et pour peu que vous l'interrogiez sur ses aventures de jeunesse, il vous fera le plus agréable roman du monde. Il y avait en lui, si vous voulez le croire, toutes les qualités d'un grand comédien; mais le parterre, l'ingrat et l'ignorant parterre, ne l'a pas apprécié; et poursuivi par la cabale et l'envie de ses camarades, il est tombé dans la classe des nombreux incompris, ou des dieux méconnus.

Du reste, si la fortune du théâtre ne lui fut pas favorable, les femmes du moins plaignirent son malheur : le chapitre des bonnes fortunes est un des plus considérables de l'histoire de ce bonhomme rabougri, desséché, vieilli à la lumière des quinquets. Comment! il a connu mademoiselle Contat, qui avait pour lui beaucoup d'amitié; ses visites chez mademoiselle Bourgoin firent beaucoup jaser; il a connu également tous les grands hommes qui ne sont plus; il tutoyait Dazincourt; il a fait plus d'une partie avec Dugazon, et il cite avec complaisance la fameuse soirée où il joua Narcisse, dans une représentation extraordinaire que donna Talma à Pezenas, quand lui-même y tenait l'emploi de confident. Si du roman on revient à l'histoire, vous apprendrez que notre souffleur, soufflé dans tous les départements de France, sous l'Empire et sous la Restauration, de guerre lasse, a pris sa retraite, vers l'an 1827, dans le trou fatal.

Telle est la physionomie du souffleur; si on voulait en chercher les diverses nuances, on le trouverait important et superbe aux théâtres royaux, joyeux et croustillant aux théâtres de vaudeville, sombre et parfaitement humble au boulevard du Crime, et presque heureux en province. Là, en effet, il est accueilli sur le pied de l'égalité par tous ces malheureux comédiens qui connaissent trop la fortune et ses rigueurs pour dédaigner cette triste victime qui, au milieu du succès, leur rappelle qu'ils sont hommes, et qu'un jour, eux aussi, pourraient bien se réfugier dans cette loge discrète qui a couvert tant d'infortunes.

Veilleuses-Fourneaux.

Ce n'est pas seulement la chimie vulgaire qui se livre en ce moment à une foule de prodiges (voir tous les prospectus de pommade mélaïnocome), la chimie culinaire n'a pas voulu rester en arrière de sa célèbre sœur, et les cuisinières sont, en ce moment, dans la stupéfaction de l'étonnement, — c'est-à-dire que dans leur trouble elles font payer à leur maîtresse les poulets de 3 fr. 5 fr.; — on voit bien que la tête n'y est plus.

Les flâneurs du boulevard Montmartre peuvent aller admirer la nouvelle invention qui promet d'opérer une révolution complète dans toutes les cuisines de France, et même de l'étranger; pour contempler cette merveille, il suffit de prendre un lorgnon et l'omnibus qui passe boulevard Montmartre, car c'est en face le théâtre des Variétés que ce prodige de la chimie (culinaire) a installé son domicile.

Jusqu'à présent, quand vous vouliez faire cuire un fricandeau, que preniez-vous, monsieur? — Un fricandeau, me répondez-vous. — C'est trop juste, et vous me faites l'effet d'un farceur. — Je vous demande, que preniez-vous, outre cet indispensable fricandeau?

Vous preniez une casserole, du charbon et autres accessoires, puis vous allumiez votre feu comme vous pouviez, en soufflant comme un marsouin. — Bref, avant dix minutes, vous étiez exténué et à moitié asphyxié, — c'est-à-dire que cela vous ôtait tout le plaisir que vous vous promettiez à savourer votre fricandeau.

Aussi, bien des gens, à la suite de tous ces désagréments, avant de songer à prendre un fricandeau, se décidaient à prendre une cuisinière! Eh bien! grâce à la nouvelle invention, brevetée par le gouvernement français et avec la permission de M. le maire, désormais tous ces ennuis sont évités aux amateurs de fricandeaux, ou autres plats plus ou moins nationaux.

Désormais plus de cheminées, plus de fourneaux, plus de charbon, plus de soufflets, plus de marmitons, plus de cuisinières, tout cela se trouve réuni dans une simple petite flamme, qui fait votre petite pot-bouille.

Grâce à ce nouvel appareil breveté, votre fricandeau se trouve cuit en un clin d'œil, pourvu que vous ayez soin d'allumer votre veilleuse vingt-quatre heures à l'avance. — Mon Dieu, oui, rien de plus simple et de plus économique à la fois: — vous vous trouvez éclairé, chauffé et nourri avec votre veilleuse, — c'est-à-dire que cela enfonce les merveilles du puits artésien.

Seulement, il faut avoir soin de vous relever toutes les demi-heures pour regarder si votre petite *pot-bouille* va bien, et surveiller la soupape de sûreté, sans cela vous ne mangeriez pas ledit fricandeau le lendemain à votre dîner: — non pas que le ragoût serait brûlé, — ah! vous n'avez pas à redouter un pareil accident, mais à deux heures et demie du matin votre bonnet de coton pourrait se trouver collé au plafond de votre appartement, par suite de l'explosion de votre marmite brevetée; et ce qu'il y aurait de plus fâcheux, c'est que votre cervelle aurait accompagné ce bonnet de coton dans ce voyage aérien. — Après cela, ce serait bien fait, car, à la rigueur, l'inventeur de l'appareil pourrait vous demander des dommages-intérêts par suite du tort que votre imprudence causerait à sa réputation. — Si, au lieu d'un fricandeau, vous tenez à manger un beefsteack, le procédé est absolument le même. Du reste, ces veilleuses-fourneaux sont d'autant plus économiques, et méritent d'autant plus l'admiration de toutes les personnes d'ordre qui tiennent à laisser de la fortune à leurs héritiers, que grâce à ce système breveté, dès que l'on a adopté une seule fois cette manière de fricoter, désormais on ne dépense plus rien, mais plus rien, pour sa nourriture. Enfin nous ferons observer aux véritables amateurs que la veilleuse n'use que pour 5 centimes d'huile dans sa nuit, — seulement l'achat primitif doit coûter au moins cent écus.

O industrie humaine! tu es bien admirable, ma bonne; seulement il serait grand temps de te ralentir dans ta course, que je ne crains pas de qualifier d'insensée; car sans cela je ne sais vraiment pas où tu finirais par t'arrêter.

Il est fort heureux que la poudre ait été inventée en Allemagne dans le courant du quatorzième siècle, car, en France, au dix-neuvième, les inventeurs ne nous paraissent pas avoir les qualités requises pour renouveler cette spirituelle découverte. Après cela, si après l'achat d'une veilleuse-fourneau il vous reste quelque monnaie dont vous soyez embarrassé, vous pouvez l'employer à acheter une nouvelle machine très-ingénieuse, très-compliquée et très-brevetée, laquelle est destinée à cacheter les lettres.

Grâce à ce nouvel instrument, excessivement commode, un homme travaillant activement pendant une journée entière, peut facilement cacheter trente-trois lettres. C'est admirable! C'est admirable!

MANIÈRE

D'ENCOURAGER LA VERTU.

En vérité je vous le dis, — si les philanthropes modernes tiennent véritablement à améliorer les hommes, et à faire disparaître de nos mœurs les assassinats, les vols, et toutes les autres malhonnêtetés que se permettent encore une foule de gens, — au lieu de prononcer de superbes discours, et de fonder des prix de poésie pour les auteurs qui chantent le mieux les louanges de la vertu et de la vaccine, — on ferait bien mieux d'encourager par tous les moyens possibles le goût de la flânerie dans toutes les classes de la société.

Je ne plaisante pas. — Mon opinion est respectable, car elle est consciencieuse; et il est bien certain que tout homme qui flâne est un mortel vertueux. — Pour adopter complétement ma manière de voir, il vous suffira de suivre mon raisonnement pendant quelques minutes et quelques lignes.

— A quoi songe le plus souvent un homme qui flâne?

— A rien, me dites-vous! Cette réponse est parfaitement juste, — en me la faisant, vous me fournissez un argument victorieux pour défendre ma cause.

Du moment que notre flâneur ne songe à rien, comme vous venez de le reconnaître vous-même, — il ne songe pas au mal; et par conséquent dans ce brave, dans cet excellent homme qui s'avance vers vous les deux mains dans les poches et le nez au vent, vous pouvez être certain de ne pas rencontrer un atroce gueux qui médite le rapt de votre tabatière, ou la soustraction frauduleuse de votre foulard.

Lacenaire ne flânait pas, monsieur, car s'il avait flâné... mais il ne flânait pas. Non-seulement le flâneur n'a pas l'idée de commettre le plus petit délit, — même forestier, — mais encore on peut parier à coup sûr qu'il n'a pas commis, dans tout le cours de son existence, une faute qui puisse avoir fait ouvrir sur lui l'œil de la justice et du sergent-de-ville.

Comment voulez-vous qu'un homme qui vient de commettre un crime, et qui en médite un nouveau, passe une heure délicieuse à regarder les jeux des enfants aux Tuileries, puis ensuite soixante autres minutes non moins délicieuses, et encore plus innocentes, à regarder les ébats des petits poissons rouges du bassin des Tuileries? C'est impossible, c'est de toute impossibilité; ce qu'il faut à ces hommes abrutis, ce sont les plaisirs plus abrutissants encore; ils ne flânent qu'autour des comptoirs de marchands de vin, — en ayant soin de boire de l'eau-de-vie.

Le flâneur, bien loin d'être un voleur, est très-souvent un volé. — Susse et Aubert se font, fort innocemment du reste, les complices d'une foule d'industriels qui déjeunent du foulard et dînent de la tabatière.

Il est très-difficile d'avoir les yeux à la fois sur une caricature et sur sa poche, — à moins de partager et de ne consacrer qu'un œil à chacun de ces deux objets; mais c'est gênant et on a l'air d'être affecté d'un effroyable *strabisme*. — On concentre donc toute son attention et tous ses organes visuels sur le même carreau, et pendant qu'on est à rire d'une caricature de Daumier représentant l'une des floueries de Macaire, on est soi-même floué d'un foulard et de tous les accessoires qui peuvent se trouver dans la même poche.

Alors, pour peu que notre flâneur soit nerveux et enrhumé du cerveau, il entre dans une colère épouvantable contre les êtres assez pervertis, assez dénaturés pour voler les foulards de leurs sem-

SCÈNES BACHIQUES.

10.

Imp d'Aubert & Cie   Traviès, lith   Au Bureau du Charivari R. du Croissant 16

FALLAIT-IL PAS REND' LES DERNIERS HONNEURS À L'AMI CHOPIN ?..........

blables, — et il souhaite de voir tomber sur la tête des coupables toutes les peines les plus sévères, — l'échafaud lui semble même une punition très-douce pour le moment.

C'est ce qui fait que par suite le flâneur n'a jamais la moindre pitié des voleurs que l'on arrête, et si le coupable donne un croc en jambe à la justice et au garde municipal, et parvient à prendre la fuite, notre flâneur est capable de se mettre à sa poursuite comme un vulgaire gendarme, — tellement il a sur le cœur le foulard qu'il a de moins dans sa poche.

Morale. Tout flâneur est un homme vertueux.

LES JEUNES VEUVES
DES TUILERIES.

Une veuve est une femme fort agréable, quand elle est agréable. Rien de plus gracieux et de plus poétique à la fois qu'une jolie petite femme vêtue de noir et levant vers le ciel des yeux mélancoliques ! — Le visage est encadré de longues boucles de cheveux qui tombent en saule-pleureur jusque sur un cou d'albâtre, — car toutes les petites veuves ont un cou d'albâtre, c'est-là un privilége de la robe noire.

Les jeunes veuves gardent le deuil quelques mois de plus que n'exige l'usage, par plusieurs raisons, — d'abord, parce que c'est une manière d'honorer le défunt; — puis, parce que le noir va bien à la peau; — puis, enfin, parce qu'une femme qui pleure convenablement son premier mari annonce ainsi qu'elle a tout ce qu'il faut pour faire le bonheur d'un second époux.

C'est-à-dire qu'on épouserait une petite femme pareille, rien que pour avoir le plaisir d'être aussi bien pleuré par la suite.

Un autre motif pour lequel les gens qui cherchent femme ne dédaignent jamais les veuves, c'est que leurs qualités primitives et naturelles se trouvent presque toujours augmentées de pas mal d'autres qualités sonnantes qui ont leur mérite dans tous les temps, et surtout dans le temps présent.

Il va sans dire que nous parlons des veuves sans enfants; car si elles sont ornées de cet accessoire désagréable, elles ont beau lever vers le ciel leurs yeux noirs ou bleus, l'effet produit n'est plus produit sur les cœurs masculins de la société.

Grâce à tous les agréments ci-déduits, la profession de jeune veuve a pris une extension extraordinaire à Paris depuis quelque temps; — on ne voit dans les promenades publiques, et surtout dans ce qu'on est convenu d'appeler *les frais ombrages* des Tuileries, que des jeunes femmes vêtues de noir, et ayant les yeux si mélancoliques et si attendrissants, qu'il faudrait avoir un cœur de tigre ou de garde du commerce pour ne pas être ému en les contemplant.

— Puis de cette idée d'émotion à l'idée de consolation, il n'y a qu'un pas, et malgré soi on va s'asseoir auprès de cette jolie petite femme que l'on voudrait pouvoir rattacher à la vie par toutes sortes de chaînes roses. — En voyant cette profusion de veuves, les simples provinciaux se disent :.... Diable ! il paraît qu'on meurt beaucoup à Paris en ce moment; — et déjà ils songent à retenir leur place à la diligence qui doit les ramener dans le chef-lieu qui leur a donné le jour.

Mais les véritables flâneurs parisiens ont su bien vite à quoi s'en tenir sur cette irruption de jeunes femmes éplorées qui, presque toutes pour l'instant, ne sont veuves que d'un *bienfaiteur* par suite d'une conduite plus ou moins nuageuse. — Ces veuves ne sont que des *lorettes* qui ont adopté cette année le costume sentimental, comme une autre fois elles adoptent les grands voiles pudiques, ou les petits chapeaux espontés.

Le deuil nous semble la plus heureuse mode que ces dames aient encore pu suivre jusqu'à ce jour, car, outre les avantages de la profession de veuve, le noir va très-bien à la peau, de sorte que tout est bénéfice, ou chance de bénéfice.

Le complément habituel de la jeune veuve est un enfant de cinq à six ans, — petite fille ou petit garçon, au choix, — mais cependant la petite fille est préférable, parce que les boucles soyeuses de l'enfant fournissent bien plus facilement un premier sujet de conversation au promeneur sensible qui veut entreprendre le métier de consolateur.

Il est bien entendu que la jeune veuve ne répond jamais aux propos des personnes qui n'ont pas au moins quarante ans, une canne à pomme d'or et la croix d'honneur, — sans compter un elbeuf de la première qualité et une tabatière en or.

La jeune veuve sait très-bien que la jeunesse passe, que les tabatières en or restent.

JE SUIS FRANÇAIS,

MON PAYS APRÈS TOUT.

Êtes-vous Français ou n'êtes-vous pas Français? Vous êtes Français, j'en suis sûr, cré nom de nom! Les refrains analogues me suffoquent.

Je suis Français, mon pays avant tout (*ter*).

Ou bien : —

Reine du monde, ô France! ô ma patrie! (*quater.*)

Ou bien encore :

Des chevaliers français tel est le caractère. (*ter, quaterque.*)

Si vous êtes Français, vous devez sentir du fond du cœur le regret de cesser de l'être.

Et l'événement se mûrit de jour en jour.

Mais de quoi vous plaignez-vous, ô Français? cela ne dépend pas tant de la quadruple alliance, de Méhémet, de Palmerston, que de vous-mêmes. — Voulez-vous demeurer Français? Soyez Français d'abord. Ceci tire un peu sur la méthode du civet de lièvre, je m'explique.

Si ce n'était pas un axiome trop certain et trop raisonnable pour le journalisme et ses doux lecteurs, on pourrait rappeler qu'il n'y a pas de plus terribles symptômes de la déchéance d'un peuple que l'altération de ses mœurs, et que rien ne prouve mieux que ses mœurs s'altèrent que lorsqu'il prend les usages, les modes, les habitudes, les costumes de ses voisins. Tous les publicistes et les politiques sont d'accord sur ce sujet.

Or, où en sommes-nous là-dessus depuis cinquante ans? où sont vos usages, vos mœurs, vos costumes nationaux, ô Français?

Et la chose remonte assez haut, croyez-moi.

La France imita d'abord le gouvernement de l'Angleterre.

Depuis, des gens qui croient parler français hérissent leur jargon de cent sortes de mots étranges : bill, budget, club, etc.

O menuet! où es-tu? Je te reprendrais en amitié, toi-même, ô vieille gavotte! Où es-tu seulement, toi, humble queue du chat?

On me recommande un cercle aimable, mais cela s'appelle le Jockey-Club : ces gens-là montent à cheval, cela devient des steeple-chase.

C'est le théâtre Italien qui a la vogue à Paris.

Des gens qui ne savent même pas bien le français chantent de l'italien au piano.

Les femmes ont quitté le châle indien pour le burnous, qui est arabe.

Et si nous entrions dans la sphère des goûts particuliers, dans quelle peuplade de l'Océanie du pôle nous croirions-nous? Qu'il suffise de savoir qu'il y a dans Paris un particulier très-connu, lequel porte chez lui un fezi d'Égypte,

Des babouches turques;
Une ceinture catalane;
Un pantalon hongrois;
Une bourse albanaise;
Un surtout dalmate;
Un caïk arabe;
Un paque indien;
Qui couche dans un hamac;
Qui fume dans une porcelaine de Dresde;
Qui s'assied à l'orientale;
Qui mange à l'anglaise;
Qui boit à la brabançonne;
Qui fait la sieste en vrai Napolitain;
Qui boxe comme John-Bull;
Qui mâche du bétel comme un Japonais;
Qui fume de l'opium comme à Smyrne, et
Qui boit de l'eau-de-vie comme un sauvage.

En vérité, Français, je ne vois pas ce qui vous reste à perdre.

Un peu plus tard, nous préférerons Schiller à Racine, Shakspeare à Corneille. La littérature française jure comme un charretier, s'enivre comme un reître, se bat comme un Cokmann. O Germanie, Espagne, Italie, Venise et jusqu'à vous, graves idiots incalculables de l'Orient, vous savez tout ce que nous vous avons pris de viols, de meurtres, de sottises, de barbarismes!

Enfin regardez autour de vous, Français!

Vous commandez un habit à votre tailleur, il vous fait un makintosh ou un water-prouth, le monstre! une guenille que vous ne savez comment appeler.

Votre meilleur ami vous invite à fumer, que vous donne-t-il?

Une cigarette d'Espagne;
Un chibouque turc;
Un hooka de l'Inde;
Un narguilhé syrien;
Une prise belge;
Un cigare hollandais.

On se sert ensuite de bière. La bière est allemande, les shoppes sont flamandes.

Vous entrez dans un restaurant : on y mange du roast-beef, du plumpudding.

Je vais en société : on y boit du thé.

On danse : le quadrille est espagnol.

Voulez-vous une danse nationale : voilà la Polka.

CHARGES.

CHAPITRE DES CONSOLATIONS.

To be, or not to be.

Dans cette position délicate de la vie sociale qui place l'homme à erreurs entre un arrêt de la cour d'assises et l'espoir chanceux d'un pourvoi, il mâchait un morceau de tabac, quand le bruit sourd du verrou vint réveiller son attention assoupie. C'était le geôlier de la Conciergerie.—Eh bien, condamné, dit celui-ci, êtes-vous un homme?

— Mais... oui, monsieur le geôlier, répondit le condamné en étudiant son interlocuteur d'un œil inquiet. Pourquoi ça?

— Chose de savoir. Tant mieux ensuite que vous soyez un homme, parce que dans ce monde il faut être un homme. C'est que, voyez-vous, y a comme ça des hommes qui ne sont pas hommes... Mais puisque vous êtes un homme, c'est différent... Ainsi, tenez, moi, je suis un homme... vous, vous êtes un homme... Eh bien! nous voilà deux hommes ici; et puisque vous êtes vraiment un homme.. — Eh bien!... votre pourvoi est rejeté.

Ici le condamné parcourt en un long cri toutes les gammes de la désolation; l'impassible geôlier l'interrompt :

—Eh bien! qu'est-ce qu'il y a donc?.. comment! vous me dites que vous êtes un homme... et puis pas du tout, vous n'êtes pas un homme... Nous ne sommes donc plus deux hommes ici?

— Mais!

— Allons, sacrebleu! soyez donc un homme.., Tenez, voici justement M. l'abbé Montèze qui arrive... Ah! voilà un homme! c'est lui qu'on peut appeler un fameux homme... depuis trente ans qu'il apprend aux hommes à être hommes!.. Il vient aussi vous exhorter à devenir aussi un homme... Ainsi, condamné, je vous laisse avec lui, et au moins,... montrez-vous un homme... C'est pour tantôt quatre heures, entendez-vous?...

PARIS ET SES ENVIRONS

DAGUERRÉOTYPÉS.

« Il faut absolument que j'aille demain visiter les Invalides, disait il y a deux ans la bonne madame de M... car je n'oserais jamais me présenter devant l'ombre de Louis XIV, si je mourais à quatre-vingt-trois ans sans avoir vu de mes yeux son plus beau titre de gloire... » et madame de M... est morte cependant sans visiter les Invalides, après une riche existence de quatre-vingt cinq ans passée tout entière dans la capitale

Tous nous ressemblons, un peu plus, un peu moins, à madame de M..., par notre négligence à voir ce que les étrangers viennent visiter, confiants que nous sommes dans la facilité de le voir tout à l'heure, du moins si la fantaisie nous en prend.

C'est un tort, car nous faisons en province une pauvre figure quand nous entendons parler d'un monument parisien qui nous est inconnu. *Prenons donc notre courage à deux mains*, quittons notre peau de *badaud* et faisons-nous touristes dans ce Paris, que tout le monde sait par cœur, excepté nous autres Parisiens.

Et, pour être bien sûrs de ne rien oublier de ce qu'il est indispensable de voir, prenons le livre qu'Aubert a publié sous ce titre : *Paris et ses environs daguerréotypés*. Les dessins, imprimés en deux teintes, sont de MM. Arnout, — Bayot, — Bichebois, — Bour, — Boys, — Cauchie, — Cuvillier, — Dauzats, — Jaime, — Provost, — Sorrieu, — Tirepenne et Villebert. Nous aurons donc d'excellents guides, car si les premiers paysagistes de Paris ne choisissent pas bien leurs sujets, nous ne pouvons certes espérer de mieux arrêter le but de nos différentes promenades.

Pour l'explication et l'historique des monuments, et pour la connaissance des faits et anecdotes qui s'y rattachent, nous aurons le texte de cet intéressant volume écrit par MM. Richard et Bertin, de la Bibliothèque royale, qu'on reconnait malgré les pseudonymes sous lesquels ils se sont modestement cachés; MM. Victor Ratier, Paul de La Garenne et Ortaire Fournier.

Grâce aux recherches patientes de ces messieurs, nous ferons mieux que voir, nous connaîtrons.

Ainsi, pour ne citer qu'un exemple, *la fontaine des Innocents,* que nous ne songerions pas assurément à revoir, recevra une de nos premières visites lorsque nous aurons appris, par la notice de M. A. Auvial, non que ses sculptures sont du célèbre Jean Goujon : il ne nous était pas permis d'ignorer cela, mais qu'elle n'a pas été construite à cette place, ni pour cette place; qu'elle était autrefois à l'angle des rues aux Fers et Saint-Denis, et se composait seulement de trois arcades; que, construite en 1551 par Lescot, elle fut transportée au milieu de la place par l'ingénieur-architecte M. Six, qui parvint à changer sa forme et à la rendre carrée sans rien changer à ses décorations.

Nous ignorions cela et nous nous sommes tous rendus complices, il y a quelques années, de l'anachronisme commis par ce peintre qui exposa au Salon la Mort de Jean Goujon. Le sculpteur était représenté *au milieu de la place des Innocents* taillant bravement la pierre, quand un coup de mousquet le renverse baigné dans son sang. Mais ce qui peut nous consoler tous particulièrement de notre honteuse ignorance de ces choses, c'est la preuve de cette vérité que je disais tout à l'heure : que cette ignorance est générale. Pas une voix ne s'éleva dans la presse pour signaler une erreur aussi grossière.

Paris daguerréotypé nous enseignera une foule de particularités curieuses; et quand, après l'avoir lu — et cette lecture, je vous l'assure, sera fort attrayante — nous aurons visité les lieux et les monuments vers lesquels il nous dirige, nous connaîtrons Paris aussi bien qu'un Anglais au moins, et nous pourrons sans crainte, du moins sous ce rapport, attendre le jour qui doit nous réunir à leurs majestés Louis XIII, Louis XIV et compagnie.

Paris daguerréotypé forme un beau volume très-grand in-4° à deux colonnes, orné de soixante vues en deux impressions. Prix : broché, 15 fr.; cartonné, 18 fr. et au-dessus.

Une chose qui prouve, du reste, que le prix fixé par l'éditeur est bien modique, c'est que les 60 planches contenues dans ce volume se vendent séparément soixante-quinze centimes la pièce — et se vendent beaucoup. Pour 15 francs, vous posséderez donc les 60 gravures, qui valent 45 francs, plus 180 pages de texte à deux colonnes.

L'ALMANACH PROPHÉTIQUE.

Prix : 50 centimes.

Si Peau-d'Ane m'était conté,
J'y prendrois un plaisir extrême.

Ce que dit La Fontaine des contes de fées, nous le disons tous, et nous relisons bien volontiers ces charmantes bêtises qui amusèrent notre enfance. Il en est de même des prophéties; personne de nous ne peut y croire, et tout le monde veut les connaître. De là un succès fou — jamais cet adjectif ne fut plus à sa place, — le succès, disons-nous, de l'*Almanach prophétique*, dont la vente, chaque année, passe cent mille exemplaires. Mais, il faut le dire pour la justification de l'éditeur, les prophéties ne jouent d'autre rôle dans ce petit volume que celui de l'enveloppe dorée qui pare la marchandise, ou, si vous voulez, le rôle du sucre à l'aide duquel on fait apprendre aux enfants une leçon qui leur serait moins agréable sans cela. « Public, dit l'auteur, tu aimes les prophéties? en voilà une botte! » — Le public achète les prophéties, les lit en riant, s'en moque plus ou moins, et trouve dans son petit livre des articles sérieux et utiles, des notices intéressantes, un calendrier auquel il aura recours pendant toute l'année, et 162 images par tous les dessinateurs qu'il aime. — Ceci est encore du sucre, du nanan pour les grands enfants.

L'*Almanach prophétique* justifie son titre de *pittoresque et utile*. Si vous aimez les almanachs, vous préférerez celui-là à tous les autres, et cette préférence sera raisonnable, *malgré les prophéties*, que j'abandonne à votre mépris, bien sûr cependant que vous les lirez avidement, parce qu'elles sont souvent très-drôles, et toujours très-curieuses. Il paraît, du reste, que bien des gens sont de mon avis, puisque, je le répète, Aubert vend de 100 à 120,000 exemplaires tous les ans.

Moyennant un bon de 3 fr., on reçoit les 5 volumes parus, car, il faut que vous le sachiez, l'*Almanach prophétique* a déjà cinq ans d'existence, et sa collection sera une des plus curieuses parmi les publications sans importance qu'aura produites notre époque.

IMPRIMÉ PAR BÉTHUNE ET PLON, A PARIS.

PARIS COMIQUE,

Dessins de MM. de Beaumont, Bouchot, Cham (de N..,) Daumier, Emy, Gavarni, Grandville, H. Monnier, Pruche, Vernier et autres.

TEXTE PAR LES RÉDACTEURS DU MUSÉE PHILIPON, DU CHARIVARI, DE LA CARICATURE, ETC., ETC.

LA MANSARDE.

Les dieux s'en vont, a-t-on dit; on aurait pu ajouter avec beaucoup de raison que les mansardes imitent les dieux. Ce dernier souvenir du règne d'un grand roi disparaît chaque jour, et bientôt on cherchera vainement au faîte des maisons ce nid bienheureux des artistes et des poètes, qui a tant abrité de joies et de jeunes espérances.

Par les maçons et les entrepreneurs qui spéculent à présent sur l'espace, la petite propriété ne saura plus incessamment où reposer sa tête. Partout on élève de gigantesques maisons sculptées sur toutes les coutures, dorées sur tranche, dans lesquelles on ne saurait pénétrer qu'à prix d'or; aussi faut-il ajouter qu'elles restent long-temps vierges et immaculées de toute espèce de locataires. Autrefois la société plus philanthropique réservait sous les toits une toute petite place aux célibataires pauvres, mais honnêtes; aujourd'hui, on monte inutilement des escaliers qui tiennent beaucoup trop, pour les dimensions, de l'échelle de Jacob; enfin on se risque, on croit, à force de patience, arriver au modeste logement qu'on désire: pas du tout, après une ascension beaucoup trop prolongée, on se trouve, à une foule de mètres au-dessus du niveau du ruisseau, dans un appartement complet, appartement complet en miniature, si vous voulez, qui semble destiné à quelque génération de Lilliputiens; mais à un appartement enfin, et qu'à ce titre on vous offre sans pudeur pour la bagatelle de douze ou quinze cents francs.

Avec ce système, le citoyen français qui par hasard ne sera pas millionnaire, et il y en a beaucoup, se verra quelque jour, ou plutôt quelque nuit, dans l'agréable nécessité d'aller chercher un lit sur l'asphalte du boulevard, et de demander au ciel un asile à bon marché, à moins d'être arrêté comme vagabond dans son premier somme, ce qui lui laisse la perspective consolante du dépôt de Saint-Denis; quel avenir enchanteur!

Toutefois, s'il tient fortement à un logement un peu moins vague, il pourra établir ainsi son budget.

Revenu : 1800 francs.

Nourriture, habillement, chauffage, etc., etc., plus étrennes au portier.	300 fr.
Logement.	1500
Total	1800.

O civilisation! tu me parais bien peu de chose du point de vue de la mansarde. Et cependant rien n'était plus digne des respects de la société moderne. La mansarde était le seul coin où la poésie s'était réfugiée; c'est là seulement que le bonheur se retrouvait parfois. Je le déclare pour mon compte, je n'envie pas les palais, je passe indifféremment devant les splendides hôtels, je laisse au premier étage son orgueil et les parfums peu choisis de la rue; mais je regretterai éternellement la mansarde. A elle appartenait le premier rayon de soleil, aux approches du printemps; si, au milieu de ces énormes carrés de moellons qu'on appelle Paris, il se trouvait un jardin, ses feuilles les plus vertes, les fleurs les plus parfumées venaient récréer les horizons lointains de la mansarde. Puis si dans le quartier il y avait une jeune fille, c'est au dernier étage qu'on la rencontrait. Bien des amours, et des plus aimables, des plus désintéressés, ont pris naissance au sixième au-dessus de l'entresol.

Tels sont les plaisirs de la mansarde; je pourrais aussi vous rappeler ses gloires: que de célébrités sont descendues de là-haut pour venir recevoir les applaudissements de la foule! Bien des tableaux, et des plus remarquables, que vous admirez au Salon, ont, pour arriver là, franchi trois cents et tant de marches; que de partitions ont été écrites sous les toits, loin du bruit et des orgues de barbarie! et dernièrement encore, le plus vif, le plus brillant esprit de ce temps n'écrivait-il pas ses charmants feuilletons dans une mansarde, mansarde aristocratique s'il en fut, dont le luxe et l'élégance auraient effrayé bien des premiers étages, mais une mansarde enfin. Il l'a quittée! dit-on, il la regrettera, j'en suis sûr.

La mansarde, bien plus qu'aucun conservatoire du monde, fournit aux théâtres leurs plus jolies actrices, leurs meilleurs comédiens.

Entre tant d'exemples qui se présentent, en voulez-vous un seul! Il y a une dizaine d'années, une jeune et charmante fille logeait dans une des plus simples et des plus hautes chambres de la rue Saint-Denis; elle était fleuriste, et on peut dire, dans le style anacréontique et impérial de 1809, qu'aucune des fleurs fraîches et délicates qui naissaient sous ses doigts n'était ni aussi fraîche ni aussi délicate qu'elle-même. Un jour, malgré le soleil qui dorait tous les toits, la fenêtre reste fermée; on s'inquiète, on s'informe, et on apprend, hélas! que la séduisante locataire a disparu. Vous dire le désespoir de toutes les passions platoniques qu'elle avait inspirées serait difficile; à l'exemple de Calypso, chacun, contre l'habitude, se trouve malheureux dans sa mansarde, et ne pouvait se consoler du départ de la voisine. L'un des amoureux, le plus désespéré sans doute, après bien des recherches inutiles, entre un soir, pour distraire sa douleur, à l'un des plus célèbres mélodrames du jour; que reconnaît-il dans l'innocente victime protégée par M. Marty? la fleuriste fugitive applaudie, fêtée, couronnée par les plus fervents admirateurs de la muse de M. Pixerécourt. Aujourd'hui, la petite fleuriste d'autrefois est une des actrices préférées des théâtres de vaudeville. O mansarde, voilà de tes coups!

Nous nous arrêterons, mais que ne pourrait-on pas dire encore sur la mansarde, si l'on voulait raconter toutes les joies, toutes les gloires, toutes les misères insouciantes, les vertus et les défauts de jeunesse, qui font le bonheur et qui ne disparaissent que trop vite? Aussi voyez, chacun l'a chantée, chacun l'a illustrée dans ses vers ou dans sa prose: Béranger mieux que personne, dans ses chansons; Balzac dans ses romans; et l'écrivain par excellence des mansardes, Paul de Kock, partout et toujours; M. Scribe lui-même, l'homme positif par excellence, a mis la mansarde en couplets dans ses plus jolis vaudevilles.

En perdant ses mansardes, Paris, vous le verrez, perdra ce qui lui restait d'abandon et de gaieté. Alors dans la dernière d'entre elles, dans quelque coin du Marais ou du faubourg Saint-Germain, il se trouvera, nous l'espérons, une âme fière et indépendante, digne de cette triste et noble tâche, qui écrira leur histoire, et élèvera un dernier monument à leur spendeur déchue, en dépit des propriétaires, des maçons et des spéculateurs.

Si l'on nous reprochait, ce qui ne nous étonnerait pas, d'être resté au-dessous de la magnifique épopée dont nous avons essayé d'esquisser quelques traits, nous répondrons, et c'est une excuse bien suffisante, que nous venons d'être condamné à six mois d'entre-sol, ce qui enfonce complétement toute verve possible.

LE GRAND BAL ORIENTAL

De la rue Vivienne.

Le carnaval parisien est un gaillard qui a la vie dure, il ne se laisse pas facilement mettre en terre; le lendemain du mardi-gras, il fait bien le mort pour un instant, mais le feu dort sous la cendre dont on l'a couvert, et il suffit du plus léger petit coup de grosse caisse ou du plus simple canard de cornet à pistons, pour que notre faux mort se réveille comme un Lazare et se mette à exécuter des pas folâtres que ne se permit pas Lazare dans la même circonstance.

A peine les murailles étaient-elles tapissées des affiches blanches et municipales annonçant aux débardeurs parisiens que les bals masqués étaient suspendus, que ces affiches virginales de la rue de Jérusalem ont été couvertes d'autres grandes affiches jaunes annonçant à ces mêmes débardeurs parisiens que dimanche prochain aurait lieu, dans la salle Vivienne, UN GRAND BAL ORIENTAL.

Ah! que Dieu et le directeur de l'établissement Vivienne soient bénis! voici qu'enfin un vide immense vient d'être comblé, car, il faut bien le reconnaître, depuis long-temps le besoin d'*un grand bal oriental* se faisait généralement sentir dans toutes les classes de la société parisienne. Tous les jours, vous abordiez, sur le boulevard, un de vos amis, et après l'échange des premiers compliments et cigares d'usage, vous lui disiez : Tiens, je te trouve l'air tout... chose, qu'est-ce que tu as donc?

A quoi l'ami tout chose répondait :

— Ah! ne m'en parle pas... Je suis d'une tristesse amère comme chicorée... Je sens que j'ai du vague à l'âme... quelque chose manque à mon bonheur... c'est un bal oriental!

— Tiens, c'est juste comme moi! s'exclamait l'autre ami... Oh! ma vie et mes cigares pour un bal oriental!...

Bref, on n'entendait que ces mêmes dialogues, n'importe à quelle heure de la journée ou de la soirée on vînt à passer sur le boulevard, — cela devenait même fort monotone.

Le préfet de police, s'apercevant que tous les Parisiens tournaient au jaune jonquille, nuance qui ne va bien qu'aux ronds de beurre demi-sel et aux voltigeurs de la garde nationale, se décida enfin à autoriser un grand bal oriental.

Cette grande fête nocturne, destinée à relier à tout jamais l'Orient à l'Occident, sera une des cérémonies les plus solennelles que le génie de l'homme aura pu procréer depuis l'invention de l'*ouverture des chambres* et de la *promenade du bœuf gras*.

Voici quelques détails orientaux sur cette fête destinée à éclipser les féeries des *Mille et une Nuits*, y compris même de la *Nuit au Sérail* du Vaudeville, qui pourtant s'était ruiné par une mise en scène inouïe : — trois turbans neufs et douze danseuses d'occasion.

1° Les billets du bal oriental ne sont pas des billets, ce sont des bouquets de fleurs. — Tout le monde sait qu'en Orient les marchands de violettes sont les seuls écrivains publics tolérés par le gouvernement. — Seulement, comme les fleurs sont très-rares rue Vivienne au mois de mars, les *sélams* orientaux sont composés de trois violettes et d'une demi-botte de cresson.

Traduction en français vulgaire : *Dimanche prochain, grand bal, salle Vivienne. Prix du billet : six francs.*

2° Les sergents-de-ville ne seront pas des sergents-de-ville. La police sera faite par des janissaires; seulement, comme leurs uniformes ont été retenus à la douane de Marseille pour cause de suspicion de peste, ces janissaires porteront des chapeaux à cornes, des habits bleu de roi et des bottes très-crottées; — travestissement que leur a prêté M. Delessert.

3° A minuit, les portes seront ouvertes au public oriental seulement, car il faudra prouver au contrôle que l'on est totalement Turc, ou au moins un peu Juif; — les personnes qui n'auraient pas pris de billets au cresson à l'avance, entreront très-facilement, il leur suffira de dire Allah! et de donner un sequin ou une pièce de cent sous.

4° Les lampions qui illumineront la porte de l'entrée principale (il n'y en aura qu'une) seront fabriqués avec de l'huile de rose la plus fine que l'on pourra trouver à Paris, — si l'on n'en trouve pas, l'illumination n'en aura pas moins lieu, car l'on a pris les mesures les plus énergiques pour que le réverbère d'en face ne s'éteigne pas avant deux heures du matin.

5° L'orchestre jouera les airs les plus variés sur la grosse caisse et les cymbales, seuls instruments reconnus comme orientaux, — et pour concourir à rendre cette harmonie plus suave encore, des marchands de Constantinople établis depuis long-temps rue Vivienne se placeront dans tous les coins de la rue et brûleront des pastilles du sérail.

6° Les danseuses, toutes plus orientales les unes que les autres, arriveront par caravanes de Smyrne, des déserts d'Arabie, et des quartiers Notre-Dame-de-Lorette.

7° A deux heures précises du matin on ne servira pas à souper, — attendu que la sobriété est le plus bel apanage des danseuses orientales; — néanmoins les personnes qui auraient une fringale trop caractérisée n'auront qu'à s'adresser à un des nombreux esclaves qui seront aux ordres du public : cet esclave s'empressera de donner à l'affamé l'adresse du restaurant de la rue du Caire : 25 sous par tête, trois plats au choix.

8° A trois heures du matin, un grand intermède

ARABE sera offert à l'aimable société : — quatre gardes du commerce poursuivront, un protêt à la main, un jeune *débardeur* qui finira par être fourré en palanquin à Clichy, autre monument oriental bien connu de tous les infortunés qui ont affaire aux Arabes de Paris.

9° Au lever du jour et au coucher des étoiles, les plaisirs de la fête, qui n'auront pas cessé d'aller en croissant, seront terminés par les paroles d'un *muphti* qui criera : *Salem alicum*, ce qui veut dire : Allez vous coucher.

Et voilà pourquoi le lendemain, en s'éveillant, tous les Parisiens, après s'être frotté les yeux, se frotteront les mains en s'écriant : — O Allah ! je te remercie; j'ai assisté à une fête orientale, et maintenant peu m'importe de mourir — pourvu que ce soit de vieillesse!

PORTRAITS A LA PLUME.

M. DUVERNIS.

Ce monsieur Duvernis, dont je vais avoir l'honneur de vous entretenir, est un personnage qui brille, s'il faut l'en croire, d'un vif éclat dans l'art de Raphaël et de M. de Cailleux. Je ne connais pas de peintre qui sente son noble métier aussi bien que lui : il ne parle, il ne boit, il ne mange, il ne rêve que peinture. La nature entière, à son point de vue, n'est qu'une vaste boîte à couleur, où il puise incessamment des sujets de tableaux impossibles à décrire. Lorsqu'il s'agit de peinture, et, pour lui, il ne s'agit jamais d'autre chose que de peinture, M. Duvernis est à peindre. Croqué par un daguerréotype dans un de ses moments d'enthousiasme artistique, en admettant que le daguerréotype fût capable de croquer qui que ce soit, il ferait facilement l'admiration de la postérité la plus reculée, qui, sans aucun doute, le prendrait pour un homme de génie, à moins, toutefois, qu'elle ne le confondît avec un marchand de vulnéraire suisse.

M. Duvernis n'a pas d'âge précis. Parlez-lui de son extrait de naissance, il vous répondra question.

Sa figure, en forme d'ovale allongé, chauffée de tons vigoureux et émaillée de plaques rouges, le fait ressembler à un œuf de Pâques. Ses cheveux sont d'une nuance ardente tant soit peu prononcée; mais il n'y a point de sa faute : cela vient de ce qu'étant petit il ressentit une grande frayeur dans un champ de carottes. Son feutre, imité du sombrero espagnol, est plein de caractère et de crasse, et son paletot n'est pas sans analogie avec un sac de charbon. Quant à ses bottes, elles sont toujours plus ou moins décousues; mais cela s'explique naturellement : les chaussures neuves lui font mal au talon, qu'il a fort tendu et on ne peut pas plus sensible.

M. Duvernis a été commis de nouveautés jusqu'au moment où sa vocation s'est décidée tout à coup, à l'instar de celle des prophètes cités dans l'Écriture. Un jour que le ciel était pur et que les ormeaux du boulevard secouaient sur les passants leurs feuilles blanches de poussière, notre homme se mit à songer qu'il n'était pas né pour mourir derrière un comptoir obscur. Il se dit que Rembrandt avait possédé des maisons de campagne fort agréables, et que le Titien avait eu un palais, que M. Court est membre de la Légion-d'Honneur; — et alors, ressentant du ciel l'influence secrète, il vendit son manteau pour acheter une boîte à couleurs, et s'écria de toute la force de ses poumons : « Et moi aussi je suis peintre. » Quelle couleur!

Il jeta donc le calicot aux orties, façonna son aune en guise de canne, et s'installa immédiatement dans un belvéder du quartier de l'Observatoire. Puis il se mit à l'ouvrage, et offrit au salon suivant une page historique d'un grand intérêt : « Le roi Clovis faisant sa soupe sur un réchaud. » Le réchaud surtout était d'un ensemble parfait. Cet instrument de cuisine, fruit de longues études archéologiques, frappait les regards par la construction simple et digne de son emploi. Mais le jury des beaux-arts refusa net ce tableau, qui n'a pu faire, dès lors, les délices des amateurs.

M. Duvernis passa à un autre exercice, et annonça l'intention formelle de s'adonner au paysage. L'année suivante, une toile superbe resplendissait dans son atelier. Il avait rédigé lui-même, dans le silence et dans le recueillement, la note destinée au livret; nous la copions :

« Au fond, le grand désert de Sahara. Sur le devant, une charmante oasis où croissent çà et là un pommier nain, des navets, un rosier de Bengale et des artichauts. — A droite, une ferme : une servante fait du beurre. — A gauche, une grotte habitée par un buffle, plusieurs canards sauvages et un léopard aussi sauvage. »

Les Gamins de Paris.

N°11.

Chez Bauger Rue du Croissant 16.

Imp. d'Aubert & Cie

Toi grand Melon ? Oui moi, Moutard !

Ce second tableau fut reçu absolument comme le premier, qui ne l'avait pas été du tout. Le jury eut la petitesse de critiquer le pommier nain.

C'est alors que M. Duvernis jura de se consacrer à la peinture mystérieuse, et voici le sujet qu'il choisit de préférence : « Mercure, envoyé en Europe pour faire une commission, s'égare dans les bois de la Beauce, où il fait la connaissance d'une vachère de l'endroit. — Jupiter, qui attendait impatiemment la réponse, descend sur un nuage doré, surprend les deux amoureux à ramasser des champignons, et applique par derrière un grandissime coup de pied à ce pauvre diable de Mercure. » — Ce tableau rejoignit les autres.

N'ayant réussi dans aucun genre, M. Duvernis jure de les pratiquer tous, et maintenant il est aux ordres des amateurs et fait tout ce qui lui est commandé, soit en tableaux de salon ou devants de cheminée; il fait aussi la peinture d'ornements et va-t-en ville. — Mais son principal mérite, c'est le portrait. Là est sa véritable puissance. Il entreprend le portrait en deux séances et le croquis en douze minutes. Il les fait aussi de mémoire, ressemblance garantie pendant un an : son chef-d'œuvre est le portrait de Mouton, chien caniche de la 18e demi-brigade, mort pour la patrie au champ d'honneur d'Austerlitz. Cet admirable portrait a été fait de souvenir, bien qu'il n'eût jamais vu l'original, et d'après les notes intimes communiquées par M. Émile-Marco de Saint-Hilaire. Ce portrait orne maintenant l'arrière-boutique d'un bonnetier du faubourg Poissonnière, où vous pouvez le voir en allant faire emplette d'un bonnet de coton.

Je désire que ceci ne soit pas considéré comme une habile réclame insidieusement travestie.

Citons encore un portrait de Napoléon, lequel demeura exposé, des années entières, au clou le plus apparent de son domicile. Mais dans un moment de détresse, il l'a cédé pour un jambon. L'amateur était un charcutier.

M. Duvernis se mariera peut-être un jour; il laissera à sa veuve et à ses héritiers, non pas du pain sur la planche, du moins quantité de vieilles croûtes dans son atelier.

Prodiges de la Chirurgie.

Depuis un temps immémorial, la chimie semblait avoir la spécialité des *prodiges*. — Voir aux annonces de pommades mélainocomes. — Mais la chirurgie n'a pas voulu rester plus long-temps en arrière de la science qui a inventé la poudre, la mort aux rats et la pâte Régnault.

Désormais la chirurgie, plus encore que la chimie, aura le droit de faire des annonces et des affiches prodigieuses. — Et, ce qu'il y a de plus prodigieux, admirable dans tout cela, c'est que ces cures merveilleuses sont obtenues à l'aide d'un coup de lancette. — Wlin! Je regrette immensément, pour ma part, de n'être pas né louche, bègue et bancal, car j'aurais l'agrément de me faire redresser la langue, les yeux et la jambe dans la même séance. — Messieurs les enfants au-dessous de sept ans paient moitié prix.

Mon Dieu, maintenant vous allez chez le premier chirurgien venu, fût-il même un simple chirurgien dentiste, et vous lui dites :

« Monsieur, je louche horriblement. »

Le chirurgien, même dentiste, vous réplique :

« Tant mieux, monsieur!

— Oui, mais je suis bègue!

— Parfait, monsieur! »

Là-dessus, sans autre forme de conversation, le chirurgien, lui, ouvre sa trousse; — vous ouvrez les yeux. — Le chirurgien tire sa lancette; vous tirez la langue, et en un clin d'œil on vous flanque un coup de lancette dans la langue et dans l'œil. C'est fini. — Vous parlez désormais comme un avocat, et vous voyez aussi loin qu'un garde du commerce! — A moins pourtant que cette lancette de l'opérateur ne vous ait crevé l'œil; mais, n'importe, vous avez toujours la consolation de pouvoir vous dire : Je ne suis plus louche!

Vous êtes borgne, voilà tout.

L'opération de la langue demande aussi infiniment de précautions; car si le chirurgien se trompe de nerf, il arrivera qu'au lieu de vous couper le filet, il vous coupera le sifflet.

Sauf ces deux petits désagréments, ces deux opérations réussissent toujours admirablement bien.

M. Jacotot prouvait dans son temps que *tout est dans tout*. — Les chirurgiens modernes vont encore plus loin. Ils se proposent de prouver que *tout est dans un petit nerf*. — Il s'agit seulement de trouver ce scélérat de petit nerf, qui cause ainsi des perturbations dans votre individu. — Ils ne disent plus qu'il faut couper le mal dans sa racine, mais bien dans son petit nerf.

Vous irez vous plaindre d'une gastrite? — Le

chirurgien se mettra à fouiller dans toutes les petites ficelles qui font mouvoir le polichinelle nommé *homme!* et, v'lan, il coupera la ficelle que tire trop l'estomac!...

Boitez-vous comme M. de Talleyrand, — v'lan! — un coup de lancette derrière l'oreille tranche la difficulté en même temps que le petit nerf qui en se rétrécissant avait causé votre claudication. Éprouvez-vous de temps en temps les accès d'une colique effrénée, — paf! — on vous coupe le nerf de la colique et tout est dit. Cependant, toute l'importance de l'opération est de ne pas commettre la plus petite erreur dans les quarante-trois mille petits nerfs qui s'enchevêtrent les uns dans les autres, et qui contribuent tous, pour leur petite fonction spéciale, à embellir le corps humain. Si l'opérateur, par suite de vue basse, d'étourderie ou d'ânerie, et même par suite de ces trois choses réunies, vient à laisser dévier son scalpel seulement d'un millième de ligne, je ne vous cache pas que vous auriez du désagrément : sorti de chez vous en boitant de la jambe droite, le chirurgien peut vous faire rentrer dans votre domicile en boitant de la jambe gauche, parce qu'il vous aura trop guéri; — car s'il coupe deux nerfs au lieu d'un, il rallonge tellement la jambe primitivement trop courte, que c'est alors l'autre jambe qui ne peut plus la suivre. — De même pour les yeux. — Vous avez depuis votre plus tendre enfance contracté l'habitude déplorable de regarder continuellement le bout de votre nez. Fatigué de la monotonie de ce point de vue, vous priez le chirurgien docteur en strabisme de faire un changement à vue à la vôtre.

Si pendant l'opération vous avez le malheur de parler politique et de demander à ce monsieur son opinion sur la *question turque* ou sur la *question des sucres* ou *des morues*, le bistouri s'égare et une section maladroite vous fait porter le noir de vos yeux à l'autre extrémité de l'orbite; — au lieu de regarder votre nez, vous avez l'air de chercher constamment à regarder vos oreilles.

Il faut espérer cependant que la chirurgie française ne s'arrêtera pas en si beau chemin, et après avoir trouvé l'art de redresser toutes les infirmités nerveuses, elle trouvera le moyen de remplacer les nerfs détériorés comme on remplace des cordes d'un violon.

On verra s'établir des boutiques où l'on vendra des nerfs de première qualité, des nerfs de caoutchouc, des nerfs de crinoline Oudinot (durée vingt-cinq ans).

Néanmoins, malgré toute espèce de concurrence, nous pensons que les meilleurs et les plus recherchés seront toujours les nerfs de bœuf.

LES

PLAISIRS DE L'ÉTÉ.

Riez tant que vous voudrez, mais il n'en est pas moins vrai que la grisette est très-sensible aux beautés de la nature et aux joies pures que procurent la contemplation des petites feuilles vertes, l'audition des petits rossignols, — et la consommation des gros melons.

Dès qu'avril vient ouvrir les boutons de violettes et fermer les bals du Prado, la grisette parisienne éprouve l'irrésistible besoin d'aller à Montmorency et autres lieux, où l'on trouve peu de rossignols, mais beaucoup d'ânes — animaux qui, du reste, leur sont bien préférables pour les cavalcades.

La grisette affectionne donc les merveilles de la nature, mais c'est surtout lorsque ces merveilles se manifestent sous la forme de magnifiques cerises, de superbes radis et de magnifiques groseilles, — le tout cueilli, non épluché sur pied. Une fois qu'on s'est livré à ces premiers divertissements champêtres et potagers, on songe au plaisir de l'équitation avec ou sans caleçon — attendu que les ânes ont généralement la vue basse. — Et si la chute a pour témoin un simple mortel à deux pieds, tant pis... si ses regards sont blessés!

Du reste, les âniers de Montmorency et de Boulogne ne manquent jamais de vanter toutes les qualités physiques et morales de leurs quadrupèdes. — C'est vraiment un panégyrique qui serait capable de faire rougir l'espèce humaine, — et l'ânier finit toujours par dire que son coursier, qui primitivement était né pour être mouton, n'a peur de rien, excepté des chiens, des piétons et des poteaux.

En outre ces mêmes âniers, qui ont toute l'astuce des plus grands diplomates, ont divisé les ânes en deux classes, suivant qu'on désire en louer à l'heure ou à la course.

Les ânes qui vont à l'heure sont tous paralytiques et font une demi-lieue en deux heures, de sorte qu'ils rapportent beaucoup à leur bourgeois.

Quant aux ânes pris à la course, ils sont excessivement nerveux, et, au bout de cinq minutes de connaissance, ils se brouillent tout à fait avec leur voyageur, et sans le moindre propos le laissent au milieu du chemin — à moins que ce soit au fond d'une mare.

Puis l'animal plein d'intelligence (nous parlons de l'âne) revient à son domicile, et c'est ainsi que dans l'espace d'une heure on le loue souvent pour quatre parties de plaisir. Mais tout cela n'empêche pas que les promenades à âne ne soient une délicieuse chose quand on est amoureux, car cela aide beaucoup à faire connaissance avec la beauté qu'on escorte d'abord, et que l'on ramène ensuite.

Après la cavalcade à âne, le plus grand plaisir des plaisirs des parties de campagne consiste dans le repas sur l'herbe, — ou sur la poussière, à défaut d'herbe, ce qui arrive très-souvent, à moins qu'on ne prenne la peine d'aller à quinze lieues de Paris.

Règle générale, toutes les fois que dans un dîner sur l'herbe (on persiste à les appeler ainsi), on compte sur le plat ce que doit apporter chaque convive; il arrive invariablement que la surprise consiste dans un pâté de veau froid. — Autant de têtes, autant de pâtés. — On est surpris, mais désagréablement.

Aussi la grisette la plus cuisinière de la société propose-t-elle de varier l'uniformité de ces divers services par une entrée de salade, que l'on se procure tant bien que mal chez le premier villageois venu — moins l'huile et le vinaigre; mais on a du sel, beaucoup de sel. — Enfin on court dans cinq ou six endroits, on parvient à trouver les autres accessoires de rigueur; — que disons-nous! — au milieu du repas on trouve même des accessoires qui ne sont pas de rigueur; car, en mangeant de cette fameuse salade, il est rare qu'on ne sente pas craquer sous la dent quelque chose d'hétérogène.

Les uns disent : « Que diable est-ce que je sens là? »

Les autres : « Tiens! c'est un croûton! »

Enfin, quelques convives ne disent rien du tout, mais se mettent à fouiller dans la salade, et découvrent... des hannetons! — Surprise générale. — Tableau! — Après cela, mordieu! il n'y a pas de quoi s'effrayer outre mesure, — le hanneton n'est pas mauvais pour l'estomac, — à moins qu'on n'en fasse abus et qu'on n'en consomme immodérément.

Ce qui n'empêche pas la société de se priver d'achever une salade émaillée ainsi de coléoptères, et elle se hâte de prendre un coucou pour revenir à Paris, où l'on fait tant qu'on veut des festins de Balthazar à quarante sous par tête. — Et, si on tient à être encore mieux servi, on n'a qu'à y joindre un simple supplément de dix francs.

LES

HORLOGES DE VOYAGE.

L'industrie française continue à se livrer aux inventions les plus merveilleuses, — nous dirons même les plus mirobolantes.

Nous avons déjà parlé, dans ce journal, des parapluies qui renferment des ombrelles dans leur manche, et des veilleuses qui font cuire des biftecks et des gigots de mouton. — Voici maintenant le tour de l'horloge.

Depuis long-temps le besoin se faisait généralement sentir d'emporter des horloges en voyage. — Jusqu'à ce jour, quand on voulait savoir l'heure, on tirait sa montre de son gousset; mais la montre est devenue si commune, qu'un homme qui se respecte ne peut plus en porter. — C'est ce qui a donné l'idée ingénieuse de fabriquer des horloges de voyage. — Ces horloges, faites très simplement, afin de coûter d'autant plus cher, sont des espèces de cartels, sauf que le palissandre est remplacé par du cuivre, — et afin qu'on puisse toujours avoir son horloge à la main, — pour peu qu'on le désire, une poignée est adaptée au haut de cette pièce d'horlogerie. — Vous voyez que rien n'a été oublié pour la commodité du voyageur.

Désormais, au moment de monter en diligence, on arrivera en tenant son sac de nuit d'une main, et sa pendule de l'autre main, — et on regardera comme bien peu les individus qui n'auront qu'une simple montre; — cela sera tout au plus permis aux voyageurs de l'impériale ou de la rotonde. Voilà pour la satisfaction de la vanité; voici maintenant le détail de la commodité et de l'agrément.

L'horloger inventeur l'a dit: « Une montre ne suffit pas pour la nuit, à moins d'avoir un briquet phosphorique, et le briquet phosphorique est très-mal porté; il faut absolument avoir une pendule à sonnerie. » De sorte que si, à minuit, vous désirez savoir l'heure que marque votre pendule, comme le bruit de la voiture vous empêcherait d'entendre le bruit du marteau, vous commencerez par crier au conducteur de crier au postillon de crier à ses chevaux d'arrêter.

Très-bien. Une fois la diligence arrêtée, vous vous rappelez que, pour ne pas fatiguer votre bras outre mesure, vous avez fourré votre pendule au fond de votre malle, — laquelle malle se trouve sur l'impériale de la diligence, en compagnie de bon nombre de ses semblables.

En conséquence, vous priez le conducteur d'avoir l'extrême bonté d'ôter la *bâche* de la diligence, de chercher votre malle, de la placer délicatement à l'endroit le plus propre de la route, pour que vous puissiez savoir l'heure qu'il est, — ce que vous savez immédiatement après avoir tiré votre clef de votre poche, — la pendule de votre malle, — la ficelle de votre pendule. — A moins que vous ne trouviez pas un conducteur complaisant, qui n'accède pas à tous vos désirs, — c'est rare. — Pourtant cela peut arriver.

Les personnes qui pensent que nous nous livrons à des plaisanteries déplacées sur l'horlogerie française, n'ont qu'à se promener sur les boulevards, où elles verront, de leurs propres yeux, *de ces pendules de voyage;* — elles pourront même en acheter, pour peu qu'elles tiennent à acquérir une conviction complète. — Prix de la conviction, 100 francs, garantie pour un an.

Par exemple, si on tient à ce que ces pendules marchent constamment, il faut avoir soin de toujours voyager, car, dès qu'on s'arrête — elles s'arrêtent.

Pour peu que cela continue, quelque rival de Bréguet, à force de vouloir reculer les limites de son art, finira par inventer les *cadrans solaires*, — il obtiendra un brevet, pourvu qu'il veuille le payer quinze cents francs, prix de facture.

LE VOCABULAIRE DES ENFANTS.

Problème à résoudre. Trouver le moyen de rendre amusante la lecture d'un vocabulaire, afin de graver dans la mémoire des enfants les mots de la langue française, leur orthographe, leur signification et leur emploi, c'est-à-dire afin d'apprendre aux petits écoliers la langue nationale sans fatigue et en les amusant.

Solution du problème. Le Vocabulaire des enfants, dictionnaire pittoresque illustré.

Quelqu'un d'entre vous, lecteurs, peut-il se flatter de lire sans reprendre haleine et sans bâiller à se désarticuler la mâchoire deux ou trois cents mots d'un dictionnaire? Je ne le crois pas et, avant telle réponse qui pourrait changer mon aveu en impertinence, je me hâte de confesser que je tiendrais pour un véritable crétin celui qui s'écrierait : Je m'en flatte!

Hé bien! ce que vous ne feriez pas dans tout autre dictionnaire, ô lecteur intelligent, vous le ferez dans celui-ci : vous lirez sans ennui, sans fatigue, — mieux que cela, — vous lirez avec plaisir plus de 1500 mots, car vous aurez plus de 1500 *personnages, animaux, monuments, paysages, instruments, outils,* et *objets quelconques* à voir en regard du mot qu'ils servent à expliquer.

Certes, ce n'est pas pour vous que l'éditeur a jeté dans son livre cette quantité d'appâts. Vous n'avez plus besoin, j'aime à le penser, d'exercer votre mémoire sur la composition, l'étymologie et le genre des mots français; mais votre enfant, ce petit prodige dont nous parlions dans une livraison précédente, tout prodige qu'il est, ne saura pas sa langue avant d'avoir bourré son pauvre petit cerveau de toutes ces fastidieuses choses.

Sauvez-lui donc la peine de l'étude, enseignez-lui en jouant tout ce que vous pourrez lui apprendre de cette manière. Ce sera toujours autant de gagné sur cette longue kyrielle de choses à retenir.

Grandville, Daumier, Victor Adam, Johannot et une vingtaine d'autres artistes ont concouru à l'exécution artistique de ce joli volume, imprimé par MM. Lacrampe et compagnie avec tout le luxe de la typographie moderne; aussi, la première édition, tirée à 4000 exemplaires, a-t-elle été enlevée en peu de temps, et tout fait-il présager un égal succès pour la seconde, que l'éditeur a revue avec le plus grand soin afin de ne laisser dans son livre aucun de ces mots que les enfants ne doivent savoir que le plus tard possible.

Un magnifique volume grand in-8° jésus, imprimé à deux colonnes sur papier vélin satiné. Prix broché, 12 fr. Cartonné, 14 fr. et au-dessus.

IMPRIMÉ PAR BÉTHUNE ET PLON, A PARIS.

PARIS COMIQUE.

Livre-Album.

Dessins de MM. de Beaumont, Bouchot, Cham (de N..), Daumier, Emy, Gavarni, Grandville, H. Monnier, Pruche, Vernier et autres.

TEXTE PAR LES RÉDACTEURS DU MUSÉE PHILIPON, DU CHARIVARI, DE LA CARICATURE, ETC., ETC.

TYPES PARISIENS.

LE MARCHAND DE COCO.

Depuis bien long-temps toutes les académies du monde proposent des prix pour couronner l'auteur du meilleur mémoire sur l'intéressante question naturelle que voici : « Que deviennent les hirondelles pendant l'hiver? » Ce à quoi quelques hommes très-savants ont répondu qu'elles partaient pour des pays plus chauds. — D'autres individus non moins savants, non moins décorés de plusieurs ordres et non moins vaccinés, ont prétendu, au contraire, que lesdites hirondelles ne se mettaient nullement en voyage à l'époque des bals Musard, et que ces volatiles, très-frileux à la vérité, se contentaient, pour éviter l'onglée, de s'enfoncer dans la vase des marais du voisinage; enfin, il n'est sorte d'hypothèse plus ou moins absurde qui n'ait été mise en avant sans qu'aucun de ces messieurs soit encore parvenu à gagner le prix proposé par l'Académie, prix magnifique, consistant en une médaille d'or de trois francs cinquante centimes, bijou contrôlé par la monnaie de Paris, et bénit par le maire du dixième arrondissement.

Nous avouons, pour notre part, que toutes ces hypothèses fantastiques nous semblent bien ridicules; mais nous repoussons surtout l'idée de l'enfoncement dans la vase des marais, et les hirondelles, sur lesquelles on fait un cancan aussi salissant, doivent avoir le plus grand intérêt à se laver d'une accusation semblable.

Enfin, là n'est pas la question dont il s'agit en ce moment; les hirondelles sont parfaitement maîtresses de faire ce que bon leur semble; mais nous nous étonnons de ce qu'une foule de savants s'occupent depuis de longues années à faire ainsi des discours aux oiseaux, sans s'occuper le moins du monde de la solution d'un problème bien autrement intéressant pour la classe des bipèdes déplumés, dont nous faisons tous partie. — Voici la question d'histoire naturelle que nous proposons aux réflexions de tous les membres de l'Institut historique et de l'Académie des sciences morales : « Que devient le marchand de coco pendant l'hiver? »

Cette question, neuve et palpitante d'intérêt, nous a été suggérée par l'apparition printanière de ces estimables industriels qui, depuis quelques jours, commencent à faire entendre leur clochette argentine sur le boulevard du Temple et dans l'avenue des Champs-Élysées.

Le marchand de coco est la seule et véritable hirondelle dont l'arrivée annonce infailliblement le retour du printemps à Paris.

Chacun a sa manière pour s'informer chaque année de l'arrivée du printemps. — Tel bourgeois regarde son almanach et se dit : « Tiens, c'est aujourd'hui le 20 mars, nous entrons dans le printemps, je vais mettre mon pantalon de nankin. » — Ce qui fait que le bourgeois au pantalon de nankin sort de chez lui pour aller cueillir des violettes et des boutons de roses, et ne cueille qu'une fluxion de poitrine, attendu que le 20 mars ordinairement on ne jouit nullement de la température qu'affectionne le ver à soie. — Tel autre bourgeois ne s'imagine être dans le printemps que lorsqu'il mange des petits pois au sucre. — Tel autre, enfin, beaucoup plus arriéré, ne fait dater le printemps que du jour où il a fait un peu de soleil à Paris, c'est-à-dire à partir du 15 du mois de juin.

Tous ces différents systèmes sont également vicieux; nous avons dit et nous maintenons que le marchand de coco est l'oiseau de passage qui annonce la venue de cette saison charmante chantée par tous les poètes et par tous les moineaux francs de l'univers.

Par suite d'un revirement remarquable, dès qu'on voit apparaître le marchand de coco, on voit disparaître le marchand de marrons; il semble que ces deux personnages, bien faits cependant pour s'estimer et même pour s'aimer réciproquement, puisqu'ils ne se font nullement concurrence, il semble, disons-nous, qu'ils se soient voué une haine implacable. — Jamais la main noire de l'un n'a serré la main jaune de l'autre, jamais la casquette de loutre de celui-ci n'a fait une politesse au chapeau de paille de celui-là, jamais enfin le débitant du fruit étouffant de Lyon ne s'est trouvé en face du cabaretier ambulant qui colore l'eau de la Seine à l'aide de ces petits morceaux de bois idolâtrés par les gendarmes enrhumés du cerveau.

« Que devient le marchand de coco pendant l'hiver? »

Nous proposons donc un prix à l'auteur du meilleur mémoire sur cette intéressante question, qui tient à la fois à l'histoire naturelle, sous le rapport de la pérégrination de cette espèce d'oiseau voyageur; — à la botanique, sous le rapport de la racine de bois de réglisse, base fondamentale de la boisson que débite l'homme au gobelet d'argent; à la morale, sous le rapport que le coco, liquide rafraîchissant et vertueux, peut avoir sur les bonnes mœurs.

Les mémoires des concurrents devront être adressés au bureau de la caricature, avant le 1er janvier 1868.

Le prix sera décerné dans le courant de l'année 1900. — Ce prix consiste en quatre actions du journal *la Presse*, ou en deux verres de coco, au choix du lauréat.

P. S. Au moment de mettre sous presse, un jeune apprenti de l'imprimerie, ayant de nombreuses relations de commerce avec le marchand de marrons et le marchand de coco, a demandé à nous parler en particulier pour nous faire une révélation importante sur cette double branche de l'industrie parisienne. Ce jeune moutard, qui donne les plus belles espérances pour l'avenir, et dont le nez est fin, spirituel, voltairien, mais pas mouché, nous a donné le mot du logogriphe qui nous occupait. — Le marchand de marrons et le marchand de coco ne sont qu'un seul et même individu! — Le commerce et le costume sont différents, mais l'homme ne change pas; — à preuve, qu'il y a deux jours un marchand de coco a présenté au jeune homme en question une note montant à trois sous, pour des marrons livrés, consommés et non soldés.

En conséquence, nous avons décerné immédiatement le prix, qui ne devait être accordé qu'un peu plus tard, et nous avons laissé le choix au lauréat entre les quatre actions de *la Presse* et les deux verres de coco. — Le jeune homme plein d'avenir a bu immédiatement les deux verres de coco; — nouvelle preuve d'une intelligence bien précoce!

VILAINS ARTS.

La Peine de l'Exposition.

Alli! Allah! Dieu est grand et Mahomet est son prophète.

Dès demain je m'exporte à Constantinople. Mes amis sont des Turcs.

Je crois au Coran, à l'Alcoran; j'adopte l'Orient, le sultan, le dolman, le caftan, le turban, le croissant, le divan, l'iman, le firman, le drogman, tout le tremblement.

Je demande à être naturalisé mahométan, sujet de Mahmoud II, et, comme cette naturalisation s'opère en ajoutant bey ou dey à son prénom et à son nom, je me ferai appeler A... Bey C... Dey.

Vous ne vous étonnerez certes pas de cet enthousiasme frénétique, quand je vous aurai dit que je reviens du salon. Je veux me sauver en Orient afin d'y chercher un abri, un refuge contre un fléau qui me poursuit, m'obsède, me communique d'affreux vertiges — les musées de portraits. Là-bas, du moins, on n'est pas exposé à ces expositions.

Personne n'ignore, en effet, que la religion

musulmane défend expressément de portraiturer ses semblables. Le motif de cette prohibition, faite par la loi de Mahomet, a été diversement commenté. Les uns ont prétendu que le prophète, supposant l'Éternel jaloux, comme tous les auteurs quelconques, avait voulu lui épargner le désagrément de voir ses œuvres contrefaites (c'est bien le mot). D'autres ont dit que la reproduction de la face humaine sur la toile avait été envisagée par le béat conducteur de chameaux comme une lutte sacrilége et irrévérentieuse entre le peintre et le Créateur, et qu'il n'appartenait pas à un infime mortel de monter des couleurs à la divinité.

Pour moi, je crois tout bonnement que Mahomet, dans sa prévoyante sagesse, a voulu préserver Stamboul du spectacle agaçant et cauchemardant de ces interminables galeries où miroitent des milliers d'horribles portraits, qui pendent comme autant de tuiles sur la tête des promeneurs, les poursuivent de leurs regards fixes, hébétés, et de leurs membres disgracieusement contournés, disloqués, de leurs faces inhumainement laides, et peuvent ainsi compromettre, en sa fleur, la génération future, alors qu'il se trouve des femmes enceintes dans la société. Gloire au divin Mahomet!

Je ne crois pas, en effet, qu'il existe un supplice plus cruel que celui auquel les portraiteurs condamnent le malheureux habitué du salon. Semblables aux bourreaux de l'antiquité, ces peintres ont fait du chevalet un instrument de torture.

Ajoutez que les membres du jury d'admission semblent se faire un barbare plaisir de seconder et d'encourager les tourmenteurs. A chaque exposition ils accueillent une masse plus compacte de toiles affreusement enluminées, sous prétexte de portrait. On peut dire qu'au salon le portrait ne fait que croître et enlaidir.

Et ce qui prouve évidemment la complicité des jurés, prétendus artistiques, avec les bourreaux en question, c'est que, tout en refusant des tableaux des Delacroix, des Decamp, etc., ils admettent par centaines des soi-disant portraits, que renieraient les plus râpés barbouilleurs d'enseignes de Brives-la-Gaillarde ou de Quimper-Corentin.

De quel droit vient-on de la sorte fatiguer nos regards d'un tas de fac-simile des obscurités mâles ou femelles de l'épicerie, de la triperie, charcuterie, de la fabrique de noir animal ou du commerce de peaux de lapins? Que nous fait donc, à nous, les traits plus ou moins grotesques, plus ou moins niais et vulgaires de M. A...., de madame P..., de mademoiselle Q...? Et d'abord je nie qu'on dût avoir le droit de se faire reproduire sur la toile quand on est si incroyablement laid que ces êtres là, c'est déjà trop d'un seul exemplaire.

Et puis que de niaiseries, de ridicules et de faussetés sont impudemment étalés dans ces trois pieds carrés de barbouillage! Les uns méditent auprès de livres qu'ils n'ont jamais ouverts, les autres caressent avec tendresse des enfants qu'ils négligent toute l'année, et qu'ils n'embrassent qu'au salon. Quelques-uns tiennent à la main des armes dont la réalité les épouvanterait; il y en a qui ont fait mettre des chevaux qu'ils n'ont jamais eus, des chiens, des laquais, des carrosses, des châteaux qu'ils n'ont jamais possédés; d'autres, non moins bouffons, ont endossé leur habit des dimanches ou leur toilette de bal pour se faire coucher sur l'herbe ou le foin. Et supposez que la volonté du Très-Haut jetât tout à coup sur cette cohue bariolée l'étincelle de Prométhée, que tous les originaux vinssent à s'animer et à parler, il y aurait vraiment de quoi frémir et se boucher les oreilles, surtout si le ramage des portraiturés répondait à leur plumage.

Les notabilités artistiques, politiques, dramatiques ou littéraires ne nous semblent guère plus heureusement inspirées, alors qu'elles se font peindre et exposer aux regards de tous. Arrêtez-vous, par exemple, près du portrait de M. de Lamartine, le poète dynastico-omnibus, qu'un peintre goguenard a représenté entouré de deux chiens, et écoutez les quolibets qui s'élèvent à propos de cet emblème accessoire de la fidélité.

Le grand orateur, M. Berryer, a été également victime d'une méchante plaisanterie. Le peintre ayant ouï dire, sans doute, que le vert est la couleur favorite du légitimisme, s'est avisé d'accommoder la face de son modèle aux épinards.

Et madame Sand, croit-on que ses admirateurs, qui, d'après la lecture de ses ouvrages, se représentaient l'auteur d'*Indiana* comme une femme rêveuse, vaporeuse, langoureuse, souffreteuse, etc., n'aient pas vu s'évanouir leurs poétiques illusions à l'aspect d'une corpulence rebondie et grassouillette, comme pourrait en offrir l'épicière la plus florissante?

Quant à M. Théophile Gauthier, rien n'est drôle comme le désappointement des amateurs qui s'en viennent chercher la ressemblance de l'ébouriffant poète feuilletoniste, et qui, à sa place, ne découvrent qu'une immense et inculte perruque; impossible d'y rien démêler. Certes, M. Gauthier serait en droit de dire à son Apelle manqué, en lui montrant son incommensurable chevelure : « Peignez-moi ça un peu mieux. »

D'après ce que nous avons ouï dire des perfides machinations de la jalousie coulissière, nous sommes persuadés que les peintres qui ont représenté mesdames Plessy, Noblet et Fanny Elssler ont été soudoyés par des rivales. La célébrité a valu aussi à ce pauvre Duprez une odieuse caricature. Essoufflez-vous donc à attraper l'*ut* de poitrine!

Quant aux princes et princesses, leurs portraits, peints par M. Winterhalter, nous ont fait comprendre tous les inconvénients attachés aux grandeurs. A défaut de talent, le jeune artiste a fait preuve d'un grand courage en bravant un des articles les plus foudroyants des terribles lois de septembre.

Mais ce qui s'est fait de plus audacieux dans ce genre, c'est le tableau de M. Scheffer, représentant le conseil des ministres à Champlâtreux. Comment veut-on que le public puisse conserver du respect pour des dépositaires de la puissance ainsi faits? Cette croquade aurait suffi seule pour entraîner la chute du cabinet d'avril. Nous le déclarons douloureusement et consciencieusement, il n'y a pas de gouvernement possible avec de semblables peintures.

Et je resterais dans un pays où l'on tolère ces déplorables guet-apens! où, non-seulement l'on risque d'être assommé par les portraits d'autrui, mais encore par le sien propre! Qui empêche, en effet, le premier peintre venu de m'attendre au coin d'une rue, de me sauter à la figure et de m'exposer tout vif? Non! non! je vais me réfugier en Turquie, puisque là seulement on est assuré contre de pareilles catastrophes. Je sais que la peste règne souvent dans ces contrées; qu'importe, j'aime mieux la peste que les portraits.

Je sais encore qu'on y est despotiquement gouverné par le sabre. Qu'importe encore? Je préfère exposer ma tête à être coupée plutôt que de l'exposer à être peinte.

FEU LE TROTTIN.

Pour peu que cela continue, je ne sais vraiment pas ce que les pères et mères de famille pourront faire de leurs filles; car, à moins qu'elles ne soient fort honnêtes, et qu'elles joignent à cette qualité une dot idem, je ne vois pas ce qu'elles pourront devenir.

L'homme est un être qui a des procédés bien peu délicats vis-à-vis des pauvres femmes! Non-seulement il s'est intitulé roi de la création et chef de la communauté conjugale, ce qui lui donne déjà des droits pas mal superbes, tels que ceux de faire la loi et de monter la garde à la porte de la mairie avec un grand bonnet à poil; mais encore voici qu'il se met à ravir petit à petit tous les autres droits qui, jusqu'ici, étaient restés les apanages du beau sexe.

Les malheureuses jeunes filles, à qui la nature avait interdit l'agrément d'embrasser la profession de pompier, de tailleur, de député, de ministre ou de tambour de la garde nationale, se consolaient en disant :

« Du moins il nous reste la couture et les magasins de modes! »

Eh bien! voici que le roi de la création s'est imaginé d'étendre son empire tyrannique jusque dans ce dernier asile de l'innocence et de la vertu; — car vous avez beau dire et beau rire, on trouve de l'innocence et de la vertu dans les magasins de modes; — on n'en trouve pas beaucoup, — mais enfin on en trouve!

Nous avons déjà flétri, avec une éloquente indignation, la déplorable conduite des industriels français qui se sont travestis en chemisiers aux dépens des pauvres couturières. — Eh bien! voici que surgissent de tous côtés des modistes mâles; et, aveuglées par je ne sais quel fatal prestige, les modistes femelles qui ont encore conservé la direction de leurs magasins ont remplacé le trottin, qui depuis un temps immémorial était chargé de porter aux dames leurs chapeaux et leurs bonnets nouveaux, — par un grand dadais en livrée qui porte gauchement un carton qu'il froisse dans ses grosses mains rouges.

Où allons-nous, bon Dieu! — Le trottin, qui était si triomphant, ou, si vous aimez mieux, si triomphante des révolutions de 89, de 92 et même de 1830, vient tout à coup d'être dépossédé de son emploi, que j'ose qualifier de confiance, par des Auvergnats ou des Bas-Bretons reconnus comme trop stupides pour être admis comme remplaçants militaires.

Le trottin, toujours choisi parmi les grisettes les plus jeunes et les plus espiègles du magasin,

Musée pour rire N°17.

Imp. d'Aubert & Cie — Chez Aubert gal. véro dodat.

Pardon, excuse, M'ssieu l'épicier, c'est mon pain qu'a tombé dans vot mélasse.

était le véritable petit clerc de tout magasin de modes.

Toujours en course, il égayait de sa présence tous les trottoirs, et rapportait continuellement à ses amies les nouvelles les plus fraîches et les marrons les plus chauds.

Le trottin était la joie du flâneur parisien, la seule peut-être qui lui fût restée depuis l'établissement des omnibus, des sergents-de-ville et des ruisseaux établis le long des trottoirs.

Jadis on était sûr de trouver huit à dix trottins, à midi, auprès du canon du Palais-Royal, ou devant les carreaux d'Aubert pendant toute la journée; maintenant on n'y trouve que des flâneurs, des floueurs et quelques-uns de ces vieux petits rentiers, qui ne se distinguent de l'huître vulgaire que parce qu'ils sont doués de l'appareil de la locomotion, et qu'ils sont armés d'une canne, d'une tabatière et d'une paire de lunettes, — genre d'ustensiles dont l'usage est inconnu jusqu'à ce jour de leurs confrères, les mollusques des côtes du Havre et d'Ostende.

Ce qu'il y a de bon, c'est que c'est au nom de la philanthropie et de la morale qu'on a dépossédé le pauvre petit trottin de son emploi.

On a prétendu que ces grisettes couraient ainsi de trop grands dangers en les laissant continuellement sur les trottoirs de Paris, — et, en conséquence, on les a mises sur le pavé.

Les pauvres petites, qui avaient déjà bien du mal de s'entretenir de robes, de souliers et de vertu moyennant quatre cents francs par an, — sont maintenant obligées de vivre de leurs rentes. — Comme c'est régalant pour celles qui n'ont rien du tout, ou qui n'ont que des fonds espagnols!

Aussi n'avons-nous pas la force de blâmer trop sévèrement les infortunées grisettes qui, dans cette passe difficile, ont eu recours à la protection et à la bienfaisance d'un oncle qui s'est tout à coup révélé dans leur famille, et qui arrivait probablement d'Amérique, car jamais de la vie on n'en avait entendu parler auparavant.

Les plus vertueuses se décident seulement à avoir de temps en temps recours à ma tante; — mais cette personne, bien qu'elle se présente pleine de piété, n'est que fort peu compatissante et ne prête pas grand'chose aux pauvres grisettes quand elles n'apportent en nantissement que leur vertu; — elle aime encore mieux un vieux tartan et une paire de socques désarticulés.

Modistes mâles et femelles, et vous aussi, prétendus philanthropes! — vous répondrez un jour devant Dieu de la vertu de cinq ou six cents trottins que vous avez mis ainsi du trottoir sur le pavé!

LE MAUVAIS ŒIL

ACADÉMIQUE.

Napoléon croyait à la fatalité pendant la vie; et certes il doit y croire bien plus encore après sa mort, puisqu'il n'a quitté la tombe de Sainte-Hélène que pour venir figurer dans un mimodrame apothéotique et pour essayer des odes et des poésies capables d'asphyxier un rhinocéros.

Au reste, Napoléon, qui a inventé bien des choses, n'avait pas inventé la fatalité; de tous les temps et chez tous les peuples on a admis l'existence d'un mauvais sort qui s'attache aux individus, voire à certains lieux, à certaines institutions. Si des faits nombreux et authentiques ne suffisaient pas pour justifier cette croyance, ou si l'on veut ce préjugé populaire, il suffit de citer l'Académie.

En face du pont des Arts s'élève un grand bâtiment noir que l'on prendrait pour un nid à chouettes, et que le *Constitutionnel* et M. Prudhomme s'obstinent seuls à appeler pompeusement l'Institut royal de France. C'est là, s'il faut en croire le *Journal des haras*, que florissent encore les arts, les sciences, les belles-lettres, la morale et la politique. C'est là que siégent les cinq académies. — Bonne nuit!

Eh bien! le grand bâtiment noir est sinistre comme les châteaux abandonnés et les souterrains des romans d'Anne Radcliffe. Ce n'est pas que nous prétendions dire que le local de l'Institut est habité par des esprits, au contraire; -nous soutenons que depuis qu'il existe, l'établissement académique n'a servi à rien, que de plus il a exercé une influence déplorablement fatale. C'a été notre mauvais œil, entouré de palmes vertes.

En effet, pendant les deux derniers siècles, l'appât du fauteuil académique existait en des milliers d'imaginations; dès la sortie de rhétorique, une fermentation funeste qui tenait lieu de vocation réelle et valait chaque année au malheureux public des pyramides de poëmes épiques, des pics de Ténériffe de tragédies classiques, et des alexandrins... ah! quels alexandrins! à faire douze fois le tour du globe en les mettant à la suite les uns des autres. Merci!

O ciel! ô ciel! que d'infortunés ferait ainsi, bon an, mal an, l'Académie Française, sans compter ses lecteurs!

Nous n'exagérons pas en disant que la moitié des suicides pouvait alors être imputée à l'Académie, le reste au feu, à l'amour, à la misère. On ne s'imagine pas à quelle immense folie pouvait jadis conduire l'ambition académique chez un gros garçon qui eût fait un délicieux notaire, ou qui eût parfaitement auné des cuirs-laine, s'il eût suivi tout bonnement la carrière commune, au lieu de se traîner vers l'Institut ou plutôt vers la morgue.

Vous sortiez du collége, on vous plaçait chez un avoué, vous y faisiez des vers, les clients perdaient leurs procès, l'avoué vous chassait, vous vous brouilliez avec vos parents, vous les quittiez sans le sou, vous veniez à Paris, vous y passiez trois ans à mourir de faim, vous composiez une tragédie classique, vous restiez dix autres années à la faire représenter; enfin le grand jour, c'est-à-dire le grand soir, arrivait, votre tragédie classique était jouée, le public vous sifflait, le feuilleton du *Journal des Débats* faisait votre éloge, et votre oncle vous déshéritait, c'est-à-dire que c'était à se jeter par la fenêtre, soi et tous ses manuscrits tragiques.

C'est bien aussi ce que faisaient les Tantales du fauteuil académique. Voilà donc à quoi a servi l'Académie Française pendant plus de deux siècles, uniqnement à conserver précieusement les bonnes traditions du suicide.

Vous me direz peut-être que, depuis quelques années, l'Académie, qui possède ses antiquités grecques, a voulu se poser en lance d'Achille et guérir elle-même les blessures qu'elle avait faites. Il est vrai que les choix des Flourens sont de nature à exciter aujourd'hui l'ambition de ne plus écrire du tout.

Oui, mais le génie malfaisant qui, à défaut de toute autre espèce de génie, semble s'être attaché à l'Académie, se manifeste d'un autre côté. Vous avez lu le dernier compte-rendu de la dernière réception académique; vous avez vu que l'Institut s'est constitué une succursale politico-oratoire de la chambre haute et de la chambre basse; de plus, le portefeuille de ministre est devenu aujourd'hui le principal et le plus sûr titre littéraire pour arriver au faufeuil; la preuve, c'est qu'on compte à l'Institut une demi-douzaine de ministres : MM. Molé, Guizot, Cousin, Villemain et Salvandi. Dès lors, l'Académie n'encourage plus à faire des poèmes épiques, des tragédies classiques et des myriamètres d'alexandrins, mais elle encourage à devenir ministre.

Qu'on nie encore la persistance et la malignité du mauvais œil académique!

C'EST LA FAUTE

DE LA CENSURE.

L'auteur de cet article commence par déclarer devant Dieu et devant M. le commissaire de police qu'il n'est ni censeur, ni parent de censeur, ni ami de censeur, ni ami d'ami de censeur.

Bien plus, il trouve ladite profession de censeur très-médiocre, et ne se soucierait pas de l'embrasser un jour. Ceci posé, on lui permettra de dire que messieurs les vaudevillistes sont excessivement heureux que la censure existe; car, grâce à elle, tous les Bilboquets du théâtre peuvent dire toutes les fois qu'ils sont sifflés : « C'est la faute à Gringalet, — non, je veux dire à la censure! »

On ne se figure pas ce que les cartons de la censure sont censés renfermer de scènes originales, de couplets spirituels et de mots piquants!

Toutes les fois qu'une pièce n'obtient qu'un succès d'estime, — ce qui, en argot dramatique, veut dire qu'on a bâillé sans siffler, — l'auteur fait semblant de s'arracher une mèche de cheveux, et s'écrie avec l'accent de la douleur :

« Il n'y a plus moyen d'écrire avec la censure; — on m'a défiguré tout mon ouvrage; — c'est à peine si je le reconnais moi-même! »

Or, en réalité, les ciseaux des censeurs (ciseaux qui, par parenthèse, sont tout simplement une plume d'oie trempée dans de l'encre rouge... Enfin, n'importe! nous devons employer l'expression consacrée par messieurs les vaudevillistes, et nous dirons avec eux), les ciseaux des censeurs n'ont pas mutilé la moindre pièce spirituelle, — attendu que, pour mutiler de l'esprit, il faut d'abord trouver de l'esprit. Seulement, comme les censeurs sont d'honnêtes pères de famille, excessivement consciencieux, qui ne veulent pas voler l'argent du gouvernement, ils font deux ou trois petites corrections dans toute pièce qui leur est soumise.

Si l'auteur a écrit monarque, le censeur prend

sa plume d'oie rougie du bout, et biffe le mot monarque pour écrire en place souverain, ou d'autres fois même il procède d'une façon encore plus admirable!

Il rature soigneusement un mot avec sa terrible encre rouge; — puis, au-dessous de cette correction, il écrit soigneusement, et toujours à l'encre rouge, le mot qu'il a biffé.

De la sorte, tout le monde a fait son devoir, et le chef du bureau des théâtres voit avec satisfaction que ses subordonnés gagnent leurs cinq cents francs par mois en portant un œil investigateur et ratureur sur tous les manuscrits qui leur sont soumis.

Le jour de la première représentation, l'inspecteur des théâtres collationne soigneusement la tirade de l'acteur avec le manuscrit censuré.

Si le public se permet de siffler l'ouvrage, l'auteur s'écrie, en levant les yeux au ciel, représenté pour le moment par de vieilles frises en toile :

« Ah! les brigands de censeurs, comme ils m'ont abîmé mon vaudeville! — Sans eux, j'avais un succès fou. »

Si la pièce est véritablement arrêtée par la censure, la position de l'auteur devient magnifique; — le public prend fait et cause pour lui avec une ardeur sans pareille; et, quand on vient à jouer l'ouvrage, il trouve des allusions et de l'esprit dans tous les passages les plus innocents, en prenant même ce mot d'innocent dans toutes ses significations.

Et si, malgré toute sa bonne volonté, le public ne trouve rien du tout dans la pièce, il n'en applaudit pas moins l'auteur et répète la fameuse phrase :

« Ce vaudeville est très-insignifiant, très-plat, très-mauvais; mais c'est la faute de la censure! »

O vaudevillistes! ô hommes que, malgré vos erreurs et votre ingratitude, je ne crains pas de gratifier encore du titre de mes amis, — comment pouvez-vous crier contre la censure après tous les véritables services qu'elle vous rend chaque jour, ou, si vous aimez mieux, chaque soir.

Mais, malheureux! du jour où la censure sera supprimée, vous serez sifflés dix fois plus qu'auparavant, — car du moment que le public ne pourra plus s'en prendre à Gringalet, comme il faut qu'il s'en prenne à quelqu'un, ce sera à l'auteur de la pièce! — ce qui ne sera pas déjà trop mal raisonné.

Quant à nous, en notre qualité de journaliste, nous nous permettrons de continuer à pétitionner pour faire disparaître la censure, par la raison que cette institution nous paraît être aussi peu vénérable qu'inutile.

Mais, malgré nos pétitions, les censeurs conserveront leur place, par la raison que le gouvernement est trop humain pour mettre cinq respectables pères de famille sur le pavé de Paris, — au milieu d'un été aussi humide et au prix où est le veau!

LES PETITS MALHEURS PARISIENS.

Vous avez déjà pu remarquer, avec le célèbre philosophe Bilboquet, — que tout n'est pas rose dans la vie, et que tout n'est pas jasmin dans l'existence.

Car sans compter la fièvre, les rhumatismes, les billets de garde, la colique et les concerts d'amateurs, l'homme est exposé à une foule de petits malheurs qui, à vrai dire, ne sont que des coups d'épingle, mais qui, multipliés à l'infini, deviennent encore plus désagréables qu'un bon coup de poignard (si toutefois il y a des coups de poignard qui soient bons.)

C'est surtout le Parisien qui est exposé à une foule de petits malheurs dont l'existence n'est même pas soupçonnée en province; aussi n'hésiterons-nous pas à proclamer bien haut que l'homme qui habite la province est beaucoup plus heureux que le mortel qui habite Paris, — pour peu qu'il aime la province, et qu'il déteste Paris.

On pourrait faire un gros volume avec les petits accidents de la vie parisienne, — mais rassurez-vous, nous ne le ferons pas. — Nous indiquerons seulement les principales catastrophes qui viennent émailler l'existence du flâneur parisien.

La plus vulgaire, mais non pas la moins poignante de ces émotions, est celle qu'éprouve l'homme qui, sorti de chez lui par un beau soleil, a revêtu son elbeuf le plus soyeux, son chapeau le plus lustré et ses bottes les plus vernies pour aller dîner en ville ou pousser quelques soupirs sous les fenêtres d'une beauté à œil noir ou bleu, suivant qu'on affectionne l'une ou l'autre nuance.

Vous n'êtes plus qu'à deux pas de la maison du potage ou de la beauté, — vous avez sautillé délicatement comme un moineau franc sur tous les pavés les plus larges; votre pantalon n'a pas attrapé un atome de boue, vous pourriez mirer votre menton dans le miroir de vos bottes, et faire ainsi admirablement votre barbe, sauf que la position serait gênante; — et le zéphyr lui-même n'a pas dérangé la plus légère boucle de votre chevelure ou de votre toupet, si vous êtes affligé de cette infirmité; — bref, vous êtes enchanté de votre tenue, et vous regrettez de n'avoir pas devant vous une belle glace de Venise pour vous regarder des pieds à la tête; — lorsque tout à coup la roue d'un cabriolet, de lion parisien que vous étiez à l'instant, vous transforme subitement en tigre du Bengale.

Vous maudirez les dieux, les cieux, tous les cochers et surtout celui du cabriolet. — Vous êtes altéré de vengeance, vous voudriez boire du sang, beaucoup de sang; — vous éclipseriez Robespierre et Néron, — vous voudriez pouvoir trancher, d'un seul coup, les têtes de tous les cochers de cabriolet de Paris; — puis, revenu à des sentiments plus humains, vous finissez par donner trente sous au premier cocher de cabriolet que vous rencontrez pour qu'il vous conduise tout simplement chez vous, de crainte d'être ramené de force au Jardin des plantes et des tigres par un sergent de ville commettant une méprise en histoire naturelle, méprise très pardonnable du reste.

Un autre malheur non moins déplorable et encore plus humide est réservé au flâneur qui a la faiblesse de croire aux omnibus les jours de pluie, et qui, surpris par une averse diluvienne, se met à courir après cette arche de Noé à six sous.

Pour peu que vous ayez la vue basse, ou que le conducteur soit distrait, on se livre ainsi à une course au clocher jusqu'au lieu de la station, car jamais, au grand jamais, on ne parvient à trouver une place dans un omnibus quand on en a besoin. — Ce qu'on a de mieux à faire, c'est de prendre un fiacre, — c'est même ce qu'il y a de plus économique, car on dépense le lendemain pour 6 fr. de réglisse.

Les forts sont aussi un sujet perpétuel de soupirs et de coups de brosse pour les badauds parisiens; — nous ne parlons pas politique, — nous parlons seulement des forts de la Halle au blé et de la Halle au charbon.

Ces gaillards, fiers des avantages que leur a prodigués la nature, marchent toujours dans leur force et dans leur liberté, — ce qui fait qu'ils prennent la liberté d'occuper tout le trottoir. — Le flâneur qui a la folle prétention de vouloir se faufiler entre deux de ces hommes de farine ou de charbon, est immanquablement aplati comme une limande prête à être mise sur le gril, — et pour que rien n'y manque, il est même saupoudré de la couche de farine obligée.

C'est désagréable, sans doute, mais mieux vaut encore attraper des blancs que des noirs, — petit malheur spécialement réservé à tout promeneur qui, à dix heures du soir, flâne le long des trottoirs des rues marchandes, telles que les rues Saint-Denis, Saint-Martin et autres.

Nous voulons parler des volets reçus dans le dos, dans le nez et autres parties du corps. — Les garçons de boutique ou les commis de magasin chargés de la mission de confiance de clôturer l'établissement sont toujours tellement charmés d'aller se coucher, qu'ils couchent eux-mêmes sur le trottoir tous ceux qui se trouvent devant la porte de l'allée d'où ils sortent leurs volets, avec cette aimable étourderie qui est l'apanage du caractère français.

Puis, pour peu qu'on perde de temps chez l'apothicaire à boire plusieurs verres de mélisse et à se tâter tous les membres les uns après les autres, minuit arrive, et on s'expose à rentrer chez soi à cette heure indue, à ne pas se voir tirer le cordon par une portière endormie ou entêtée.

Si on fait du tapage, la patrouille s'en mêle, et, grâce à elle, vous couchez enfin, — à la Salle Saint-Martin.

HISTORIETTES ET IMAGES,

TEXTE

Par M. A. de Savigny.

Voici un excellent livre pour les jeunes lecteurs, c'est un volume grand in-4° contenant plus de 700 dessins gravés sur bois, d'après MM. Grandville, Daumier, E. Forest, Johannot, Watier et autres. Ainsi que l'indique son titre, il est composé pour des enfants en âge de comprendre les petits contes. Les dessins, quoique plus nombreux que dans la plupart des livres de même genre, y jouent cependant un rôle moins important, le texte y tient plus de place, c'est un livre fait pour les enfants de dix ou douze ans auxquels il donne, en même temps que des historiettes intéressantes, le détail et l'explication des jeux de leur âge. Nous le recommandons comme un bon livre d'étrennes. Le prix du volume broché est de 10 fr., cartonné 12 fr.

IMPRIMÉ PAR BÉTHUNE ET PLON, A PARIS.

PARIS COMIQUE,

Livre-Album.

Dessins de MM. de Beaumont, Bouchot, Cham (de N..,) Daumier, Emy, Gavarni, Grandville, H. Monnier, Pruche, Vernier et autres.

TEXTE PAR LES RÉDACTEURS DU MUSÉE PHILIPON, DU CHARIVARI, DE LA CARICATURE, ETC., ETC.

LES EMPIRIQUES

VOYAGEURS.

Il y a long-temps qu'on a défini le médecin en ces termes :

« Un homme vêtu de noir, mettant des drogues qu'il ne connaît guère dans un corps qu'il ne connaît pas. » Cette maxime, pour être vieille, n'en est pas moins désolante, et surtout n'en est pas moins juste. — Car, après tout, depuis Hippocrate, la science médicale a beau faire chaque jour des pas de géant, il se trouve que ces pas se font de telle manière qu'après avoir marché pendant long-temps, le médecin, se croyant enfin arrivé au but, s'essuie le front, respire d'un air de satisfaction, puis, couvrant ses yeux doctoraux d'une paire de lunettes pour mieux voir où il se trouve, connaît qu'il est arrivé tout justement au point — d'où il était parti.

Au lieu de faire son chemin en ligne droite, il n'a fait que suivre un cercle vicieux. — Ce qui fait que les médecins, plus que personne, auraient le droit de prendre pour devise la célèbre phrase de Montaigne : *Que sais-je?*

Du reste, les médecins véritablement savants et véritablement de bonne foi reconnaissent franchement qu'à la fin de leurs études les plus opiniâtres, ils sont enfin parvenus à savoir qu'ils ne savaient rien.

Malgré toutes les plaisanteries que l'on s'est permis de faire jusqu'à ce jour, et malgré celles que nous nous permettons encore de commettre dans le présent article sur le corps respectable, mais peu respecté, de messieurs les médecins, il faut reconnaître qu'ils rendent de véritables services à l'humanité souffrante; non pas précisément par le résultat de leur science, mais par l'aplomb avec lequel ils se vantent de posséder cette science. — Un malade qui a le corps faible a l'esprit bien plus faible encore; et quand il voit arriver à son chevet un homme qui, après avoir tâté le pouls avec beaucoup de sang-froid et lui avoir fait tirer la langue avec un sérieux imperturbable, déclare à haute voix qu'il se charge de le guérir, — il est, par ce fait seul, déjà guéri plus d'à-moitié.

C'est ce qui explique parfaitement pourquoi les médecins devenus *célèbres* par l'une des causes que nous expliquerons plus loin, voient la nature sauver infiniment plus de malades entre leurs mains qu'entre les mains de leurs confrères obscurs et craintifs, qui n'arrivent auprès de leurs clients qu'avec l'air d'un *croque-mort* qui vient prendre mesure pour le dernier paletot réservé à l'homme.

L'important chez un médecin c'est donc d'avoir toujours l'air bien sûr de son fait, — et il faut reconnaître que les médecins du jour ne se font pas faute de suivre cet aphorisme, qui cependant, je crois, n'avait pas été mentionné par Hippocrate. — Le second point non moins important, c'est de n'avoir pas trop l'air étonné quand, malgré les remèdes, la nature, par un de ces mystères aussi admirables qu'inexprimables, vient à guérir un malade qui semblait destiné à partir sous peu pour l'autre monde que l'on dit meilleur ; -- le médecin doit toujours s'attribuer le mérite de cette cure étonnante ; — il le peut d'autant plus impunément, que la nature est une bonne personne, qui ne réclame jamais.

Après cela il faut reconnaître encore que les médecins du jour savent pareillement mettre en pratique ce second aphorisme qui continue à n'être pas d'Hippocrate.

Enfin, il est un troisième conseil qu'il serait totalement superflu de donner aux hippocrates contemporains : à savoir, de se faire valoir les uns aux dépens des autres. — Car, s'il est une justice à rendre aux médecins, c'est qu'ils se détestent tous du plus profond de leur cœur. — Nous n'entreprendrons pas de tracer le système imaginé par l'homme depuis qu'il a entrepris de lutter contre la mort, athlète qui, en définitive, est toujours le plus fort : il faudrait tous les volumes de l'Encyclopédie elle-même pour contenir toutes les idées gravement baroques ou baroquement graves émises par ces milliers de docteurs, qui tous ont la prétention d'avoir raison.

D'ailleurs, ce serait se perdre au milieu de ce labyrinthe de fioles et de cataplasmes, qui tous ont été plus ou moins réputés comme admirables par leur inventeur.

Nous n'avons pas la prétention de nous établir juges du tournoi, ou plutôt du duel véritable qui s'est établi entre la saignée et la sangsue ; — l'eau froide et l'eau chaude ; — les contagionistes et les non contagionistes.

Nous sommes de l'avis de Sganarelle, avec une petite variante néanmoins, et nous dirons : — *Entre la saignée et la sangsue il ne faut pas mettre le doigt.*

Nous voulons seulement nous entretenir pour l'instant de ces personnages qui courent journellement la France d'un bout à l'autre, et qui expédient réellement des malades en poste. Il n'est pas rare de lire dans les *Petites Affiches*, entre la demande d'une *bonne pour tout faire* et la promesse d'une récompense honnête pour un caniche égaré, l'annonce suivante : « On demande un médecin pour voyager. S'adresser, pour les conditions, rue de la Grande Truanderie. »

Dans votre naïve ignorance des choses de ce monde, à la lecture des avis ci-dessus, vous avez pensé, sans doute, qu'il s'agissait d'un monsieur très-riche, à qui ses moyens permettaient de voyager ainsi avec une maladie et un médecin, — enfin, un monsieur ne se refusant rien.

Seulement, pour peu que vous n'ayez pas été très pressé dans ce moment, et que vous ayez continué à réfléchir sur les *Petites Affiches*, vous vous serez dit :

— « Tiens! c'est étonnant qu'un monsieur très-riche soit allé se loger rue de la Grande Truanderie ; il est bien original, ce Monsieur ; ce doit être un Anglais ! »

Et partant de là, peut-être même avez-vous dit à quelques-uns de vos amis, médecins sans malades :

— « Mon cher ami, il y a un Anglais très-riche qui cherche un médecin pour voyager. »

Eh bien ! j'en suis fâché pour vous, mais vous étiez plongé dans une profonde erreur, — relativement..... à l'Angleterre — et au malade très-riche de la rue de la Grande Truanderie.

Voici l'explication de ce logogriphe médical :

Depuis une vingtaine d'années, la police correctionnelle française, se montrant infiniment plus susceptible que la Faculté de médecine, poursuit avec sévérité tous les empiriques, plus vulgairement nommés charlatans, qui se permettent de guérir les maux de l'humanité souffrante sans avoir préalablement reçu de la Faculté de médecine le brevet en vertu duquel il peut désormais *saigner, purger* et *expediare* quiconque veut bien l'honorer de sa confiance.

Bon nombre d'individus ne veulent pas se soumettre à ces formalités préliminaires du latin, d'anatomie, de chimie, de chirurgie et autres accessoires ; — ils prétendent qu'on naît médecin comme on naît poète, et se vantent de guérir toutes les maladies imaginables avec certaines recettes qui leur sont propres, qui leur sont tellement propres qu'on ne peut pas s'imaginer même où diable ils ont été les chercher.

D'autres empiriques sont moins universels et se contentent de guérir certaines maladies. Il est à remarquer qu'ils affectionnent surtout les maladies des yeux ; cela se conçoit, ces malades sont plus disposés que tous les autres à avoir dans le premier charlatan venu une confiance aveugle.

Aussi Dieu sait le nombre d'oculistes qui voyagent continuellement dans les quatre-vingt-six départements ! — Car il est encore à remarquer que presque tous ces bienfaiteurs de l'humanité sont des Italiens, des Espagnols, ou au moins de savants Savoyards ; — du reste, se vantant tous également d'avoir fait l'opération de la cataracte à des princes napolitains, et même à la mule de notre saint Père le pape! Or, en réalité, à Naples et à Rome ils coupaient tout simplement les cors qui voulaient bien les honorer de leur confiance.

Pour éviter d'être condamné à une amende de cinq ou six francs pour exercice illégal de la médecine en France, ce qui diminuerait singulièrement leurs bénéfices, pour peu que cette amende fût prononcée lors de chaque consultation, — ces esculapes voyageurs ont soin de mettre dans leur fourgon, outre toutes les fioles de rigueur, un médecin français, un médecin pour de bon, qui consigne toutes les ordonnances en y ajoutant les initiales de rigueur, D.-M.

— Dès lors, tant pis pour le malade s'il meurt, il mourra dans les règles!

Que dites-vous de ce commerce médical? — ne vous semble-t-il pas le beau idéal de la civilisation! — Ce ne sont pas les Bédouins qui inventeraient des choses pareilles.

Chacun de ces médecins qui voyagent à la suite de ces empiriques donne environ trois ou quatre signatures par jour, ce qui fait, au bout de l'année, un total de quatorze cent soixante ordonnances; ce qui, à douze cents francs par an, les met l'une dans l'autre à quatre-vingt-cinq centimes.

Il est impossible de tuer des hommes à meilleur marché; — la justice est beaucoup moins avantagée que la médecine, car on ne trouve pas de bourreau à moins de cent louis par an; — et encore très-souvent n'a-t-il rien à faire pendant deux ou trois ans.

Nous nous plaisons à croire que de temps en temps les empiriques se montrent généreux envers l'exécuteur de leurs basses œuvres, et que les jours où ils ont bien *travaillé* dans une ville, ils leur donnent une gratification bien méritée, en leur servant de la nourriture à discrétion.

Il est de ces empiriques voyageurs qui gagnent de quinze à vingt mille francs par an. — Vous trouverez peut-être que cela ne s'explique pas? — Eh bien! au contraire, cela s'explique parfaitement bien.

Suivez plutôt le dialogue établi entre un de ces charlatans nomades et un brave et honnête médecin de la province, qui avait toutes les peines du monde à se faire mille écus par an dans une ville où un de ces acrobates venait de gagner douze cents francs en quinze jours.

L'Empirique. — Combien comptez-vous, je ne dirai pas d'*âmes*, mais d'habitants, dans votre ville, monsieur le docteur?

Le Docteur. — Vingt-cinq mille.

L'Empirique. — Combien, sur ces vingt-cinq mille habitants, comptez-vous d'individus spirituels?

Le Docteur. — C'est assez difficile à savoir au juste... Mais je crois pouvoir affirmer qu'il n'y en a pas plus de cent cinquante... encore tout au plus.

L'Empirique. — Et à combien évaluez-vous le nombre de ceux qui ont du bon sens, de l'intelligence et de la réflexion?

Le Docteur. — Peut-être trois cents.

L'Empirique. C'est aussi mon avis.... Par conséquent, vous n'avez pas à vous étonner si dans cette ville, en cas de maladie, quatre cent cinquante personnes auront plus de confiance en vous qu'en moi... Et vous voyez bien que j'aurais dû gagner plus de douze cents francs en quinze jours, puisque je m'adressais à vingt-quatre mille cinq cent cinquante imbéciles, qui m'appartiennent exclusivement!

C'est ce qui explique pourquoi les Français continuent à s'intituler le peuple le plus spirituel de la terre!

COMMENT SE FONT

LES RÉPUTATIONS.

En général, les médecins n'ont de malades que lorsqu'ils ont beaucoup de réputation, et ils n'ont de réputation qu'autant qu'ils ont eu beaucoup de malades.

Les infortunés qui entrent dans la carrière médicale se trouvent donc dans un cercle vicieux dont il est difficile de sortir. — Pas de réputation, pas de malades, pas de malades, pas de réputation. — En médecine, ce n'est pas comme en algèbre : on se soucie fort peu de passer du connu à l'inconnu : deux moyens principaux sont employés par les docteurs de toutes les facultés possibles pour arriver à cette transformation difficile qui change le modeste étudiant en médecine en un célèbre praticien : — à savoir, le travail et le charlatanisme. Par le travail on peut arriver, si on a de la chance, à gagner mille écus au bout de dix-huit ans.

Par le charlatanisme, il faut avoir beaucoup de malheur si on ne se fait pas douze ou quinze mille francs après deux ou trois ans.

Ce simple calcul vous explique facilement pourquoi madame Saqui a fermé son théâtre. — Le métier ne valait plus rien pour elle depuis que tant de médecins s'étaient faits acrobates.

Nous irons même plus loin, c'est que pas un seul des médecins les plus distingués ne niera, s'il est franc, qu'il n'ait usé d'un peu de charlatanisme, au moins une fois dans sa vie.

Non qu'ils aient employé ce charlatanisme grossier qui consiste à danser sur la corde raide de la publicité, au bruit des coups de grosse caisse de l'annonce, avec accompagnement de *réclame* obligée, — non pas, enfin, qu'ils se proposent comme ayant inventé un moyen de guérir les aveugles en leur faisant avaler toutes sortes de.... blagues. — Mais enfin, le charlatanisme n'en existe pas moins réellement, bien qu'il soit employé avec plus de pudeur.

Ainsi avez-vous jamais rencontré un médecin, plus ou moins de vos amis, qui, après les premières salutations d'usage, ne se soit immédiatement plaint d'être accablé de travail, ce qui l'empêche d'avoir un seul instant de libre pour aller voir les amis bien portants?

Avez-vous été jamais en consultation chez un docteur plus ou moins célèbre, sans trouver dans son antichambre deux ou trois de ces pauvres diables que le docteur traite gratis, et qui jouent à sa porte le rôle des *billets donnés* à la porte des théâtres, — c'est-à-dire qui font croire au public que la vogue y a fait élection de domicile?

Avez-vous enfin jamais dîné avec ou chez un médecin, sans qu'au milieu du repas un domestique en livrée, ou au moins une petite bonne, ne soit accouru en toute hâte pour dire au docteur qu'il doit se rendre à l'instant même chez le comte de*** ou au moins chez le baron n'importe quoi? Et dans les rues, avez-vous jamais rencontré un médecin qui marchât comme le vulgaire des hommes? — N'a-t-il pas toujours l'air de songer au traitement qu'il va faire suivre au malade chez lequel souvent il ne va pas?

Toutes les fois qu'un médecin guérit un malade, il ne lui cache pas, après coup, que la maladie était fort grave, et que la plupart des autres docteurs y auraient perdu leur latin. — Par exemple, quand le malade meurt, il va sans dire que la maladie était encore plus grave, — à moins d'admettre que le docteur lui-même était bien gravement ignorant. Mais cela ne s'admet jamais, — du moins par le docteur.

Nous ne blâmons donc pas le charlatanisme des médecins, tant qu'il reste dans de certaines limites; mais nous n'avons jamais pu comprendre qu'un corps qui prétend se respecter lui-même, et qui prétend surtout être respecté des autres, permette que certains de ses membres se livrent aux écarts que nous avons déjà mentionnés plus haut.

Les corps des avocats, des notaires, des avoués et même des simples huissiers, ces fonctionnaires qu'Arnal s'est même permis un soir de qualifier de *gueux*, ne souffriraient pas qu'un avocat, un avoué ou un huissier fît placer à tous les coins de rue des affiches dans lesquelles il annoncerait qu'il se charge de plaider, d'inventorier ou d'empoigner à six francs.

D'abord parce que c'est fort inconvenant, — et ensuite cela gâte le métier.

Sans compter que ça gâte souvent les malades — à perpétuité.

Les docteurs pourraient encore bien suffisamment frapper sur le charlatanisme des mémoires à *l'Académie de médecine*, et surtout des réclames dans les journaux. Car outre les vulgaires annonces placées à la quatrième page, entre le *racahout des Arabes* et les chiens à vendre, les médecins emploient une foule d'autres moyens pour glisser leur nom et leur adresse.

Ainsi, tantôt c'est un monsieur qui allait dîner en ville, et qui se trouve culbuté par un omnibus. —Heureusement un médecin distingué se trouvait sur les lieux de l'événement, et s'est empressé de prodiguer ses soins au blessé; — suivent le nom et l'adresse du médecin.

Tantôt c'est un enfant qui est légèrement mordu par un chien qui s'est déclaré enragé parce qu'il est impatienté de ce jeune Français qui lui tirait la queue depuis un quart d'heure. Le docteur **** accourt, et profite de la circonstance pour soigner... sa réputation; le nom et l'adresse.

Mais l'un des moyens les plus à la mode, depuis quelque temps, consiste dans la lettre de reconnaissance écrite au directeur d'un journal par le particulier qui doit la vie aux bons soins du docteur qui cherche à devenir célèbre. — Voici comment se rédige presque invariablement cette épi-

P. B. del. — Imp. d'Aubert et Cie

Père Crépignard! auriez-vous la monnaie de deux sous en pièces de six francs?

tre, insérée au nom de l'humanité et au prix de un franc cinquante centimes.

« Monsieur le Rédacteur,

» Permettez-moi d'emprunter la voie de votre estimable journal pour que je puisse remercier publiquement un homme que je ne crains pas de qualifier de bienfaiteur de l'humanité. — Depuis trois ans, monsieur, je ne mangeais plus, etc., etc. (suit le détail d'une foule de maladies qui peuvent bien être placées dans les colonnes des journaux, mais qui seraient déplacées dans ce volume). — Enfin, monsieur, j'étais réellement dégoûtant et dégoûté de la vie, quand la Providence m'a fait connaître le docteur *Felampin*, qui en moins de trois semaines m'a totalement délivré de ces horribles maladies.

« Avec lesquelles j'ai l'honneur d'être votre très-humble serviteur.

« POTARD.

» Rue de la Grande-Truanderie. »

LES DANGERS

D'ÊTRE TROP SOIGNÉ

PAR SA PORTIÈRE.

Les vieilles femmes en général, et les vieilles portières en particulier, ont une passion véritable pour la médecine, — et cette passion, que je ne crains pas de qualifier de malheureuse, vient encore puissamment en aide aux ravages exercés par le vulgaire des docteurs patentés.

Les portières, surtout, sont incorrigibles sur ce point, et rien ne peut leur ôter de l'idée que les médecins ne sont que des ânes, et que les seuls remèdes qui puissent guérir sont *les remèdes de bonne femme*, qualification qui me semble bien risquée si on l'applique aux vieilles portières, — enfin n'importe, non contentes d'occuper leurs vieux loisirs en faisant des ménages, de la soupe aux choux et des cancans, — les portières veulent aussi faire de la médecine.

Le dictionnaire complet des remèdes prescrits par ces hippocrates en jupon serait curieux, mais tiendrait au moins vingt-cinq volumes in-folio, attendu que dans chaque pays, dans chaque province, dans chaque ville, dans chaque quartier, les vieilles femmes ont sur la même maladie des manières de voir totalement différentes, et des remèdes non moins variés.

Néanmoins il est certains points sur lesquels toutes les portières du monde sont entièrement d'accord. — D'abord elles reconnaissent à l'unanimité, que la diète prescrite par les médecins tue la plupart des malades; elles leur prodiguent les conseils les plus nourrissants, — et au lieu du bouillon de veau qui ne sert qu'à creuser l'estomac, elles leur font prendre une bonne assiette de soupe au lard, émaillée de haricots blancs et de quelques petites parties de tranches de cervelas à l'ail pour relever l'appétit.

C'est inouï la quantité de cervelas à l'ail qui est pêchée chaque jour au fond des tasses de bouillon apportées par les familles aux malades de l'Hôtel-Dieu et des autres hôpitaux de Paris. — Le jambon est aussi regardé comme excellent pour l'estomac des malades et des convalescents : — aussi les concierges des hôpitaux font-ils parfaitement concurrence aux employés de l'octroi, et connaissent-ils parfaitement toutes les manières dont on cherche à dissimuler un pâté de veau froid ou un gigot.

Un autre principe général de la médecine des bonnes femmes, c'est que tout noyé ne meurt que par la suite de la trop grande quantité d'eau qu'il avale.

En conséquence, lorsqu'on retire un pauvre diable à moitié mort du fond de la rivière, s'il se trouve dans les environs une bonne femme, son affaire est faite, — on le pend la tête en bas jusqu'à ce qu'il ait rendu toute l'eau qui le gênait. Quand il est bien mort, — la bonne femme explique à l'assistance qui l'entoure que le noyé est mort parce qu'on ne l'avait pas pendu assez vite.

Quant aux bosses que se procurent les gamins en se culbutant sur le pavé, il est aussi reconnu à l'unanimité par les mêmes docteurs qu'on les guérit parfaitement en appliquant sur ladite bosse une pièce de monnaie, et sur ladite pièce plusieurs bons coups de poing; le patient hurle, — mais la bonne femme assure que cela lui fera du bien.

La colique était un mal trop vulgaire, mais aussi trop poignant, pour ne pas éveiller le génie inventif des Esculapes en bonnets à barbe; aussi le nombre des recettes bonnes pour la colique est immense; — il nous suffira de dire que l'on n'a que l'embarras du choix entre une omelette aux fines herbes, appliquée brûlante sur le creux de l'estomac, — ou l'absorption immédiate d'une bouteille de vin dans laquelle on a fait infuser du genièvre, deux gousses d'ail, trois onces de cassonnade et une pincée de tabac d'Espagne.

C'est là un remède souverain : il est rare que la même personne en prenne deux fois de suite.

Quant aux sangsues, la bonne femme les a en horreur, on ne lui fera jamais croire que ces petites bêtes ne prennent pas le plus pur de notre sang et qu'elles ne laissent que le mauvais.

Les maux de dents étant produits par la présence d'un petit ver nommé *asticot*, la bonne femme à laquelle on a recours, après vous avoir expliqué l'existence de l'*asticot*, se met immédiatement à le chasser avec une aiguille à tricoter, — et un bon morceau de gencive.

Quant au brigand d'asticot, il sait toujours se réfugier au fond de la mâchoire.

Dieu vous délivre à tout jamais des *bonnes femmes*. Jugez d'après cela ce que doivent être les mauvaises.

BOHÊME LITTÉRAIRE.

LE POURVOYEUR DES PETITS THEATRES.

Vous en connaissez un qui a la fourniture des grands théâtres, et à qui son industrie procure, bon an, mal an, de cent vingt à cent cinquante mille livres de rente; mais celui-là n'exploite que les scènes élevées. Il en est d'autres qui, sans atteindre à cette haute prospérité, se font un revenu fort honnête et dédaigneraient un siége au conseil d'état ou une préfecture, même de première classe, comme morceaux trop peu appétissants pour leur estomac. C'est au-dessous de ces colosses dramatiques que végète, dans les bas-fonds de l'industrie théâtrale, une fourmilière d'auteurs complétement inconnus sous les noms de Charles ***, Anatole ***, Dominique ***, Jules *** et autres saints du calendrier.

Celui qui écrit ces lignes s'échappa un jour de son collége, voisin d'un très-petit théâtre, pour aller déposer chez le portier un prétendu vaudeville éclos entre une version grecque et une amplification latine. Quinze jours après cette escapade, notre écolier reçut avec une joie impossible à décrire une lettre d'avis de la direction. Son ouvrage était accueilli, et on lui envoyait une copie imprimée des conditions brillantes qui étaient faites aux élus *dont il était susceptible de fredonner avec.*

Les droits d'auteur étaient fixés, d'après le tarif ordinaire, à la somme de dix francs! O théâtre généreux! dix francs! entendez-vous bien, deux pièce de cinq francs. — Dix francs par soirée? allez-vous dire. Vous plaisantez. Serait-ce donc dix francs par semaine? — Pas précisément. — Par mois? — Pas davantage. Il s'agissait de dix francs une fois payés, moyennant lesquels le théâtre acquérait le chef-d'œuvre en toute propriété, avec le droit de le jouer trois cents fois, — ou pas une.

Il y avait en outre deux billets par soirée, valant environ soixante centimes; mais on avertit officieusement le néophyte que l'usage immémorial était d'en faire hommage au régisseur. Où le pot-de-vin va-t-il se nicher!

Notre auteur désappointé retira sa demi-main de papier; mais combien d'autres, hélas! sont moins exigeants et courent au-devant d'un si indigne salaire! Le cœur saigne quand on songe à ce que les Funambules, le Petit-Lazary, le théâtre du Luxembourg et autres absorbent d'encre, de couplets et quelquefois de bons mots au rabais.

On croirait, d'après ce que nous venons de dire, que ces établissements sont alimentés par des épiciers beaux-esprits ou par des élèves d'huissiers littérateurs, pourvus d'une industrie plus lucrative et ne cherchant qu'un agréable délassement dans la culture de l'art dramatique. Le malheur ne serait pas grand s'il en était ainsi; mais il en est autrement. Les auteurs de profession sont en majorité là comme ailleurs, les amateurs ne sont que l'exception. Vous me demanderez comment ces infortunés peuvent vivre de telles bribes; il serait plus rationnel de demander d'abord s'ils vivent. Je ne me charge pas de résoudre la question, quoique les apparences soient pour l'affirmative. Il faut se défier des apparences.

A la vérité, la somme rémunératoire que nous avons indiquée n'est plus aujourd'hui le *maximum* : l'appétit est venu aux auteurs en ne mangeant pas. On trouverait difficilement un vaudeville, même des plus frelatés, pour ce prix dérisoire : il a paru plus équitable de payer les ouvrages en proportion des recettes, ce qui est une économie pour les théâtres qui n'en font pas.

Eh bien! malgré tous ces déboires, le privilége règne et gouverne là comme partout. Les favoris de la fortune et des directeurs envahissent presque seuls les pauvres planches, et laissent derrière eux des myriades d'aspirants qui envient leur misérable prospérité et crient au monopole et à l'aristocratie. Feu le théâtre Saqui a eu jadis pendant quelque temps un pourvoyeur unique, chargé de toute la fourniture dramatique. Ce Scribe au petit pied, qui est aujourd'hui un vaudevilliste assez goûté, devait livrer un vaudeville chaque quinzaine, et deux drames ou pantomimes par trimestre : il était aux appointements fixes et invariables de dix-huit cents francs, soit cent cinquante francs par mois, soit cinq francs par jour. Son budget avait été porté à ce chiffre vraiment magnifique par cette considération que, forcé d'assister à toutes les répétitions, puisqu'on ne répétait que ses ouvrages, il épargnait à l'administration les appointements d'un directeur de la scène. Cette haute position porta ombrage à ses rivaux : une puissante cabale s'organisa contre le colosse, et finit par le renverser de son piédestal vermoulu. Cinq ou six exécuteurs testamentaires se partagèrent son héritage.

Cette révolution, à peu près contemporaine de celle de juillet, a substitué le privilége au monopole, c'est-à-dire que les petits théâtres, au lieu d'être la proie d'un seul exploiteur qui en vivait à peu près, sont devenus la pâture de cinq ou six pauvres diables qui n'en vivent pas du tout.

Le pourvoyeur des petits théâtres n'est pas inamovible. Quand le caprice d'un directeur ou le refroidissement de sa verve le forcent à prendre sa retraite, il se fait écrivain public, si par hasard il sait l'orthographe, ou marchand d'habits ambulant. Cette dernière profession lui sourit particulièrement. Il y trouve l'avantage d'avoir sur le dos cinq ou six vêtements à la fois pour se dédommager du temps où il n'était qu'à demi vêtu.

Le Bonheur des Enfants.

Vous savez que je ne possède pas pour les petits prodiges une aveugle admiration; si je dis même toute ma pensée j'avouerai que je les tiens pour autant de petits perroquets, de petites serinettes si ce n'est des petits serins. Je suis trop poli pour dire ici mon opinion sur leur famille innocente, mais cruellement abusée. J'aime les enfants — enfants; plus ils sont simples, bons, insouciants, légers, crédules; en un mot plus ils ont les qualités et les défauts de leur âge, plus je les adore. L'enfance veut être aimée et non admirée. C'est de l'enfance comme Dieu l'a faite que je m'occupe, c'est à son intention que je vais furetant les livres et les albums, c'est pour elle que je me plais à signaler les ouvrages malheureusement trop rares, écrits sans prétention, d'un style clair, naïf et chaste. Et c'est en vue de cette enfance-là que M. l'abbé Laurence de Savigny a fait un texte pour accompagner les dessins qu'Eugène Forest a publiés sous ce titre justifié : *Le Bonheur des Enfants*. En effet, tout dans ce délicieux petit volume respire le bonheur.

L'artiste a dû composer pour la joie de quelque enfant bien-aimé ces petites scènes enfantines.

Les petits personnages qu'il a placés dans ses tableaux en miniature agissent, courent, jouent dans toute la gaieté de leur âme.

L'auteur, on le devine, a paraphrasé avec plaisir les courtes légendes du dessinateur.

Cet ensemble a produit un petit chef-d'œuvre comme joujou littéraire et artistique.

Le volume a 160 pages grand in 8° jésus, parsemées de 170 gravures sur bois et accompagnées de 40 feuilles de dessins lithographiés à la plume avec un goût exquis.

L'ouvrage se vend, en noir, cartonné 10 fr. et au-dessus. Mais c'est surtout l'exemplaire en couleur que nous trouvons ravissant, car le coloris vient brillanter les dessins de Forest et donner au livre une fraîcheur, une animation qui le complète. Malheureusement le coloris entraîne des frais qui portent le volume, relié, à.... je ne sais plus combien.

GALERIE DES FEMMES

DE G. SAND.

Dans le déluge d'*illustrations* où nous sommes plongés, nous voyons tous les jours tomber du ciel quelque livre inattendu — du moins parmi ceux sur l'illustration desquels on devait compter, c'est le *Discours* de Bossuet *sur l'Histoire universelle... illustré;* c'est le vieil *Homère... illustré;* ce sont les illustrations les plus pittoresques, c'est-à-dire les plus imprévoyables, les plus inouïes possible, disons les plus impossibles. En même temps surgissent des bas-fonds de la librairie une foule de publications soi-disant illustrées, qui sont tout bêtement l'exploitation de la mode du jour par le charlatanisme de l'annonce. Ces prétendus livres illustrés sont enrichis de dessins exécutés par des apprentis maçons, gravés par des manœuvres, imprimés à l'avenant sur papier à chandelles, et vendus effrontément au prix des belles éditions.

Mais des volumes vraiment et dignement illustrés, soit par toutes les ressources de la gravure sur bois, comme l'édition bijou des *Fables de La Fontaine,* soit par des seules mais magnifiques gravures sur acier, comme les *Beautés de lord Byron,* soit par la réunion de ces deux genres, comme *L'Hiver à Paris* et *L'Été à Paris*, voilà ce qu'on ne voit pas tous les jours! voilà ce que présente un livre dont tous les amis de l'art typographique et de la littérature se sont occupés : nous voulons parler des *Femmes de George Sand*, splendide volume grand in-8°, renfermant vingt-quatre ravissants portraits de femmes, gravés à Londres par H. Robinson avec toute la grâce, toute la finesse du burin anglais pour ces sortes de vignettes, et un nombre prodigieux de scènes et de paysages dessinés par M. Français, et gravés sur bois par nos premiers artistes de Paris.

Les peintures originales, d'après lesquelles ont été exécutées les gravures sur acier, sont de nos artistes parisiens MM. Biard — Charpentier — Gros-Claude — Jacquand — Lépaule et Lepoitevin, et c'est chose à la fois curieuse et intéressante de voir le produit de cette réunion de talents étrangers. La vignette anglaise, toujours fine et élégante, toujours admirable de demi-teintes, est habituellement incorrecte, souvent ajustée sans goût. Ici, elle est dessinée avec une bien plus grande sévérité, et elle y gagne beaucoup.

Nous recommandons principalement à l'attention de nos lecteurs le beau portrait de G. Sand elle-même, qui *figure en tête*, soit dit sans calembour.

Les héroïnes dont les artistes nous donnent le portrait, sont :

Edmée.	La Marquise.	Quintilia.
Valentine.	Lélia.	La Marquise (2e port.).
Louise.	La Savinienne.	Indiana.
La dernière Aldini.	Mattéa.	Noun.
Juliette.	Métella.	Fernande.
Pauline.	Giovanna.	Marthe.
Geneviève.	Naam.	Consuelo.
Yseult.	Lavinia.	

Les vingt-quatre notices, qui accompagnent les gravures sont de M. Lacroix (le Bibliophile Jacob). C'est dire qu'elles sont ce qu'elles doivent être, brèves sans sécheresse — claires, élégantes, brillantes même et toujours bienveillantes pour l'auteur à la gloire duquel ce livre est consacré.

La *Galerie des Femmes de G. Sand* n'est pas cependant un ouvrage fait uniquement pour les amis de cet auteur. Les portraits sont assez beaux, les notices assez explicatives pour qu'on puisse aimer le livre pour lui-même, et il se trouve placé dans beaucoup de bibliothèques où n'existent pas les ouvrages de Sand.

Le volume se vend : broché, 24 francs; — relié, 28 francs et au-dessus.

Albums pour Étrennes.

Il y a dix ans, les albums étaient rares et fort chers; on trouvait bien l'album de Charlet, celui de Devéria, celui de Grenier, mais chaque feuille figurait pour une somme de 2, 3, 5 ou 6 fr., et il fallait, pour acheter un album, être à la fois très-connaisseur et très-riche, encore n'avait-on souvent qu'un ouvrage fort peu divertissant.

Aubert a créé les albums à bon marché; il a popularisé les artistes en répandant leurs œuvres dans tous les rangs de la société, et aujourd'hui l'on peut se procurer chez lui des recueils très-amusants, très-curieux et même très-utiles pour des sommes infiniment modiques.

Il offre un choix immense de collections pour tous les âges, pour tous les goûts et dans tous les prix. Il a dans ses magasins des albums de cent écus et au-dessus et des albums de 50 cent.; toute la distance de ce dernier prix au premier est comblée par des ouvrages de 1 fr., de 2 fr., de 5 fr., de 6 fr. et au-dessus.

Aussi le jour de l'an est-il l'occasion d'une promenade incessante dans sa maison, que la bonne compagnie visiterait toujours quand il n'aurait à à lui offrir que son beau journal les MODES PARISIENNES.

IMPRIMÉ PAR BÉTHUNE ET PLON, A PARIS.

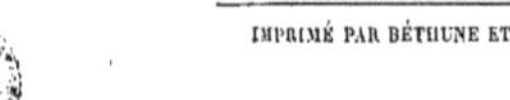

www.ingramcontent.com/pod-product-compliance
Ingram Content Group UK Ltd.
Pitfield, Milton Keynes, MK11 3LW, UK
UKHW021827190726
13853UKWH00003B/1232

9 782329 605203